刘少奇在湖南调查的四十四天 　　周　迅◎著

人民利益高於一切

李瑞环

人民出版社

责任编辑：张伟珍
封面设计：吴燕妮
责任校对：张红霞

图书在版编目（CIP）数据

人民利益高于一切：刘少奇在湖南调查的四十四天／周迅 著．
  －北京：人民出版社，2013.11
ISBN 978－7－01－012249－6

I. ①人… II. ①周… III. ①刘少奇（1898～1969）－生平事迹
  IV. ① K827=7

中国版本图书馆 CIP 数据核字（2013）第 134532 号

人民利益高于一切
RENMIN LIYI GAOYU YIQIE

——刘少奇在湖南调查的四十四天

周 迅 著

人民出版社 出版发行
（100706 北京市东城区隆福寺街 99 号）

北京新华印刷有限公司印刷 新华书店经销

2013 年 11 月第 1 版 2013 年 11 月北京第 1 次印刷
开本：710 毫米 × 1000 毫米 1/16 印张：26.5
字数：354 千字 印数：0,001－10,000 册

ISBN 978－7－01－012249－6 定价：52.00 元

邮购地址 100706 北京市东城区隆福寺街 99 号
人民东方图书销售中心 电话：（010）65250042 65289539

人民利益高于一切

李瑞琦

李瑞环同志为本书题写书名

（2013年10月）

序：人民的利益就是"天"

一个政党、一个政权，其历史价值与前途命运，最终取决于人心向背。把人民的利益看做高于一切，才能赢得人民的支持，才能有生命力。对于马克思主义执政党来说，为什么人服务的问题，更是一个根本的问题、原则的问题。是否真正了解人民的疾苦和需求，是否能真实地面对现实条件下人民利益的诉求与发展方向，将决定我们执政党能否肩负起伟大的民族复兴的历史重任。从中国文化传统习惯上来讲，我们的事业就是要脚踏实地，人民的利益就是"天"。

以人为本、执政为民、为人民谋利益，是我们党的奋斗目标和根本要求。"全心全意为人民服务，一刻也不脱离群众"、"一切从人民的利益出发"、"绝不应该违背人民的意旨"、"要始终把实现好、维护好、发展好最广大人民的根本利益作为党和国家一切工作的出发点和落脚点"，这些发聋振聩的神圣誓言，曾使亿万人民与革命者心心相通，情同手足，前仆后继，共同奋斗，建立了伟大的新中国。

历史告诉我们：我们来自人民，是人民的一分子。过去，我们依靠人民夺取了政权；未来祖国的强大，也离不开人民群众的大力支持。我们只有脚踏实地，深入群众，依靠群众，把人民群众的呼声放在心上，切实把人民利益放在至高无上的地位，才能实现我们党的奋斗目标，才能真正实现中华民族的伟大复兴！

国和家是相辅相成的。家是国的基本元素，没有家哪有国？没有家的幸福安宁，哪有国的长治久安呢？如果我们忘记了这个根本，如果我们不能维护好人民的利益，如果我们失去了人民的拥护与支持，我们就黑了"天"。

中国共产党是人民利益的忠实代表。政府是人民最后的依靠，民众的贫穷是政府最痛心的事。我们制定的政策是为人民服务的，我们的一切工作都是为了人民，因此我们应该深入群众，去了解真实的情况，去办实事、做好事。走过场、听汇报、媒体作秀等不良作风，早已严重破坏了我们党与人民群众的鱼水感情、血肉关系。我们只有坚决纠正脱离群众，坚决杜绝损害人民利益的现象，坚持用人民利益作标准来衡量我们的言行、判断我们的工作，真正做到大公无私，为人民谋福祉，我们才能永远拥有"明朗的天"！

早在1939年，我父亲就看到了要永葆中国共产党的先进性，关键是要加强每一个共产党员的修养。在延安蓝家坪马列学院窑洞外广场上，他先后作了两次演讲，讲的都是《论共产党员的修养》。新中国成立后，他老人家在国家主席的位子上，心里总是想着老百姓的小日子。是啊，这就是共产党人的执政理念，这就是国家主席的公仆情怀！

三年困难时期，我的父亲和母亲以身作则，回到家乡湖南微服私访，蹲点调查。他们一边工作，一边接触社员群众和基层干部，深深地体恤了民生的疾苦和稼穑的艰难。

为此，作者周迅翔实而激情地深入生活，沿着我的父亲和母亲当年在湖南农村调查研究的足迹，脚踏实地，克服困难进行创作。

长篇传记文学《人民利益高于一切——刘少奇在湖南调查的四十四天》，真实地记录了当年我的父亲和母亲等革命先辈们深入湖南农村，了解人民群众的疾苦，展开不平凡的四十四天与人民相濡以沫的光辉历程。

伟人虽然已经远去了，但是，他们留给了我们当今时代的崇高信仰的力量，难道他们不是仍在闪耀着神圣不可替代的光芒吗？这个信仰的力量，就是人民的利益高于一切，人民的利益就是"天"！

是为序。

（作者系刘少奇儿子、中国人民解放军上将、总后勤部政委）

目　　录

楔　子

　　1961 年 4 月 1 日，京广线。以往广州至长沙段铁路两边鲜有干部群众护路，而这天隔一段距离就有干部群众，还有基干民兵手握钢枪站岗放哨。他们尽职尽责，严肃认真地守护着这条南北大动脉。

　　"呜——"

　　一辆草绿色的专用列车，呼啸着穿过广袤的南粤大地，沿着京广线从南向北飞驰而过。

　　车内，中共中央副主席、中华人民共和国主席刘少奇偕夫人王光美，还有秘书吴振英等几个工作人员，从广州一路北上，目的地是湖南长沙。

　　从外表看，刘少奇乘坐的专列，车厢与普通客车的车厢基本相同，没有什么两样，实际上是专门订购制造的，并且用装甲护板加固了。专列车厢的里面，却与普通旅客列车大相径庭。它没有普通旅客列车的硬座排凳，也不是三层的硬卧和双层的软卧，取而代之的是陈设高雅而简朴的办公室、卧室和卫生间。此外，还有警卫人员和服务人员站岗、休息的警卫室、卧室。

　　在刘少奇的办公室里，摆放着桌子、靠背椅、沙发、台灯和几个装有各种文件和书籍的大书箱。在专列上，他依然和在中南海一样，不是批阅文电、写信、写文章，就是看书、读报。他日夜操劳，手不释卷。

　　刘少奇一生艰苦朴素。这次出差，他随身携带的日常用品，除洗漱用的牙刷、牙膏、毛巾等外，其他文具、书籍尽是工作之需。

在车轮的节奏声里，刘少奇陷入沉思之中，往事像电影那样，一幕一幕地浮现在眼前。

第一章 力挽狂澜

一、"大跃进"的时代

1957 年晚秋，苏联为纪念十月革命胜利 40 周年，决定在莫斯科召开世界共产党领导人峰会，特别邀请毛泽东率中国共产党代表团出席会议。在毛泽东的一生中，他只参加了这次国际会议。

毛泽东率中国党政代表团如期到达莫斯科，一是参加苏联十月革命 40 周年国庆节的庆祝活动，二是出席各国共产党和工人党代表大会。毛泽东一生只出过两次国，并且两次去的都是苏联。第一次去，他倍感压抑，心情很不舒服。但是，这一次去莫斯科，情况却截然相反。他不仅受到了最高的礼遇，而且心情愉快，意气风发，俨然成为世界舆论，至少是世界共产主义运动关注的中心。

赫鲁晓夫对毛泽东这次访问，格外重视，早早就作出决定，把其他国家党的领导人安排到列宁山等处，对毛泽东则给以特殊规格的礼遇。不仅要住到克里姆林宫，而且要住到最豪华的叶卡捷琳娜女皇的寝宫。

受到苏联盛情接待的感染，毛泽东似乎也对赫鲁晓夫有了一些好感，不仅在内部讲："赫鲁晓夫这个人多灾多难，我们应该帮帮他"，而且当众也曾对赫鲁晓夫说过："好花还要绿叶扶，你这朵花比我毛泽东好看，我们这次就是来扶助你的。"

然而，毛泽东在苏联访问期间，多次微妙地用了"人民"一词，以避免说莫斯科曾帮助了中国共产党："中国人民得到了苏联人民的巨大同情和慷慨援助。"

世界共产党领导人峰会闭幕时，毛泽东在告别词中呼吁团结。他对自己的听众，既很在意，又很蔑视。他十分幽默，用一个典故进行解释。"中国有句古语"，他告诉那些共产主义领袖们，"两个泥菩萨，一起打碎，用水调和，再做两个。我身上有你，你身上有我"。

尽管毛泽东在莫斯科代表社会主义集团表现得很有战斗性，但是他心里正在形成另一种想法。他看到马克思主义的历史观已有所贬值。"我看有两把'刀子'"，他回到北京后高兴地说，"一把是列宁，一把是斯大林"。

毛泽东这个形象的比喻表明，苏联仍然是他领导的中国马克思主义思想的摇篮。

1957 年过去之后，毛泽东从莫斯科回到了北京。受苏联的影响，他把希望寄托在 1958 年的"大跃进"上。

"我在北京住久了"，1958 年 1 月毛泽东在一次首都干部会议上兴致勃勃地说："就觉得脑子空了，一出北京，又有了东西。"

毛泽东在几个公开场合发表讲话，说：我们这个国家吹起牛皮来了不起，地大物博、人口众多、历史悠久、炎黄子孙等，但就是钢赶不上比利时，粮食亩产很低，识字的人只有那么一点点，因此帝国主义欺侮我们。现在世界上有一些人，比如美国的杜勒斯，就不把我们放在眼里。为了以尽快的时间使国家富裕起来，强大起来，毛泽东提议，发动"大跃进"。

"大跃进"，的确是一个发展的概念，而不是经过深思熟虑的十分明确的详细的发展计划。

毛泽东在莫斯科亲自审定的《人民日报》社论《发动全民，讨论四十条纲要，掀起农业生产的新高潮》，在 1957 年 11 月 13 日发表。这篇社论不指名批评周恩来"害了右倾保守毛病，像蜗牛一样爬行"，提出 1958 年"在生产战线上来一个大的跃进"，并且很快得到了全国各族人民热烈的响应。

伴随着对"反冒进"的错误批判，在全国范围内掀起了"大跃进"的新高潮。"敢叫日月换新天"、"改天换地"是当时最响亮的口号。当工人、农民、解放军战士、商人和学生，高呼着"跑步进入共产主义"的口号，在压力下夜以继日地完成过高的定额时，他们看到墙壁上的告示："一万年太久，只争朝夕。"

毛泽东的情绪，最初由于"大跃进"而提高了。尽管他的一些同事对"大跃进"有不同的看法，然而，毛泽东与众不同，他由于1958年的新政策而神清气爽，恢复了活力。

"我们国家像一颗原子弹"，毛泽东说，"一旦爆炸，就会释放出巨大的能量。我们能够做到以前从未做过的事情。"

针对洋奴哲学、爬行主义，毛泽东声称"大跃进"破除了"迷信"，破除了外国比中国好，中国必须接受其永远的落后状态，看上去真实的东西就是真实的。

在这种形势下，刘少奇也不例外，曾有过一些乌托邦式的美好理想。就像邓小平后来所说的那样："毛泽东同志头脑发热，我们不发热？刘少奇同志、周恩来同志和我都没有反对，陈云同志也没有说话。"

二、人民公社好

"大跃进"首先从中国农村开始。为了促进农业生产的发展，从1957年年底、1958年年初以来，全国农村大规模地开展农田基本建设，其中兴修水利是一项重要内容。

在"大跃进"的高潮中，中国农村正在发生着翻天覆地的变化。这个变化与中国历史上第一个人民公社——查岈山人民公社息息相关。

1958年春，时任河南省遂平县农业工作部副部长的陈丙寅，向中共河南省信阳地委提出了合并农业社的想法。这个县的查岈山乡发动村民，天天高喊着"跑步进入共产主义"的口号，敲锣打鼓送喜报，请求成立大社。

旋即，陈丙寅的想法得到了上级批准，形成了红头文件，变成了活生生的现实。

4月20日傍晚，杨店街彩旗飘扬，锣鼓喧天，一两万名社员群众拥挤在主席台周围。太阳快要落山的时候，中共信阳地委行署专员张树藩大声宣告："查岈山农业大社正式成立了！"

4月下旬，中共中央副主席刘少奇乘坐专列去广州，向毛泽东汇报即将召开的中共八届二中全会的准备情况。同行的有周恩来、陆定一、邓力群等。

刘少奇乘坐的专列到了郑州之后，停留了半天。那天中午，中共河南省委第一书记吴芝圃在专列上吃午饭。在这种难得的轻松中，大家兴致勃勃地开始吹牛，有的吹半工半读，有的吹"大跃进"，有的吹公社，有的吹乌托邦，有的吹生活集体化，有的吹过渡到共产主义……

吴芝圃下车的时候，刘少奇对他说："我们的这些想法，你们是否可以试验一下呢？"

以吴芝圃为一把手的河南省，那时经常创造出各种经验。他对刘少奇说："我们这里早就有了托儿所、公共食堂，生活早就集体化了！"

原来，河南省前不久传出经验：遂平县嵖岈山附近27个农业社组成了中国第一个人民公社。全社9369户，30000余人都进入公共食堂。《嵖岈山人民公社简章》登在8月初出版的《红旗》杂志上，简章包括了生产如何组织、食堂如何管理，等等。这个简章后来成了全国各地办人民公社、办公共食堂藉以参照的样板条文。

5月5日，中共八届二中全会在北京隆重召开。一年半以前出席中共八届一中全会的1000多名代表，再次欢聚一堂。

大会开幕的那天，刘少奇代表中央委员会作工作报告。工作报告根据一年多来毛泽东历次指示的精神，阐述了目前形势、社会主义建设总路线和今后任务，特别肯定了"毛泽东同志提出的十五年赶上和超过英国的口号，鼓足干劲、力争上游、多快好省地建设社会主义的口号，要当促进派、不要当促退派的口号，勤俭建国、勤俭持家的口号，苦战三年、争取大部分地区的面貌基本改观的口号"。

5月23日，根据毛泽东的提议，中共八届二中全会正式通过了"鼓足干劲，力争上游，多快好省地建设社会主义"的总路线。

中共八届二中全会闭幕后，全国各条战线迅速贯彻，积极行动起来。"大跃进"已不再是纸上谈兵，而化作千千万万人的行动，很快形成了全国性的高潮。

6月14日，刘少奇与全国妇联党组的同志谈话时，高兴地说："家务劳动要社会化，在农村可以大办公共食堂、托儿所……"

这期间，中央其他领导同志，也都在各种不同场合讲生活集体化，讲公共食堂和托儿所。当然，他们的出发点都是好的，并且都是在一些小范围内的讲话。

8月6日下午，毛泽东视察河南省新乡县七里营人民公社。在公社大门前，毛泽东仔细地注视着"七里营人民公社"的牌子，兴致勃勃地对陪同视察的省、县领导说："人民公社这个名字好！"

8月9日，毛泽东在山东省历城县视察时说："还是办人民公社好！"

由毛泽东亲自点燃的人民公社的星星之火，很快就在全国各地形成了燎原之势。大江南北、长城内外，一窝蜂似地，大办公共食堂，掀起了人民公社化的新高潮。

人民公社实行大队、生产队两级所有，公社统一核算管理制度，以"记工分、出劳力、算工时"为主旋律，实行统一生产计划、购置生产资料、播种收打、生产管理、年终分配，统一出工，统一吃饭，形式上是大集体，实际上是大锅饭。

随着人民公社化运动的深入发展，全国农村普遍办起了公共食堂。在农村，社员群众不论家庭人口多少和劳动力强弱，公共食堂对他们一律实行吃饭不要钱或口粮供给、半供给。这种分配上的平均主义和共产风，以及给群众在生活上带来的不便，严重影响了社员群众的生产积极性。

满怀豪情的全国各族人民，高喊着"跑步进入共产主义"的口号，开始了轰轰烈烈的"大跃进"。农村主要劳力上山砍树，炼焦炭，炼钢铁……

1958年12月10日，中共八届六中全会讨论通过了由毛泽东主持起草的《关于人民公社若干问题的决议》，用法定形式对公共食堂作了规范：

> 要办好公共食堂，要保证所有的社员吃得饱，吃得好，吃得干净卫生，并且适合民族习惯和地方习惯。公共食堂要有饭厅，要经营好菜园、豆腐坊、粉坊、酱园，要养猪羊、养鸡鸭、养鱼等。饭菜要多样化，要有味道。要同营养学家商量，使食品当中包含有生理上必需的含热量和营养成分。对老人、小孩、病人、孕产妇和哺乳的妇女，在伙食上要给以必要和可能的照顾，并且可以允许某些社员在家做饭吃。公共食堂要实现管理民主化，食堂管理人员和炊事员要选择政治上可靠的人担任，最好经过民主选举。

粮食的大幅度减产，既与自然灾害有关，同时也是过激政策的严重后果。1958年，全国各地的庄稼长得本来很好。社员群众都集中去搞突击，大炼钢铁，大办食堂……由于忽视了农业生产，水稻烂在田里没有收进仓库，红薯埋在土里没有挖出来……虽然丰产了，可是并没有丰收啊！

浮夸之后，就要凑够虚报的数目，加上秋粮没有收回来，接着灾难就来了。

三、受命于危难之中

1959年4月15日，毛泽东在北京主持召开第十六次扩大的最高国务会议。他提出辞去中华人民共和国主席职务，推荐由刘少奇担任。

4月18日至28日，第二届全国人民代表大会第一次全体会议在北京隆重举行。

4月17日，刘少奇作为第一届全国人大常委会委员长，主持第二届全国人大一次会议预备会议，通过了会议议程，选出了97人的大会主席团。主席团推定刘少奇、宋庆龄、林伯渠、李济深、罗荣桓、沈钧儒、郭沫若、黄炎培、彭真、陈叔通、赛福鼎·艾则孜、程潜为主席团常务主席，彭真为秘书长。

经过代表们反复讨论酝酿，4月27日进行大会选举。会议选举刘少奇为中华人民共和国主席，宋庆龄、董必武为副主席。朱德为第二届全国人大常委会委员长。会议根据刘少奇主席的提名，决定周恩来为国务院总理。刘少奇还依据宪法担任中华人民共和国国防委员会主席。

刘少奇是继毛泽东之后的第二任中华人民共和国主席。

代表们用长时间热烈的掌声

1959年4月，刘少奇在二届全国人大一次会议上当选为国家主席、国防委员会主席。他是继毛泽东之后的第二任国家主席。

通过了选举结果，祝贺新一任国家领导人。

从会场出来，刘少奇坐上车，静静地回到了中南海西楼甲楼。

中南海西楼甲楼如喜事临门，气氛热烈。刘少奇办公室的秘书、警卫、服务人员和他的子女们，早已等候在门厅。刘少奇一进门，大家一齐迎上前去，高兴地同他握手，向他表示祝贺。

然而，刘少奇表情十分严肃，脸上没有一点儿笑容。他向大家点了点头，便又像往常开会回来一样，匆匆地到他的办公室去了。在场的工作人员，默默地目送他去了办公室。

按理，刘少奇担任了一个泱泱大国的元首，高兴一下，笑一笑总是应该的。他担任了中华人民共和国主席，王光美为他高兴，因为这是党和人民对他的信任。

当时，全国农村情况不好，国民经济严重失调，人民群众生活已经开始发生困难，国际上反华势力喧嚣日益加剧……刘少奇是受命于危难之中。他肩负的是定国安邦的重任，承担的是多么沉重的担子啊！他责任重大，又怎么能笑得起来，笑得开怀呢？

6月29日，毛泽东在离别了32年的故乡韶山住了几天后，经武汉乘船至九江，而后上庐山。

7月2日，中央政治局扩大会议在庐山召开。

根据毛泽东的提议，会议将着重解决读书、形势、任务、宣传、综合平衡、群众路线、工业管理、体制、协作关系、公共食堂、核算单位等19个方面的问题，侧重点是"纠左"。

庐山位于江西省北部。相传殷周时期有一对姓匡的兄弟在庐山上搭了个茅庐隐居，因而得名。又名匡山。庐山山势雄伟、奇特，主峰海拔1474米，登顶北可以远眺蜿蜒东流的长江，东、南可以遥望碧波浩瀚的鄱阳湖。这里景色优美，气候宜人，不愧是世界级的游览胜地。

七月流火。位于长江南岸的庐山，却是另外一番景象，这里凉爽如秋。这时，山上山下早已戒备森严。中央政治局委员，各省、直辖市、自治区第一书记，还有中央政府各部部长，纷纷来到这里参加会议。

刘少奇是来过庐山的。那是在1927年大革命失败后，他经组织安排来到庐山养病，还是林伯渠的弟弟林祖烈帮助他找的住处。时光匆匆，转眼三十多年过去了。他这次是到庐山参加中央政治局扩大会议。

7月14日晚上，中央政治局委员、国务院副总理兼国防部长彭德怀，给毛泽东写了一封信。信中陈述了他对1958年以来"大跃进"和人民公社化运动中发生的错误及其经验教训的意见。他的意见是提得比较尖锐的，但总的来说是正确的。这就是后来人们广为传说的"万言书"。

7月15日上午，毛泽东把刘少奇、周恩来、朱德三位中共中央政治局常委召到美庐。他说："昨天收到彭德怀同志14日写给我的信。我已经给这封信加上了《彭德怀同志的意见书》标题，并批示印发与会'各同志参考'。"

毛泽东认为彭德怀是在向党进攻，党内有一个以彭德怀为首的"军事俱乐部"，右倾机会主义已经成为党内的主要危险。保卫总路线，击退右倾机会主义的进攻，已经成为当前的主要战斗任务。毛泽东一声令下，庐山会议来了个一百八十度的大转弯，由"纠左"而转向"反右倾"。

7月23日上午9时，中央政治局扩大会议第二次全体会议在庐山交际处直属招待所西餐厅举行。毛泽东坐在台前。他扫视了一下会场，先看与会人员是否到齐，好像是在寻找彭德怀。中央政治局委员都坐在台下的前排，而彭德怀却独自坐到了最后一排，并且剃了个光头。

毛泽东开始发表长篇讲话，一贯高亢有力的嗓音显得有些嘶哑。他说：

> 现在是党内党外夹攻我们，有党外的右派，也有党内那么一批人，把我们讲得一塌糊涂，他们把自己也抛到右派边缘去了。

毛泽东对彭德怀等人提出的不同意见逐条加以批驳，认为他们不能正确对待革命的群众运动，重复了反冒进的错误，是在帝国主义的压力下表现了资产阶级动摇性。因此，现在是反右的时候了。

在讲话中，毛泽东特别强调："食堂是个好东西，无可厚非。"

根据毛泽东提议，8月2日至16日接着在庐山召开中共八届八中全会。这次全会开展了对所谓"彭德怀、黄克诚、张闻天、周小舟反党集团"的斗争，通过了《为保卫党的总路线，反对右倾机会主义而斗争》、《关于以彭德怀同志为首的反党集团的错误的决议》。

8月5日，毛泽东又对湖南省平江县稻竹大队几十个食堂散伙又恢复的材料作了批示：

> 一个大队的几十个食堂，一下子都散了；过一会儿，又都恢复了。教训是：不应当在困难面前低头。像人民公社和公共食堂这一类的事情，是有深厚的社会经济根源的，一风吹是不应当，也不可能的。某些食堂可以一风吹掉，但是总有一部分人，乃至大部分人，又

要办起来。或者在几天之后，或者在几十天之后，或者在几个月之后，或者在更长的时间之后，总之又要吹回来的。孙中山说："事有顺乎天理，应乎人情，适乎世界之潮流，合乎人群之需要，而为先知先觉者决志行之，则断无不成者也。"这句话是正确的。我们的大跃进，人民公社，属于这一类。困难是有的，错误也一定要犯的，但是可以克服和改正。悲观主义的思潮，是腐蚀党、腐蚀人民的一种极坏的思潮，是与无产阶级和贫苦农民的意志相违反的，是与马克思列宁主义相违反的。

在紧接而来的反"右倾机会主义"的运动中，毛泽东的这个批示发到了公社这一级。公共食堂办与不办，已经上升到了是否违反马克思列宁主义的高度，哪个还敢把它当儿戏呢？

在会议期间，刘少奇考虑到基层工作的实际情况，曾对负责起草文件的胡乔木提出，把反右倾的决议只发到省一级，另搞一个继续纠正"左"倾错误的决议，发到县以下单位。由于当时"击退右倾机会主义进攻"的火药味已经极为浓烈，不可能上面反"右"下面纠"左"。刘少奇的建议，根本没有起任何作用。

"反右倾"的烈火，很快烧向全国各地。机关、工厂、农村、学校和部队等单位，都深入开展"反右倾"运动，批判、处理了一批"右倾机会主义分子"和"阶级异己分子"，为大办公共食堂扫除了"拦路虎"。公共食堂的星星之火形成了燎原之势，越办规模越大。

据国家统计局报告：截至1959年年底，全国农村已办公共食堂391.9万个，参加食堂吃饭的约四亿人，占人民公社总人数的72.6%。

国民经济陷入严重困难的最突出的表现是粮食问题。1959年农业大减产，情况更为严重。但是，公社干部既不敢反映农民的呼声，也不敢反映真实情况。从1960年夏天开始，在全国范围内出现前所未有的粮食供应紧张局面。这年秋收将要到来的时候，全国粮食再度大面积减产已成定局，许多地方的粮食供应已到了难以支持的地步。如果人民的吃饭问题得不到基本的保障，其他就什么都谈不上了。而中国这样一个六亿人口的大国，一旦发生粮食供应难以支持，就不是短时间能改变得了的。

刘少奇心急如焚，用了大量时间来处理和解决这个问题。

造成粮食紧张的主要原因，首先是"大跃进"以来的瞎指挥和对粮食产量的虚报、浮夸和估产过高。1958 年，全国的粮食产量实际上只有4000 亿斤，却按虚报的 7500 亿斤征购，全国征了 1095 亿斤，占年产量的 27.3%，已经达到农村承受能力的极限。然而，1959 年全国粮食征购却高达 1348 亿斤，占年产量的 39.6%，农民的口粮和下一年的种子也被征购去了。

其次，大量青壮年农民仍然被拉去大炼钢铁和大修水库。在旱情严重的 1959 年秋冬，仅山东省就有 887 万青壮年在炼钢铁和修水库，全省秋播面积不及往年的四分之三。在三年中，山东省共荒芜农田 5000 至 6000 万亩。

再次，从 1959 年起连续两年的严重自然灾害。1959 年初春，在河北、山西、内蒙古、陕西、甘肃、宁夏、青海、山东、江苏、安徽、福建、河南、湖北、湖南、江西 15 个省区出现春荒，在河北、山东等 5 省出现严重缺粮情况。到 1960 年，情况就大不相同，灾情比 1959 年严重得多。3 月 29日，刘少奇收到了习仲勋送来的一封群众来信，反映安徽和县铜城闸和无为县发生的"饿死人事件"和"田地荒芜"等问题。到了这年秋后，情况就十分清楚了：全国仅受旱面积就达 6 亿多亩，水灾面积有 1 亿多亩，再加上虫、风、雹等灾害共达 9 亿多亩，占全国 16 亿亩耕地面积的一半以上。

到 1960 年，全国的粮、棉、油和生猪拥有量分别比 1957 年下降了29.7%、38.5%、56.1% 和 36.4%，粮食产量实际已经猛降到了 2870 亿斤，而征购额却比上一年还要多，高达 1408 亿斤。可笑的是，中国在 1958 年至 1960 年大量出口粮食，其中 1958 年净出口粮食 65 亿斤，比 1957 年猛增 73.1%，1959 年净出口粮食 94.8 亿斤，又比上一年增加 45.8%，1960年仍净出口粮食 20 亿斤。

1960 年，是三年"大跃进"时期最困难、最紧张的时候。饥饿、逃荒、浮肿病、人口的非正常死亡等情况出现并呈增加趋势，都是因为粮食的极度匮乏造成的。

当时，国家对粮食的调度可以说是千方百计，百计千方，迫不得已时甚至采取拆东墙、补西墙的办法。如某一地区粮食脱销了，向中央告急，中央立即把原定发给另一地区的粮食，掉转火车车头，紧急调往脱销地区。还采取"以早济晚"、"以晚济早"的季节性调剂，如将南方早熟的粮食调往东北，接济东北秋粮登场前的市场供应，再在冬春季节将东北晚熟的粮食又调给关内缺粮地区度过春荒。同时，又大力号召干部群众"低标准，瓜菜代"，发起制作粮食"代食品"的运动。

在无可奈何的情况下，全国农村饿急了的社员群众，挖空心思地寻找"代食品"：喂猪的糠，吃了；树皮，吃了；草根，吃了；观音土，吃了；鸟粪，也吃了……

在这种饥不择食的情况下，干部群众恍然大悟："填饱肚子的，只能是粮食。浮报虚夸的假数字，害人不浅啊！"

1960 年的严重缺粮危机，同样突出地影响到城市。

如此严重的粮食危机，当时并没有向社会公开宣布，以免引起人心的普遍恐慌。这副沉重的担子，就压在中华人民共和国主席刘少奇的肩上。

1960 年 10 月 29 日，中共中央政治局扩大会议讨论周恩来起草的《中共中央关于农村人民公社当前政策问题的紧急指示信》，又称"十二条"。

11 月 3 日，毛泽东对这个文件提出几处重要的修改意见后，批示请周恩来"召集（李）富春、（谭）震林、（廖）鲁言、（陈）正人、（陈）伯达谈一下，最后酌定"。

当天，中共中央发出这封《紧急指示信》，在第九章里专门讲安排好粮食，办好公共食堂，要求：政治到食堂，干部下伙房。同时强调公共食堂制度必须坚持。

全国各地饥荒越来越严重，四处告急，八方支援，到处都是饥饿的面孔，到处都是水旱肆虐过的庄稼。这是从未遇到过的巨大困难。刘少奇心情沉重，夜里睡不好觉。

四、制定"六十条"

1961 年 1 月 14 日至 18 日，刘少奇出席中共八届九中全会。会议通过对整个国民经济"调整、巩固、充实、提高"的八字方针。

3 月 11 日至 13 日，由毛泽东主持召开的"三南"（即中南、西南、华南）地区的负责人会议在广州召开，由刘少奇主持的"三北"（即华北、东北、西北）地区的负责人会议在北京召开。参加会议的有各地区的中央局和各省、直辖市、自治区党委的负责同志。两个会议都是讨论和制定《农村人民公社工作条例（草案）》，即"六十条"。

不久前，一篇题为《关于调查工作》（作者注，后来题目改为《反对本本主义》）的文章，摆到了毛泽东的书案上。这是他本人的作品，写于 30 年前，是为反对当时红军中的教条主义而写的。由于时隔久远，他早已忘记了。现在，一份流传于民间的石印本，由福建龙岩地委党史部门收集到。石印本的纸张已经发黄，墨迹也消褪了许多，毛泽东却为这篇失而复得的作品激动不已。他仿佛又回到了"国际悲歌歌一曲，狂飙为我从天落"的年代。教条主义给红军带来的危害使他痛心疾首，他毫不留情地抨击道："你对那个问题的现实情况和历史情况既然没有调查，不知底里，对于那个问题的发言便一定是瞎说一顿。瞎说一顿之不能解决问题是大家明了的，那么，停止你的发言权有什么不公道呢？许多的同志都成天闭着眼睛在那里瞎说，这是共产党的耻辱，岂有共产党员可以闭着眼瞎说一顿的吗？要不得！要不得！注重调查！反对瞎说！"

在"南三区"会议上，毛泽东再一次强调调查研究，特别是领导干部亲自做调查研究的重要性，痛切地说："最近几年吃情况不明的亏很大，付出的代价很大。"

毛泽东说："第一书记要亲自动手，第一书记不动手，第二书记就动不起来。只要省、地、县、社的第一书记都亲自动手调查研究，那就好办了。"

为了更好地推动全党开展调查研究工作，毛泽东在这次会议上印发了他在1930年所写的《关于调查工作》。他还于3月11日为印发此文写了批语，批语指出，"这是一篇老文章，是为了反对当时红军中的教条主义思想而写的，当时没有用'教条主义'这个名称，我们叫它做'本本主义'。写作时间大约在1930年春季，已经三十年不见了。1961年1月，忽然从中央革命博物馆里找到，而中央革命博物馆是从福建龙岩地委找到的。看来还有些用处，印若干份供同志们参考。"

3月15日至23日，"三南"和"三北"两个会议合并，中共中央在广州召开中央工作会议，会议的主要议题是研究农村人民公社问题。

毛泽东毫不掩饰自己也有知识分子的通病。在广州会议上，他说："'文章是自己的好'。这篇文章是经过一番大斗争写出来的。我对自己的文章有些并不喜欢，这篇我是喜欢的。"

毛泽东由此及彼，谈到当前农村情况，又说："省、地、县、社的第一书记大都也是如此，总之是不甚了了，一知半解。其原因是忙于事务工作，不作亲身的典型调查，满足于在会议上听取地、县两级的报告，看地、县两级的书面报告，或者满足于走马观花的调查。这些毛病，中央同志一般也是同样犯了的。我希望同志们从此改正。我自己的毛病当然要坚决改正！"

毛泽东提议各级领导干部都要作深入的调查研究，刘少奇表示热烈的响应。

在3月19日的会议上，刘少奇专门作了报告，着重讲了调查研究的重要性。他说："这几年调查研究工作减弱了。调查研究是做好工作的最根本的方法。当然，还有其他根本方法。"

刘少奇强调："调查研究是今后改进工作的最根本的方法，要提到这样一个高度。造成目前的被动局面，中央已把责任担当起来，各省也有自己的责任。下面的报告和干部的话，不可不信，也不可全信，有的根本就不可信。如小麦放卫星，报上登出来，高兴了几天，就不相信了。有些反面意见，吞吞吐吐，也不完全可靠。我们看省委的报告，省委又听下面的，省委的报告也是不能全信的。"

最后，刘少奇坚决地表示："我本人也要下决心搞调查，搞一个工作组，这比看报纸、听汇报要好得多！"

3月22日，会议通过《农村人民公社工作条例（草案）》，并决定将这个草案发给农村党支部和全体社员讨论，征求意见，并在一部分地区选点试行。

3月23日，中共中央发出《关于认真进行调查工作问题给各中央局、各省、市、区党委的一封信》。信中说："最近发现的毛泽东同志1930年春所写的《关于调查工作》一文，是一个极其重要的文件，有十分重大的理论意义和实际意义。现在中央决定将这篇文章发给全党高级及中级干部学习。县以上各级领导机关，都应该联系最近几年工作中的经验教训，进行深入的讨论。"

这封信还对"大跃进"以来所犯错误的原因及其教训作了初步的分析，指出："这些缺点错误之所以发生，根本上是由于许多领导人员放松了在抗日战争期间和解放战争期间进行得很有成效的调查研究工作，满足于看纸上的报告，听口头的汇报，下去的时候也是走马观花，不求甚解，并且在一段时间内，根据一些不符合实际的或者片面性的材料作出一些判断和决定。在这段时间内，夸夸其谈，以感想代替政策的恶劣作风，又有了抬头。这是一个主要的教训，全党各级领导同志，绝不可忽略和忘记这个付出了代价的教训。"

信中要求，县级以上党委的领导人员，首先是第一书记，要认真学习毛泽东同志的思想方法和工作方法，把深入基层，调查研究，当做领导工作的首要任务。信中说："第一书记要亲身进行调查工作所以特别重要，是因为第一书记担负责任最重，他们的思想方法和工作方法是否正确，是否从实际出发，最足以影响全局，他们重视了调查研究，别的同志就会跟上来。总之，一切从实际出发，不调查就没有发言权，必须成为全党干部的思想和行动的首要准则。"

信中强调："中央相信，只要在全党坚持这种调查研究、实事求是的作风，我们目前所遇到的问题就一定能够比较顺利地得到解决，我们的各方面工作就一定能够得到迅速的进步。"

会后，中共中央号召各级领导干部以身作则，深入群众，开展调查研究。

"不入虎穴，焉得虎子。"刘少奇决心一竿子插到底，到农村去，直接和社员群众见面，现场办公，努力为社员群众排忧解难。就像当年在革命老区一样，在田头，在场院，在老乡的炕头上，跟社员群众促膝谈心，倾听他们的呼声，进而依靠广大群众，制定政策，战胜目前的困难。

刘少奇想起了自己的家乡湖南宁乡。他与那里纹理相连，血脉相通。他相信在自己的家乡能够听到真话，儿时的一些伙伴，还有他的几位通讯员都会没有什么顾虑，向他实话实说倾吐衷情。

会议一结束，刘少奇就准备出发。工作人员要先去打前站。他说不要。秘书吴振英又准备打电话通知宁乡县。他说："你们别帮倒忙。你这里虚张声势，他那里就会弄虚作假！"

动身前，刘少奇去向毛泽东告辞："主席，中央提倡大兴调查研究之风，我打算去湖南看看。"

毛泽东微笑着说："很好！前两年，搞什么亩产万斤、几万斤，那是哄人的。近年遭了点灾，饿了点饭，又搞得人心惶惶。也就是蔬菜少了一点，头发卡子太少，没有肥皂嘛。情况不明，政策就不对，决心就不大，方法也就不对头！"

对于目前的困难，毛泽东已有充分的估计。但是，他觉得绝对不能惊慌失措，关键是要提出解决的办法。

刘少奇很赞成毛泽东对形势的分析。他表情十分严肃，认真地说：

"所以，我们下乡调查，尽可能地弄清楚：好，究竟好到了什么程度；坏，又坏到了什么地步。"

毛泽东高兴地说："对，重要的是摸到真实情况！"

刘少奇雷厉风行，立即出发。他偕夫人王光美，还有秘书吴振英等几个工作人员，带着广州会议的精神，回到湖南农村蹲点调查，听取群众意见，了解农村的真实情况。

"轰隆隆，轰隆隆……"

中共中央副主席、中华人民共和国主席刘少奇乘坐的专列，车轮沿着祖国南北交通"大动脉"——京广铁路向北滚动。

过了韶关，很快就进入湖南省境内，经郴州、衡阳、株洲，就是目的地长沙。

一路上，车轮滚滚，专列继续向北飞驰。

车内，刘少奇心急如焚，陷入沉思之中。他眼前闪现的一幅幅往事画面，就像车窗外的景象，不断变换：三年狂热的"大跃进"，带来的不是一相情愿的大发展，而是国民经济比例的严重失衡，农业生产一降再降，人民生活处于十分困难的境地。

这几年，刘少奇到全国各地视察的时间并不少。但是，他感到以往的调查只停留在表面，往往是走的地方多，深入实际做得不够，没有把情况和问题真正搞清楚。这一次，他下了很大的决心，对下去调查制定了严格的纪律。

离开广州前，刘少奇曾对中南局和中共湖南省委的负责人说过，他这次去湖南农村调查，采取过去老苏区的办法，直接到老乡家，睡门板，铺禾草，既不扰民，又可以深入群众。人要少，一切轻车简从，想住就住，想走就走，一定要以普通劳动者的身份出现。

我们再也交不起这种昂贵的学费了啊！

此前，中国共产党的组织原则是：个人服从组织，下级服从上级，全党服从中央。像其他党和国家领导人一样，刘少奇了解情况主要是听汇报，看材料。这一回，他决心微服私访，蹲点调查，解剖麻雀，完全彻底搞清楚三四个食堂的历史和现状，切实制定出符合中国国情的政策，挽狂澜于既倒！

五、长沙，我回来了

1961 年 4 月 1 日。长沙。

"呜——"汽笛长鸣，打断了刘少奇的思绪。

刘少奇乘坐的专列，徐徐地开进了长沙火车站。

"哐当"一声，专列平稳地停靠在月台边。

站台上，站满了值勤的公安干警、解放军战士和乘务人员。

1949 年，刘少奇和夫人王光美在北京香山。从河北西柏坡离开后，他们随中共中央迁居北京香山。

中共湖南省委第一书记张平化率领一班人，已经来到这里等待多时，热烈欢迎前来湖南蹲点调查农村真实情况的刘少奇及夫人王光美。

刘少奇和夫人王光美兴高采烈地走下了专列。

双脚行走在家乡的热土上，刘少奇有一种亲切感。他在心里喃喃地说："长沙，我回来了！"

在一片热烈的气氛中，刘少奇和夫人王光美分别和前来迎接的中共湖南省委领导张平化等一一握手。

然后，刘少奇和夫人王光美，以及秘书吴振英等几个工作人员，分别乘坐小轿车。

车队驶出长沙火车站，飞也似朝中共湖南省委院内的蓉园驶去。

刘少奇这次回湖南农村蹲点调查，是雷厉风行。他来得很急速，头天从广州给中共湖南省委打来电话，第二天就到了。

为了迎接刘少奇，中共湖南省委接连召开会议，专门研究部署接待工作。首先，是选点派人。经过研究，决定以中共湖南省委书记李瑞山为总队长，组成中共湖南省委工作队，专门陪同刘少奇到农村蹲点调查。

其次，是调配专车。按理来说，刘少奇乘坐的专车应该具有豪华、漂亮和舒适等特点。湖南又是刘少奇的家乡，为尽地主之谊，中共湖南省委特别为他安排了一辆当时档次最高的苏制吉姆轿车。另外，还有数辆小车供刘少奇的随行人员使用。

再次，是精心安排生活。俗话说得好，千事万事不管饭事。对刘少奇一行的生活，中共湖南省委进行了热情、周到的安排。刘少奇已是 63 岁的老人了，总不能像公社脱产干部那样，到社员群众家里去吃派饭。

当时，干部待遇分大灶、中灶和小灶，按照规定 13 级以上的高级干部就可以吃小灶。刘少奇是中共中央副主席、中华人民共和国主席，中共湖南省委认为他的生活照顾更应该特殊。

结果，刘少奇什么都不要，说一辆吉普车就够了！

这是家乡的大事！刘少奇偕夫人王光美回湖南了！

刘少奇这次回到湖南能不能发现问题、解决问题呢？他感到自己责任重大。

第二章 工作第一

一、记忆中的长沙

中共中央副主席、中华人民共和国主席刘少奇及夫人王光美下车后，被安排住在中共湖南省委院内的蓉园宾馆三号楼。

蓉园坐落在湘江东岸的袁家岭，原为晚清长沙富商的私家园林。这里地处通衢，却有城市中难得的幽静。三面环水，四时鸟鸣，风景秀丽，绿草如茵，凉风习习。树木生长茂盛，参天大树宛如一道绿色的屏障，把这里同外面的世界隔开。阳光透过密密麻麻的树林，映下一片片斑驳的树影。整个园内沉浸在一片宁静之中，临窗如水榭，构轩若华亭，居处其中，可会良辰美景，可以心旷神怡。

长沙位于湖南中部偏北，是一座历史文化名城，素有"三湘首邑"、"楚汉名城"之称。其名始于西周，历代为郡、州、路、府，历史上曾经有过41位长沙王。从清康熙三年（1664）起，长沙为湖南省治。这里人文荟萃，屈原、贾谊等先人，"一为迁客去长沙"，楚辞汉赋，惠风远播。

一条湘江把长沙分为河东、河西两部分。岳麓山为其屏障。襟湘带岳，山川形胜，历来是兵家必争之地。河西岳麓山下的岳麓书院，是湖湘文化的发祥地。如果把城市比做一个人，那么，文化就是这个人的灵魂。正是"经世致用，自强不息"的湖湘文化之根，影响着支撑着长沙滚滚向前的车轮。

湖湘文化是一种地域性的文化。身在其中的湖南人，无不深受它的影响，接受它的洗礼，从头到脚、从里到外打上它的烙印。对于许多湖南人来说，他们都因有这一文化的深厚底蕴而骄傲，而自豪。正是有了这一文化的熏陶，那些走南闯北的湖南人，才能演绎出自己光辉的人生，并为世人所敬仰。

千百年来，人们将湖湘文化源头的楚文化概括为四个方面："筚路蓝缕，以启山林"，这种艰苦创业的精神，为楚人日后的脱颖而出打下了基础，可谓楚人精神之一；"不鸣则已，一鸣惊

青年时代的刘少奇。摄于20世纪20年代。

人"，这种敛翼待时的精神，为楚国的奔轶绝尘奠定了基调，可谓楚人精神之二；"抚有蛮夷，以属诸夏"，这种兼收并蓄的精神，为楚文化的精彩绝艳创立了条件，可谓楚人精神之三；"楚虽三户，亡秦必楚"，这种义无反顾的精神，为楚裔的知耻后勇注入了巨大的能量，可谓楚人精神之四。这四种精神，始于楚之先民，纵贯800年楚史，灌溉后世无限。由于受地缘因素的影响，湖南人对楚人精神的继承更是一以贯之。从曾国藩创办湘军，到谭嗣同、谭才常等参与戊戌变法，到蔡锷、黄兴领导辛亥革命，再到毛泽东发动秋收起义走农村包围城市的革命道路，就是荆楚故地的人们写在我国近现代史上的精彩篇章，其间的文化内涵与楚人精神也有着千丝万缕的联系。

"西南云气来衡岳，日夜江声下洞庭。"刘少奇来到长沙这样一个具有深厚历史底蕴的城市，深受湖湘文化的熏陶和影响。那时，正是中国社会大动荡、大分化、大变革的时代。他在长沙求学生活这一段时间，可以说

是对他的思想、性格的形成和发展，起到了决定性的作用，既为他提供了展现才华的舞台，也为他以后成为一代伟人打下了坚实的基础。

长沙可以说是刘少奇的龙兴之地。一方面，他来到这里求学，学习之余和同学们一起游岳麓山，流连岳麓书院，领略了湖湘文化的深刻内涵；另一方面，他从上海回到这里养病，被反动军阀赵恒惕逮捕，经受了国民党反动派的严刑拷打，更加坚定了他的共产主义信念。

长沙气候温宜、风光旖旎，是镶嵌在长江中下游的一颗璀璨的明珠。眺望窗外，刘少奇浮想联翩。

刘少奇离开炭子冲投身革命后，仅仅回过一次家。那是 1922 年 7 月，刘少奇从莫斯科东方大学留学回国，由中共中央执行委员会分配回湖南，参加中共湘区委员会的工作。

回到长沙后不久，刘少奇便抽空回到炭子冲，看望母亲鲁老太太。

鲁老太太虽是妇道人家，却也是从重重困难中闯过来的。当时，刘寿生得了肺痨病。刘家为了冲喜，赶快给刘寿生和鲁老太太拜堂成亲。鲁老太太嫁到刘家，丈夫刘寿生就一直病病恹恹。从那时起，她就是当家人。一些应该由男人经管的事情，如四时务农、帮工请人，甚至对外联络，都由她躬身料理。她一共生了四个儿子、两个女儿。丈夫 46 岁过早去世后，她咬紧牙关挑起了全部家庭重担，克服重重困难，依靠几个逐渐成年的儿子，不仅保住了炭子冲的家业，还增加了几亩田产，加修了几间茅屋。这是她对刘家的贡献，也是她的骄傲。

刘少奇感到，母亲很明显地衰老了。当时，鲁老太太已经 58 岁，头发花白，牙齿也缺了一颗。满脸深深的皱纹，刻记着她饱经沧桑的阅历。这一切几乎改变了她以往的神态。

回家一次很不容易，刘少奇本来应该陪伴自己的母亲多住一些日子。但是，革命工作离不开他。工人运动的烈火已经点燃，许多地方都急需派人去加强领导。中共湘区委员会书记毛泽东四处奔走，忙得团团转。为了掌握斗争的主动权，中共湘区委员会决定派刘少奇去安源，指导那里正在酝酿的罢工运动。

革命斗争如火如荼。刘少奇不敢耽误时间。他在家里仅仅住了两个晚上，就准备动身前往长沙，投入到火热的革命斗争中去。

相见时难别亦难。像千千万万母亲那样，鲁老太太坚决不让刘少奇出门，极力挽留自己的儿子在家里多住些日子。鲁老太太是一位旧式农村妇女。她缠过足，禀承了东方女性勤劳、俭朴、克己、宽容的传统美德。四个儿子、两个女儿都已经长大成人，儿女们的教读嫁娶，都是由她一手操办的。她最不放心的是满伢子刘少奇。

1926年1月，62岁的母亲鲁老太太专程赶到长沙，看望刘少奇。刘少奇在照相馆请人替母亲照了这张像，如今陈列在刘少奇同志纪念馆里。

刘少奇排行第九，母亲叫他九满。他不安分，心比天高。他在长沙上了中学还不满足，后来又投笔从戎，进了湖南讲武学堂。湖南讲武学堂在南北战乱中被捣毁，他去保定读留法预备班，打算去法国勤工俭学。经过种种周折，他最后才找到了去俄国留学的机会。他在那里加入了中国共产党，宣誓献身于人类的解放事业……可是，鲁老太太并不懂得，她的儿子是在黑暗之中苦苦摸索救国救民的革命道路。

中国人民一直在探索中华民族复兴的伟大事业。早在1840年英国兵舰的炮火轰击声中，这种探索就拉开了序幕。许多仁人志士为此献出了宝贵的生命。刘少奇加入这个行列，早已把自己的生死置之度外。然而，像千千万万的母亲那样，鲁老太太希望儿子能留在自己的身边。尤其是上了年纪的老人，更渴望儿孙满堂是个福。鲁老太太谨遵"父母在，勿远游"的古训，要求刘少奇承担男子汉的责任，成家立业，结婚生子，传宗接代。

自古忠孝不能两全。刘少奇无法说服母亲，只好这样宽慰她："娘，今年我争取回来过年！"

过年是阖家团圆的日子，中国人都最看重传统春节。在鲁老太太的记忆中，刘少奇已经有三年没有回家过年了。

鲁老太太听刘少奇这么一说，爽朗地笑了，问："你说的是真话？"

刘少奇认真地回答："我尽量争取吧！"

革命青年四海为家。刘少奇的诺言没有实现。离家后，他匆匆赶去安源，领导了安源路矿工人大罢工，沉重地打击了封建军阀和官僚资产阶级的嚣张气焰。后来，他又去广州筹备全国第二次劳动大会。会后，他辗转青岛而去上海，参与"五卅运动"的领导工作。

"五卅运动"的矛头，直接对准帝国主义及其走狗北洋军阀。那场斗争波澜壮阔，极大地激发了全国各族人民的革命觉悟，从而推动了革命运动的迅速高涨，成为大革命高潮到来的重要标志。

革命斗争血雨腥风，工作不分白天黑夜。在这场伟大的革命斗争中，刘少奇行踪飘忽不定。平时，他只有通过书信的形式，向自己的母亲请安。

正是这种持续不断的、紧张而又繁忙的革命活动，使刘少奇身心交瘁。他终于病倒了。他患的是肺痨病，跟他父亲一样的病症。他的病，也许是遗传的吧。

上海总工会被查封后，工人运动暂告一段落，工会工作由公开转入秘密。这时，刘少奇的身体状况也使他无法坚持工作，党组织对他的病情极为关切，考虑到工会工作已由公开转入秘密，安排他回湖南治病和休养一段时间。1925 年 11 月，刘少奇在妻子何葆贞的陪伴下，离开上海，回到湖南长沙休养。

儿行千里母担忧。刘少奇多次接到辗转而来的家信，鲁老太太无时无刻不在牵挂着自己的儿子。由于革命工作的需要，他根本不能立刻回家去看望自己的母亲。到了长沙之后，他需要马上治病。因为身体是革命的本钱，不怕千斤担只怕四两病，只有身体恢复了健康，才能有所作为啊！

安顿下来之后，刘少奇让自己的妻子何葆贞先行去炭子冲，代他向母亲送去一份儿子的孝心。

何葆贞是带着刘少奇写的路条去婆家的。因为她是第一次去炭子冲，也是第一次去见婆母鲁老太太。对于她来说，炭子冲并不陌生。一年多前，他们不满周岁的儿子刘葆华（作者注，后名刘允斌）就被伯父刘云庭带回炭子冲，跟奶奶一起生活，由鲁老太太抚养。鲁老太太多次给儿子写信，叫他把媳妇领回家来让她看看。

刘少奇与何葆贞的结合，最初的红娘是毛泽东和杨开慧。何葆贞是湖南道县人，1902 年出生于一个小商贩家庭。她自幼聪明好学，12 岁时进了新办的县立女子小学，后来以优异的成绩考入省立衡阳第三女子师范学校。那时，毛泽东多次来衡阳进行革命活动，曾来学校做宣传，成立党支部。因此，何葆贞认识了毛泽东。她很快加入了中国社会主义青年团，并且成为学校团支部负责人。

1922 年 9 月，何葆贞因领导学潮而被学校开除。学校党组织介绍她去长沙，进了毛泽东创办的自修大学。到了长沙，她和毛泽东又见面了。自修大学设在小吴门的船山学校。由于学校房舍不够，一部分学员需要在外边解决住宿问题。何葆贞和另一位三师女生张琼，一起住在清水塘毛泽东家。毛泽东的妻子杨开慧热情贤淑。何葆贞和杨开慧、张琼很快就成为了好朋友。

由于革命的需要，毛泽东家里常常有远方的客人登门。一天，刘少奇从安源回长沙参加中共湘区区委会议，来到清水塘毛泽东家，与何葆贞不期而遇。作为主人，杨开慧给他们互相作了介绍。当时，刘少奇仔细看了何葆贞，只见她浓眉大眼，神态沉静，端庄而又落落大方，给他留下了深刻的印象。何葆贞凝视着刘少奇，只见他颀长的身材，穿一件蓝布长衫，彬彬有礼，俨然是一位和蔼可亲的教书先生。

在中共湘区委员会议上，刘少奇汇报了安源路矿工人大罢工的情况。

由于工人力量的强大和英勇正义的斗争，安源路矿当局不得不接受工人提出的各项要求，罢工取得了全面胜利。同时，他还提到，为了巩固胜利成果，那里迫切需要干部。中共湘区委员会如果选派一些得力干部去，那是求之不得的事情。

在吃午饭的时候，杨开慧突然灵机一动，微笑着对刘少奇说："葆贞是衡阳三师的高才生，很能干又很热情，是不是可以让她到安源去工作呢？"

刘少奇听了，高兴地说："好呀！我们打算扩大工人夜校，正缺教师呢！"

毛泽东似乎看出了什么秘密，也许是无心插柳。他对何葆贞说："安源工人俱乐部需要女干部，你去最合适！"

何葆贞跟随刘少奇来到了安源，在安源工人夜校任教员。她工作认真，待人热情，工友们都很信任她。在紧张而又充满激情的工作中，她和刘少奇的感情不断升温，由革命友情而互相爱慕，开始恋爱。

1923 年 4 月，刘少奇和何葆贞喜结连理。他们不办酒席，不收彩礼，不拜天地，只开了一个充满欢乐的茶话会。

不久，何葆贞怀孕了，后来生下了刘葆华。

1924 年临近年底的一天，刘少奇和何葆贞接到了党组织的通知，决定将他们调离安源，另行分配工作。当时，他们也有难处，因为孩子刘葆华还太小，不满周岁。工作任务很繁重，生活又极不稳定，而且随时都有可能被捕，将孩子带在自己的身边很危险。

刘少奇听说火车司机朱少连想收养一个儿子，当即决定要把长子刘葆华送给朱少连抚养。

骨肉分离，这是人间的悲剧。何葆贞悲痛无比，眼泪像断了线的珠子吧嗒吧嗒地往下流。革命者同样有儿女情长，儿子是自己的心头肉，她怎么也舍不得把自己的儿子刘葆华送给别人去抚养啊！

这时，恰巧刘少奇的哥哥刘云庭从家乡前来看望他们。刘云庭坚决不同意他们把孩子送给火车司机朱少连。因为朱少连也是一位革命者，今后可能随时调动工作，也可能会遇到同样的麻烦。到那时，孩子怎么办呢？孩子是刘家的后人，他要将刘葆华带回老家去抚养。于是，刘葆华跟着伯伯刘云庭回到了炭子冲。

湖南农村有个规矩，头一次走婆家的媳妇叫新媳妇。新媳妇何葆贞的到来，给炭子冲带来了阖家的欢乐。鲁老太太更是高兴得合不拢嘴，忙前忙后，杀鸡、煮蛋，盛情款待何葆贞。

刘葆华有奶奶的疼爱，长得很结实，已经学会蹒跚走路了。可他认生，不亲何葆贞。

鲁老太太费了许多周折，一边给好吃的，一边给好玩的，刘葆华才喊了何葆贞一声"妈妈"。

热闹过去之后，何葆贞如实告诉婆母，说刘少奇生病了，正在长沙治病。

鲁老太太听说儿子得的是肺病，和他父亲一样的病症，十分焦急。何葆贞只在家里住了一个晚上，鲁老太太就催她回长沙去照顾病人。

何葆贞只在炭子冲住了一晚，第二天就回到了刘少奇的身边。为了使丈夫高兴，她把离开父母将近一年的儿子刘葆华也带到了长沙。

当时，刘少奇和何葆贞借住在长沙潮宗街56号文化书社。文化书社是毛泽东和几位共产主义者在1920年7月创办的，最初是新民学会的主要活动场所，后来成了早期共产党人秘密联络的机关。文化书社经理易礼容，和刘少奇曾经同是中共湘区委员会委员，是并肩战斗过的战友。易礼容对刘少奇和何葆贞大妇十分关照。

文化书社与湘雅医院相距不远。湘雅医院是一家教会医院，硬件和软件都很好，在长沙挺有名气。刘少奇通过朋友延请这家医院的名医诊治，一边服药治疗，一边休养。然而，他根本就闲不住，不是在文化书社寻找书籍阅读，就是跟湖南的党的一些同志谈形势，讨论一些共同关心的问题。何葆贞把儿子刘葆华带到长沙，又为他增添了难得的家庭乐趣。药物治疗，加上友情和亲情的精神治疗，刘少奇的病情很快就有了明显的好转。

然而，不幸的事发生了。1925年12月16日中午，文化书社阴森可怕。在这里，国民党反动派早已布下了陷阱。刘少奇外出治病返回文化书社时，发现气氛不对，有几个鬼头鬼脑的人，显然不是购书的读者。

刘少奇在二楼的书房刚坐定，即有几个穿便衣的人不敲门不打招呼，径直闯了进来……他立即站起来进行呵斥："要干什么？"

这时，刘少奇正准备抽身往外走。那几个家伙一齐扑了上来，不由分说地将他扭住。他大声抗议，文化书社的店员也出来解围，都无济于事。那几个家伙二话不说，将刘少奇抓了就走，推推搡搡，把他关进了长沙戒严司令部。

原来，这是湖南省省长、反动军阀赵恒惕下的毒手。"五卅运动"在湖南各地引发了大规模的工人、学生运动，至今余波未息。赵恒惕为此伤透了脑筋。正在这个时候，他得到全国工运领袖刘少奇从上海潜回长沙的密报。

刘少奇在全国工人运动中的影响，赵恒惕早有所闻。刘少奇的胆识和才智，报纸杂志常有报道。这次刘少奇回乡治病，赵恒惕深感不安，生怕刘少奇把工人运动的烈火烧到湖南来。赵恒惕十分恐惧，派出侦探四处搜寻，终于查清了刘少奇的行踪和落脚点，于是马上下令要军法处拘捕刘少奇。

那么，刘少奇是怎么被营救出狱的呢？

首先，是声势浩大的舆论压力。

刘少奇被捕后，赵恒惕害怕引起公愤，严密封锁消息。

为防止敌人马上暗害刘少奇，何叔衡、萧述凡等首先想办法将刘少奇被捕的消息向社会公开，争取社会舆论的声援。第二天，长沙的《大公报》顶住压力，最先披露了刘少奇被捕的消息。

12月17日，《大公报》在醒目的位置报道：

上海总工会总务部主任刘少奇，近因肺痨，日前偕其妻室回湘养病。昨日下午一时，刘往贡院西街文化书社购书，入门不到一刻，突来稽查二人、徒手兵一人，扭往戒严司令部。至其被捕原因，尚不得而知。闻刘系宁乡人，曾肄业于长沙明德学校。近年居沪，为各项群众运动之领袖云。

刘少奇无端被捕公之于众，戳穿了赵恒惕秘密逮捕刘少奇的伎俩，立刻引起轩然大波。这就使赵恒惕有了顾虑，不敢贸然加害于刘少奇。

由于正值第一次国共合作时期，孙中山先生提出的"联俄、联共、扶助农工"的新三民主义，得到了全国人民的普遍承认。赵恒惕逆历史潮流而动，竟敢冒天下之大不韪，公然逮捕著名工人运动的领袖刘少奇，全国为之震惊，舆论一片哗然。

刘少奇被捕的消息，好像长了翅膀，很快就在全国各地传了开来。正在广州召开的中国国民党第二次全国代表大会，以大会决议形式，致电赵恒惕，敦促他释放刘少奇：

据报载全国总工会副委员长、上海总工会总务主任刘少奇同志，因回湘养病，突被先生饬戒严司令部捕去。查刘同志尽瘁国事，服务劳工，五卅运动勤劳卓著，正民众拥护之人，先生何遽加以逮捕？兹经本大会一致议决，电请台端释放。特此电达，即希察照。

各地工会、进步团体，纷纷通电救援。中华全国总工会、中华全国铁路总工会、河南焦作市国民党部还会同煤炭工会、厨司工会等团体，联名通电谴责赵恒惕，责令他立即释放刘少奇。而全港罢工委员会1926年1月20日的通电，则是一篇战斗檄文：

愤悉中华全国总工会副委员长刘少奇同志……竟被万恶军阀赵恒惕扣留，至今日久，虽经各社团各界之通电求释，尚被押在狱中。遄听之余，愤激欲绝。夫此禽兽行为，灭绝人道之军阀，恃武力压迫民众，实为国民之寇仇。凡有血气者，莫不悲愤五中，大有思灭此而朝食之势。深望各界同胞一致奋起，实力援助。敝会同仁愿为后盾，务须达到恢复刘同志之自由为目的。迫切陈词，临电不胜奋激之至！

各地的工人组织和进步团体，抗议的电报，像雪片似地飞来，纷纷谴责赵恒惕。

其次，是刘少奇的妻子何葆贞的奔走呼号。在这场突如其来的打击面前，何葆贞强忍着悲愤，沉着、冷静地面对现实。她设法疏通关系，与狱中的刘少奇取得联系，送些衣服、被子和吃的东西进去，安慰身陷囹圄的丈夫。前些日子，何葆贞曾把儿子刘葆华从炭子冲接到长沙。现在，她无法照顾自己的孩子，又请人将刘葆华送回到炭子冲老家去，继续由鲁老太太抚养。她四方奔走，八方求援，全力以赴营救亲爱的丈夫。

何葆贞在长沙搬动了两位上层人物：一位是湖南省议会议长欧阳振声。何葆贞在衡阳第三女子师范学校就读时，有一位教过她的国文的欧阳鸣皋老师，与欧阳振声同族同宗。另一位是何葆贞的房族叔爷何维璞，与欧阳振声也有很深的私交。这两位当时都在长沙任职。何葆贞分别登门拜访他们，恳请他们通过欧阳振声给予帮助。

欧阳鸣皋老师和何维璞先生，对刘少奇为工农奋斗的事迹略有所知，对他突然被捕也感到愤愤不平，他们又都同情何葆贞的处境，于是相约去见欧阳振声议长。

欧阳振声学富五车，德高望重，对赵恒惕专横跋扈早有看法，现在又任意捕人，他觉得有悖于法理。

识时务者为俊杰。欧阳振声慨然允诺，答应由他出面，联络一些省议员，联名具保，强烈要求释放刘少奇。

另一位是湖南省禁烟局局长洪赓飏。洪赓飏是赵恒惕的财神爷。何葆贞找到他家。洪赓飏当即表示，营救刘少奇，他义不容辞。

再次，洪赓飏全力以赴营救刘少奇。

刘少奇与洪赓飏有着非同寻常的关系。洪赓飏是宁乡芳储乡洪家大屋人，与炭子冲刘少奇家相距约4公里。洪家是书香门第，一代又一代靠读书考取功名。不幸的是，洪赓飏少年失怙，孀居的母亲便把希望寄托在儿子身上。洪赓飏刚够读书的年龄，洪母便延聘当地一位最有学问的杨先生在家授课，对洪赓飏进行启蒙教育。因为刘家和洪家有点拐弯抹角的亲戚关系，刘少奇的父亲便向洪母请求，希望把刘少奇送到洪家来读书。刘少奇与洪赓飏同岁，刘少奇大一个月。见刘少奇衣着朴素，举止文雅，又极聪睿的样子，洪母欣然同意了。在洪家大屋，刘少奇与洪赓飏同窗共读，朝夕相处。后来，两人又同时考入县城玉潭学校，毕业后又同在长沙求学。星期天，两人互有来往。之后，刘少奇在北平、保定等地参加革命活动，在莫斯科东方大学加入了中国共产党，成为一位职业革命家。洪赓飏则东渡日本，考入东京早稻田大学政治经济系。

1922年秋天，洪赓飏从日本学成回国，在上海与刘少奇不期而遇。久别重逢，他们叙旧话新，诉说着各自的经历和今后的打算。

洪赓飏因为要照顾自己的母亲，准备回湖南工作。那时，共产党还处于地下工作状态，十分秘密。刘少奇不便对洪赓飏过多地介绍自己的工作情况。这并不妨碍他们的个人友谊。他们相处得很愉快。

那时，有一位叫袁素的宁乡姑娘，正在上海师范专科学校深造。袁素早就认识刘少奇。洪赓飏来到上海后，三个老乡经常在一起聚会、聊天。经过几次接触，刘少奇见洪赓飏和袁素互相都有了好感，干脆把话挑明，当了他们的红娘。后来，他们喜结连理，走进了洞房成了夫妻。

刘少奇成人之美，使他与洪赓飏和袁素有了更深一层的关系。在无私帮助别人的同时，他也为自己修了一条金光大道。

洪赓飏回到湖南后，深受当局赏识，得到不断擢升，25岁就做了湖南省禁烟局局长。

禁烟局设在湘西的洪江镇，专门掌管鸦片的税收工作。那时候，大量鸦片从云南、贵州经湖南省运往外地，洪江靠近贵州，是那条黑色通道的总关卡。而当局禁止鸦片的唯一手段，是课以重税。禁烟局每天收入的白花花的银元，要用箩筐来装。这是湖南省政府的重要财政来源。洪赓飏也就成了赵恒惕的财神菩萨。

洪赓飏从《大公报》上得知刘少奇被捕的消息后，不觉大吃一惊。刘少奇是赫赫有名的工运领袖，赵恒惕视为洪水猛兽的人物，现在落入魔掌，凶多吉少。洪赓飏心急如焚，连忙从洪江赶回长沙。

赵恒惕既是湖南省长，又是督军，集军政大权于一身。他的属下有四个师长，其中叶开鑫和贺耀祖都是宁乡人。这两个师的军饷都由禁烟局直接拨给，洪赓飏与他们的关系非同寻常。

夫唱妇随。洪赓飏的妻子袁素，与赵恒惕、叶开鑫、贺耀祖的眷属也多有接触。为了他们共同的好友刘少奇，洪赓飏夫妇以各自的方式开展营救活动。

袁素周旋于赵恒惕、叶开鑫、贺耀祖的公馆，探听消息，寻找机会。洪赓飏分别宴请叶开鑫和贺耀祖。

宴请贺耀祖时，贺耀祖很痛快，表示愿意帮忙。每次请客，都有社会名流作陪。在天乐居饭馆宴请叶开鑫时，连他一位姓李的秘书也请来了。席间，洪赓飏开门见山地说："刘少奇是我的同窗好友，书读得好，我们又是亲戚。现在他出了点麻烦，要劳驾师座给个面子，保释他出狱！"

叶开鑫阴险狡诈，欲壑难填。他拿腔作势，说刘少奇的案情重大，赵恒惕不一定会轻易放手。洪赓飏劝酒、敬菜、戴高帽……什么手段都用上了，叶开鑫只是打哈哈，就是不松口。

保释刘少奇，叶开鑫是个关键人物。长沙戒严司令部的司令又是他昔日的部属，他出不出面关系极大。平时和叶开鑫交往，洪赓飏知道他有一个癖好，爱收藏名人字画、古玩珍宝。为了营救同窗好友刘少奇，洪赓飏不得不下血本了。

宁乡洪家自高祖起，高中举人、进士、翰林者多人。官宦人家，自然藏有许多稀世珍品，其中有一幅乾隆皇帝的御笔条幅，洪家视为"传家宝"，轻易不外露。救人一命，胜造七级浮屠。为了营救刘少奇，洪赓飏只好忍痛割爱，派自己的随从周维宾，连夜赶回乡下，取来这个宝贝。他又写了一封言辞恳切的信，连同乾隆皇帝的御笔条幅，叫周维宾送至叶开鑫公馆。

叶开鑫双手捧着乾隆皇帝的御笔条幅，果然笑逐颜开，连声称赞："珍品，珍品！"

为了加大保险系数，洪赓飏还在银楼打了一套银质餐具，送给叶开鑫，再一次陈情，恳请他出面保释刘少奇。

此外，刘少奇的胞兄刘云庭也积极活动。刘云庭排行第六，刘少奇叫他六哥。刘云庭曾在湘军中任过相当于营级的军官，热情仗义，在社会上结交的朋友很多。当他得知弟弟刘少奇被捕后，他在宁乡和长沙之间不停地奔走，求助于所认识的上层人士，通过各种关系进行紧张的营救工作。

还有许多开明人士、社会贤达，都纷纷出来为刘少奇说话、担保。上下左右，四面八方，对反动军阀赵恒惕形成了一种强大的压力，使他不敢轻举妄动。

事情已经闹到了这般地步，为赵恒惕等所始料不及。

专横暴戾的赵恒惕，也懂得众怒难犯的道理。慑于舆论的强大压力，碍于各方面的面子，他不得不批准释放刘少奇，作出决定："将刘少奇逐驱出境。"他还假装斯文，送了一部"四书"给刘少奇。

1926 年 1 月 26 日，刘少奇经过社会各界共同营救终于获释，恢复了自由。

根据中共中央的指示，刘少奇随后到达广州，继续从事革命工作。

1926 年 2 月 20 日，广州《工人之路特号》第 237 期对此曾报道说：

中华全国总工会副委员长刘少奇君，前因养病回湖南，被军阀赵恒惕无端捕去，加以囚禁。全国各工会闻讯之下，纷纷电赵恒惕请释放刘君。湘赵因慑于群众力量，遂（于）元月十六日释放刘君。

对于送"四书"一事，2 月 29 日的《工人之路特号》第 246 期的报道中讽刺说，这是赵恒惕"最滑稽"的事情。

3 月 3 日，中华全国总工会为刘少奇举行了隆重的欢迎大会。省港各工会负责人和罢工工人代表，共 1500 余人，把国民党中央党部大礼堂挤得满满的。会上，中华全国总工会执行委员邓中夏，发表了热情洋溢的欢迎演说：

> 刘少奇同志是为工人阶级谋利益而被捕的。经过各方努力，各地打电报，才迫使赵恒惕放他出来，刘少奇同志是我们工人阶级最奋发最勇敢的一位战士……

在演说中，邓中夏高度评价了刘少奇为工人阶级进行的英勇斗争。

之后，刘少奇在广州代理了中华全国总工会委员长职务，继续领导为响应"五卅"运动，正如火如荼地进行着的省港大罢工及广州和全国各地的工人运动。40 年后，在史无前例的"文化大革命"中，这一过程却被彻底扭曲，并因此导致了共和国有史以来最大的冤案。这是后话。

二、微服私访

1961 年 4 月 2 日上午。中共湖南省委院内的蓉园三号楼。

中共湖南省委第一书记张平化向中共中央副主席、中华人民共和国主席刘少奇，简要汇报了湖南当时的政治、经济形势。

张平化（1907—2001），湖南炎陵人，1959 年 8 月由中共湖北省委第二书记调任中共湖南省委第一书记，中南局书记处书记。后任中共中央宣传部副部长、中共湖南省委第二书记、中共中央宣传部部长、中央党校副校长、国家农委第一副主任。是中共八届候补委员、十届、十一届中央委员、十二届中顾委委员。

1959 年 7 月 2 日至 8 月 16 日，在庐山召开的中共中央政治局扩大会议和中共八届八中全会期间，周小舟被当做所谓"以彭德怀为首的反党集团"成员，受到错误批判，免去中共湖南省委第一书记职务。根据毛泽东提议，8月20日，中共中央决定调张平化接任中共湖南省委第一书记。

紧接着，张平化向刘少奇汇报了中共湖南省委的接待、安排。

张平化说："省委为配合刘主席的调查，已组织了工作队，准备由省委书记李瑞山任总队长，陪同刘主席下乡。"

刘少奇听了，半天没有作声。

张平化不知所措。

过了一会儿，刘少奇一边吸烟，一边跟张平化聊天，微笑着说："平化，我记得你做过酃县的县委书记，那是什么时候呀？"

张平化一听刘少奇追问自己的历史，于是认真回忆起来。

那是1930年，由于湘赣根据地得到恢复和发展，以江西永新为中心的湘赣根据地13个县的革命政权先后建立。酃县属于湘赣根据地……

提起当年的一些事情，张平化兴致勃勃，说："酃县是我的家乡。从1929年秋天起，我就担任中共酃县县委书记，一直到1933年年初。"

见张平化说得头头是道，刘少奇笑着说："时间不短嘛！"

得到了刘少奇的首肯，张平化更加活跃起来，高兴地说："那时候，我们的主要任务是深入土地革命，建立革命政权，扩大工农武装……虽然任务相当艰巨，但大家的工作热情都很高！"

刘少奇爽朗地笑了，说："你那时也是相当一级的干部了，你们下乡，是不是也住招待所呢？"

张平化听了，打了个愣怔，连连摇头晃脑。

看到张平化已经被问住了，刘少奇很快就进入了角色，继续发问："在战争年代，我们有个'三人纪律、八项注意'，人民战士处处爱人民。干部下乡了，直接到老乡家睡门板，铺禾草，决不打扰老百姓。我这次下乡蹲点调查研究，如果按你们那样的安排，怎么去和老百姓打成一片呢？"

听了刘少奇所说的一席话，张平化无言以对。

刘少奇停顿了一下，又说："这次是来蹲点搞调查，采取过去老苏区的办法，直接到老乡家，睡门板，铺禾草，既不扰民，又可以深入群众。人要少，一切轻装简从，想住就住，想走就走，一定要以普通劳动者的身份出现。"

见张平化不吱声，刘少奇继续解释："眼下，老百姓连饭都吃不上、吃不饱，不是讲排场的时候。我更不要什么席梦思、大沙发，那样会闹大笑话的。我仍旧采取苏区的老办法，吃住都在老乡家。"

张平化连忙解释："我们考虑到您年纪大了，乡下的条件又确实太差……"

刘少奇声情并茂，说："如果我们还穷讲究，摆阔气，高高在上，群众心里会怎么想？哪个还敢向我讲真话呢？"

张平化沉默不语。

刘少奇面带微笑，信心十足："回家乡调查是个好办法，可以了解很多真实的情况。住在老百姓家里，他们有什么话都会跟我说，给我反映想了解都了解不到的情况。"

张平化据理力争："还是派李瑞山同志去领领路吧！"

刘少奇笑了，连连摆手："我下乡蹲点调查，不要影响省委的日常工作，李瑞山同志也不要陪同了。这次调查先秘密，后公开，先找人个别谈话，后开各种小型座谈会，深入民间，深入实际，既是私访，又是公访。"

刘少奇吸了一口烟，继续说："李瑞山同志是北方人，你别为难他了。我是去我的老家，通衢大道，山林小径，哪个地方不熟悉呢？好啦，就这么定了！"

三、篷布吉普车

1961 年 4 月 2 日下午 3 时。长沙。

天空灰蒙蒙的，雷声轰鸣，眼看一场春雨即将降临。

春雨贵如油。人们盼望着春雨，城里乡下，家家户户，一边唠叨着"要下就赶快下吧"，一边赶紧将挂在室外太阳下晾晒的衣服、被褥收进了屋。

这时，两辆草绿色的苏制嘎斯69吉普车，一前一后，从袁家岭中共湖南省委院内的蓉园开了出来，经五一路向西驶去。

其中一辆吉普车上，坐的是刘少奇，还有他的夫人王光美。

这两辆吉普车，前边没有像今天的警车鸣笛开道，后边也没有长长的车队跟随，仿佛一位普通干部外出办事，不虚张声势，也不扰民。

长沙的市民根本想不到，这是刘少奇出巡的坐驾。

刘少奇说来就来了。中共湖南省委热情接待刘少奇一行。

原来，中共湖南省委一班人还以为刘少奇初来乍到，要在长沙住几天。刘少奇却说工作第一，时间很紧，马上就要下乡去。

午餐后，刘少奇偕夫人王光美，还有秘书吴振英等几个工作人员，乘坐吉普车朝宁乡方向驶去。

1961年4月至5月，刘少奇回到湖南农村调查时乘坐的苏制嘎斯69吉普车，现存刘少奇同志纪念馆。

四、湘江北去

20 世纪 60 年代初，长沙城集中在湘江东岸，面积没有现在这么大，城里住的居民也没有现在这样稠密，车辆也不是多得时常塞车而需要交通警察疏导。最繁华的五一路，也是畅通无阻的。

不一会儿，刘少奇乘坐的吉普车来到了湘江东岸。只见湘水滔滔，白浪翻滚。

湘江是湖南省最大的河流，为长江主要支流之一，因此湖南简称"湘"。湘江发源于广西东北部兴安、灵川、灌阳、全州等县境内的海洋山，上游称海洋河，在湖南省永州市区与潇水汇合，开始称湘江，从南向北流经永州、衡阳、株洲、湘潭、长沙，至湘阴县入洞庭湖后归长江。全长 817 公里，流域面积 92300 平方公里。上游水急滩多，中下游水量丰富，水流平稳。干支流大部可通航，旧时是两湖与两广的重要交通运输线路。

奔腾不息的湘江，是湖南的母亲河。千百年来，湘江的灵性哺育了一代又一代三湘儿女，也哺育了少年、青年刘少奇。

刘少奇爱湘江，是因为沿途民风纯朴，人杰地灵，享有"无湘不成军"和"惟楚有才，于斯为盛"的美誉；两岸物产丰饶，历称"鱼米之乡"，享有"湖广熟，天下足"的美誉。在中国近现代历史上，三湘大地人才辈出，湖南的天空星光灿烂，湘江两岸的湖南人演出了一幕又一幕英雄活报剧。

湘江由南至北流过湘潭，进入长沙城，再过岳阳入洞庭湖。湘江流经长沙市区约 25 公里，构成了景色秀丽的长沙沿江风光带。史载，长沙郡在水（湘江）东，州城南，旧治在城中。那时，长沙城极小，估计南只到坡子街。后来，长沙依湘江两岸而建，向南北发展，湘江穿城而过。如今，湘江东岸人们习惯称"河东"，湘江西岸人们习惯称"河西"。

刘少奇身处湘江东岸，抬头望去，濒临湘江对岸的岳麓山，仿佛一道天然屏障，横亘西南，拱卫着长沙市区。古人曾以"碧屏开，秀如琢玉"，形容岳麓山之美。据《荆州记》载："麓山盖衡山之足，又名灵麓峰，及南岳七十二峰之数……岳麓山群峦叠翠，山上古木参天，浓阴匝地。六朝时的古罗汉松，唐宋时的银杏，元朝时的枫樟松栗，均虬枝曲干，葱郁青葱，堪为岳麓山极为珍贵的活的历史见证。山涧泉流终年不涸，幽壑中时闻兰芷的芳馨。"

掩映在绿树丛中的岳麓书院，为湖湘文化的发祥地，更是岳麓山的灵魂。

岳麓山和岳麓书院都令人顿生林壑幽美、涧泉清幽之感，也令刘少奇神往遐想。

湘江中有一个南北隘长的橘子洲。那时，湘江没有架桥，行人和车辆过湘江都是由火轮摆渡。

"呜——"轮渡船停靠码头。刘少奇乘坐的吉普车开上了轮渡船。

轮渡刚一起锚，刘少奇就从车上跳了下来。他想欣赏湘江的风光。

天阴沉沉的，江面上凉风习习。刘少奇下车后，江风吹起了他身上的风衣。夫人王光美担心他受凉，催他上车。随行的秘书吴振英觉得刘少奇出巡，有个安全保卫的问题，生怕出什么事情，也请他上车。

前劝后劝，刘少奇风雨不动安如山。他固执地不肯上车，站在船头，任凭江风吹拂着他满头白发，聚精会神地欣赏着橘子洲头的风光。

放眼望去，橘子洲像一条绿色的飘带，飘浮在由南向北流去的湘江之中。

橘子洲形成的历史，可以追溯到1400多年前。长沙的地理位置，处在湘中丘陵地带与湘北滨湖平原连接的地方，湘江河床的坡度在这里陡然减小，水流速度减慢，因此有泥沙淤积。由于日积月累，晋代在这里便出现了一个小沙洲。到了宋代，这里陆续形成了橘子洲、直洲、誓洲、泉洲。

随着泥沙不断淤积，沙洲逐渐扩大，几个小沙洲互相连成了一片，形成了现在的南北长约 6 公里，东西最宽处约一华里，面积达 1000 多亩的江中洲。因为洲上盛产柑橘而得名。然而，橘子洲出名，并不是因为洲上盛产的橘子味道很特别，也不是因为橘子产量很高，而是由于它奇特的地理位置和美不胜收的景色才出名的。

站在湘江两岸远眺橘子洲，或者从岳麓山顶俯瞰橘子洲，这个横亘在湘江水面上的橘子洲，仿佛一艘在江中游弋的航空母舰。

橘子洲是"潇湘八景"之一。刘少奇又联想到，橘子洲上有一座叫水陆寺的庙宇，其大门廊柱上有一副对联，上联是"五六月间无暑气"，下联是"二三更里有渔歌"。这副对联生动地描绘了橘子洲的美丽风光。

千百年来，橘子洲是长沙一处迷人的风景名胜，历代都有文人学士来到这里游览，吟诗作画，留下了不少名篇佳作。同时，这里也留下了许多中国共产党人的足迹。毛泽东、蔡和森、何叔衡等，在他们风华正茂的年代，经常一起结伴游览橘子洲，"指点江山，激扬文字，粪土当年万户侯"。

1925 年秋，毛泽东离开故乡韶山，去广州主持农民运动讲习所，途经长沙，重游橘子洲感慨万千，满怀激情写下了闪耀着革命者崇高气概的《沁园春·长沙》，使橘子洲更加如雷贯耳！

面对北去的滚滚湘江水，刘少奇心潮起伏，浮想联翩。渐渐地，他的眼睛湿润了。往事像电影一样，一幕一幕地浮现在他的眼前。

那是 1916 年 6 月，刘少奇在宁乡县城玉潭高等小学堂毕业了。按照父亲刘寿生的遗愿，他不需要继续上学了，应该去拜当地的一位名老中医为师，熟读《神农本草经》、《本草纲目》、《金匮要略》等中医典籍。他将这些中医典籍熟读成诵之后，在师父的谆谆教诲下，进一步实习，完全掌握望、闻、问、切的治疗法则，做一个济世良医，救死扶伤。

望子成龙是父母的心愿。那时候，人们普遍有两种选择：一是做良相，抓纲治国，拯救社会；二是做良医，药到病除，救死扶伤。宰相虽然是一人之下万人之上，吃香的喝辣的，还能光宗耀祖。由于条件的限制，大多数人对做良相只能是可望而不可及。一般人选择医生这个职业服务社会，似乎切合实际，更是一种时尚。孙中山最初就是一位救死扶伤的医生。而湘中花明楼炭子冲刘少奇的父亲刘寿生，对医生的钦慕，像着了魔似的，简直到了顶礼膜拜的程度。

我们已经无从考证，刘少奇的父亲刘寿生是在什么时候得了痨病。痨病就是今天所说的肺结核。那是一个谈痨色变的年代。医学对结核杆菌束手无策，根本没有药物能够治疗这个病，相当于今天得了癌症。刘寿生去宁乡、上长沙，问医求药，敬神拜佛，中草药吃了几十箩筐，病情不见好转，仍咳嗽不止。1911 年 6 月 25 日临终前的几天，他对自己的儿子刘少奇作出了最后的人生交代："再读两年书，你就去学个郎中（作者注，医生）吧！悬壶济世，妙手回春，也不枉为人生！"

然而，刘少奇觉得当医生并不能实现自己的抱负。他希望继续去求学，学知识，学本领，进而探寻人生的真理和世界的奥秘。

由于宁乡县城没有别的学校，要升入中学读书，就必须要到省城长沙去。当时，不满十八岁的刘少奇虽然没有去过长沙，对那里人地生疏，但他知道，长沙是湖南省省会，离炭子冲有八九十里路远，1904 年被清政府辟为通商口岸。刘少奇听说这个城市很大，有不少学堂，非常向往。

幸运的是，玉潭学校的地理教师梅冶成思想激进，平时同进步学生很合得来，又同长沙楚怡学校的主任教员何叔衡熟识。刘少奇便约了同学任克侠、贺执圭向梅冶成老师求助。梅冶成很热情，给何叔衡写了一封信，让刘少奇等带着他的信去长沙，需要时可以找何叔衡寻求帮助。

刘少奇在家里住了十来天，就准备动身去县城找同学任克侠、贺执圭。他们曾相约去长沙报考中学。不巧的是，宁乡很不太平。程潜率领的护国军和汤芗铭的北军，在这里摆开了战场。由于战斗十分激烈，官道上不时有抬着伤员的担架经过。战争十分激烈，双方都杀红了眼睛，有的连肠子都打出来了。

在这战火纷飞的时刻，刘少奇要去长沙报考中学，母亲鲁老太太一千个不答应一万个不赞成，说什么枪炮子没有长眼睛，如果碰着了，那就是飞来横祸啊！刘少奇是初生的牛犊不怕虎，他完全不管这些，坚持要去，不能因为打仗耽误了自己的美好前途。儿子要去，母亲不让，母子俩僵持着。

崽大娘难做。像其他孩子那样，刘少奇想自己做主，也无法顺从母亲的意愿。因为学校每年只招生一次，如果今年错过了报考的时间，就得等待来年，那就要白白地耽误一年的美好时光啊！刘少奇心想："我不能再等了，我已经长大成人，应该到更广阔的天地里去经风雨、见世面！"

刘少奇不顾母亲的苦劝苦求，狠下心来，不顾一切地走出了家门。他信心百倍地朝前走去，绝不后退绝不回头！

到了宁乡县城，刘少奇看到战争打得十分惨烈，战场上尸横遍野，血流成河。一路上，有的被打断了腿，有的缺胳膊，有的伤口血肉模糊，有的伤兵边走边滴血……这时，他感觉到母亲担忧自己出门的安全是对的，小心走遍天下，大胆寸步难行啊！

刘少奇和同学贺执圭、任克俊都是初生牛犊，他们根本不知道什么害怕二字。由于都是本地人，他们凭借地形熟悉，吃过晚饭结伴而行。为了安全起见，他们不走大路，专抄小路。此起彼落的蛙声为他们壮胆，唧唧的虫鸣抚慰着他们怦怦直跳的心。互相对阵的护国军和北军都布了许多流动哨，竟然没有发现他们。

一路上，刘少奇和同学贺执圭、任克俊一边步行，一边为去报考哪所学校而争论不休。贺执圭想去报考第一师范，因为那里只收很少的学费，还给学生发伙食津贴。任克俊也是这样想的。刘少奇却不想考师范。那时，有一个规定师范生毕业后，要在本地教三年小学，才能改行去干别的。刘少奇向往到更远的地方去，甚至想投笔从戎。他盼望去守关戍边，只要能为国家民族建功立业，即使血洒疆场也在所不惜！

黎明时分，刘少奇和同学贺执圭、任克俊终于来到了湘江西岸的渡口。经过一整夜的长途跋涉，长沙就在他们眼前。他们都是第一次来到长沙，心中有说不出的高兴。

刘少奇猜想前边的江中洲就是橘子洲。只见蓝色的轻纱，拦住万点星辰，河中飘逸着茫茫的水气。萧疏的落木，江边的白鹭，在晨雾中若隐若现。

太阳冉冉升起，曙光就在眼前。刘少奇和同学贺执圭、任克俊心中都充满了希望。此时此刻，他们都毫无倦意。在最早一趟过江的轮船上，他们心中只有一个想法，那就是尽快找到自己报考的学校。

刘少奇和同学贺执圭、任克俊怀着各自的人生追求，经由橘子洲的渡口，顺利地进入了长沙城。

长沙除了拥有第一师范、长郡中学、雅礼中学、长沙市一中等名校，还有一所名气、规模较小的学校，叫驻省宁乡中学。它以培养宁乡籍学生为主，教员大多也是宁乡人。校长黄锡类原来是玉潭学校的校长，得知刘少奇、贺执圭、任克俊三个玉潭学校的高才生来到长沙报考中学，便亲自去他们住的地方，动员他们报考驻省宁乡中学。

黄锡类声情并茂，说："驻省宁乡中学声誉虽不及长沙市一中和长郡中学，但师资力量相当强，读书气氛浓厚，收费也比较低，而且还有几个插班生的名额，可以直接插入二年级就读，缩短学习期限。"

黄锡类是刘少奇等人熟悉和尊敬的师长。黄锡类一席话，深深地打动了刘少奇、贺执圭、任克俊。经过一番计议后，他们都决定改变主意，报考驻省宁乡中学。

通过插班入学考试，刘少奇、贺执圭、任克俊三人顺利地进入了驻省宁乡中学二年级就读。

在驻省宁乡中学，刘少奇第一次阅读了《民立报》，它报道各地资产阶级民主革命运动。他关心时事，从报上看到了孙中山、黄兴领导的革命运动如火如荼。黄兴是湖南人，特别是他领导的广州反清起义和黄花岗72烈士殉难的英雄事迹，这使刘少奇深受感动。刘少奇发现，外面的世界真的很精彩，长沙确实有炭子冲和宁乡学不到的东西。

湘江百舸争流，岸边垂柳扬眉。饱经历史沧桑的橘子洲，显得分外壮美。刘少奇最初从家乡炭子冲那个山旮旯里走出来，曾在橘子洲头流连忘返。此后，他经过橘子洲头，去上海、莫斯科，去安源、延安、西柏坡、北平，才走向一个红彤彤的世界，走出了个人和祖国的前途。这里是他人生的最初渡口啊！

45年过去，弹指一挥间。刘少奇感慨万千。想当年，他风华正茂，风流倜傥，充满着青春的活力；看今朝，他年过花甲，已经白发苍苍。令人快慰的是，他最初的理想已经实现，压在中国人民头上的三座大山被推翻，全国各族人民都当家做了新中国的主人。在这场改天换地的伟大变革中，刘少奇出生入死，贡献了自己的绵薄之力。全国各族人民充分评价了他的功勋，选举他担任中华人民共和国主席。对外，他代表国家；对内，他是人民的公仆。

"国破山河在，城春草木深。"这是刘少奇读过的杜甫的诗句。在他的记忆中，湘江、橘子洲、岳麓山虽然回到了人民的怀抱，但还是老样子，可以说是山河依旧，面貌没有多少改变啊！

我们要善于破坏一个旧世界，更要努力建设一个新世界。刘少奇感到责任重大。

五、先去王家湾

轮船上的汽笛，呜呜地直叫着。

汽笛声响过，火轮渡徐徐地靠岸了。行人已经开始步行上岸。站立在船上观光的同志，纷纷上车做登岸的准备。

上岸继续西行，便是去长（沙）宁（乡）公路。沿着这条宽广的道路往前走，可以到达刘少奇的老家炭子冲。当年，刘少奇和两个同学摸黑路第一次去长沙报考中学，走的就是这条路。

火轮已经靠了码头，有的人已经上岸了。中共中央副主席、中华人民共和国主席刘少奇伫立船头，还没有动步上车的意思。

这时，司机已将汽车引擎发动。刘少奇仍旧对着滔滔江水沉思默想。

他也许在回味第一次来到橘子洲时心中的万丈豪情，也许是在遥想那逝去的峥嵘岁月。

刘少奇从 1959 年 4 月 27 日当选为中华人民共和国主席那天起，励精图治，日夜操劳。最近一些日子，他为一些统计数字食不甘味寝不安席：粮食，1960 年总产 2870 亿斤，比 1957 年的 3901 亿斤减少 26%；棉花，1960 年总产 2126 万担，比 1957 年的 3280 万担减少 35%；油料作物，1960 年总产 3405 万担，比 1957 年的 7542 万担减少一半多；生猪，1960 年年底存栏 8227 万头，比 1957 年年底存栏的 14590 万头减少 56%……

由于这些直接关系到人民生活的产品大幅度减产，国家财政赤字猛增至 81.8 亿元。为了弥补财政亏空，国家不得不增发货币，又导致了通货膨胀。货币的流通量，比 1957 年增加了 82%。

在这些严峻的数字背后，是中华民族的深重灾难：妇女停经，浮肿病流行，饥饿和死亡袭击着中国广大的农村……毛泽东的卫士李银桥回老家探亲，带回几个难以咀嚼的糠菜饼，那是乡亲们每日的粮食。毛泽东嚼了几口，眼泪长流，呜咽不止。喜欢吃红烧肉补脑的毛泽东，从此宣布自己不吃肉。一件补了 73 个补丁的棉睡衣，他也不肯去旧换新，表明他与人民患难与共。刘少奇、周恩来、朱德等党和国家领导人也都以身作则，带头节衣缩食。

刘少奇认为：人民利益高于一切。作为中国这艘巨轮的掌舵人，最关键的是要找到问题的症结，然后对症下药，想出办法，帮助全国各族人民渡过目前的难关，救民于水深火热之中啊！

湖湘文化博大精深，湖南人民勤劳勇敢。千百年来，他们靠耕读传家，善于运用口语总结历史的经验和教训。他们说："手中有粮，心里不慌。"他们还说："一朝无食，夫妻无情；三朝无食，父子无义……"身临其境的刘少奇，感慨万千。我们的祖先留下的举不胜举的关于粮食的警世格言，又在他的耳边回响。

六亿人口的泱泱大国，岂可须臾缺粮呢？对此，刘少奇感到有切肤之痛。全国经济状况错综复杂，像一锅杂拌粥相互搅和，摆在他的面前。

身为中共中央副主席、中华人民共和国主席，刘少奇最近两年常常被那些统计数字搞得云里雾里，让人信不是，不信也不是。比如粮食产量，1958 年的统计年报表上是 7500 亿斤。后来，说这个数字有水分。经过核实，中共八届八中全会公布 5000 亿斤，而实际产量仅仅只有 4000 亿斤。1959 年也并非当时公布的 5401 亿斤，而只有 3400 亿斤……根据这样混乱的数字，怎么能作出正确的决策呢？

《老子》第六十章曰："治大国，若烹小鲜。以道莅天下，其鬼不神；非其鬼不神，其神不伤人；非其神不伤人，圣人亦不伤人。夫两不相伤，故德交归焉。"老子认为，治国理政头绪繁多，犹如烹制小鱼时不宜过多地翻动一样，治国理政首先是不折腾，否则国家就会像小鱼一般被弄得支离破碎。治国特别是治理一个人口众多的泱泱大国，情况更为复杂，如果不懂得持重守静、以简驭繁，而是乱动一气，会弄得老百姓疲于应付、无所适从，结果民心涣散，导致天下大乱。新中国成立后，我们恰恰与老子所说的背道而驰。组织人事方面教训深刻，一朝天子一朝臣。然而，政策是有连续性的。领导干部像换刀把一样频繁，上台掌握了权力之后，不按规律办事，胡搞乱搞瞎折腾。有的甚至认为，只有自己是正确的，不正确的也正确，别人都是错误的，正确的也是错误的。一个将军一个令，公说公有理婆说婆有理，朝令夕改，势必影响政策的贯彻执行，使全国各族人民都找不到"北"。

抓纲治国、定国安邦，绝对不能是盲人摸象啊！如果我们连情况都不清楚不了解，那么，制定出来的政策就是牛头不对马嘴。谁敢保证政策万无一失，国家不会出大乱子呢？刘少奇忧心如焚。

下了轮渡，刘少奇乘坐的嘎斯 69 吉普车登上了湘江的西岸，继续向西行驶。

两辆草绿色的帆布篷吉普车，一前一后，在通往宁乡的沙石公路上颠簸西行。

车上，刘少奇拉开窗帘，吸着香烟，不停地注视着窗外，观察一掠而过的田野、山岭、村庄……

按季节，4月的湖南，应该是青山堆翠、花红柳绿了。可是，映入眼帘的，却是荒山秃岭，庄稼稀疏，房屋也被拆得七零八落，就像刚刚经过一场战争，到处是断壁残垣。

看到这些悲惨景象，刘少奇双眉紧锁，不断地吸烟，心情十分沉重。

吉普车奔驰。刘少奇心潮澎湃，呼吸急促起来。对于故乡，他有一半诺言，也有一丝浪漫的感情。

刘少奇紧靠车窗。他左顾右盼，努力寻找着自己儿时的印记。

看到一些有特殊标记的地方，比如一棵古老的樟树，一处土地庙的遗址……刘少奇感到十分亲切，目光总要停留片刻，好像在寻找什么。

刘少奇还没有来得及仔细回味，汽车急驶的前方，又一个唤起他记忆的地方出现了。他的思绪随着汽车的不断前行而不断寻觅，距老家花明楼炭子冲越来越近，只有七八公里了。

"慢！"刘少奇突然改变了主意，说："不急着回家，先去王家湾！"

前边山坡下有一个小村庄。在刘少奇的印象中，这个村庄就是王家湾。王家湾还有他的同学啊！

一条坑坑洼洼的机耕路通往王家湾大队。吉普车朝王家湾驶去。

在汽车的颠簸中，刘少奇说："我们这次蹲点调查，先秘密后公开，既是私访又是公访。这个村子离我家还有16华里路远，我离开家乡快40年了，这里不会有人认识我。这样也有好处，更便于我们搞调查研究。不过，大家都要有思想准备，这里的条件不会太好。我们要入乡随俗，绝对不能搞特殊化。记住，高高在上，指手画脚，是听不到真话，也是了解不到真实情况的！"

刘少奇像是自言自语，又像是在告诉司机和后座的王光美，以及随行的秘书吴振英等几个工作人员。

说话间，刘少奇乘坐的吉普车，一溜烟开进了王家湾。

第三章　以身作则

一、王家湾的不速之客

刘少奇没有通知当地党政领导，悄悄地前往自己的家乡——宁乡微服私访。他希望在这里看到原汁原味的农村，了解到真实的情况。

这天下着细雨，路上满是泥泞，两辆草绿色的帆布篷吉普车，一前一后，摇摇晃晃，驶进了王家湾。由于雨太大，车子不好开，刘少奇和王光美下了车，穿起雨衣走进村里。

王家湾堂屋大门上方，悬挂着一块旧木牌，上面用红色的油漆写着"宁乡县东湖塘人民公社万头养猪场"15个醒目的大字。

"噢，这里还有个万头猪场？进去看看！"两人兴致勃勃地进了大门。

刘少奇走进"万头养猪场"，环顾一看，猪圈又脏又乱，气味难闻，臭气熏天，猪却见不到几头，而且瘦弱不堪。他感到很失望。

所谓"万头养猪场"，原来如此而已！刘少奇想起自己坐在中南海办公室里，每次看统计报表，当他看到全国各地建了多少万头养猪场时，心里总是感到甜滋滋的。如今，眼前的现实与报表上的数字相差悬殊。他看报表时那高兴的心情一扫而光。

为了弄清情况，刘少奇临时决定在"万头养猪场"蹲点调查。他吩咐随行人员，就在这个猪场住下来。这是刘少奇回到湖南蹲点调查的第一站。从4月2日至4月8日，他在这里住了6天。

湘中丘陵的农舍，大多数是依山傍水而建的，做到前有照、后有靠，一般后面都是青山、门前都有一口池塘，或建在小溪的拐弯处。因而村庄命名大都与山和水有关，以塘、湾为常见，再在前边冠以房主人的姓氏，就是李家塘、张家湾、周家大屋……

王家湾大队的社员群众，并不都是姓王，也没有大河、小溪流经这里。为什么取名王家湾呢？当地的群众说不出个所以然，我们无从考证，也许是当地群众的习惯叫法吧。

中国建筑文化博大精深。王家湾也不例外，完完全全是按照风水建筑起来的。出了大门，屋前有一块相当大的空坪，仿佛天安门前的天安门广场，是供人游戏和集会的地方。空坪前面是一口池塘，围着这口池塘，挨前靠后是七八幢用泥砖砌成的土屋。房屋都有些年代了，都不曾维修过，显得十分破旧，并且毫无生气可言。由于入春后还没有下过一场透雨，这口池塘还没有灌满，只有半塘水。因为很长时间没有活水流入，池塘里的水很浑黄，水面上浮有一层发黄的锈水，散发着一股让人难受的腥气。眼前的这场毛毛细雨，只是杯水车薪，根本解决不了什么问题。

王家湾虽然风水格局很好，但是，由于遭到了破坏，风水发挥不了作用，仿佛龙浅沙滩虎落平阳。王家湾啊，王家湾，此时此刻像一潭死水。

刘少奇乘坐的吉普车开进了王家湾，停在屋前空坪，鸡不叫，狗不咬，几乎没有引起什么骚动。

当时，毛毛细雨下个不停。因为割资本主义尾巴，狗已经绝迹，鸡也极为罕见。只有几只小鸟在枝头叽叽喳喳地叫个不停，仿佛是在致欢迎词，欢迎刘少奇的到来。

公共食堂设在靠山边的那个屋场，人们都以那里为活动的中心，这边就显得落寞而十分冷清。

听见吉普车喇叭叫，一个头发花白、面黄肌瘦、身上鹑衣百结的老太婆，从坪场旁边的门洞里伸出头来，远远地打量着从车上下来的这一行人，说了句："稀客！"复转身进屋去了，再也没有露面。事后，有人批评她："刘主席来了，不正面打个招呼，也不去叫队长，把刘少奇晾在那里，太不讲礼节了!"这位老太婆不服气,说:"餐餐二两米,饿得嘴里吐清水。那会儿就是皇帝老儿来了,我有这个心,也没有那个力气来款待他啊!"

突然,两个干部模样的人,冒雨朝吉普车停靠的方向跑来。

根据毛泽东的指示,中央直派胡乔木、陈伯达、田家英组织三个调查组。1961年1月下旬,胡乔木带领一个调查组来到了湖南,由于光远、王力和胡绩伟分率三个小组深入人民公社。王家湾大队所在的东湖塘人民公社,驻有一位中央调查组的工作队员。

中央调查组的工作队员认识刘少奇,也认识王光美。见是刘少奇偕夫人王光美来了,连忙跑去把王家湾大队党支部书记张纪富找来了。

张纪富刚满30岁,刘少奇离家投身革命的时候,他还没有出生,显然没有见过刘少奇。张纪富觉得刘少奇好像很面熟。他仔细打量着面前的刘少奇,只见刘少奇身着一身蓝布中山装,脚穿一双军用雨胶鞋,从穿着来看,完全像是乡下的教书先生。一头银发,身材略瘦,但腰板挺直,精神饱满,显得很沉着、刚毅,又是地地道道的宁乡口音,从言行举止来看又不是庄稼人。张纪富当大队党支部书记,多少见过一些世面,也认识不少人。这时,他感到眼前的这位老同志很面熟,但又实在想不起是哪位?

其实,当时农村各家各户堂屋的墙壁上都张贴了毛泽东画像,还有刘少奇的画像。张纪富曾将刘少奇的画像送给社员群众手中,印象应该深刻。

为了蹲点调查工作的顺利开展,刘少奇不打算一开始就公开自己的身份。他交代过身边的工作人员,社员群众认识就认识,不认识也不要匆匆忙忙去介绍,先保密后公开。时间长了,社员群众就会认出来。到那时,调查工作可能就已经有了进展。

按规定,中央调查组的工作队员没有向张纪富介绍刘少奇的身份,只说中央调查组又来了一位新队员。新队员是一位老同志,请张纪富提供方便,照顾生活。

刘少奇向张纪富提出，他想在这里住几天。

张纪富听了，急得像热锅上的蚂蚁——团团转。别看这里挨着有七八幢房子，除了靠塘边那幢目前尚有人住外，其余的房子都做了养猪场。这里到处臭气熏天，怎么能住人呢？条件太差，中央调查组这位老干部更不能住在这里。

刘少奇笑了笑，说："别性急，我们先去看看。请你领个路吧！"

汽车进村的时候，下起了毛毛细雨。这时，雨下大了，淅淅沥沥，下个不停。刘少奇打着雨伞，像战争年代号房子，跟着张纪富在村子里进行察看。

江南丘陵是红土壤，天晴一把刀，落雨一团糟。下雨天道路泥泞绞脚，仿佛打了桐油，如果一不小心就会有滑倒的危险。王光美和另两位北方同志走路溜来溜去，好像扭秧歌，左右摇摆不定。刘少奇从小经受过路滑的锻炼，人熟路熟，很快就适应了。

刘少奇边走边向张纪富打听"万头养猪场"的来历。

张纪富介绍说，1959 年，全国各地继续搞"大跃进"。中共中央号召："农业以粮为纲"、"畜牧以猪为纲"、"猪多肥多粮多"。东湖塘人民公社积极贯彻执行党中央的指示精神，决定在王家湾建一座万头养猪场。考虑到这里地势平坦，决定拆掉这七八幢土砖屋，建造一个高标准的猪场。

说干就干，东湖塘人民公社干部群众雷厉风行。东湖塘人民公社正准备拆旧房建新猪场时，中共宁乡县委突然又打来电话，说全县开展畜牧生产大检查，第二站是检查东湖塘人民公社的万头养猪场……

东湖塘人民公社书记一听，急傻眼了。为了应付检查，他曾下令把全公社几十头猪都调拢来，集中在王家湾万头养猪场。王家湾的群众通通迁往望冲湾公共食堂，这里的农舍都改做猪栏圈猪。

万头猪场见不到猪，只在西头那个猪栏里看见两三头猪，毛深皮厚，骨瘦如柴，每头重约 15 公斤，无精打采，站在粪泥坑中瑟瑟发抖。

这些房子却又确实像关过猪似的。每间屋的地上，都有一滩一滩的猪粪渣，有的已经风干了，有的还浸泡在泥水之中，散发着刺鼻的气息。泥墙上还有猪拱下的洞，陈旧的房子因此更显得破败不堪。这种房子如果住人，需要请木匠、砌匠修整，还要里里外外打扫卫生。

刘少奇发现，有两间房子没有猪粪渣。一间是饲养员住的房子。万头养猪场名存实亡，饲养员每天来一次，给存栏的猪喂完泔水就回家了。另一间是饲料保管室。

刘少奇对随行的同志说："这两间房子够用了。我住这间保管室，你们住那间饲养员的房子。"

保管室是一间破旧的空房，只有一张铺着稻草的旧木架床，两张油漆剥落的方桌，还有四条长凳。作为王家湾大队党支部书记，张纪富觉得中央调查组的同志住在这样的地方不妥当，何况还有一位老人。

张纪富惴惴不安，说："县里也常有工作组的同志下乡来，我们都尽量安排得好一些。有一回，县里来了一位股长，晚上因为被子薄了点，第二天他批评我没有阶级感情。老同志您岁数不小了，官阶肯定比县里的股长大，住这样的房子不合适啊！"

刘少奇微笑着说："县里的股长下乡想住好一点，也情有可原。百人百样性情，我倒觉得住在这里挺好。感谢你为我号了房子，别的事就不麻烦你了。一回生，二回熟，过两天，我再请你来拉家常。"

等刘少奇一行安顿下来之后，张纪富便告辞了。

随行人员感到很为难。这样的房子，别说住中共中央副主席、中华人民共和国主席，就是乡下人也难住。天气说变就变，上午还是大晴天，这会儿却下起了大雨，气温降低了许多，刘少奇同志已不年轻了，着了凉感冒了可怎么办？听说东湖塘人民公社已经给刘少奇一行准备了房子，晚上回东湖塘人民公社去住，白天来这里进行调查，车来车去并不影响工作。

大家商议着去找王光美，请她出面"去劝劝少奇同志"。

同志们当然是一片好心，但是，他们也许并不了解刘少奇。平时，他的生活非常俭朴，更耻于讲排场，摆阔气。有一次，他去一个省视察，接待人员把他领到一个新近落成的宾馆,装修得富丽堂皇。他站在大厅里仰头看了一会儿,转身就退出,心情沉重地对省里的同志说:"还讲艰苦奋斗呢,修这么豪华的宾馆!我们是共产党呢,可要注意呢!"又一次,他去某军事基地视察,那里有一幢别墅,坐落在绿树浓荫的山谷里,环境十分幽静,建筑更是十分讲究,地板都是铺的楠木。刘少奇走进去一看,坚决不肯住。他指着那别墅说:"这样搞,要亡党亡国的啊!"

刘少奇主张节约闹革命,对铺张浪费、挥霍无度深恶痛绝。王光美向大家解释说:"少奇同志下乡前有过交代,一切以工作为重,不给当地干部群众添麻烦。他的性情大家也知道,决定了的事情不随意改变。天色已经不早了,我看同志们就不必再琢磨了,赶紧安排住宿吧!"

知夫莫如妻。王光美心里明白,再多说也不会改变刘少奇的主意。于是,司机、秘书、中央调查组的工作队员,还有一位随后从长沙赶来的、湖南省军区独立师警卫连的排长扶定松,众人分成两组,一组准备住宿,一组架锅做饭、炒菜,准备晚餐。

做饭、炒菜比较容易办。万头猪场有煮猪潲的伙房,有现成的锅灶,还有一些柴禾。

当时,大米是从长沙带来的。负责伙食的同志跑了好几个屋场,买来了一把莴笋,准备把莴笋头切片小炒,莴笋叶做汤。

饭菜做好后,在伙房里用凳子架起一块板子,充当吃饭用的桌子。屋里只有一把小椅子,理所当然地让给了年纪大的刘少奇坐。其他的人一律围着桌子站着吃饭。

1961年4月2日傍晚,刘少奇在王家湾养猪场里吃回乡的第一顿晚餐,不仅只有一菜一汤,甚至连油花也不多。古往今来,中国外国恐怕找不出第二位在生活上如此简单俭朴的国家元首!

住宿的安排,显得更加困难一些。保管室里只有两口大缸,还有几个盆子、桶子,杂物横七竖八。窗户上,糊着已经发黄的《湖南日报》,屋里的光线因而很暗淡。没有天花板,夜里气温低,瓦缝不时有冷风窜入。

准备住宿的随行人员，用雨布遮住破烂不堪的窗户，将饲养员的一张木板床搬过来，又找了两块门板，准备架铺。由于床上铺的稻草很单薄，随行人员四处找寻，没有找到稻草，急得直发愁。

在素有"鱼米之乡"的家乡，竟然找不到铺床用的稻草？刘少奇将信将疑。他亲自在"万头猪场"绕了一圈，也没有找到铺床用的稻草。

刘少奇感到了农村问题的严重程度，自言自语地说："将就吧!"

随行同志搭铺盖，更为艰难。因为没有床，大家都是打地铺。

由于地上很潮湿，刘少奇坚持把自己床上不多的稻草，匀一些给大家铺陈。大家都拒绝了刘少奇的好意。

刘少奇也不勉强，宽慰地说："熬过今晚，明天我们设法到社员群众家里去买一些稻草来。"

安居才能乐业。摊开随身携带的背包，刘少奇就在王家湾住了下来。他全神贯注，开始进行调查研究工作。

二、彭满阿婆讲真话

当工作人员整理房子的时候，正值黄昏，雨停了，西边天空出现一道亮丽的彩虹。

刘少奇偕夫人王光美，一前一后，来到屋后的山坡上散步。

放眼望去，只见田地荒芜，杂草丛生，几个衣衫褴褛的孩子正蹲在地上挖野菜。

夕阳西下，山上光秃秃的，见不到树木，到处都是狼藉的小坑。因为山上的树都被砍伐，还将树墩子也挖走了，地表没有任何植被覆盖，经雨水冲刷后，红土壤的表皮是一层寡白的沙粒，显得瘠薄而荒凉。

刘少奇反剪双手，缓步向前走着。他边走边看，深深地感到青山如黛的江南景色很难寻觅，花红柳绿已是昨日风光。

紫云英是湖南农村极为普及的农家绿肥，现在也不多见。正是春耕大忙季节，田垄里出工的人并不多。两个在稻田用牛犁田的社员，还没有收工，显得很疲惫。瘦得皮包骨的老牛举步艰难。四周的房屋被拆得七零八落，剩下断壁残垣……

在刘少奇的记忆中，故乡的景色是多么迷人啊！然而，这一切已不复存在。

刘少奇心中的失落感油然而生，并且是如此强烈。

走着走着，刘少奇突然发现路边的沙地里有一堆已经风干了的粪便，没有臭味。那显然不是野兽留下的痕迹，而是人粪。看着看着，他忽然冲动起来，弯下腰，仔细察看，并随手拾起地上的一根柴棍子，拨弄着那堆人粪。

随行的秘书吴振英一看，急坏了。

这是一位德高望重的党和国家领导人啊！刘少奇曾和毛泽东一起，多次在天安门城楼接受亿万群众的欢呼。他出访代表国家。他接受外国使节的国书，并接受他们的敬意。他签发中华人民共和国主席令公布国家法律。他有权任免国家高级官员，有权赦免罪犯。为了国家民族的安全免遭侵害，他可以发布关于战争的命令。他的工作是何等神圣，多么崇高啊！

此时此刻，刘少奇却像农夫，又像医院的化验师，竟然伸手拾起地上的柴棍子，蹲下来要去拨弄地上的一团粪便。

粪便是疾病的传染源。吴振英小声地，却又坚决地进行制止："少奇同志，您不要，不要去管它！"

刘少奇不为随行的秘书的劝阻而罢手。戳开那团粪便，他发现都是一些糠和粗糙的纤维物。生在农村长在农村的人都知道，只有猪粪才是这样的秽物。

这粪便竟然没有一点臭气。刘少奇不禁摇头叹息，焦急地说："你们看，这里面全是不能消化的粗纤维，说明这人吃的是野菜、草根。假如家里还有粮食，老百姓怎么会去吃野菜、草根呢？农民吃饭已经成了问题，问题很大啊！"

刘少奇站起身，发现前边不远的山坡上，两个孩子正蹲在地上挖野菜。这两个孩子大约八九岁，衣衫褴褛，面黄肌瘦。

农村孩子大都好奇，这两个孩子却例外。刘少奇招手叫这两个孩子走拢来，想和他们拉家常，问问他们的家境。

然而，这两个孩子远远地、呆呆地望着刘少奇，并不动挪，双脚仿佛被钉子钉住，目光呆滞，像迷途的羔羊一样，让人掬一把同情的泪。

刘少奇走上前，关切地问："小朋友，你们读几年级啦？"

这两个孩子眼睛里，仍旧是羔羊般凄楚的目光，不答话。

刘少奇继续发问："难道你们没有上学？"

这两个孩子忽然惊恐起来，好像生怕面前的这个白头发老头会抢走自己的菜篮子，于是将手中的破篮子提到了胸前，并且用双手紧紧地护着。刹那间，他们似乎清醒过来，争先恐后，一溜烟似地跑了，消失在茫茫的夜色之中。

望着两个孩子远去的背影，刘少奇沉默无言。

刘少奇原路返回。下得山来，经过坪场边的那个门洞，屋里突然冒出了阵阵炊烟。他想起两辆吉普车开进村的时候，有一位头发花白的老婆婆晃了一下。过后，他打听到这位老婆婆叫彭满阿婆。

刘少奇决定顺路去看望彭满阿婆。那两个小孩害怕跟他对话，他感到很失望。他想和彭满阿婆拉拉家常。这是他来家乡接触的第一个社员群众，也一大把年纪了，应该不会拒人于千里之外吧！

彭满阿婆正站在灶台前煮菜。因为厨房光线很暗淡，屋里好像有一种黄麻浸泡在水中的气息。

刘少奇走进屋，热情地向彭满阿婆打招呼："老人家，您好啊！"

彭满阿婆没有半点思想准备，猛地打了个愣怔。她赶忙把锅子盖上，慌忙之中，手中的锅铲掉到了地上，结结巴巴地说："干……干部同志，我……我是没得办法啊！"

刘少奇不明白彭满阿婆为什么胆战心惊，害怕成这个样子，宽慰地说："老人家，我到您这里坐一坐，和您拉拉家常，您不要这样紧张。"

彭满阿婆犹豫不决地搬出了家里仅有的一把椅子，皮笑肉不笑地给刘少奇让坐，十分怀疑地问："你们两位干部，是不是来禁止小锅小灶的？"

刘少奇笑着说："哪能这样呢？"

彭满阿婆将手中的椅子放在地上，说："我是对面二小队食堂的。不瞒两位干部同志，因为粮食实在不够吃，在食堂根本吃不饱，于是回家再煮点野菜，帮助填充一下肚子。"

刘少奇动情地说："您煮吧！"

彭满阿婆皱起了眉头，迷惑不解地说："可我们队里的干部都禁止各家各户的小灶生火冒烟啊！如果被干部发现了，就没收锅子锅铲。如果碰上那号蛮官，还会把灶也扳了，说是为了防止贼牯子（宁乡话，意思是小偷）！"

刘少奇听了，丈二和尚摸不着头脑，更弄不明白，群众在家里开小灶，煮点野菜充饥，这和贼牯子有什么必然的联系呢？

刘少奇双眉紧锁，追问："阿婆，怎么会扯到贼牯子那里去呢？"

彭满阿婆无可奈何地说："这是讲歪理啊！如今只要当上了干部，就学会了讲歪理。我们食堂的干部，本来是个不错的后生，现在最会讲歪理。他说各家各户开小灶，就都会去食堂偷米、偷菜、偷油……禁住了群众开小灶，就禁住了贼牯子。"

刘少奇激情飞扬，说："哪有这样的道理！"

彭满阿婆无所谓，一派豁了出去的样子："如今歪道理多着呢！别人生怕挂牌游团挨批斗，前怕狼后畏虎，不敢讲真话。我是黄瓜打锣去了一大半，已经是快要死去的人了，我不怕他们！"

彭满阿婆想到什么就说什么，快人快语。刘少奇没有责怪她，还安慰她说："我是特意来看望乡亲们的。这几年，我们的工作没有做好，让您吃苦了，很对不起您。"

刘少奇边说边揭开锅盖一看，煮的菜没有一点油星子，拿起筷子夹了几片菜叶尝了尝，一股锅锈味，苦涩难咽。

灶台上摆放着一对农家常见的油盐坛子，是粗糙的陶制品，两只饭碗大小的坛子连接在一起。装油的一边是空着的，另一边也只有不多的盐。

刘少奇感慨地说："啊，油盐坛子名不副实！"

告别彭满阿婆的时候，刘少奇说："我们一定会想办法渡过目前的困难，阿婆多多保重吧！"

在返回住地的路上，刘少奇对随行的秘书吴振英说："刚才那两个孩子躲着我们，可能是认生。彭满阿婆敢于讲真话，说明这里民主空气还不错！"

本来，刘少奇是想通过和小孩、老人谈话，了解农村的真实情况。然而，他的美好愿望很快就被活生生的现实击得粉碎。

刘少奇迎着晚霞，忧心忡忡地走回了住地。

一到住地，刘少奇就向猪场饲养员打听彭满阿婆的情况。

在那时，生猪那可是国家财产，饲养员可不是想当就能当的。饲养员是个又苦又累还要技术的活，责任重大，一般的人不能胜任。因为特殊的工作关系，一般饲养员都见多识广。东湖塘人民公社万头养猪场的饲养员，更加不一般。

饲养员是个眼观六路、耳听八方的角色。听到刘少奇询问彭满阿婆的情况，他仿佛打开了话匣子，滔滔不绝，一五一十地向刘少奇介绍了自己知道的关于彭满阿婆的情况。

彭满阿婆的丈夫很早就去世了。她守着一个独养儿子过日子。1957年农业社的收成好，娘儿俩天还没有亮就下地干活，星斗满天了还没有进屋歇息，勤扒苦做，到秋后分得的钱粮都有盈余。彭满阿婆趁着自己身体健康，双手活泛，精打细算，赶紧为儿子娶了媳妇，只等来年抱上小孙孙就心顺意满了。

人啊，已经上了年纪，不就是盼着家庭和美、人丁兴旺吗？

1958年搞"大跃进"，彭满阿婆的儿子彭文海被抽调去修黄材水库，那是一个靠高压政策修建的工程。彭文海才二十多岁，正是年轻力壮，也常常因完不成指挥部规定的土方定额任务而挨批。有一天，他和几个年轻伙伴商量去挖"神仙土"，就是将山的脚底掏空，让土方自行垮塌下来，这样省工又省力。他们只顾掏着、挖着，忘乎所以，忽然"轰隆"一声巨响，泥土天崩地裂般地塌了下来，三个小伙子一个也没有逃过这一灾难，全部埋在里面了。

彭文海的尸体被众人抬回了家，只见他鼻子也被压扁了，几颗门牙全不见了，尸体已面目全非。彭满阿婆无法面对自己的儿子，无法接受儿子死亡的现实。

"哎呀，我的天呀，你为什么不睁开眼睛啊？你叫我怎样活呀？老天爷呀——"彭满阿婆呼天抢地，椎心泣血。

那断肠裂肺的恸哭，像决堤的山洪，冲击着在场的每一个干部和社员的胸腔，人们无不落下同情的泪水……

在中国农村，几千年来始终遵循着这样一条不变的规律：含辛茹苦把儿女抚养成人，为的就是他们能够将来给父母养老送终。彭满阿婆无法面对白发人送黑发人的现实，哭得死去活来，形销骨立。

彭文海已经死去，年轻的儿媳妇守不住，过不了守寡的生活，第二年就改嫁了。

彭满阿婆孤身一人，生活中已不再有憧憬，所有的希望都化成了泡影。仿佛洞庭湖的麻雀吓了又吓、惊了又惊，人已至此，她还害怕什么，还顾忌什么呢？

刘少奇听了，感到如立寒秋。

三、民以食为天

水稻传到中国之前，小麦是主要的粮食作物。小麦的种植与古代社会动乱之间，似乎存在某种因果关系。

几次导致王朝覆灭的重大农民起义，几乎都集中在安徽、河南、山东、陕西等地。这些地区恰好处在黄河中下游，是中国小麦种植历史最悠久的地区。在这些地区种植的其他主要粮食作物，如小米、高粱等，都是旱地种植的农作物。原本产量就不高的耕地不断减少，土地兼并的矛盾越来越尖锐，最终导致激烈的社会政治冲突，农民起义爆发了。

在中国，水稻种植作为一种大规模的农业，大约是在北宋的时候兴起的。自宋朝从越南引进优质的占城稻之后，水稻真正担当起承载中华文明的重任，成为中国人的主食，天天要吃，餐餐要吃，成为人们赖以生存的养命之宝。

水稻这种农作物产量高，农民撒下去的种子，通常可以收获 20 倍的稻谷，与小麦 4 倍于种子的产量相比，显然是非常可观的。"稻米流脂粟米白，公私仓廪具丰实"，是盛世不可缺少的硬指标。饥饿让欧洲脚踏实地地走向世界，最终找到工业化的道路。我们始终守着让人感觉踏实的农业。于是，机会在贫瘠的小麦田垄中到来，很快又从肥沃的水稻田沟渠中流走了。

那时，城乡差别很大。全国农村条件相当艰苦。城市已经普及了用电照明。农村根本还没有这方面的规划。对于广大社员来说，耕地不用牛、点灯不用油是神话。王家湾虽然离省会长沙比较近，但是，也没有将"点灯不用油"的神话变成现实，实现用电照明。

幸亏，随行的秘书吴振英是个细心人，早有准备，从长沙出发的时候就带来了一大把蜡烛。点上蜡烛之后，刘少奇的临时办公室兼卧室就亮堂了。

万头养猪场饲料保管室，临时充当刘少奇的办公室兼卧室。他在这里找人谈话、开会经常到深夜。开会时，工作人员点燃两支蜡烛照明，他还吹熄一支。他和工作人员吃一样的粗茶淡饭，工作人员心里总觉得不安，几次提出要给他改善一下生活，都被他拒绝了。

吃过晚饭后，刘少奇坐在椅子上听取中央调查组的汇报。

中央调查组组长是胡乔木，常驻韶山。在东湖塘人民公社进行调查的，只有两位同志，负责人是胡绩伟。因为彼此相距不过几十公里，有时胡乔木来这里了解工作情况，或者这边的同志去韶山与胡乔木碰头。

胡绩伟和另一位同志来东湖塘人民公社快两个月了，感到十分棘手，工作开展得并不是那么得心应手。当地的干部群众对他们似乎有所戒备，可以说是处处设防。因此，中央调查组的同志很难掌握到面上的真实情况。比如粮食产量，是增产还是减产，到底减产多少？群众生活困难，到底占了多大的比例，困难到什么程度？找公社书记，书记说要问秘书。找公社秘书，秘书支支吾吾，拖着、搪塞着⋯⋯

中央调查组唯一的工作方法是访问群众。群众也有顾虑，不敢多讲话，不敢讲真话。在这种情况下开展调查研究工作，仿佛盲人摸象。他们所掌握的情况，是将一些并不连贯的数字，综合分析而得出来的。

作为中央调查组驻东湖塘人民公社的负责人，胡绩伟向刘少奇汇报了昨天调查望冲大队第三生产队公共食堂的基本情况：共 14 户，47 口人。其中全劳动力 16 人，半劳动力 12 人。以 16 两的秤计算，每日食堂用粮 20 斤，人均 7 市两；每日食堂用油 3 市两，人均 0.06 钱⋯⋯

当时，凡涉及重量都要加以说明，用的是什么秤。因为这里仍然是采用 16 两制秤。说起来很烦琐，听起也感到别扭。

刘少奇听了，皱起了眉头，问："不是老早就采用公斤制了吗？一公斤等于两市斤，一市斤等于 10 市两。这里怎么还用 16 两的老秤呢？"

胡绩伟考虑了半晌，长叹一声："可能是一时没有来得及添置新秤，也可能是有意造成一种感觉上的误差。"

刘少奇惊诧地问："感觉误差，是怎样的误差呢？"

胡绩伟犹豫了一下，壮起胆子，把心里话说了出来："粮食不够，已经困扰着所有的人。我猜想，如果你说他一天的口粮标准只有四两米，这个数字会立刻加剧他的饥饿感。如果你告诉他，今天吃的是七两米，他心里也许会充实一些。我们发现，在宁乡除了国营商店，所有的公共食堂采用的都是 16 两制的秤！"

　　这样的数字游戏，与望梅止渴、画饼充饥有什么区别呢？然而，物质是第一位的，精神安慰只能起一时的作用，怎么可能长久地奏效呢？

　　刘少奇双眉紧锁，担心地说："每天不足半斤粮，维持不了人体必须需要的热量啊！"

　　胡绩伟换了一种焦虑的语气，说："所以现在病号多。整个生产队47口人，有16人由于营养不良，患有或轻或重的浮肿病。患妇科病的也不在少数，有的妇女已经绝了经。"

　　刘少奇焦急地问："一个生产队有这么多病号，那么，整个宁乡有多少病号呢？"

　　胡绩伟哑口无言。摇曳的烛光也不回答。

　　关于全县的病号，宁乡县委办公室有一张统计表，不包括心脑血管病、结核病等人体器质的疾病，只统计了由于饥荒和营养不良所带来的病变。制表的时间是1961年2月12日。

　　病人总数：73282人。

　　1. 浮肿病43512人，其中重18134人；中13453人；轻11925人。

　　2. 妇科病23068人，其中子宫脱垂7464人；闭经8309人；其他7295人。

　　3. 小儿疳积6702人。

　　这张统计表现存于宁乡县档案馆，北京来的中央调查组的同志当时没有见到，也见不到。没有调查就没有发言权。中央调查组的同志因而无法回答刘少奇全县到底有多少病号。

　　胡绩伟接着汇报："望冲三队原有七十多人，由于饥荒，十几个人逃荒讨米走他乡，有的走江西，有的跑新疆，有的不知去向……"

　　刘少奇听了，十分叹息："乡谚说故土难离，不是迫不得已，他们根本不会流落他乡啊！"

　　胡绩伟补充说："还死了一些人。望冲三队两年之内共死了七人。"

死亡的人除一位老人外，其余六人都是青壮劳动力。有两人死于浮肿病。由于粮食定量少，人体没有足够的淀粉和蛋白质摄入，首先是夜里尿多，后来是脚踝浮肿，并逐渐向上推移至腹部。肌肉逐渐失去了弹性，手指压一下，肌肤表皮便马上凹进去了，出现一个窟窿，几分钟后，甚至更长时间才能慢慢地恢复原状。这两人因为得不到及时治疗，并及时补充营养，时间一长，人就干瘦了。这样肿肿瘦瘦，最后因心肾功能衰竭而死亡。

有一个叫王四大汉的社员，是死于肛门脱垂。在湖南农村，一般叫大汉的男人，就是本身有几斤力气，号称大力士。王四大汉是个典型的大力士，个子很高，背阔腰粗，力气很大，双肩能挑 200 公斤的重担。他的肚子也很大，一餐能吃几斤大米饭。据说他去为岳父祝寿，按照农村里的风俗习惯，进门先要吃长寿面。由于饥饿，他竟然一口气吃了 14 大碗长寿面。他性格豪爽，队里的重活难活都叫他干，他随喊随到，从来没有推辞过，因而人缘关系极好。由于连年严重的自然灾害，生产队粮食大幅度减产，送了征购粮之后已经所剩无几了。于是，社员群众的口粮一降再降。

王四大汉一日三餐去公共食堂吃饭，无异于经受三次精神折磨。食堂事务长知道他饭量大，特殊照顾他，给他打饭时勺子下得稍微重一点，给他打菜时清水煮萝卜也多给他打一点。

群众的眼睛是雪亮的，照比的心理相当严重。一回两回，大家都谅解了王四大汉。次数多了，人们对他的目光就不那么友善了，大会小会都给他提意见，说他多吃多占。

然而，就那么一点点饭，一小勺清水煮萝卜，王四大汉吞下肚里，不仅没有吃饱，饥饿感还相当强烈。

树怕剥皮，人怕伤心。王四大汉虽然贫穷，但自尊心是很强的。当他知道乡亲们讨嫌自己，不喜欢看见他那个吃相，他就再也不去食堂打饭了，让妻子给他打饭带回家来吃。然而，问题仍然不能从根本上解决，他经历着非同寻常的饥饿，也就是饿得要死的那种饥饿。

王四大汉开始饥不择食。他去挖观音土吃。他来到山坡边，挖下去几尺深后，有一种乳白色的胶泥，质地极细，像糯米粉，还粘牙。相传在明朝万历年间，此地发生大饥荒，不少人就是以这种观音土充饥而没有成为饿殍。这是三百多年前的传闻，并没有人去试验过。

饥饿使王四大汉别无选择，四处寻找食物。为了活命，他挖来一桶观音土，撒一点盐，果然不太难吃。他肚皮太大，于是不停地吃，一直吃得肚皮有了鼓胀感才罢休。心想："饥饿难耐，这回终于吃饱了。即使死去，也心满意足了。"

谁知，王四大汉这种鼓胀感总不消去。到了晚上，这种鼓胀感甚至还妨碍他睡觉。他感觉胃好像在下坠，浑身都不舒服。

天亮后，王四大汉上厕所解大便。开始，他怎么使劲也解不出来，蹲在厕所里干着急。最后，他把吃奶的劲都使了出来，由于用力过猛，屎没有屙出来，肛门却掉下来了。

王四大汉疼痛难忍，躺在地上打滚，痛哭流涕，哭得死去活来。

社员群众七手八脚将王四大汉抬到了公社卫生院。医生没有别的办法，只有为他洗肠。因为他肚子里装的不是食物，怎么洗得下来呢？

王四大汉苦苦地熬过了两天，最后两腿一蹬，就活活地咽气了。他死的时候，肚子还是鼓鼓的，鼓胀的肚子里全是观音土啊！

另一个妇女是投塘自尽的。因为她涉嫌多拿了公共食堂的一钵饭，队里开会批斗她。她实在想不通，感到无地自容，于是投塘被淹死了……

刘少奇听了，心中翻江倒海："一个生产队就有这么多人死于饥荒，那么，整个宁乡呢？"

胡绩伟再一次被刘少奇问得哑口无言，回答不出来。

后来，刘少奇与中共宁乡县委几位主要负责人谈话时，曾经问过他们。大家都沉默着，好像在回避着什么。在刘少奇的一再追问下，其中一位说："据不完全统计，大约有两万多人……"

当胡绩伟告辞离开刘少奇住屋的时候，已是半夜时分。

天空星斗一闪一闪亮晶晶，地上青蛙此起彼伏叫呱呱。刘少奇听了汇报，心情久久不能平静。他对着微弱的烛光冥思苦想，答案在哪里呢？

对于全国农村目前的困难，刘少奇其实早有觉察。1960 年 6 月 10 日，他在有各大区和省市委主要负责人参加的会议上，就发出过警告："最近半年以来，我们在工作中发生了比较多的问题。这些问题是比较严重的，有粮食问题，浮肿问题，非正常死亡问题，事故问题，计划完成情况问题，还有其他一些问题。这些问题的发生，包括中央在内，如不纠正，现在是一个指头，将来可以扩大到两个指头、三个指头！"

进入冬季，各地每天都有报告情况的文电送到刘少奇的办公室，堆积在他的办公桌上。这些文电表明，形势比预想的还要严重。

1960 年，全国大部分地区出现了干旱。其范围之广，造成的灾难之重，是新中国成立前后几十年所不遇的。庄稼失收、家畜死亡、草木枯萎、北方土壤沙化……甘肃张掖县，半数农村居民的口粮，每天只有二两，大量人口在饥饿绝粮中无奈地死去。还有新疆的伊犁河流城、巴音郭楞州、昌吉州等地，也是因为干旱粮食绝收，百分之七十的社员群众每天供应的粮食不足四分之一公斤。

在饥荒中，年老和体弱者最容易死亡。统计资料表明，这部分人的死亡率明显增高。以安徽、河南、山西、山东和江苏等省最为严重。仅安徽省，1960 年死亡的人口高达 200 万人，全省死亡率为千分之六十八。

直到目前，这些地方浮肿病和死亡仍在继续蔓延。一些社员群众身体渐渐浮肿，浑身无力，弱不禁风，在临近死亡的边缘奄奄一息地哭泣……

刘少奇分析，如果说这些书面材料还比较抽象，那么，在东湖塘人民公社望冲三队那七位社员无奈地死去的情形，使那些抽象的材料具体化了。江南土地肥沃，气候温和，四季雨水充沛，素有"鱼米之乡"的美誉。乡亲们也因为饥饿而死亡，这太不应该了啊！

严酷的现实，煎熬着刘少奇。夜深人静了，他躺在床上辗转反侧，久久不能入睡。他只要一合上眼，胡绩伟的话语就在他的耳边回响，王四大汉、投塘自尽的妇女就浮现在他的眼前。

刘少奇感到自己责任重大。由于毫无睡意，他在不假思索之中起身走出门外。

天空弥漫着灰色的云，飘落着稀疏的细雨，空气潮湿且有一股鲜草的气味。月光被乌云吃掉了，远远近近黑乎乎的，隐隐约约藏着某种神秘和不安。

刘少奇大口地呼吸着新鲜空气。刚才，他抽了太多的烟，头重嘴苦。这时，他才感到那种感觉有所缓解。

随行秘书吴振英赶忙跟上刘少奇，给他披上雨衣，并将手电筒递给他。

刘少奇打着手电筒，穿过屋前空坪，向傍晚去过的屋后山坡走去。此后的几天，他多次来到这个砍光了树木、四处是狼藉的小坑的山坡散步。这是一幅非常残酷的画面，似乎有助于他分析、推理、求证，从而找出一个正确的答案。

山里一片寂静。从远处传来的青蛙的叫声，也是有气无力的样子。一些不知名的小虫在歌唱，也好像没有吃饭似的。远处烟雾迷蒙，近处看不真切。

突然，前方传来一声大喝："什么人，口令！"

随行的秘书吴振英抢先一步走上前，原来是独立师警卫排长扶定松。刘少奇虽然要求轻车简从，中共湖南省委还是派来扶定松和五六名警卫战士。此时此刻，扶定松正在为刘少奇站岗、放哨。

刘少奇主动和扶定松拉家常，问他家在农村还是城市，双亲是否健在。

扶定松一一回答。

刘少奇又问："你父母在农村，一定是吃公共食堂了，他们饿饭了没有？"

不知扶定松是有顾虑，还是灾荒根本就没有光顾他的家乡，他嗫嚅着，没有正面回答刘少奇的提问。

刘少奇见状，也就不再追问扶定松，只是叮嘱他写信回家问候自己的父母。

天，还是共产党的天；地，还是共产党的地。天下还都是咱人民的天下，铁打的江山。但是，刘少奇想不明白，人民的江山，人民的天下，为什么人民自己的心里就像棉絮堵着一样呢？那些生活依然过得苦涩的社员群众，自然每天都在眼巴巴地盼望着，希望有个风调雨顺的好年成，增产增收，多打粮食，这样一年就不是剩下日子，而是剩下粮食，肚子就不会挨饿了啊！

人生就是选择。面对饥饿的社员群众，刘少奇感到自己的选择是正确的。他虽然没有听从父亲的安排，选择"悬壶济苍生"，但是，他发挥的作用对社会的贡献，是良医无法相比的。良医救的是一人甚至一家，他以身作则，不分昼夜地奔忙在全国各地，深入乡间村落，了解农村的真实情况，为群众排忧解难。拯救社会，挽狂澜于既倒，一次又一次真真切切地回响在他的耳边。

中共中央副主席、中华人民共和国主席刘少奇，可以说是"居庙堂之高"。这是他的父亲没有想到的，也许是无心插柳吧。

人是铁饭是钢。刘少奇苦苦追求，时刻关心着牵挂着处于饥饿之中的全国各族人民。

四、虚假的增产数字

一连几天，刘少奇听取汇报，走访群众。这天下午，刘少奇约了王家湾大队党支部书记张纪富谈话。

那天傍晚，张纪富曾为刘少奇号过房子。他回家之后，虽然肚子叽哩呱啦叫过不停，感到饥饿难忍，也无心解决自己的肚皮问题。他越想越不对劲，觉得中央调查组新来的这位老同志不同寻常。省里、县里也常有干部下乡，都比较年轻，这位却是满头银发，年过花甲之人。张纪富还注意到，中央调查组所有的同志对他都非常尊敬，还有五六个解放军战士日夜为他站岗、放哨，轮班警卫。假如是一位普通工作干部，这用得着吗？那么，这是怎样一个人物呢？张纪富并不迟钝。最初，他听这位老同志讲一口地道的乡音，没有怎么在意。昨天下午，张纪富经过坪场，看到这位老同志正和一名中央调查组的干部边散步边谈话，又是那熟悉的乡音。他猛地打了个愣怔：白头发，从北京来，又这么面熟，莫非是中共中央副主席、中华人民共和国主席刘少奇？没人作介绍，他不敢贸然相认。见面时，刘少奇朝他微微一笑，算是打了招呼。他也以微笑回报。

张纪富心中的疑虑，总是挥之不去。试想一想，假如真的是刘少奇，他会心安理得地住在这个破烂不堪的猪场里吗？县里一个小股长下乡都要好好招待，这可是国家主席呀！前边没有人鸣锣开道，后边没有众多随从跟着，自带铺盖，自备伙食，连蔬菜都出钱购买，更别说杀鸡宰鸭，大摆筵席了。省里和县里的头头脑脑们也不陪同，这可能吗？最后，他猜想这位老同志肯定是领导干部，比县长、县委书记还要大很多的领导干部。他到底是个多大的官呢？张纪富没有把握，也说不准，因为他只见过县长和县委书记。

肯定否定，否定肯定，张纪富满腹狐疑地朝刘少奇住的那间饲料保管室走去。

斜阳透过窗户射进来，将神秘的淡红抹在刘少奇身上。刘少奇正俯在办公桌上写东西。办公桌是两张小桌子拼拢来的，这两张小桌子平时大概是猪场里的饭桌，上边一层厚厚的污垢，擦洗过后，比过去清爽、明亮一些。

张纪富刚到门口，刘少奇就起身相迎，笑着说："啊！老熟人了，快请进吧！"

王光美给张纪富泡上茶，就坐到一旁去了。

刘少奇看了看张纪富，微笑着说："来王家湾几天了，我们还没来得及拉家常。这一阵子，大队生产很忙吧！"

　　这绝对是地地道道的乡音。冲着这乡音，张纪富忽然激动起来，脱口而出："您是刘主席，是我们宁乡的刘主席！"

　　刘少奇嘿嘿嘿地笑出了声。坐在旁边的王光美也笑了。

　　刘少奇感到迷惑不解，问道："你怎么知道我是刘少奇呢？"

　　张纪富为自己的猜测无误而十分得意，说："那天一见面，我就知道您是刘主席！"

　　刘少奇笑得更欢了，说："这就奇怪了，我额头上又没有写字，你是怎么知道的呢？"

　　张纪富微笑着说："这一点也不奇怪。在宁乡，刘主席是家喻户晓的大人物。"

　　这些年来，宁乡经常有人去北京看望国家主席刘少奇，带回来的是他对乡亲们的问候。

　　君从故乡来，应知故乡事。每次见到家乡来的客人，刘少奇总是感到十分亲切。他一如既往地关心父老乡亲，经常询问家乡的情况，如今年收成怎样，农村干部工作作风好不好，供销社有没有贪污现象，小孩子都上学了没有？

　　居庙堂之高则忧其民。刘少奇身在中南海，日理万机，心里想的却是乡亲们的呼声和痛痒。一些进京的乡亲，也带回了刘少奇的风采。说他住的房子只有三间，办公、会客、卧室各一间。由于年久失修，房子显得比较破旧。屋里没有豪华摆设。烧水做饭，跟农村差不多，用的是煤球炉。吃的很简单。除了见客，穿着也很普通……

　　刘少奇来自人民，是人民的勤务员。他身居高位，甘当公仆，并不因为自己位高权重而奢华，他的生活和普通社员群众没有什么差别。凭这些，乡亲们觉得刘少奇的心是和自己连在一起的。他是家乡人民的骄傲，全国各族人民的领袖！

　　这一次，刘少奇来到王家湾，轻车简从，不讲条件，没有架子，访贫问苦，关心群众……

宁乡人民传说中的刘少奇，正是这样的形象。因此，张纪富一猜就中。

刘少奇眉开眼笑，说："我们互相认识了，这很好。你是大队党支部书记，能不能把大队的情况讲一讲呢？比如，生产、群众生活、干群关系，都存在一些什么问题。我这个人不爱听清一色的奉承话，喜欢听真话。你不要有什么顾虑。"

张纪富本来是有顾虑的。中共中央副主席、中华人民共和国主席刘少奇能够在一个破猪场里住下来，又不要省里领导陪同，微服私访，表明他是真心实意要了解农村的真实情况。真人面前莫说假，何况他面对的是一位皓首长者呢？

想来想去，张纪富终于敞开心扉，说："刘主席，大队搞成现在这个样子，我是有责任的，我对不住您！"

张纪富本来是个不错的小伙子。解放前，他家是佃农，搭帮共产党翻了身，土改时当民兵，日夜巡逻。土改后，他发奋搞生产，种双季稻，送爱国粮，样样都不肯落后，是积极分子。1953年10月1日入党的时候，他才22岁。此后，党叫干什么他就干什么，当过初级农业社社长、高级农业社片长。1958年大炼钢铁，公社派他去桃家湾铁矿工作。他服从组织听指挥，身强力壮，白天黑夜连轴转，赢得了好评。1959年3月，公社又调他回大队担任团总支书记，兼第四生产队队长。

要命的是，1959年9月底王家湾大队开会落实产量，对张纪富打击很大，在他的脑海中留下了深刻的印象。

那时候，整个宁乡受全国形势的影响也在"放卫星"，提出的口号是："亩产双千斤粮，万斤薯；每个小队20头猪，10万尾鱼。"

王家湾大队召开生产队干部会，落实计划完成情况。东湖塘人民公社派来一个妇女主任督阵，关键是要落实亩产稻谷双千斤。

东湖塘公社妇女主任30多岁，年纪轻轻，长得很清秀，性格却比较粗蛮，以大胆、泼辣闻名。

张纪富在铁矿下过矿井，很有些大男子主义。他想，公社妇女主任怎么说也是一个妇道人家，总不至于蛮横不讲理吧。

大队召开干部会先不叫大家报产量，首先组织大家认真学习中共八届二中全会精神，背诵总路线"鼓足干劲，力争上游，多快好省地建设社会主义"，然后要求大家结合实际，落实到行动之中。

最后，公社妇女主任不停地唠叨，翻来覆去就这么几句话："上游乘火箭，中游坐牛车，下游骑着乌龟背。争当上游，火烧中游，油炸下游……"

这绝不是幼儿园里唱儿歌，也不是说什么绕口令。会议气氛十分严肃，大家根本不敢随便发言。

妇女主任逐个点名，要大家表态，问："你是愿意争上游呢，还是甘居中游，或者抱着花岗岩脑袋当下游？"

参加会议的大队干部和生产队队长，不停地卷着喇叭筒，抽烟提神。大队和生产队干部买不起香烟，只好自己动手卷喇叭筒。裁开废旧报纸，放上一些随身携带的旱烟，一卷就成，很像香烟，点上火就能吸了。由于随身携带的旱烟都是自己家种的老烟叶，劲儿特别大。整个屋里弥漫着一股呛人的烟味。

"嘀嗒、嘀嗒……"一个小时过去了；"嘀嗒、嘀嗒……"又一个小时过去了。

会议室里死一般寂静。两个钟头过去了，会议仍然毫无进展，没有任何结果。

这时，大队支委、第七生产队队长杨海凡从外面走了进来。

已经被满屋子的烟味呛得咳嗽不止的妇女主任，仿佛找到了出气筒。她不问青红皂白，大声呵斥："杨海凡，你身为大队干部，会议都快散了，你还来干什么呢？"

杨海凡很沉痛的样子，说："我父亲去世了，刚刚办完丧事。"

在农村，绝对没有比办丧事更大的事情了。杨海凡有三兄弟，他是老大。父亲跟老二住在隔邻的大队，前天去世了。杨海凡在那边办完丧事，回家后听说大队开会，就连忙赶来了。

会议室烟雾沉沉，公社妇女主任被动吸烟，可能吸入了不少尼古丁，显得十分焦躁。为了寻找突破口，她冲着杨海凡大发雷霆："你父亲死了，你还是活人，报一报你们队的粮食产量吧！"

杨海凡见公社妇女主任知情后，不仅没有对自己表示慰问，还一副刀子嘴脸，恶意伤害了自己。他心里窝着火，生气地说："你进队的那一天，我就叫保管员将粮食进仓账目拿给你看了，大田亩产600零几斤，涝泥田里的红米冬粘由于遭了点干旱，亩产不到300斤。粮食明摆着在那里，你要我怎样报产量呢？"

公社妇女主任认为自己的权威受到了挑战，"嚯"地一下站起身，冲到杨海凡面前，一把揪住了杨海凡的衣领子，抓起来拖着就走。

杨海凡这个五大三粗的汉子，也不知怎么就被妇女主任一把揪到了会场中间。这也许就是官大一级压死人吧！

公社妇女主任破口大骂："杨海凡，你这个花岗岩脑袋，老右倾，帝修反的走狗！今天不油炸你这个下游分子，东湖塘的大跃进就跃不上去。你给我跪下！"

仿佛有什么魔法，杨海凡"踉"了一下。最后，他还是被几个人押着，双膝跪在了地上。

男人膝下有黄金。众人大惊失色！

人们都为杨海凡捏一把汗，生怕他吃眼前亏，于是在一旁纷纷劝导他。

"海凡，按主任的意思，你就报吧！"

"你报吧！"

"报呀！"

杨海凡沉默了几分钟，心一横："好吧，我报！"

公社妇女主任紧逼道："你说，粮食亩产是多少？"

杨海凡心惊肉跳，说："大家报多少，我也报多少！"

妇女主任变戏法儿似地摸出一块寸多宽的竹篾片，在杨海凡身上一顿猛抽猛打，边打边说："你这个家伙真是不见阎王不掉泪！"

妇女主任动真的来硬的。杨海凡扭动身子躲避着。

张纪富实在过意不去了，主动出面替杨海凡解围，喊道："主任，还是让我先报吧！"

妇女主任焦急地问："你报多少？"

张纪富的第四生产队比杨海凡的第七生产队产量还要低，他鼓了鼓劲，说："我报 1200 斤吧！"

公社妇女主任把手一挥，又说："你是团支部书记，党的助手。党要你争上游、坐火箭，你却偏要甘居中游，老牛拉破车。看样子，你也得烧一烧！"

张纪富早有耳闻，说在报产量的时候有的地方把人推入篝火中。

既然公社妇女主任可以挥起竹篾片痛打杨海凡，她也就有可能弄一个火把来烧张纪富。虽然不一定真的将他烧得皮开肉绽，那份羞辱也是让人刻骨铭心，受不了的。

张纪富为自己的一时冲动而后悔不已。他想，必须尽快找到逃遁的路。

眉头一皱，计上心来。张纪富即刻找到了参照系。

1960 年"双抢"时节，一份由中共宁乡县委办公室编印的《宁乡快讯》发到了全县：县委领导亲自种的一丘试验田，亩产稻谷 65000 斤。当时，中共宁乡县委隶属于湘潭地委。晚稻收割时，又传来中共湘潭地委书记的试验田丰收的喜讯。这则消息因登载在 1958 年 11 月 14 日省报头版显著位置而家喻户晓：

> 本报湘潭讯　中共湘潭地委第一书记的晚稻试验田，由于抓住了丰产关键，获得了亩产干谷二万一千五百九十斤六两的高产纪录。

> 二月二十六日，湘潭专区农业科学研究所四十六名职工，带着

十一部打稻机，来到地委第一书记在该所农场种的双季晚稻试验田里进行收割。在这一点零二九亩试验田里，四十六人竟忙着抢收了两整天才收完。单打晒干后，地委一位常委，专区农业局一位副局长及另外三人当场过秤验收，并丈量土地，复核产量，共收干谷二万二千二百一十六斤八两，平均亩产二万一千五百九十斤六两。

现在这丘田里又深翻二尺种了油菜，争取明年亩产油菜一万五千斤。

张纪富七八岁就跟父母一道下田插秧、收割，十几岁时更是顶一个全劳动力，生于斯，长于斯，他怎么不知道一亩田能打多少稻谷呢？既然县委书记可以说自己的试验田亩产65000斤，地委书记可以说自己的试验田亩产21000多斤，他，一个生产队长、大队团支部书记，为什么一定要那么较真呢？吹牛皮又不犯法，他们那样"吹"了，不是照样当书记，照样作报告发指示吗？更何况公社妇女主任举着打人的竹篾片，不跟着瞎吹就要受皮肉之苦呢！

张纪富在会议室憋得受不了，实在憋不住了，冲着公社妇女主任直拍胸膛："大家跃进我也要跃进，老牛拉破车一边去。不过，火箭留着明年再坐，今年先坐一回飞机。我报亩产粮食2000斤！"

话音一落，公社妇女主任带头鼓掌，其他干部也跟着鼓掌。

由于张纪富开了头，不到20分钟，全大队14个生产队全都实现了亩产粮食双千斤。集体开了一场玩笑，一场集体疯狂！

会议圆满结束，妇女主任组织一套锣鼓班子，敲敲打打，高高兴兴，热热闹闹，回公社报喜去了。

过了几天，王家湾大队党支部改组。因讲真话而挨了打的杨海凡，被免去了支部委员职务。吹牛皮讲大话的张纪富，当上了大队党支部书记。

惩罚接踵而至。公社宣布政策，增产的部分购四留六。经过公社妇女主任召开会议落实，王家湾大队共增产粮食18万斤，应超额完成7.2万斤粮食征购任务。

张纪富叫苦不迭，这明明是要挖走社员的口粮啊！但是，他害怕落后挨打，只好哑巴吃黄连。

那时候，打人是家常便饭。公社开会打人，大队开会也打人。干部打群众，大干部打小干部……人人都像着了魔似的，通不通三分钟，动不动就是行蛮教，搞得人心惶惶，人人都非常害怕啊！在这种情况下，张纪富还怕丢什么面子呢？由于他吹牛报产量，公社多次表扬他。他有了些名气，就觉得自己很了不起，是个人物，开始爱惜自己的羽毛了。不管来年日子怎么过，剜肉补疮，他把社员的口粮当成超产粮送到了公社粮站。

刘少奇静静地听着，一支接一支不停地吸烟。他没有责怪张纪富。一个生产队队长，为了替别人解围，也为了自己不挨批挨斗甚至挨打，胡乱报一些数字，也还情有可原。不过，因为大队报公社的粮食产量有水分，那么，公社报县里、县里报地区、地区报省里、省里报中央，层层欺骗，全国粮食产量只能是浮报虚夸的假数字。

张纪富说的那个亩产 65000 斤稻谷的《宁乡快报》，刘少奇曾收到过。中共湘潭地委第一书记的试验田亩产 21000 多斤，他还是头一次听说。这些同志都是相当一级党委的负责人，他们把这些纯属子虚乌有的数字，当成新闻登在报纸上，印成文件报到上边去邀功。这么干的地方，很可能还不少。否则，国家计划委员会主任李富春那里粮食产量数字，为什么会一改再改，越改窟窿越大呢？

刘少奇听罢，皱起了眉头。他焦急地问张纪富："挖走了社员们的口粮，群众生活是怎么安排的？"

张纪富顿时手足无措起来，说："瓜菜代。也不知怎么搞的，这一两年瓜菜也是总长不好。应了一句老话，一朝无粮兵马散。从前年冬天起，队里逐渐有人外流，去年冬天跑的人就更多了。全大队原来有 830 多人，现在只剩下 740 多人了。跑了 40 多人，死了 38 人，还有 100 多个是病号……"

刘少奇严肃认真地说："张纪富同志，感谢你给我介绍了这么多真实情况。不过，我也要提醒你，共产党员要讲真话，要实事求是。讲大话，说假话，害了群众，到头来害了自己。现在你第一位的任务，是要全力为100多名病号治病。可以争取公社、县里支持。主要还是依靠你们自己的力量。要下大决心，哪怕倾家荡产，也要把人救出来！"

谈话进行了两个多小时，告辞的时候，张纪富换了一种焦虑的语气，吞吞吐吐地说："前天，公社开会作了布置，宣布了几条纪律，说最近中央首长要到一些地方调查情况，汇报的时候要注意。当前生活困难主要是天灾造成的，别的不要乱说。刘主席，刚才我向您汇报的，都是一些反面情况……"

开会统一口径，实际上是封锁消息。刘少奇听了，脸一沉，严肃地说："什么反面情况？都成这个样子了，还不讲真话！当前困难的主要原因，恐怕不完全是天灾，还有人祸。连公社妇女主任下乡都动手打人，这不是人祸是什么呢？"

刘少奇送张纪富到门口，紧紧地握住张纪富的手，说："因为在北京难得听到真实情况，毛主席才号召大搞调查研究。你反映的情况，对我，对中央的工作都有帮助，再一次感谢你，同时也请你放心，你向我反映了真实情况，不会有人来报复你。如果有人给你穿小鞋、出难题，你可以直接写信给我！"

夕阳西下，天空一片橘红。张纪富迎着晚霞离开了刘少奇的住所，朝大队部走去。他的身后，是自己长长的影子。

五、不忍心离去

转眼之间，刘少奇在王家湾万头养猪场保管室住了六天六夜。在这间简陋的住所中，他听取了先期到湖南调查的中央调查组和湖南省有关领导干部的汇报。

刘少奇到王家湾附近的麻豆山、潭湖塘等屋场和社员群众谈话，了解社员群众对食堂、分配、住房和生产方面的意见，竟没有一个人认出他。

由于都不知他的来历，社员群众对他讲了真心话。

经过调查，刘少奇对湖南农村的真实情况，有了初步的了解，对社员群众生活上的困苦状况，以及造成饥饿的真正原因有了直接的感受。在和中共湖南省委第一书记张平化谈话时，他一针见血地指出："宁乡县问题这样严重，如果说天灾是主要的，恐怕没有说服力，根本说服不了人。没有调查研究，这个教训沉痛、深刻。饿了一年肚子，应该醒悟了，教育过来了吧！"

在这六天时间里，刘少奇接触到的关于饥荒、浮肿病、死人的情况，其严重程度，实在令人震惊。他不知家乡发生的情形，是否在全国有典型意义。他主张进行调查研究，切忌用个别代表一般。

整个湖南是不是都是这个样子呢？刘少奇决定多看几个地方再作判断。他改变主意，要到一个先进的地方去看看。如果那里的先进经验切实可行，他将再度返回，首先在他的家乡推广，使乡亲们能早日得到实惠，尽快地渡过难关，并且逐步提高生活水平，也算他为家乡尽了一点绵薄之力。

按照原定安排，刘少奇准备回老家炭子冲住几天，然后去宁乡县城。往事一幕又一幕浮现在他的眼前。新中国成立后，我们向苏联看齐，一切照搬苏联的，在苏联的指导下制定了第一个五年计划……我们仅仅只搞了第一个"五年计划"，就把农业搞垮了，国民经济濒临崩溃的边缘。难道第一个五年计划出了什么问题，仿佛拔苗助长？定国安邦应该有规律可循。我们再也不能全盘照搬苏联老大哥的所谓经验了，我们再也不能全盘照搬马克思、恩格斯、列宁、斯大林著作中的任何条文了！过去，我们骑在马上打天下；现在，我们绝对不能骑在马上治天下啊！自己身为中共中央副主席、中华人民共和国主席也脱不了干系，回到炭子冲无颜面对父老乡亲啊！

王家湾确实存在很多问题。看到社员群众在饥饿、痛苦和死亡中苦苦挣扎，刘少奇感到痛心疾首。

　　为了找到解决问题的办法，刘少奇决定去毛泽东家乡韶山，看看韶山的情况怎样，何去何从，然后再作决定。

　　4 月 8 日午后，刘少奇依依不舍地告别了王家湾的乡亲们。

　　两辆吉普车，一前一后，朝韶山驶去。

　　出发前，刘少奇吩咐秘书吴振英不要通知韶山做准备，更不准提招待二字，并说："招待必有浪费，也有贪污，招待费这笔账，是一笔贪污浪费账。"

第四章　公而忘私

一、听取韶山的情况汇报

1961年4月8日午后，随着阵阵春雷，一场春雨如期而至。

刘少奇乘坐嘎斯69吉普车，冒雨离开了王家湾大队。

两辆吉普车，一前一后，颠簸前进，驶上沙石公路，往西直奔韶山而去。

韶山位于湖南省中部偏东的湘中丘陵区，是湘乡、宁乡、湘潭三县交界处，距湘潭市40公里，距长沙市120公里。相传舜帝南巡到此，见风景优美，遂奏韶乐，引凤来仪，百鸟和鸣。又传"韶氏三女得道于此，有凤鸟衔天书到，女皆仙去"。韶山故此得名。

秦至西汉属湘南县，东汉至晋未变。南齐废湘南县，遂属湘西县。隋开皇九年（589）入衡山县。唐天宝八年（749），改衡山县为湘潭县；自此至宋，属湘潭县。元湘潭县升湘潭州，韶山属湘潭州。明代属湘潭县移风乡。

1949年8月15日，韶山解放。新中国成立后，韶山为湘潭县属区，作为县政府的派出机构。这期间，韶山主要是发展农业经济，工业和旅游业等尚处于初创阶段。

一路上，刘少奇注视着公路两旁，观察着农村的细微变化。

田野、村庄、公路上无精打采的行人，一闪而过。刘少奇通过窗外的变化，推测"六十条"对农村的影响。

刘少奇乘坐的吉普车，径直开进了韶山宾馆故园一号楼。

韶山宾馆位于湖南湘潭韶山冲，距毛泽东故居约 500 米，其建筑采用园林形式，四周青山，环境清新幽雅。韶山宾馆故园一号楼于 1957 年修建。1959 年 2 月 28 日，中共中央副主席、中华人民共和国副主席朱德参观韶山，下榻故园一号楼。1959 年 6 月 25 日，毛泽东自 1927 年离开韶山后第一次故园行，就住在故园一号楼。毛泽东在这里召开座谈会，调查农村情况，自费宴请乡亲，并创作了脍炙人口的《七律·到韶山》。刘少奇是第三个下榻这里的党和国家领导人。

胡乔木是 1961 年 1 月下旬来到湖南的。他率领的中央调查组成员有中央政治研究室的"秀才"王力、张超及《人民日报》主编萧云等。

1 月 31 日至 2 月 14 日，胡乔木率调查组在中共湖南省委政策研究室李炎巨等人的陪同下，深入湘潭县石潭公社古云大队进行调查。他们采用家庭访问、开调查座谈会等形式，对古云大队的基本情况，工作中的主要问题，产生的原因及群众的意见和要求，进行系统周密的调查研究，写出了《湘潭县石潭公社古云大队调查》（简称"古云调查"）。

2 月中旬，胡乔木率调查组离开湖南，去广东参加中央工作会议。

3 月 23 日，广州会议结束后，胡乔木率调查组再次来到长沙。

按照毛泽东的指示，胡乔木带领中央调查组要去韶山公社进行调查研究，重点了解《农村人民公社工作条例》（草案）的实施情况。

胡乔木到达长沙的当天，中央调查组赴韶山调查的成员迅速确定，除胡乔木、王力、张超、萧云等人外，还有中共湖南省委政策研究室副主任毛华初及湖南省农业厅办公室副主任贺炳贤等。

毛华初参加调查组，是中共湖南省委第一书记张平化亲自点的将。毛华初是毛泽民的原配夫人王淑兰在狱中收养的烈士遗孤，原名王华初，后改姓毛。毛泽东把他当做自己的亲侄儿看待。1949 年 8 月，毛华初南下湖南，担任中共湘潭县委组织部长，后任过中共湘潭县委副书记、书记，湖南省教育厅副厅长，湖南省档案局副局长。中共湖南省委成立政策研究室，毛华初任副主任。他经常深入基层调查研究，善于联系群众，了解民情。

第二天，在胡乔木的带领下，中央调查组一行数人，来到毛泽东的家乡湘潭县韶山公社和韶山大队。

胡乔木身穿青色衣服，外披一件黄色军大衣，仪表文雅，态度谦虚，平易近人。在调查上，他也很注意方法，深入群众，走家串户，与群众亲切交谈，开座谈会，但不随便发表自己的意见。

每次到群众中去调查，胡乔木见到群众总是说："党中央和毛主席很关心你们，派我们下来调查了解情况。"

中央调查组的同志分头下到各生产队调查，与群众同吃同住。一般是上午碰头向胡乔木汇报，下午和晚上走访群众，召开座谈会。在抓住重点进行细致调查的同时，中央调查组还注意面上的情况调查。

在韶山公社韶山大队，胡乔木决定以桥头湾和印山两个不同情况的生产队作点，在此基础上又找公社党委座谈面上的情况，将面上的问题带到点上与群众讨论、商量，研究解决方法。把韶山公社的情况摸清楚找出问题所在后，他们又与全县的情况进行对照，并听取中共湘潭县委的汇报。

中共湘潭县委如实反映了农村的生产和群众生活情况，以及存在的问题。

听取中共湘潭县委汇报后，中央调查组的同志感到湘潭县的问题带有普遍性。

令人忧虑的是，韶山的情况也不是很乐观。与韶山隔邻的湘乡县的一些地方，包括毛泽东的外祖母家，后来划归韶山区的湘乡大坪公社，饥荒和死亡的情况也很严重。

由点到面，点面结合，中央调查组通过十多天的调查，收集了大量真实情况和数据，发现群众意见最大、反映最普遍、最强烈的是办公共食堂问题。于是，他们通过反复研究和讨论，写出一份关于解散公共食堂的调查报告。

中央调查组与韶山公社党委在社员自主决定的前提下，解散了204个公共食堂。韶山是湖南省最早解散食堂的公社。

刘少奇到达韶山后，即投入工作。他认真听取了韶山的情况汇报。

胡乔木向刘少奇详细汇报了中央调查组的工作情况。

刘少奇肯定了中央调查组的工作成绩，并且鼓励他们继续深入，做认真过细的调查研究工作。

夜深人静，座谈会终于结束了。众人散去。刘少奇仍然毫无倦意。

月色西沉，凉风习习，蛙声阵阵。欢乐的人们，早就已经进入了甜美的梦乡。刘少奇的房间还亮着灯。他还在浏览会议记录，他还在寻找答案。

二、参观毛泽东故居

1961年4月9日上午，天气晴朗，阳光普照大地。

刘少奇在湖南省、湘潭县有关领导的陪同下，兴致勃勃地参观了毛泽东同志故居。

炭子冲和韶山冲相距不过十几公里，刘少奇却是第一次来。

刘少奇看到，韶山群山环抱，峰峦耸峙，气势磅礴，翠竹苍松，田园俊秀，山川相趣。韶峰为南岳七十二峰之一，色彩神奇。

光绪十九年（1893）12月26日，毛泽东诞生于湘潭县七都韶山冲上屋场。

这是一栋普普通通的江南农舍，坐南朝北，背山面水。它正面三间，两头横屋各三间，呈"凹"字形结构。人们叫它"一担柴"式的房子。屋前荷花塘和南岸塘相毗邻，绿水莹莹，风过处，荡起缕缕涟漪。放眼望去，青山做伴，背倚翠竹，山川相缪，苍松和翠竹把这一栋普通农舍装饰得生机盎然。

东头十三间半瓦房是毛泽东家的，西头五间半土砖茅房是邻居的。这栋普通农舍曾几经沧桑，它的修缮和扩建凝结着毛泽东的祖辈、父辈和他们兄弟的心血和汗水。从 1878 年毛泽东祖父定居时的五间半茅屋，经过前后三代人的艰苦创业，修修补补，其间遭火灾，遇抢劫，1918 年才揭茅盖瓦，加修后院，扩建成十三间半瓦房（内含杂屋，其中半间指两家合用的堂屋）。1929 年 4 月，国民党反动派曾没收毛泽东在韶山的全部房屋和家产。于是，这栋房子和里面的家具，又遭到了严重破坏。

韶山为毛泽东青少年时期生活、学习、劳动和从事革命活动的地方。新中国成立后，人民政府对毛泽东故居进行过多次修葺，使之基本上保持了当年原貌，1950 年作为革命纪念地供国内游客参观，两年后又正式对外宾开放。1961 年 3 月，国务院正式公布韶山毛泽东故居为全国第一批重点文物保护单位。

自从 1922 年秋天，刘少奇在长沙清水塘那间青砖老屋里与毛泽东相识，杨开慧又做了刘少奇和何葆贞的红娘。从此，毛泽东对刘少奇十分理解和信任，经常委以重任。而刘少奇对毛泽东，更多的是支持和尊重。他们志同道合，肝胆相照，在中国革命和建设的道路上从胜利走向胜利。

领导安源路矿工人大罢工，刘少奇战斗在前沿阵地。在中共湘区委员会大本营里运筹帷幄的，则是毛泽东。还有一位是李立三，也是湖南人。三位湖南老乡组成了"铁三角"，同心同德，共同领导了这场举世闻名的工人运动。

1924 年第一次国共合作，毛泽东先后在广州、武汉举办农民运动讲习所，发动和领导了轰轰烈烈的农民运动。刘少奇则在上海领导了全国工人运动，参与领导了"五卅运动"、省港大罢工。毛泽东和刘少奇仿佛二龙戏珠，一个是农民运动领袖，一个是工人运动领袖。他们珠联璧合，将中国革命的星星之火，迅速燃烧起来，形成了燎原之势。

在经历了"四·一二"、"七·一五"两次反革命政变后，毛泽东领导了秋收起义，开辟了井冈山革命根据地。刘少奇则领导了白区党的工作。在王明左倾路线统治中央时，毛泽东和刘少奇都被扣上"右倾机会主义"的帽子。他们顶住压力，同舟共济，互相鼓励。

在遵义会议上，刘少奇坚决地支持了毛泽东的正确主张，为毛泽东在遵义会议上确立领导地位，实现伟大的历史转折，作出了重要贡献。

抗日战争时期，毛泽东领导巩固了陕北抗日根据地。刘少奇领导和巩固了华北抗日根据地。

1943年，刘少奇回到延安，与毛泽东、任弼时一道主持中央书记处的工作。

在中国共产党第七次全国代表大会召开时，刘少奇第一次对毛泽东思想下了准确的科学定义："毛泽东思想，就是马克思列宁主义的理论与中国革命的实践之统一的思想。"他在会上还庄严地宣布确立毛泽东思想为全党的指导思想。

毛泽东以同样的情感对待刘少奇，充分信任刘少奇。在重庆谈判期间，毛泽东提议并经中央决定，刘少奇代理中共中央主席，主持中央日常工作。

在解放战争中，中共中央书记处五位书记组成两套班子：毛泽东、周恩来、任弼时率中央精干机关留在陕北，指挥全国各个战场的作战；刘少奇、朱德等则组成中共中央工作委员会，在河北省平山县西柏坡主持临时中央的工作。

1948年5月27日，毛泽东、周恩来、任弼时等同志到达西柏坡，和先期到达的刘少奇、朱德等同志会合。他们在西柏坡胜利会

1945年抗战胜利后，毛泽东赴重庆与国民党谈判。其间，刘少奇代理中共中央主席，主持中央日常工作。

1948 年 8 月，50 岁的刘少奇和 27 岁的王光美在西柏坡举行了俭朴而又热闹的婚礼。王光美出身名门，是辅仁大学物理系的高才生。

师，并肩指挥了辽沈、平津、淮海三大战役，推翻了蒋家王朝，共同迎来了共和国最初的曙光。

8 月 21 日，西柏坡又添了一件喜事。在邓颖超和康克清的关心撮合下，刘少奇和中央军委外事组负责编译工作的王光美结婚了。

王光美（1921—2006），祖籍天津。1945 年 6 月，同北平（今北京）的中共地下党组织建立联系。同年 7 月，辅仁大学硕士研究生毕业，留校任助教。1946 年 2 月，经中共北平地下党组织介绍，到北平军调部执行部中共代表团任英语翻译。同年 11 月 1 日，由于北平军调部准备解散，乘飞机离开北平赴延安，被分配在中共中央军委外事组工作。1948 年 8 月，加入中国共产党。

一直坚持工作的刘少奇，让卫士长到王光美的住处，将王光美的行李搬到西柏坡来。中央军委外事组的同志作为"娘家人"，带着写有大家签名的"新婚志喜"的粉红绸子贺幛，簇拥着将27岁的王光美送到了西柏坡。

当晚，婚礼在中央秘书处大院举行。煤油灯下，贺喜的战友们在一片锣鼓、琴声中簇拥刘少奇和王光美，吃着喜糖和瓜子。欢笑声中，毛泽东、周恩来、朱德等同志来到了现场。

朱德总司令用浓重的四川口音说："今天是少奇和光美同志结婚的日子，欢迎他们出个节目好不好？"

院内响起了热烈的掌声："好，好！"

在一片热烈的掌声中，刘少奇和王光美手牵着手走到了场院的中间，夫妻二人开始唱《南泥湾》："花篮的花儿香，听我来唱一唱……"

当新郎、新娘的二重唱刚一结束，周恩来站起来向大家说："我建议把延安晚会的热闹劲儿也带到西柏坡来，让少奇和光美同志给大家跳个舞嘛！"

琴弦奏起了舞曲。在一阵热烈的掌声中，刘少奇和王光美大大方方地跳起了舞。

刘少奇开心地说："欢迎大家都来参加！"

顿时，整个现场沸腾了。自从延安转战到西柏坡，大家很久都没有跳舞了。在这喜庆婚礼的时刻，毛泽东、周恩来、朱德和男女青年们先后旋舞起来……

热闹的婚礼晚会，给年轻活泼的王光美留下了深刻的印象。

周恩来知道刘少奇今天结婚，不举行仪式，便笑着向毛泽东说："咱们一块儿去少奇同志家坐坐，看看他们住的地方，参观参观他们的洞房。"

舞会提早结束后，毛泽东、周恩来、朱德等同志，在刘少奇和王光美夫妇的陪同下来到了新婚洞房。

新房就设在刘少奇办公和居住的两间土墙瓦顶房里。毛泽东风趣、幽默地说："我五月来到西柏坡后，不知道来这间房里多少次，今天是最有新意啊!"

和刘少奇结婚后,王光美从中央军委外事组调到中央办公厅工作,从此成为刘少奇的机要秘书。

1949 年 3 月 25 日进入北平后,毛泽东更是将许多重大国事托付给刘少奇。比如,去天津处理城市管理和恢复生产;秘密访苏同斯大林会谈,为开国做准备……

9 月 30 日,毛泽东在政协第一届全体会议上当选为中华人民共和国中央人民政府主席,刘少奇当选为副主席。

10 月 1 日,刘少奇和毛泽东站在天安门城楼出席"开国大典"。

新中国成立后,刘少奇主持全国土地改革,参与领导全国工商业者的社会主义改造……

1954 年,在起草新中国第一部《宪法》时,中共中央决定更改国家

1949 年 3 月 25 日下午,刘少奇在北平西苑机场检阅部队。受阅部队是人民解放军第四野战军第 14 兵团第 41 军的三个团,曾参加辽沈战役。

的机构设置,设立国家主席一职。对此,毛泽东认为,"中国是一个大国,叠床架屋地设个主席,目的是为着使国家更加安全"。

在 1954 年《宪法》制定的过程中,《宪法》起草委员会的成员对于国家主席的职权问题,进行过多次讨论。当时,他们曾设想将国家主席的权力定得低一些,超脱一点,让国家主席只相当于"半个伏罗希洛夫(作者注,全名是克·叶·伏罗希洛夫,时任苏联最高苏维埃主席团主席)",

"国家主席可以提出建议，建议不起决定作用，人家愿理就理，不理拉倒，毫无办法"。但是，这并不是意味着国家主席什么事情也不干。因为国家主席还可以"担任国防委员会主席"，"在必要的时候召开最高国务会议"。对此，毛泽东表示："这两条是说，国家主席也有些事做，不是专门吃饭。"其意思应该是说，国家主席也有些实权，职权并不全是虚的。在这里，毛泽东所设想的这种国家主席制度，具有了"虚实结合"、"虚中有实"，甚至是"形虚实实"的特点。在这一部《宪法》中，由于国家主席拥有"统率全国武装力量，担任国防委员会主席"的权力，同时又可以"在必要的时候召开最高国务会议，并担任最高国务会议主席"，因此，国家主席的权力在很多时候不虚反实，并成为国家政治生活中的实权元首。

1954年9月，刘少奇在一届全国人大一次会议上作《关于中华人民共和国宪法草案的报告》。

1954年9月15日，中华人民共和国第一届全国人民代表大会第一次全体会议在北京隆重开幕。1000多名代表欢聚中南海怀仁堂，出席这次盛会。这是中国有史以来第一次通过全民选举召开的全国人民代表大会。会议气氛极为欢快、热烈。

开幕的头一天，代表们听取了毛泽东作的开幕词，刘少奇作的《关于中华人民共和国宪法草案的报告》。

刘少奇的报告从新中国国家的性质、过渡到社会主义的步骤、人民民主的政治制度、人民的权利与义务、民族区域自治等方面，说明了《宪法》的基本内容。他说："制定中华人民共和国宪法，在我国国家生活中，是一件具有重大历史意义的事情。我国的第一届全国人民代表大会第一次会议的首要任务，就是制定我国的宪法。"

9月20日，大会通过了《中华人民共和国宪法》。第二天通过了其他几个重要的法律。

9月27日，大会选举毛泽东为中华人民共和国主席，朱德为副主席；选举刘少奇为第一届全国人民代表大会常务委员会委员长；任命周恩来为国务院总理。

1954年9月27日，代表们热烈鼓掌，祝贺刘少奇当选为第一届全国人大常委会委员长。

中国的人民代表大会不同于资产阶级国家的议会、国会，是中国共产党领导下的最高国家权力机关。它审议、决定国家的大政方针，制定和颁布法律，选举和决定国家领导工作人员，监督政府、法院、检察院的工作，并同国家主席结合行使国家元首的职权。这是一个全新的机构，又是一项全新的事业，许多工作带有奠基和开创性质。从此，全国人大常委会的大事小事，成为刘少奇的一项经常性工作。

1956年9月15日，中国共产党第八次全国代表大会在北京隆重开幕。代表全国1073万党员的1026名代表，欢聚在新落成的政协礼堂，出席这次盛况空前的大会。50多个外国共产党、工人党的代表，国内各民主党派和无党派民主人士的代表，应邀列席大会。整个会场热烈庄重，洋溢着团结、兴旺的气氛。

在代表们的热烈掌声中，毛泽东宣布中国共产党第八次全国代表大会开幕。他在开幕词中说："我们这次大会的任务是：总结七次大会以来的经验，团结全党，团结国内外一切可能团结的力量，为了建设一个伟大的社会主义的中国而奋斗。"

紧接着，刘少奇代表中央委员会，向大会作《政治报告》。他的报告总结了中共七大以来，特别是新中国成立以来社会主义改造和建设的经验，分析了国内阶级关系的变化，提出了党在社会主义建设、国家政治生活、国际关系、党的领导等方面的方针和任务。他说：

> 现在，革命的暴风雨时期已经过去了，新的生产关系已经建立起来，斗争的任务已经变为保护社会主义生产力的顺利发展。

刘少奇强调：

> 我们党现时的任务，就是要依靠已经获得解放和已经组织起来的几亿劳动人民，团结国内外一切可以团结的力量，充分利用一切对我们有利的条件，尽可能迅速地把我国建设成一个伟大的社会主义国家。

9月28日，中共八届一中全会召开。经过充分酝酿，选出了17名中央政治局委员，6名中央政治局候补委员。选举毛泽东为中央委员会主席，刘少奇、周恩来、朱德、陈云为副主席，邓小平为总书记，上述6人组成中央政治局常务委员会。

1959 年 4 月，由于国事的繁忙和对外交的繁文缛节的不适等诸多原因，毛泽东决定辞去中华人民共和国主席职务，提议由刘少奇担任。

毛泽东还说，到适当的时候，他不当党的主席了。他要腾出时间调查研究，考虑更重大的战略问题。

……

刘少奇和毛泽东，他们是同志，是战友。在年龄上，毛泽东是兄长。从民主革命时期到新中国成立后，他们同生死，共患难，风雨同舟，情同手足。现在，一个是党的主席，一个是国家主席，他们都为了一个共同的目标而奋斗，那就是建设一个繁荣富强的社会主义新中国。

刘少奇心想："为了表达对毛泽东的纯真友情，我应该去韶山看看；为了感受一下老战友所经历的艰苦历程，我也应该去韶山看看；为了深入了解农村的真实情况，韶山同样是一个窗口，我更应该深入调查。"

在湖南省、湘潭县有关领导的陪同下，刘少奇一行人兴致勃勃地前往毛泽东故居参观。

刘少奇下车后，大步跨进还笼罩在薄薄晨雾中的"毛泽东同志故居"。

刘少奇走进堂屋，身后跟着王光美，还有秘书吴振英等几个工作人员。

当毛泽东同志故居的工作人员惊奇地发现今天的第一位参观者是刘少奇时，人们惊呼："刘主席来啦，刘主席来啦！"

顿时，宁静的山村沸腾起来。

刘少奇挥手向年轻人示意并开始参观。

毛泽东故居堂屋，原先只有一半属于毛泽东的父亲毛顺生。和湖南的普通农舍一样，这间屋子正面墙壁的板壁上供奉着神龛。

刘少奇对毛泽东故居陈列的每件什物看得都非常仔细，有时用手摸一摸，有时问问讲解员："这件是原有的，还是复制的？"

从堂屋转到厨房之后，刘少奇对毛泽东家的大锅台产生了浓厚的兴

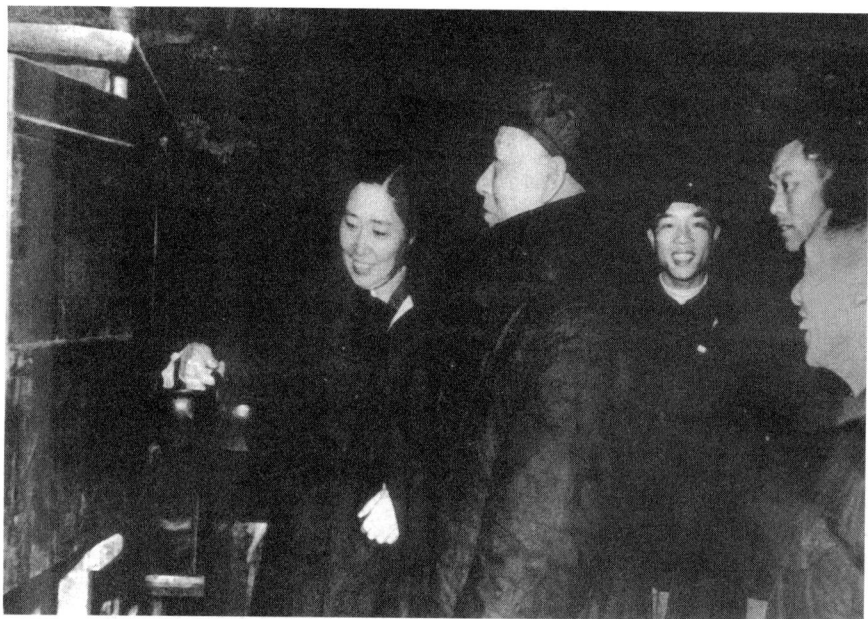

1961年4月9日，刘少奇偕夫人王光美第一次参观毛泽东同志故居。
王光美好奇地提起灶台上的油盐坛子，看得十分专注。

趣，只见一口很大的铁锅砌在锅台上，上面盖着厚木板做的锅盖，由于时间久远，这锅盖显得很陈旧。刘少奇深情地端详着大锅盖，然后伸出右手，将大锅盖揭了起来，神情专注地探头看着那口大而深的铁锅。

刘少奇自言自语地说："毛主席家当年可是个人丁兴旺的大家庭啊！"

王光美提起灶台上摆放的一对油盐坛子，看得十分专注。她心想：这和普通农家的油盐坛子差不多，没有什么区别啊！

从厨房跨过高门槛，刘少奇来到了毛泽东父母的卧室。只见房间左边墙壁上悬挂着两个镜框，里面分别镶嵌着毛泽东父母的放大的照片。

在毛泽东父母的房子里，刘少奇待的时间最长。不纯粹是出于礼节。他在揣摩这两位过早去世的老人，当年在儿辈身上，寄托了怎样的希望？假如他们仍然健在，又仍然住在乡间，对于当前的困难，他们对刘少奇会提出怎样的疑问？

到了毛泽东和杨开慧当年的住房，刘少奇感同身受。这是毛泽东的卧室，也是毛泽东的书斋。床头凳上还摆着灯盏。青少年时代，毛泽东常常在这里熬夜，孜孜不倦地阅读《盛世危言》、《新民丛报》、《左传》、《三国志》等书籍，探索救国救民的真理。

当刘少奇来到舂米房，看到碓臼时，他的眼睛突然为之一亮。也许这一切对他来说太熟悉了，也许是想起了离韶山不远的炭子冲自家的舂米房。他边看边向随行人员作讲解："这东西现在看来很简单，但过去在我们湖南农民家里，它却是穷或富的一个重要标志。很穷困的人家是没有舂米用的碓臼的，有的家里有一个，有的有两个，甚至三个。大家看，毛主席家里有两个碓臼，说明当年毛主席家家业比较富裕，比较殷实。"

刘少奇说到这里，回头问刚赶来的当地干部："土改时给毛主席家划的是什么成分？"

那位干部回答说："富农。"

刘少奇补充说："差不多，不是富农，也应该是富裕中农。"

接着，刘少奇又仔细参观了毛泽民、毛泽覃等的卧室。这里的每一间屋子，每一件什物，都使刘少奇不停地点头，看得出他对毛泽东的一往情深。

在毛泽民烈士的卧室，刘少奇一边听着讲解，一边仔细端详着墙壁上悬挂的毛泽民烈士的遗像。

刘少奇心想：在长期的革命斗争中，毛泽东一家牺牲了六位亲人。毛泽东的夫人杨开慧，1930 年就义于长沙，那时候，她才 29 岁；毛泽东的大弟毛泽民，曾任中华苏维埃共和国临时政府国家银行行长，1943 年被军阀盛世才杀害于新疆乌鲁木齐，时年 47 岁；毛泽东的小弟毛泽覃，曾任红军独立师师长，1935 年与国民党军队作战时阵亡于江西瑞金和福建长汀交界的地区，时年 30 岁；过继来的堂妹毛泽建，1929 年牺牲于衡山，年仅 24 岁；毛泽东的长子毛岸英，1950 年殉难于抗美援朝的前线，才 28 岁；毛泽东的侄儿，也就是毛泽覃的儿子毛楚雄，1946 年牺牲于湖北、陕西交界的地方，年仅 18 岁。这是一个多么伟大的家庭，真是满门忠烈！

从毛泽东故居参观出来，有人提议："刘主席，你难得来一次，同大家照张相吧！"

刘少奇爽快地答应说："那好哇！"

顿时，在悬挂着"毛泽东同志故居"匾额的大门前，聚集了一大群韶山的乡亲们，个子高矮不一、穿戴各异的年轻人紧紧地簇拥在刘少奇身旁，张张笑脸使初春的韶山充满了欢乐。

照完相后，人们渐渐恋恋不舍地散去。刘少奇回过头来，指着那块红底金字的"毛泽东同志故居"的匾额，对王光美说："匾额应该改一个字，将'故居'改为'旧居'，因为主席还健在，还很健康，所以用'故居'不大确切，在这里把'故'字改为'旧'字要更好一些，也更贴近人们的心理。"

从这个看似很简单的细节，我们可以看出刘少奇对毛泽东的敬重和情谊。

陪同参观的同志听了，也觉得刘少奇说得很对，点头称赞。

毛泽东同志故居管理部门采纳了刘少奇的意见。后来，这块匾额就由郭沫若手书成"毛泽东同志旧居"了。

参观毛泽东故居后，刘少奇决定去长沙。

三、向毛泽东汇报

1961 年 3 月 29 日，毛泽东乘专列由广州前往长沙，专列停在长沙大托铺机场附近的铁道专线上。

大托铺是全国三个较适宜的专列停车场之一。大托铺停车场比较安静，除了一条公路外，离火车站比较远，环境比较幽雅，附近有一个果园，可以散步。20 世纪 50 年代，毛泽东的专列常常就在这里停靠。那时，山头还是光秃秃的，果园还没有建起来。毛泽东曾向接待人员说："你们这个山头不应该荒芜了。"不几年，这个地方就变成了绿油油的果园。毛泽东的专列曾在这里停了十多次。

随同毛泽东来湖南并负责保卫工作的有汪东兴。开始，毛泽东坚持住在专列上。

3月31日，毛泽东在专列上同中共湖南省委第一书记张平化谈话。

4月1日至8日，毛泽东去武汉同有关领导谈话，了解中共湖北省委贯彻"六十条"的情况，征求意见。

4月8日，毛泽东又马不停蹄地从武汉赶回长沙，继续推动湖南的调查研究，指导中共湖南省委和中央调查组的农村调查研究工作。

4月9日晚上，毛泽东在专列上先后与张平化、胡乔木谈话，从晚上七时半谈到十一点二十分。

张平化、胡乔木都刚从乡下调查回来，带来许多具体生动的第一手材料，谈困难，谈问题，也没有多大顾虑。

毛泽东听得津津有味，偶尔也插几句话。

张平化反映，在讨论"六十条"的时候，争论比较多的是三个问题：一个是供给制，一个是食堂，一个是粮食定购问题。关于粮食定购，他汇报说："生产队普遍要求包死，就是把上缴大队的、缴给国家的粮食数都定下来，其余都是生产队的，这样就有个奔头。"

讲到食堂问题，张平化说："讲食堂好的，讲得很多；讲食堂坏的，也讲得很多。我听了以后，觉得原来自己对食堂的看法有些片面，好像不喜欢食堂的就是那些富裕中农。"

毛泽东听了，不以为然："才不是哩！"

张平化模棱两可地说："现在看来不见得。"

毛泽东肯定地说："不是。愿意参加食堂的是少数人。食堂的确存在这几个问题，所说用工太多，浪费劳动力嘛！浪费柴火，破坏森林嘛！还有浪费粮食，再一个就是社员不能养猪。得两头搞，一头是搞食堂，一头是家里开伙。"

张平化汇报供给制问题时，说："现在初步地可以说，供给部分超过百分之三十，肯定不必要，过去搞那么多是错了。估计百分之十左右基本上就解决问题了。"

　　毛泽东欣慰地点头，说："如果只包五保户，补助困难户，百分之一、二、三就可以解决问题。百分之三十是多了，这不是真正各尽所能，按劳付酬。基本原则是两条：一条是各尽所能，按劳付酬；另一条是价值法则，等价交换。将来所谓公，靠什么呢？靠积累，现在就困难了，现在公社就不要搞积累，恐怕两年、三年之内，新的公社就不要积累。新的公社老百姓又怕哩！现在划小，公社多了，它又去搞平调，这个你们要议一下，万万不能再平调。如果认为没有家底又去平调，那可不得了啦！"

　　由于社、队规模划小，又加大了生产小队的权力，原来人民公社的那个"大"字，事实上已被否定。这次毛泽东又说，所谓"公"只是表现在积累上，而且两三年内又不能搞积累，这样原来的那个"公"字，事实上也发生很大变化。对人民公社制度，毛泽东没有否定。但它的内容，不论在体制方面，还是在分配方面，以及农民的生活方式，同公社化运动时大力宣传的那个"一大二公"，是大大地不同了。

　　毛泽东对张平化说，湖北在群众中讨论"六十条"的时候，也集中在这四个问题：供给制问题，食堂问题，粮食问题，体制问题。他说："供给制是多劳多得，还是多劳不能多得？平均主义问题嘛！食堂也是个平均主义问题嘛！"

　　这是毛泽东第一次明确地把供给制和食堂看做是平均主义的东西。他对于平均主义表现的认识，已经不限于队与队之间、人与人之间这个层面上，而且深入到供给制和食堂这两个敏感领域。他还说："就是要恢复一九五七年那个时候的评工记分、多劳多得，要恢复那一套。"

　　胡乔木是刚从韶山大队赶来，专门向毛泽东汇报的。

　　韶山是毛泽东的家乡。对毛泽东来说，这里是熟人、熟路、熟地方，听起汇报来，自然有一种亲切感。

　　胡乔木眉飞色舞，说："看起来群众最关心的有三个问题：第一，超产奖励问题；第二，分配制度问题；第三，食堂问题。食堂问题在目前特别突出。干部很敏感，群众也很敏感，一谈就是食堂。原来我在长沙看到的情况，是食堂搞得好的。同时还有这么一个原因，就是过去省委一贯强调这个东西，干部不敢议论这个问题，群众也不敢议论，所以就没有发现怀疑的言论了。这回'六十条'这么一说，好些大队反映，说念这一条的时候，群众最欣赏的是末了一句'可以不办'。我们在韶山大队为着先试探一下，找三个小队长和这三个小队的一部分社员，一起座谈'六十条'里面的主要问题。座谈会一开始，就对食堂问题开展了非常尖锐的争论。双方都提出理由，针锋相对。"

毛泽东忍不住问："你参加了？"

胡乔木认真回答："我参加了。我们原来都没有这个思想准备。我原来对于食堂还是比较热心的，经过几次辩论以后，觉得他们提出不办食堂的理由是有道理的，是对的，应该考虑。"

接着，胡乔木列举了一些理由，肥料减少了，山林被破坏了。

毛泽东听了，补充说："还有，浪费劳动力。浪费劳动力，破坏山林，不能养猪，就是广东提的那几条。还有一条，是不是浪费粮食的问题。"

胡乔木微笑着说："他们也讲到这个问题。家里吃饭，多一点少一点，他就是量体裁衣了。而吃食堂呢，有那么多定额，反正要吃掉，吃掉了还觉得不够，吃得不好。"

毛泽东补充说："还有一条，在食堂吃饭没有家里搞得好吃。"

毛泽东吸了一口烟，又说："现在马上散行不行呢？"

胡乔木回答："农村里头有些问题了。"

毛泽东如数家珍："锅灶、柴火、粮食。"

胡乔木强调说："主要还有房子问题。根据韶山公社五个大队的统计，八十九个食堂，已经散掉五十个，讨论'六十条'以后，估计还要继续散。"

毛泽东反驳道："他要维持干什么呢？"

胡乔木实话实说："有个思想没有解放，因为省委宣传部宣传得比较久，都说食堂是社会主义阵地。"

毛泽东讪讪地说："河北也是这么宣传的嘛，什么社会主义食堂万岁。"

胡乔木补充说："《人民日报》发表过社论，也说公共食堂万岁。我觉得，第一，现在解散有利；第二，现在可以解散。"

毛泽东神采飞扬："要看现在有没有锅灶，有没有粮食，有没有柴火，有没有房子。"

胡乔木根据实际调查的情况，说："我们倾向于快一点解决为好。虽然有些困难，分过了之后，群众还是会陆陆续续自己去解决的。"

中央调查组在食堂问题上态度的改变，说明要了解真实情况，特别是食堂这样的敏感问题，必须作深入细致的调查。走马观花不行，时间短了也不行，只调查一个地方也不行。

胡乔木这次对食堂问题的汇报比上一次汇报深刻得多，具体得多。他的汇报，把广大群众对解散食堂的迫切希望和要求，活灵活现地展示出来，给人以身临其境的感觉。

毛泽东听完汇报后，抱怨道："听你这一讲，我现在到韶山去，也看不出什么名堂来，还不是你讲的这一套。"

这时，由中央明令解散食堂的条件还不完全成熟，但湖南调查组关于食堂问题再调查的结果，对毛泽东后来下决心全部解散食堂，肯定是有影响的。

胡乔木还向毛泽东汇报了分配问题。他说："食堂问题也跟分配问题连在一起，如果把食堂问题解决了，分配的问题也就好解决了。"

毛泽东感慨地说："现在不是顺三七的问题，也不是倒三七的问题，而是五保户和酌量照顾困难户的问题，其他统统按劳分配。"

所谓"顺三七"、"倒三七"，都是供给制的概念，即工资部分（按劳分配部分）与供给部分的比例。这样，毛泽东就从根本上否定了供给制。

胡乔木接着汇报说："多数的社员跟干部都倾向于这个意见。但是还有一种办法，大队三七开，小队全部按劳分配。这样做的结果，大体上就是一九开，这样五保户有了保障，一些人口多劳力少的户，也可以过得去。"

毛泽东言之凿凿："这种户可以喂猪。"

毛泽东意思是说，对他们不必用供给制的办法照顾，但胡乔木仍继续申述自己的理由。

毛泽东追问："他们赞不赞成呢?"

胡乔木回答："这个意见可以得到多数的同意。"

毛泽东又说："还有另一种照顾的方法，湖北的办法，在分配工作时给他一些便利。"

从这一段对话中可以看出，毛泽东总想不采取供给制的办法，而采取其他办法解决困难户的困难问题，尽量体现按劳付酬的原则。

毛泽东稍微停顿了一下，边吸烟边强调："基本原则是这么个原则，叫做不劳动者不得食，各尽所能，按劳付酬。这里是两个方面，一个是生产，一个是分配。分配中又有交换，按照价值法则实行等价交换。"

紧接着，毛泽东向胡乔木提出另外一个他十分关心的问题：以生产小队为基本核算单位的问题。

胡乔木担忧地说："现在由小队分配，恐怕还有点困难。因为大队可以超越小队范围组织一些生产、组织一些收入，这一部分收入是为小队服务的，作用很大。搞得好的，都是靠大队这方面的收入补充小队。"

毛泽东进一步提问："比如讲，韶山大队十一个生产小队，水平也不一致，分配的时候拉平这个问题怎么办呢?"

胡乔木回答："这个问题不怎么突出，干部和群众反映不多，实际上各小队之间生活水平相差很多。"

毛泽东一语道破天机："这是私分的结果。"

胡乔木说："这里有一个经营得好不好、超产不超产、养猪养得好不好的问题。"

谈话快结束的时候，胡乔木以恳求的语气问："主席，你对我们这里还有什么指示?"

毛泽东十分幽默地说:"没有什么。就是要用真正听群众的意见这种态度,不能学那个桥头湾小队长那样一种态度。"

桥头湾小队长是一种什么态度呢?胡乔木在汇报时,曾讲到韶山大队桥头湾生产小队队长,不给社员分自留地,当然也就不让社员养猪,茅房(作者注,即厕所)也只有公共的,没有私人的,思想比较"左",又坚持自己的意见。

在听取张平化、胡乔木汇报的时候,毛泽东讲话不多,主要是听,听得很仔细。对他们的汇报及湖南的工作,毛泽东没有提出什么批评性意见,但他敏锐地察觉到湖南工作有些问题。

毛泽东也深入湖南调查,说明刘少奇选择回湖南农村调查是恰逢其时。

第五章 平反冤案

一、再次过问刘桂阳案

1961年4月9日午后，艳阳高照。

刘少奇从韶山去长沙，与湖南省公安厅厅长李强同乘一辆车。

途中，李强向刘少奇汇报了安全保卫工作情况。

接到中共湖南省委下达的工作任务后，李强组织专门班子，认真细致地做了安全保卫工作的布置，并给刘少奇下乡后的住地搬去了床铺、沙发等，既要确保刘少奇蹲点调查的安全，又要确保他的身体健康。

刘少奇听了李强的汇报后，说："这次调查要采取过去'打游击'的办法，穿布衣，背背包，自带油盐柴米，自备碗筷用具，人要少，一切轻装简行，想住就住，想走就走。"

刘少奇强调："一定要以普通劳动者的身份出现，不这样，调查研究之风就不能兴起。"

说罢，刘少奇又问起了刘桂阳案件的处理情况。

李强汇报说："关于处理后的反映，公安厅专门向省委和公安部写了报告。"

刘少奇说："我看到了。"

刘少奇停了片刻，又说："根据什么判她的罪，法律有这么一条吗？无非是根据她写了反动标语。反动标语是以反革命为目的，而她跑到北京，还相信中央，这能说是以反革命为目的吗？"

　　刘少奇同时也严肃指出："她对某些问题在认识上有错误，采取的方法是错误的，但这不应该判罪。"

　　李强说："已由原审判单位郴县人民法院撤销对刘桂阳的判决，予以释放。并且已经与鲤鱼江电厂协商，仍将她留原单位工作。同时也对她进行了耐心的教育，今后可以向各级领导提意见，但不要采取错误的行动和方法。刘桂阳对此非常感动，一再深刻检查了自己的错误。"

1960年7月26日，时年22岁的刘桂阳，在中南海红墙上张贴反对人民公社的标语，为的是向党中央、毛主席反映湖南农村饥荒的真相。

　　刘少奇说："一次又一次过火的斗争，搞得人民群众包括不少干部也不敢讲真话，有的也不让人讲真话。这怎么行呢？我们共产党是为人民谋幸福的，要把人民利益放在至高无上的地位，要营造一种讲真话的气氛。只有这样，我们才会少走弯路，少犯错误。纠正刘桂阳案件，就可以让人明白，敢于讲真话，就算过激一些，也是允许的！"

　　刘少奇一席话，分析得十分中肯透彻，令人信服。更重要的是，他那种对一个人的政治生命高度负责的精神，给了我们深深的教益。

二、一封触目惊心的家信

　　1958年3月，当刘桂阳招工进湖南郴州鲤鱼江电厂当运煤工人之后，"大跃进"如火如荼，我国农村正在发生着翻天覆地的变化。

　　江南丘陵，四季分明。夏天日照时间长，气温高。七月流火，正是抢收早稻、抢插晚稻的关键时刻，要力争插完晚稻过"八一"。

　　1960年7月的一天，刘桂阳在这炎热而忙碌的季节里，收到了弟弟寄来的一封家书。她拆开后急促地看了起来。看着看着，她舒展的眉头皱了起来。因为弟弟在信中写道："姐姐，现在村里吃公共食堂，全劳力每天只供应4两米。爸爸已经得了浮肿病，卧床不起。爷爷也病了，郎中说怕过不了今年夏天。姑姑家里五个小孩，口粮少，靠野菜糠饼充饥，她又急又气，投塘自尽了。姐姐，现在家里只有妈妈（作者注，即继母）半个劳力出工，我也没有学上了……"

在这赤日炎炎似火烧的季节里，刘桂阳读着这封家信，越看心里越焦急："天哪！这是真的吗?"看完信，她泪流满面，目光呆滞。恍惚之中，她仿佛听到了弟弟急切的呼唤。

第二天一大早，刘桂阳就向车间领导请了假，坐火车，挤公共汽车，风风火火地往衡阳县上峰公社白沙大队老家赶。

到了衡阳已是下午，刘桂阳想买点东西带回家去，可在街上转了半天，硬是什么东西也没有买到。最后好不容易在一家国营店里凭粮票买了一斤糖不像糖、面不像面的食品。车刚一开动，她看到几个人就叽里呱啦地呕吐起来，可呕出来的全是清水和草根。

车到渣江就停了，当时还没有开往上峰方向的车。刘桂阳看表只有五点多钟，离天黑还有两三个小时，于是决定走六七公里山路赶回家。

七月酷暑，太阳像一个火球悬在头顶上，袭来一股股热浪。刘桂阳看到路旁土地龟裂，一片荒芜。光秃秃的山头上"人民公社好！"和"大干快上，多快好省！"等巨大的石灰标语，映入她的眼帘。

当夜幕快要降临的时候，刘桂阳还在风风火火地赶路。突然，她看见前面远远地走来一长溜人，并且都是用绳索串起、反绑着双手，前后各有一个戴红袖套的民兵持枪押送。一位老奶奶悄悄地告诉她，这些人都是因为偷吃了队里未熟的禾穗或红薯充饥而被抓住，现在要送到渣江区政府去"办学习班"。她听了心里很难受，脚步也越来越沉重。

到家了，刘桂阳看到一家人正坐在屋前空坪上乘凉。母亲问她吃饭没有，她回答说还没有吃。母亲告诉她："刚好你弟弟还没有回来，他那一碗稀饭还在。"她端起碗一看，这哪是什么稀饭，照得见人影子，纯粹是一碗清水啊！走进屋，她看见父亲躺在床上呻吟，肚子肿得像一个孕妇。

刘桂阳走到爷爷房里，爷爷昏迷不醒。

"爷爷，爷爷！"刘桂阳一头扑在床前呼唤着。

突然，爷爷嘴唇颤动了一下，挣扎着要爬起来，枯瘦的双手在草席上摸索着，说："我的——餐票，我的餐票呢？"说是要拿餐票给她到食堂去端饭。爷爷卧床不起很长时间了，不懂情况，其实这个时候拿餐票去已经端不到饭菜了。刘桂阳一把按住爷爷，让爷爷躺下。她感觉自己触摸到的是一把骨头……

爷爷躺在床上，有气无力地哼着。刘桂阳掏出身上所带的30元钱和7斤粮票，一把塞在爷爷手里。然后，她扭头跑出屋外，抱头痛哭。

第二天，刘桂阳早早地来到了姑妈家。进门一看，只见摇摇欲坠的破瓦房，连门板都没有。五个幼小的表兄妹衣不遮体，面黄肌瘦，泪眼涟涟。姑父像木头一样坐在地上，痛苦不堪："你姑妈死得好惨，这日子还怎么过呀！"原来，姑妈因为提出要分点自留地种菜，结果挨了批斗，不堪凌辱，跳塘自杀了。姑妈死后，家里穷得买不起棺材，只好把门板拆了下来，草草掩葬。

刘桂阳来到丈夫李培务的小叔家，婶娘见了她很高兴，想找点什么东西给她吃。可是，婶娘翻箱倒柜，前找后找，也没有拿出什么可以给她吃的东西来。后来，婶娘到外面寻了半天，总算找到了一把黄豆回来。点火上锅去炒时，几个孩子一窝蜂似地围了过来，豆子还没炒熟，就被他们抢光了。

刘桂阳饿着肚子，走到李培务大叔家的厨房。她看到大叔家的锅台上摆满了各种野菜，便感到很奇怪，就问大婶："你们家喂了猪呀？"

大婶嗔怪道："你们当工人的真是不知道农民的死活，那些猪菜是给人吃的！"

　　正说着，一个孩子哭哭啼啼地走了进来，说早上野菜没吃饱，现在肚子饿得很。她听后，眼泪怎么也止不住了，像断了线的珠子，一个劲儿地往下掉。

　　在衡阳老家住了两天三晚，所见所闻让刘桂阳触目惊心。父亲脚也肿起，脸也肿起……农民过着这样的生活，怎么过得下去啊！于是，她要把病重的父亲接到鲤鱼江电厂，和自己一起生活，多少也能够吃到一些油盐。

　　过了十多天，农村已经进入"双抢"（抢收早稻，抢插晚稻）大忙季节。父亲多次提出，执意要回去参加生产劳动。刘桂阳只好依了父亲，要丈夫李培务送父亲回家。

　　1960 年 7 月 23 日下午，李培务请假送岳父回家。

　　父亲和丈夫走后，刘桂阳又陷入沉思之中，"天下兴亡，匹夫有责"，在她的耳边久久回响。亲戚朋友饥饿而死，全国人民饥饿而死，难道自己就没有一点责任，难道自己就可以睁一只眼闭一只眼吗？不能，绝对不能！她认为："那些干部睁着眼睛说瞎话，蒙骗了毛主席、党中央。我要为民请命，向毛主席讲真话、说实情，让他老人家知道这些事情，采取措施，救人民群众于水深火热之中。"

　　说干就干，是湖南人的性格特征。于是，刘桂阳自作主张，从银行取出 100 块钱。然后，她又跑到商店买了一支毛笔、一瓶墨汁和几张红纸。

　　夜深人静了，喧闹了一天的厂区街道行人散尽，只有蜿蜒曲折的东江，永不疲倦地奔流着。鲤鱼江电厂宿舍，刘桂阳家仍透出亮光。此时此刻，她的心情无比激动，仿佛奔腾的东江水……她满怀激情，决定用她认为"最有效"、"最直接"的方式，直谏党中央、毛主席。

　　在昏暗的灯光下，刘桂阳以共青团员的虔诚、运煤工的勇气，决心阻止这种给老百姓带来灾难的政策。她当然知道自己人微言轻，执拗的性格却使她欲罢不能，脑海里跳出一个大胆的设想：治重病，下猛药。万一开错了药方，也就罪责难逃了。为了爷爷，也为了众多在饥饿线上挣扎的乡亲，赴汤蹈火，也在所不惜。

想着想着，刘桂阳奋笔疾书："毛主席、共产党、中央各位首长，睁开你们雪亮的眼睛吧，看看广大农民的痛苦生活！""人民公社是阻碍社会主义前进的高山！""人民公社使大家都挨饿，人民公社不好！""打倒人民公社！""铲除、消灭人民公社！"……她一口气写下了12条标语。如果她的丈夫在家，也许不会支持她这样做，也许会制止她。

正如歌里唱的那样，湖南郴州鲤鱼江和北京远隔千山万水，刘桂阳又没有出过远门，她本来是想寄到北京毛泽东收的。但是，她仔细一想："万一毛泽东、党中央收不到怎么办呢？不行，我得亲自到北京去见毛主席！"

刘桂阳写完标语之后，又给李培务留下了一封遗书。

李培务同志：

  我于今日远离家乡，为挽救我爷爷和农村群众的生命贡献我的力量，也可能献出我的生命。万一如此，请你把儿子抚养成人。

爱妻：刘桂阳
1960 年 7 月 24 日

刘桂阳把这封遗书压在玻璃板底下。湖南人敢为天下先、好汉做事好汉当的性格特征，在刘桂阳身上得到了充分体现。

第二天一大早，刘桂阳把一岁半的儿子李文明寄放在厂里的托儿所，给李培务留下了 30 元钱。她匆匆忙忙做完这些事情之后，换上一身干净的棉布衣服，把牙膏、牙刷、毛巾，一两件换洗的衣服，以及写好的标语，还有剪好口子的医用白胶布，装进了一个布袋子里。

刘桂阳从鲤鱼江出发，开始了她的北京之行。她乘汽车到郴州，赶上广州开往北京的直快列车。

三、进京告状

1960年7月25日，湖南郴州火车站。

"呜——"广州开往北京的直达快车，徐徐地开过来停靠在站台上。郴州鲤鱼江电厂运煤工刘桂阳手提一个布袋子，神色匆匆地登上了这趟开往首都北京的列车。

车厢里，人来人往，熙熙攘攘。在交谈中，有旅客问刘桂阳在什么地方下车，到哪里去干什么？她回答得很干脆："我要去北京见毛主席，汇报人民公社的罪恶！"

旅客们一听感到很惊讶，一个个鼓起眼睛，看着这位朝气蓬勃、一身正气的青年女工。

7月26日早上8点多钟，北京站。

"呜——"刘桂阳乘坐的从广州开往北京的直达快车，徐徐地开进了北京站。旅客们骚动了，她的心也"扑通扑通"直跳。

随着旅客潮流，刘桂阳下了火车。

刘桂阳一出北京站，太阳已经升起在东方，光芒万丈。她看到宽大的街道；电车、驮着天然气包的公共汽车、小轿车、自行车川流不息；行人熙熙攘攘，还不时出现几个黑皮肤的外国人。她听到从街道两旁的商店里传出的嘹亮歌声："社会主义好，社会主义好……"

行走在北京的大街上，金色的阳光洒满了刘桂阳全身。然而，北京这么大，她是第一次来到这里，又不熟悉，举目无亲……她到哪里去找毛泽东、党中央呢？这就好像大海里捞针一样。

"我爱北京天安门，天安门上太阳升，伟大领袖毛主席指引我们向前进……"因为在这之前，刘桂阳从《我爱北京天安门》歌词里，猜想毛泽东可能是住在天安门。其实，她这个青年女工哪里知道毛泽东是在天安门附近的中南海办公和生活呢？

一下车，刘桂阳就看到了雄伟的天安门城楼。

北京，天安门；天安门，北京！这是刘桂阳多年来盼望和梦想的地方！如今，这一切的一切就在自己的眼前，她抑制不住喜悦的心情。

刘桂阳站在天安门城楼下，抬头仰望金碧辉煌的天安门城楼，以蓝天为背景，显得格外光彩夺目。五星红旗在天安门广场上空迎风飘扬。巨幅毛泽东画像，端端正正地悬挂在天安门城楼上。她心想，毛泽东可能就在这里办公。于是，她信心百倍。

见到一个中年男子，刘桂阳焦急地问："同志，请问毛主席住在哪里？"

这个年过半百的男子一听，突然停住了脚步，把刘桂阳从头到脚仔细地打量了一遍，直到找不出她有任何反动细胞，才百倍警惕地回答："不知道！"

"同志，您知道毛主席在什么地方办公吗？"刘桂阳不甘心，这回特意问了一个妇女。

这位妇女一听，敏捷地倒退了两步，双眼盯住刘桂阳，过了一会儿才不冷不热地说："神经病！"

一位卖冰棍的老大爷提着箱子，边走边吆喝着。

刘桂阳快步走上前去，焦急地打听："大爷，请问您知道毛主席住在哪里吗？"

这位老大爷听了，仔细打量着刘桂阳，反问道："姑娘，你是哪里人？有什么事要找毛主席？"

刘桂阳快人快语："我是湖南人。我们家乡闹饥荒，饿死了人。我要找党中央、毛主席反映情况。"

"毛主席是你随随便便想找就可以找的吗？"这位老大爷身体抖了一下，把刘桂阳拉到一边，压低声音说："姑娘，不要乱说。你反映情况，可以找当地政府。像你这样满街打听毛主席，是要闯祸的。"

望着这位老大爷远去的背影，刘桂阳更加心急如焚。她见人就问，追着人打听。然而，有的人用奇异的目光警惕地打量着她，有的人甚至鄙视地骂她是"疯子"……她无心争辩，只想尽快找到党中央、毛主席。

到了下午二三点钟，刘桂阳已经疲惫不堪。看到大街上的行人对她不怎么友好，她也学聪明了，于是就向一位民警打听中央人民政府所在地。

"什么中央人民政府呀，你是找国务院吧！"

刘桂阳接过这位民警的话，说："是的，是的！我是找国务院。"

"从这条街一直往前走，走到十字路口往右拐，沿着红墙往前走，看到大门口有哨兵站岗那就是国务院。"

在这位交警的指引下，刘桂阳终于找到了中南海北门，也就是国务院的大门。

刘桂阳站在中南海北门外八字的西边红色围墙下出神。当她要打退堂鼓的时候，父老乡亲的艰难生活景象，像电影那样一幕一幕地浮现在她的眼前。她在心里暗暗下决心，要大胆为民请命。于是，她一咬牙，从布袋子里掏出标语，把在家里就剪好了口子的医用白胶布撕开，将标语一张一张地端端正正地贴到了红墙上，一共贴了六张标语。她在贴标语的时候，站岗的哨兵并没有发现她，因为围墙挡住了哨兵的视线。

当时，刘桂阳年轻漂亮，还不满二十二岁。她往中南海红墙上贴标语，没有引起行人的怀疑。

那年月，标语、口号遍布全国城乡的每一个角落，人们已经习以为常，见怪不怪了。刘桂阳张贴的这些标语，虽然内容可以说很重要，但饥饿的人们来去匆匆，无暇顾及，大家关心的是食物。

等呀，等呀，一个又一个小时过去了。刘桂阳还在耐心地等待，她多么希望大家能像哥伦布发现新大陆那样，惊奇地发现她张贴的这些标语啊！

太阳已经被遥远的群山吞没了，华灯初上。刘桂阳看到自己张贴的这些标语，还没有引起任何人的注意和重视，十分焦急。难道自己千辛万苦来到这里张贴的这些标语，不能引起人们的重视，大家看都不看一眼，就好像耕地没有下种啊！

"嘀嗒、嘀嗒……"时间一分一秒地过去了。刘桂阳如热锅上的蚂蚁，心想："这不是白干了吗？"

眉头一皱，计上心来。刘桂阳走到中南海北门的哨兵面前，指着外围墙方向，说："解放军同志，你们来看，外面墙壁上贴了标语。"

哨兵随刘桂阳来到外围墙，看到了红墙上贴的标语，感到很惊讶！

这些标语都是针对毛泽东和党中央的，阶级斗争这根弦一下子就绷紧了。这就是阶级斗争的新动向！

哨兵扫视四周，厉声问道："谁贴的？你看见没有？"

刘桂阳坦然一笑，说："是我贴的。"

"甭开玩笑，每个公民都有协助我们保护北京、保卫党中央，抓获现行反革命的义务，你能提供点线索吗？比如是男的还是女的，高矮、着装……"

"真的是我贴的。"这回轮到刘桂阳认真了。她边说边从布袋子里拿出另外六张没有贴的标语，交给了哨兵，说："我是代表乡亲们来这里说话的，这些情况只要让党中央知道，就是立即枪毙我也心甘情愿！现在当务之急，是我要见毛主席，向他老人家反映乡里的情况。"

"你？"哨兵大吃一惊，用枪指着刘桂阳。

随后，惊讶的哨兵小心翼翼地取下了刘桂阳贴在红墙上的六张标语，一本正经地说："同志，你错了，贴反动标语可是犯了弥天大罪呀！"

"我懂，我死没关系，只要社员生活能改善。"刘桂阳焦急地对哨兵说。

"你不要焦急，我去找领导，想办法带你去见毛主席。"哨兵说罢，让刘桂阳站在那里别动，自己却跑了进去。

刘桂阳真是"傻"得可爱。在这种情况下，她对哨兵还抱有希望，还做着见毛泽东的美梦……她想通过哨兵通报，然后名正言顺地去见毛泽东。如果她在这个时候，趁哨兵不在了赶紧跑掉，根本不知道她家住哪里、姓什名谁，也就溜之大吉了。

然而，刘桂阳是不到黄河心不死，性格决定了她的命运。

"这是全国第一张公开反对人民公社的大字报，矛头直指毛泽东、党中央……"哨兵向上级汇报，上级向上级汇报，一路汇报上去，终于引起了有关领导的高度重视。

大概过了十多分钟，哨兵和一个五六十岁的肥头大耳的干部模样的人，还有一个年轻人出来了。他们把刘桂阳带到了中南海北门的一间小屋里。坐下之后，问话开始了。

"你叫什么名字？"

"刘桂阳。"

"干什么工作？"

"运煤工。"

"家住哪里？"

"湖南鲤鱼江电厂。"

一连问了几遍，刘桂阳都如实地回答。

问完这些基本情况之后，刘桂阳被带上一辆锃亮的轿车。她心想："这些情况问清楚了，大概就是要带我去见毛主席。我终于可以见到毛主席了！"这时候，她还做着自己的美梦呢！

出乎意料。在刘桂阳暗自高兴之际，轿车却在北京市公安局西城公安分局停了下来。一下车，她仿佛已经明白大祸临头，心跳也加快了。

面对武装的公安人员和惊奇的人民群众，刘桂阳大声高呼："打倒人民公社！"公安人员慌忙将她的嘴捂住，簇拥着把她推上了警车，呼啸而去，全副武装地把她押进了监狱。

从此，刘桂阳天天接受审讯。在审她的时候，北方警察因为听不懂她说的湖南话，给审问带来了困难。由于语言不通，后来换了一个湖南籍的公安人员来审问她。

"为什么要贴反动标语？"

"向党中央、毛主席反映农村的真实情况！"

"你知道吗，你这样做是犯罪，反革命罪！"

"我想过，'打倒人民公社'是反动的，抓起来，要么宽大，要么枪毙。但是，只要党中央、毛主席采取措施改善人民群众的生活，我死了也没有关系。"

刘桂阳把自己在家里看到的情况，像竹筒倒豆子似的，告诉了这位公安人员："村里闹饥荒，流行浮肿病，乡亲们都在挨饿、受罪。我爷爷快要病死了，我姑妈自杀了，我一家过得还有什么意思呢？"

说起姑妈投塘自尽，刘桂阳伤心极了。

"你姑妈意志薄弱，经不起考验，她自己投塘死了怪谁？难道也怪政府？"

"如果都像你这样，日子好过，有饭吃，还有衣穿，谁愿意去死呢？"

"你这个人顽固到底呀！"

每天审问基本上都是老生常谈，问刘桂阳为什么要贴反动标语。她总是理直气壮地回答说："我要向党中央、毛主席反映农村的真实情况。"

录完口供后，刘桂阳郑重地在自己的名字下写上了这么一行字："坚决要让党中央、毛主席知道。"

"不能这么写，把它划掉！"

"我来北京就是这个目的，不能划！"

刘桂阳被拘留六天后，正式给她发了逮捕证。

第七天，刘桂阳被鲤鱼江电厂派来的保卫干事，从北京押送到湖南省郴县公安局看守所（作者注，当时鲤鱼江电厂属郴县），并给她戴上了手铐。

在北京火车站，刘桂阳戴着手铐，在众目睽睽之下被押解上了北京开往广州的直快列车。

火车徐徐地开动了，刘桂阳泪流满面……她在心里喃喃地说："北京，再见！"

到北京见毛主席，这是多么重要的任务啊！

然而，刘桂阳却是单枪匹马，散兵游勇。在此之前，她根本没有出过远门，除了跟随自己的丈夫李培务从衡阳坐火车到郴州外，她连省会长沙也没有去过。

北京，伟大祖国的首都，是全中国人民和全世界人民都向往的地方！刘桂阳第一次出远门来到北京告状，想不到自己高兴而来，却要败兴而归了。如今，耽误了工作，还用了空子钱，达不到自己的目的不算，她已经身陷囹圄，还要戴着手铐被押送回去。

刘桂阳如何面对自己的丈夫和儿子呢？

四、传奇的人生经历

江南丘陵，秋天是丰收的景象。田里的稻子沉甸甸的，微风吹来，金浪翻滚。土里的庄稼也长势喜人，鲜红的辣椒挂满树梢，炸蕾吐絮的棉花像层层积雪。农民早出晚归，十分繁忙地收获着丰收和喜悦。

1938年9月17日，刘桂阳出生在衡阳县金溪区上峰乡白沙村一个贫苦农民家庭。她是老大，还有四个弟妹。

在旧中国，"三座大山"压得人们喘不过气来。刘桂阳虽然出生在收获的季节里，但她一生下来就吃不饱、穿不暖。爷爷和父亲都是地主家的长工，经济上受剥削，人身自由和人的尊严也常常受到损害。母亲是农村家庭妇女，并且经常疾病缠身。一家七口，日子过得十分艰难。在她幼小的心灵里，就痛感人生的诡谲和世道的不公。

俗话说："穷人的孩子早当家。"从六岁开始，刘桂阳就帮助家里洗衣做饭、喂猪放牛、砍柴刈草……她上学后，一边坚持做家务，一边坚持刻苦学习。

1949年8月，长沙和平解放。国民党白崇禧部率其主力撤至衡阳、宝庆一带，集结20万兵力，凭借湘江和资水布防，妄图阻止人民解放军的前进。

9月，解放军分东西两路对敌人发起总攻，昔日偏僻的上峰乡，便成了两军对峙的战场。山头被密集的炮火轰击，支离破碎。僵持了两天两夜，解放军的山头上忽然跃出一支突击队，向敌人发起冲锋。

紧接着，冲锋号和喊杀声响彻山巅，震荡旷野。

当漫天的硝烟过后，村里人从噩梦中醒了过来，纷纷奔走相告："解放啦，翻身啦！"

一天中午，村头刘家祠堂突然传来一阵阵锣鼓声、鞭炮声。11岁的刘桂阳跑出去一看，只见乡亲们兴高采烈地挥动小红旗，簇拥着十几名解放军战士，高呼："解放军万岁！""毛主席万岁！"

看到大人们欢天喜地，听说翻身了、解放了，刘桂阳心里很高兴。

刘桂阳家是贫农，自然成了新生政权的依靠对象。爷爷和父亲都加入了农会，刘桂阳加入了儿童团。儿童团也开会，也学习，还唱歌跳舞。这些活动又都与当时的政治运动相配合，比如清匪反霸、土改……后来，她又加入了共青团，各种政治活动更不甘落后。生活在这样强烈的政治氛围之中，尽管她只有高小文化，尽管是住在极其偏僻的山村，从那时起，她就热情地关注着政治。她评价事物的政治尺度，则是在儿童团到共青团所接受的正面教育的内容。她一颗红心，通体透明，纯洁得不能再纯洁了。

正如眼睛里不能揉进沙子，当社会现实与她接受过的正面教育内容相悖的时候，她就会毫无顾忌地批评社会现实。而在那个年代里，恰恰是不能批评现实。"对现实不满"是可作为罪状而受到追究的。刘桂阳爱认死理，又性格执拗，这样一来，她的悲剧就不可避免了。

1950年，母亲病逝。当时，刘桂阳小学还没有毕业，不得不辍学回家照看弟妹。从此，她和4个弟妹与父亲相依为命。

后来，父亲续弦又娶了继母。继母虽然待刘桂阳很好，视为己出，但是，由于家里贫穷，她的学业依然未能继续。父亲和继母主外，拼命在田里耕作，为的是养家糊口。她主内，一揽子家务活全部由她承担。

1955年春暖花开的时候，继母的一个远亲给刘桂阳介绍对象，小伙子叫李培务，当过兵，转业后现在是郴州鲤鱼江电厂的经济警察，李培务老家在衡阳县金溪区金溪乡，和她家同属衡阳县金溪区，是一个区的，并且两家相距只有五六公里路程。当时，她还未满 17 周岁，正是人生的花季，根本不知道找对象结婚是干什么，也不知道相亲意味着什么。一天，她听说媒婆领着一个大男人来了，不知所措，吓得赶忙躲藏起来，后来家人虽然找到了她，但她哭着、闹着不愿意和李培务见面。

"吃菜要吃白菜心，嫁人要嫁解放军。"这是 20 世纪 50 年代我国人民生活的真实写照。当时，"复转军人"就像现在的博士生一样被人高看一眼。虽然刘桂阳对李培务的情况不了解，但她的父亲和继母却对这门亲事感到十分满意，包办为她应承了这门亲事。因为李培务虽然家在农村也很贫穷，但他吃国家粮、当警察的身份，还是很有吸引力的。按照当地群众的说法，她是攀了高枝。

1956 年秋天，刘桂阳和李培务去衡阳县金溪区政府进行登记，领了《结婚证》。按照当地风俗，她高高兴兴地嫁到了李培务家。当时，虽然她的嫁妆只有一床棉被、两个枕头，但心里特别高兴。

一进门，刘桂阳发现李培务家也是个"穷光蛋"。当时，新婚的洞房是设在他二叔家的一间旧屋里，房间没有粉刷，更没有像现在的年轻人结婚那样进行装修。婚礼简朴，也没请什么客人，只比平时多加了两个荤菜。

结婚第二天，由于李培务要回单位上班，刘桂阳只好又回到娘家去了。从此，这对凡夫俗妻过着分居的生活。

李培务常给刘桂阳写信。从信中，刘桂阳对丈夫李培务的了解才逐渐增多，有了共同语言。她知道，李培务家也是出身贫雇农，半岁时就死了娘，六岁那年父亲又遭不测，失去双亲后是由奶奶一手带大的。1949 年奶奶去世后，李培务无依无靠，1950 年参加了中国人民志愿军。结婚那年，他已经转业到郴州鲤鱼江电厂，做一名经济警察。书信往来，使他们的感情越来越深厚。正是这种爱情交流，使得她渴望过相夫教子的我国传统女性的生活。

1957 年 2 月，李培务为刘桂阳办理了户口迁移手续，把她的户口从农村迁移到了自己所在的工作单位，变成了城市户口。夫妻两人才真正地生活在一起了。他们恩恩爱爱，相敬如宾，日子过得和和美美。她像吃了蜜一样，充分享受到了爱情的甜蜜、家的温馨。

刘桂阳虽然文化水平低，但她有理想和追求。跟随李培务到了鲤鱼江之后，她渴望继续上学，决心要把小学的课程念完，拿到毕业证书。于是，她心平气和地跟李培务商量。她真没想到，李培务欣然地同意了，并且表示大力支持。妇唱夫随，她心里乐开了花。

1957年春季开学后，刘桂阳便在离鲤鱼江电厂八九公里远的文昌完小读书。因为要住校，她只能到周末才回鲤鱼江电厂跟丈夫李培务团聚。回到家里，她和丈夫一起学习、做家务，遇上晴天也一起出去散散步。

鲤鱼江电厂地处山区。一到春天，满山遍野的映山红开了。一个周末，李培务和刘桂阳一起去爬山，并摘来最鲜艳的山花编织成美丽的花环戴在她的头上。他们说着、唱着、笑着，累了就在山顶躺下来休息。

和煦的春风吹拂过面庞，让人心里很惬意，山风里夹着的丝丝花香，沁人心脾。小鸟在枝头叽叽喳喳地叫着，忽地又窜向蓝天白云，在头顶划过轻盈的身影……刘桂阳年轻貌美，又穿红着绿，好像一朵盛开的、最艳丽的映山红。李培务用胳膊肘斜支起身子，俯着深情地注视着她，一种幸福涌上心头。

万绿丛中一点红。一种无比幸福的感觉，笼罩着刘桂阳的周身。春风暖人心，她心里有说不出的高兴。

这年春天，刘桂阳19岁，留下了她一生中最美好的记忆。在学习文化的过程中，她知道了很多历史人物，如荆轲、文天祥、岳飞、谭嗣同、蔡锷、夏明翰，并且很崇拜他们，佩服他们的英雄壮举。对于大家耳熟能详的花木兰、王聪儿、秋瑾、毛泽建、刘胡兰，还有刺杀大军阀孙传芳的女中豪杰施剑翘，她更是十分敬佩。这些巾帼英雄的壮举，在她心灵打下了深深的烙印，荡起阵阵涟漪。她认为，这些杰出女性的出现，是和时代的大变革有关的，时代给了她们改变命运的机遇。她们用自己的聪明才智，与千百年来降临到我国女性身上的命运进行着顽强的抗争。通过学习，她充实了心灵，懂得了人生的价值。最重要的是，她明白了一个人的社会责任。

李培务用他的真诚、他的宽厚、他的成熟，一步步走进刘桂阳初为人妇的心扉，使她感受了爱情的甜蜜。

1958年3月，刘桂阳参加了鲤鱼江电厂的招工考试。李培务真没想到，刘桂阳居然榜上有名。录用后，她被分配做一名运煤工。

1958年8月，随着"总路线、大跃进、人民公社"三面红旗在大江南北、长城内外迎风飘扬，鲤鱼江这片偏僻但异常富饶的土地也沸腾起来了。沿东江两岸，大炼钢铁的土炉像一座座碉堡昂首挺立，熊熊烈火映红了半边天。像厂里的其他职工一样，刘桂阳满怀豪情地投入到了建设社会主义的热潮之中。

清晨，汽笛声声。刘桂阳随着上班的人流，奔向工作岗位。她手执铁锹，把不时跌落下来的碎煤铲回长长的运输皮带。乌黑的煤源源不断地流进煤仓，化作高大铁塔上的强大电流，输向工厂，流进城乡的千家万户。

运煤工活儿是累一些，下班后浑身都是煤灰。这对于一个女工来说，是非常辛苦的。刘桂阳出身农家，在儿童团、共青团接受过为人民服务的教育，使她战胜了工作中的种种困难，因此，她连续两年被评为班组和车间的先进工人。

地位和身份变了，刘桂阳更加努力奋斗。在单位，她性格泼辣好强，参加劳动竞赛不让须眉，是积极分子。她还报名参加了职工夜校，刻苦补习文化。在家里，她是贤慧的妻子。每天早上，她按时起来做饭，全身心地投入家庭妇女的角色。

1959年2月，刘桂阳的儿子李文明出生了。初为人母，她按捺不住喜悦的心情。她和李培务恩恩爱爱，一家三口，日子过得幸福、快乐。

"月有阴晴圆缺，人有悲欢离合。"没过多久，这种平静、和美的生活就被彻底打碎了。那是因为，刘桂阳接到了弟弟从老家衡阳寄来的一封来信……

五、身陷囹圄

1960 年 8 月 3 日，郴县公安局看守所。坚固的铁窗，高大的围墙，荷枪实弹的哨兵。

面对日复一日的审讯，刘桂阳依然斩钉截铁地回答："在北京，我已经说了，我是代表乡亲们向党中央、毛主席反映农村情况的。你们知道吗？农村已经饿死人了，饿死人了啊！"自从踏上北上的列车，她早已把自己的生死置之度外了。

明天就要宣判了，郴县公安局把刘桂阳押到了鲤鱼江电厂。在她的强烈要求下，她被押解回家同亲人见面。

走进熟悉的家门，刘桂阳看到屋子里很凌乱，丈夫李培务瘦了一大圈，脸上胡子拉碴，眼睛里布满了血丝。李培务怀里抱着一岁多的儿子，也是面黄肌瘦的样子。儿子看见她戴着手铐，一迭声地哭着："妈妈，妈妈！"边哭，边挥舞着小手向她扑过来。

看着丈夫和儿子这副模样，刘桂阳泪流满面……她心想："这都是我惹来的祸啊！自己受苦不算，还连累了丈夫和孩子！"

李培务见到昔日温柔、贤淑的妻子已经成为罪犯，还戴上了手铐，痛哭流涕，十分生气。

"要是我平时的脾气，如果有枪，我就要枪毙了你！"

"你不能这样说，不要这样说她。"

押解刘桂阳的公安人员这么一说，李培务的气也消了。

见到自己的丈夫生气，说气话，刘桂阳说："事情已经到了这个地步，只能由政府处理了。儿子只好由你抚养、照顾了。"

李培务把儿子送到刘桂阳的手中，扯起衣袖揩去她和孩子的泪水，轻声细语地说："你是挖窟找蛇打——自找苦吃。蠢啊！这么大的人了，做事也不讲究方式方法。现在既然事情已经做下了，你也别后悔。放心吧，孩子有我照顾呢!"

1960年9月27日,郴县人民法院在鲤鱼江电厂俱乐部召开宣判大会,以"现行反革命罪"判处刘桂阳有期徒刑五年。随后,她作为"政治犯",要在看守所内接受劳动改造了。

孩提时,常常听大人们议论说:"牢房里关的都是好人。"从刘桂阳坐牢的情况看来,这话是有一定的道理的。她本来是一名工人,在"工人阶级必须领导一切"的大好形势下,是受人尊敬的。然而,她由于为民请命,张贴标语反对人民公社被判刑,强迫在监狱缝纫组进行劳动改造。

俗话说:"夫妻本是同林鸟,大难临头各自飞。"刘桂阳所在的缝纫组都是女犯。她经常看见一些女犯寻死觅活的,一打听,才知道都是因为她们进了监牢之后,丈夫却要跟她们离婚。

一些男人自认为很爱自己的妻子,婚前山盟海誓。可是,这种爱仍然是十分脆弱的,一旦遇到危机的事态,恋情的脆弱性就充分表露无遗了。在我国历史上,因历次权力斗争、政治运动而蒙受不白之冤的人,也有为了相互之好,不连累自己的家人,从而选择执意要离婚,或脱离人伦关系之类的。但是,这样做最终并没有因此而得以保存对方,反而是给予了对方更深的伤害。

大概因为人类的婚姻契约是终生的许诺,非同小可。任何外部力量的逼迫,都不应当是主动解除婚约的理由。如因政治或刑事的原因而萌生休妻的念头,多少都是有些不信任的成分存在,或者以此为借口而自我保存。这种不信任的行为,大多数会给对方造成意想不到的打击。刘桂阳心想,自己遭受迫害,如果李培务要休妻自保,这也是情理之中的事情。

有个年纪大些、已经跟丈夫离了婚的女犯说:"这年头,男的犯罪,老婆十有七八会跟他离婚;如果女的进了牢房,老公和她离婚的会是百分之百。大家都看开点吧!"

刘桂阳不服气,说:"我老公就不是这号人,他是绝对不会跟我离婚的!"

这些女犯听了哈哈大笑，都笑话她是白日做梦。

一天，管教干部叫刘桂阳，说是有人来看她了。她心想："难道是李培务来了？"她跑出去一看，果然是李培务来了！他又黑瘦了许多，手里提着一包东西，心平气和地对她说："天气转凉了，我给你送些衣服来。放心吧，我和儿子都很好。"

刘桂阳出神地看着李培务，想对自己的丈夫说些什么。然而，她嘴角抽动了半天，话到了嘴边，却又咽了回去，没有说出来，只有泪花在她的眼眶里打转。

李培务注视着刘桂阳。他也是一言不发。正如人们所形容的那样：此时无声胜有声！

从李培务沉着、信任的目光中，刘桂阳看到了爱情的力量。她热血沸腾，对前途充满了信心，决心努力改造自己，争取减刑，早日与亲人团聚。

刘桂阳一回到缝纫组，大家便一窝蜂似地全围了上来。正闹着离婚的姐妹们一见到她，都不约而同地哭了起来。那个年纪较大的女犯走过来，看到她面带微笑，拍拍她的肩膀，说："我看错了，你命真好！"

六、引起刘少奇关注

1959 年 4 月，刘少奇在第二届全国人大一次会议上当选为中华人民共和国主席、国防委员会主席。从此，刘少奇主持中央一线工作，呕心沥血，日理万机。

1960 年，我国发生了严重的自然灾害，苏联又背信弃义撤走了专家……全国出现了空前的经济危机，天灾人祸，民不聊生。刘少奇时刻关注着国家的命运和人民的生存，对由于"左"倾冒进主义造成的后果深感忧虑。同时，他深入实际，进行了大量的调查研究，明确提出要按经济规律管理经济，并与周恩来、陈云、邓小平一起制订了一系列注重实效的政策措施，支持和指导实施"调整、巩固、充实、提高"的正确方针，使国民经济得到了恢复和发展。

1960 年初秋的一天下午，北京，中南海西楼甲楼二楼的一扇窗户被轻轻地推开，刘少奇站在窗前，深深地呼吸了一口新鲜的空气。一份《公安工作简报》，引起了他的注意："湖南郴县鲤鱼江电厂运煤女工刘桂阳，今年 7 月 26 日专程来京，在中南海北门口外围墙上张贴'打倒、铲除人民公社'等六张反动标语，被警卫战士当场抓获，经北京市公安局西城公安分局审讯后，被押送回郴县公安局……"

刘少奇双眉紧锁，沉思片刻，拿起办公桌上的红色电话："接公安部！"

不一会儿，公安部副部长徐子荣，匆匆地走进了刘少奇的办公室。

"刘桂阳为什么来北京贴标语？"未等徐子荣落座，刘少奇就急切地问了起来。

"报告刘主席，据参加审讯的同志汇报，刘桂阳自称是来北京向党中央、毛主席反映农村情况的。"

"什么情况？"

"她说衡阳县老家乡亲们得了浮肿病，还饿死了人……"

刘少奇仔细地听完汇报，严肃地说："农村因缺粮饿死了人，这是事实。请你马上转告当地政府，刘桂阳事件先不要定性，要对她反映的情况进行详细调查，再进行处理！"

入狱前，刘桂阳就已经怀上了孩子，只是当时没有引起注意。后来，她孕期反映越来越明显了。

一天，看管干部告诉刘桂阳："你把东西收拾一下吧，今天放你回家去，保外就医。"

就这样，刘桂阳在看守所里服刑四个月还差两天，被保外就医，回家了。

1960 年 11 月下旬，刘桂阳回到了鲤鱼江电厂。

在刘桂阳服刑劳改期间，李培务由于受牵连，再也不能当警察了，被下放到了车间，先是学泥工，后是种菜、喂猪……别人喊他"反革命家属"，对他另眼相看。好在李培务出身和历史都很清白，到车间工作也很努力，才没有受更大的打击。

1960 年 12 月 9 日，首都机场。寒风凛冽，手持鲜花、彩带的群众，翘首期盼。

一架飞机如雄鹰悄然降落。舱门打开，刘少奇、邓小平挥手出现，万众欢腾。在莫斯科参加 81 国共产党、工人党代表大会期间，刘少奇、邓小平率领的中共代表团，与苏共领导人赫鲁晓夫进行了针锋相对的斗争，凯旋而归。

毛泽东主席、周恩来总理、朱德委员长等党和国家领导人迎上前去，伟人们的手紧紧地握在一起。群众载歌载舞，一片欢腾。

飞机马达的轰鸣声、欢呼声、口号声、锣鼓声……这一切的一切，组成了庆祝凯旋而归的大合唱。

夜深人静了，中南海西楼甲楼依然灯火通明。刘少奇不顾旅途劳累，继续深夜工作。

"刘主席，刘桂阳案件的调查报告已经送上来了。"

"哦，快拿过来。"

刘桂阳案件调查报告被呈送到刘少奇的案头。刘少奇认真地进行审阅。当他看到刘桂阳反映的问题属实，却以"反革命罪"被判处有期徒刑五年时，双眉紧锁，手掌往办公桌上一拍，在调查报告上奋笔疾书："刘桂阳一案判决欠妥，应教导我们的政法部门的同志，凡涉及对人民群众案件的判决，应深入实际进行调查，实事求是，严格依法办事，切不可草率结案，以免伤害群众，影响党的威信。此案，请湖南省政法机关进行复查。"

根据刘少奇的指示，湖南省高级人民法院、湖南省公安厅迅速组织人员，进一步深入调查。

1961 年 1 月 10 日，《湖南省公安厅关于刘桂阳案件调查处理报告》

由中共湖南省委专题呈送给刘少奇。报告称，刘桂阳反映的农村情况属实，但是将此归咎于人民公社，进而提出"打倒人民公社"是极端错误的。不过，张贴标语的动机和目的是让党中央、毛主席知道，了解农村情况，使农民生活得到改善，而刘一贯表现良好，所以仍属人民内部矛盾，不应划为反革命，不能判刑。省公安厅认为，可以由原单位撤销原判，予以释放，并与她原工作单位协商，仍将她留在原单位工作，不开除、不歧视，但要进行耐心教育，使刘桂阳能认识到自己的错误。

刘少奇逐字逐句进行了审批。当看到刘桂阳反映的问题属实，刘桂阳却以"现行反革命罪"被判处有期徒刑五年时，他瘦削的面孔绷紧了，拿起笔批示："反动标语是以反革命为目的，而她跑到北京，还相信中央，这能说是以反革命为目的的吗？她对人民公社的认识有错误，采取的方法是错误的，但这不应该判罪。"

放下手中的笔，刘少奇离开座位，来回在办公室踱着步，陷入沉思之中。过了一会儿，他又回到办公桌，凝视这份报告，提起笔，郑重其事地写道："印发给中央各部委，各党组的同志一阅。"

放下手中的笔，刘少奇如释重负，于是点燃一支烟吸了起来。可是，刚吸了一口，他又突然想起什么，一种义不容辞的责任感，促使他又拿起笔在报告上批示："请湖南省委书记张平化同志亲自找刘桂阳谈一次。一方面适当鼓励她认真向党中央反映农村情况，另一方面适当地批评她对人民公社的认识和她所采取的方法的不当，以便引导她走上正确的道路。"

1961年2月，刘桂阳已经保外就医一个多月。

一天，刘桂阳正在自己的菜地里垦地种菜。突然，厂保卫科的同志跑来叫她，要她跟着到办公室去。她心里一沉："我保外就医才一个多月，难道又要我回牢房去？"

当刘桂阳忐忑不安地走进办公室时，只见屋里已经坐满了许多同志。见她进来，厂长站起来指着旁边的一位中年人，对她说："刘桂阳同志，王副县长来看你啦!"这位被厂长称呼为王副县长的中年人微笑着,示意她坐下,然后说:"我叫王明义,今天是代表郴县人民政府来鲤鱼江电厂,宣布撤销郴县人民法院对你的判决的,你是无罪的!"同时,对她的工作、生活进行了妥善安排。

刘桂阳怀疑自己听错了,只觉得耳朵里面嗡嗡作响。直到大家都向她表示祝贺时,她才相信自己是一个好人了,是被冤枉的。

听到这个振奋人心的消息,刘桂阳疯了似的,一路奔跑回到家里。这时,李培务已经先回到家里,并且也知道了这个消息。一见到她,他猛地一把搂住她,本来是天大的喜事,结果两人都哭了,伤心地哭了……然后,两个人互相替对方擦干眼泪,都会心地笑了。

那天中午,刘桂阳炒了好几个菜。李培务还从街上买来了一瓶酒,说是要为她庆贺一下。从来滴酒不沾的她,居然也频频举杯,最后喝了一杯又一杯,满脸通红,醉成了关公。

不久,刘桂阳听说是主持中央工作的国家主席刘少奇看到了政法系统上报材料后,作出批示,才使她的问题得到了解决。她心里感到很奇怪:"我与国家主席刘少奇一不沾亲,二不带故,他日理万机,我的遭遇竟然引起了他的高度重视。"

这给刘桂阳是一个莫大的鼓励。她决心努力做好本职工作,报效祖国和人民。

1961年3月,刘桂阳生下了大女李青春。那段时间,李培务和刘桂阳的脸上天天都堆满了笑容,可以说是满面春风了。女儿满月之后,刘桂阳又回到了工作岗位,继续当运煤工人,一切恢复正常。

7月26日上午9时,红日东升,光芒万丈。鲤鱼江电厂是一派热气腾腾的景象。高大的厂房,高耸入云的烟囱,高压电线闪着银灰色的亮光,汽轮发电机发出巨大的轰鸣……

煤棚,满载原煤的火车,刘桂阳和工人们正在紧张忙碌地卸车。

"刘桂阳,刘桂阳! 快到厂部去,厂长请你去一趟,有喜事!"

这天离刘桂阳进京上访恰好一周年，厂保卫科的同志沿着长长的运输皮带，气喘吁吁地跑来，大老远就放开喉咙喊她。

刘桂阳心想："又有什么喜事？难道又是喜从天降？"

想着想着，刘桂阳二话没说。她放下手中的推煤车，用肥皂洗了洗手。然后，她跟着厂保卫科的同志往厂办公楼跑。

办公楼前，停着几辆小轿车。会议室里已经坐满了干部职工。厂长刘健、党委书记高占清，还有车间领导、同事，一个个都面带微笑地望着刘桂阳。

刘桂阳被领到主席台上，刘厂长把她领到一位陌生的干部面前，说："桂阳，省委张书记看你来了！"

听其他干部的介绍，刘桂阳才知道这位大干部就是中共湖南省委第一书记张平化。

张平化握住刘桂阳的手，上下打量，关切地问："想不到你这么年轻，刘桂阳同志，还好吗？"

握着张书记温暖的双手，听着这么亲切的问候，刘桂阳感到一股暖流涌遍全身……

张平化微笑着说："刘桂阳同志，刘主席今年 4 月来湖南视察，还特意问起你咧。刘主席要我专门找你谈一次，并代表他向你表示问候。"

刘桂阳做梦也没有想到，日理万机的国家主席刘少奇，竟然还关心着自己这个普通的运煤工人。她心潮澎湃，热泪盈眶。

张平化轻轻地拍了拍刘桂阳颤抖的肩膀，望着大家，说："同志们，今天我们开一个座谈会，大家畅所欲言，对大跃进、人民公社有什么看法，都可以讲出来。"

在座谈会上，张平化对刘桂阳进京上访，反映农村公共食堂的真实情况的勇气大为赞赏。同时，对她采取不正确的做法，也提出了批评教育。

张平化说："刘桂阳同志很有勇气，忧国忧民，具有海瑞精神，我就喜欢她这一点。当然，反映情况有很多方式，不贴标语也可以达到同样的目的！"

从张平化的口中，刘桂阳得知自己之所以这么幸运，是因为中共中央副主席、中华人民共和国主席刘少奇指示公安部副部长徐子荣和中共湖南省委"详细调查，再行处理"，三番五次批示的结果。

张平化又说："刘主席很重视刘桂阳反映的农村公共食堂的问题。这次，他在湖南农村搞了四十四天的调查研究，还打算来看你呢！是我觉得刘主席年事已高，劝阻了他。"

台上台下，热烈鼓掌，向刘桂阳表示祝贺。大家都向她投去敬佩的目光。她重新燃起了希望！

整个座谈会，刘桂阳像做梦一样。中共中央副主席、中华人民共和国主席刘少奇可以说是日理万机，她怎么也没有想到，自己这个普通女工的命运，竟然一次又一次地引起了刘少奇的高度重视。此时此刻，她无法抑制喜悦的心情。于是，她面向北京的方向，恭恭敬敬地作了三个揖。

人逢喜事精神爽。刘桂阳从画报上剪下一张刘少奇像，端端正正地贴在自己的床头，心里默默地祝福。

刘桂阳忙碌而充实。她的儿子李文明蹒跚学步，女儿也快四个月了。丈夫重新分配了工作，当了起重工。她又仿佛回到了从前，口里还不时飞出快乐的歌声。

不久，刘桂阳收到了弟弟从家乡寄来的信件。

弟弟在信中说，"生产队已经撤掉了公共食堂，农民们都很高兴。爸爸的病已经好了……"

读着读着，刘桂阳更加高兴，因为她为此付出了沉重的代价啊！

李培务说："'蠢人'有蠢福。没想到遇上刘少奇这位好主席，你不但没吃蛮大的亏，还成了英雄哩！"

第六章　寻找答案

一、考察许家垅

1961 年 4 月 9 日下午，金色的太阳普照三湘大地。

两辆吉普车，一前一后，奔驰在去长沙的公路上。

车内，刘少奇兴致勃勃地和湖南省公安厅厅长李强拉家常，议论着刘桂阳案件的处理情况。

不一会儿，汽车离开了韶山，进入湘潭市郊区，到了湘潭县一个叫许家垅的村庄。

许家垅是南方少见的屋场，人口众多，热闹非凡。刘少奇突然改变了主意，想去这个村庄察看，看看这里的乡亲是怎样生活的。

因为旅途劳累，王光美建议先去长沙。

出于安全考虑，李强也赞成先回长沙。

刘少奇几十年如一日，艰苦朴素，严于律己，对同志、对人民满腔热情，时刻把人民群众的冷暖记在心上。他不顾劳累，坚持下车去许家垅访问。

走到一家社员堂屋里，只见一个中年木匠师傅正在低头做家具。

刘少奇亲切地问："你是这里的人吗？多大年纪啦？"

这个木匠仍埋头忙着做活，没有答话。

紧接着，刘少奇又问这个木匠师傅："身体怎样？家里几口人？"

刘少奇边问边往门边的小木椅上坐。

名利、金钱都生不带来死不带去，只有身体是自己的。听了刘少奇的这句话，木匠师傅感到十分的和蔼可亲，仿佛一阵春风吹进了心田。像许多社员群众一样，木匠师傅和家人也是吃不饱、穿不暖啊！

这时，这个木匠师傅抬头一看，感到面熟。他又仰望墙壁上张贴的毛主席、刘主席像，十分惊异地凝视眼前的刘少奇，一下就认出来了。他做梦也没有想到日理万机的中共中央副主席、中华人民共和国主席刘少奇出现在自己的眼前，激动得不知所措，连声高呼："刘主席，刘主席万岁！"

顷刻之间，许多人闻讯而来，有的激动万分高呼："刘主席万岁！"有的争着和刘少奇握手。

刘少奇和闻讯赶来的干部群众热烈握手，亲切交谈，询问他们的身体、生产、生活情况。

干部群众心情是多么兴奋，多么激动啊！他们也没有什么顾虑，纷纷向刘少奇诉说他们的种种难处。

随后，刘少奇对整个大院逐户地进行了访问。

当听到一间小房子里有病人在痛苦地呻吟时，刘少奇急忙走进屋去看望。

由于天色已晚，屋内光线很暗，王光美就打着手电筒照明，陪同刘少奇走到病人床边询问病情。

病人许冯氏老太太结结巴巴地说："我，我的腿，腿上长了，生了一个恶疮……"

王光美走近床前，轻轻地掀起盖在许冯氏老太太身上的被子，察看老太太的疮口。

刘少奇极为关切，走近仔细观察了许冯氏老太太的疮口。随即，他嘱咐随行的保健医生，留下来给许冯氏治疗。

后来，许冯氏知道登门看望自己的是中共中央副主席、中华人民共和国主席刘少奇的时候，激动得热泪盈眶。她连声高呼"刘主席万岁"，并且语重心长地教育自己的儿子要听党的话，搞好生产，报答共产党和刘主席的恩情。

许家垅还有一些轻重不一的病人，因为随行的保健医生所带的药品不多，在宁乡和韶山又给许多群众看过病，小药箱里已经没有什么药了。

刘少奇便向生病的社员群众表示歉意，嘱咐他们及时去公社卫生院看病，有病早治，无病早防，身体是革命的本钱，要注意保重好自己的身体。

通过走村串户、给社员群众看病，刘少奇了解到一些农村的真实情况。

刘少奇认为，许家垅的情形，跟宁乡、韶山差不多，也是这么困难。他寻找答案的愿望就更加迫切。他希望去一个先进的地方考察，找到一些好经验、好办法，可以推广，为社员群众解决一点实际问题。这样，他回到湖南的调查研究就大有收获了。

二、过家门而不入

两辆吉普车，一前一后，在湘潭至长沙的公路上奔驰，很快就进入了宁乡县境内。

车内，刘少奇心事重重。

《农村人民公社工作条例（草案）》制定后，农村的情况没有发生根本变化。刘少奇耳闻目睹了宁乡的王家湾、湘潭的韶山和许家垅的情况，心急如焚。花明楼的情况怎么样呢？一股强烈的思乡情绪涌上心头。

近前的山峦，耳边的乡音，甚至于家乡的空气中都有一股温柔感，这样的熟悉，这样的撩动人心。

在炭子冲的山旮旯里，藏有刘少奇童年的梦。他生于斯，长于斯，炭子冲像一个巨大的磁场，深深地吸引着他。不要那么呆板，去重温一下那个金色的梦吧！这不仅不会影响工作，或许还能获得一种工作的激情。

不一会儿，两辆吉普车，一前一后，开到了炭子冲门前的空坪。

刘少奇拉开吉普车的窗帘，发现陆续有人前来炭子冲参观，有的三五成群，有的独自一人……走进伟人成长的故乡，他们满面春风，这里的一

炭子冲"刘少奇同志旧居"几个大字是邓小平亲笔题写，于1959年开始对外开放，但在"文化大革命"期间被迫关闭并遭到破坏，1980年重新恢复开放。

山一水、一草一木引起了他们的兴趣，令他们欢欣鼓舞。

一些远道而来的干部群众，看见屋门前停了两辆吉普车，以为也是前来参观的，没有引起他们的注意。

在刘少奇的脑海中，炭子冲是一幅美丽的图画。屋后的山上林木茂密，株株合抱，枝繁叶茂。树林里，有鸟儿筑巢，野兔打洞……春天长笋，夏天长菌。每当狂风暴雨的夜晚，山上就发出阵阵林涛声，辽阔壮美，连绵不绝。

然而，这一切现在都不见了。刘少奇感到很扫兴。

前人栽树，后人乘凉。在刘少奇的记忆中，房前屋后那些生长茂盛的树木，有的已经上百年了。这些茂盛的树林，有的是他的曾祖栽种的，有的是他的祖辈和父辈栽种的，还有一些是他儿时栽种的，如今都被砍光了。怎么能随随便便就把这些树木砍掉呢？毁树容易栽树难啊！

屋门前的一口池塘，是刘少奇童年的乐园。他记得每隔一两年就要掏挖一次，清除污泥，养鱼养虾，洗菜捣衣，汲水灌田，游泳嬉戏……现在，水塘里的水怎么也浅了呢？

刘少奇从车窗里看到这些变化，心中有些失落。

王光美问刘少奇："要不要进屋去看看？"

刘少奇摆摆手，示意不用了。

司机听从刘少奇的吩咐，在炭子冲刘少奇的家门前绕了一圈，然后朝长沙方向开去……

人们常说，乡音难改，故土难离。刘少奇坐在车上，扫视了一下久别的故居，没有停留。也许他要让童年的记忆图画，那一片生命的碧绿，那明镜似的水塘，保留的时间更长一些吧！

历史上有大禹治水，三过家门而不入的故事。刘少奇决定，为了进一步了解农村的真实情况，暂时不回家乡，而选择一个比较典型的生产大队再作一番认真的调查。他急于要去寻找改善群众生活条件的妙策良方，不敢延捱。

傍晚时分，刘少奇偕夫人王光美回到了长沙，继续下榻蓉园三号楼。

三、选　择

1961 年 4 月 10 日，中共湖南省委院内的蓉园三号楼会客室。刘少奇与中共湖南省委的主要负责同志交换意见。

刘少奇说："我在宁乡王家湾、湘潭许家垅看到的情况，说明粮食缺少，农民饿肚子了。这还是走马观花，察风观色。拟选择一个好的典型，蹲下去，抓典型解剖麻雀。"

中共湖南省委的同志感到十分惊讶，他们对农村的困难程度的确把握得不够准。

谈到先进，中共湖南省委第一书记张平化，当即推荐了一个好典型——长沙县广福公社天华大队。说那里的生产、生活都搞得好，是省内外闻名的红旗大队。大队党总支书记彭梅秀是全国"三八"红旗手、湖南省劳动模范。

刘少奇已经不止一次听到关于天华大队的情况介绍了。说天华大队有一个好班子，尤其是大队党总支书记彭梅秀，关心群众生活，注意工作方法。称赞这里是干部群众一条心，黄土变成金。粮食连年增产。1960年虽然遇到五次寒潮和七十多天的大旱，粮食产量仍然比 1959 年增加了 14%。全队 1324 亩耕地，总产粮食 120 万斤。除完成国家征购任务 13 万斤外，还送超产粮 18.8 万余斤。成为全县对国家贡献最大的大队。群众生活也安排得比较好，社员人均口粮有 600 多斤，也是全县的佼佼者。

张平化还叫秘书给刘少奇送来了一大堆天华大队的先进材料，包括湖南省有关部门组织编写的一本 20 多万字的书，这本书是专门为天华大队总结成绩和经验的。还有一本 1961 年 4 月号《中国妇女》杂志。

1961 年 4 月号《中国妇女》杂志刊登了一篇近万字的文章，是全面介绍彭梅秀和天华大队的。文章这样写道：

> 由于以彭梅秀为首的党总支委员会认真贯彻了党的政策，领导群众大办农业，粮食增收，天华大队由穷走上了富裕。不仅粮食丰收，社办工业收入达三万二千多元，生猪生产也发展了一步。全队百分之九十八的社员增加了收入。今年过春节时，食堂杀了猪，有的食堂还杀了羊，杀了鸡，网了鱼；此外有白糖、饼干、白酒、海带、云耳、粉丝……副食品十三种，每人都有一份。过年固然热闹，平日生活也不错，每个食堂栏有猪，塘有鱼，蔬菜满园。社员家里还喂有鸡鸭，自留地里种有家庭作物。余钱剩米，丰衣足食，在这个山沟里已变成现实。人人满面春风，处处欣欣向荣……

看了天华大队的先进材料，刘少奇第一印象很好，感觉不错，于是决定选择去天华大队蹲点调查。他想看看这个"红旗大队"的情况究竟怎么样，值不值得推广。

四、达成共识

1961 年 4 月 11 日，毛泽东从广州去上海时路过长沙，专列停靠在大托铺。

刘少奇得知毛泽东来了，便打电话给毛泽东，说要去看望毛泽东，向毛泽东汇报工作。

毛泽东笑着说："不必啦，还是我来看您吧。"

放下电话之后，毛泽东吩咐汪东兴："备一辆车，去看刘少奇同志。"

汪东兴说："一辆车不够，高文礼他们要负责您的安全。"

高文礼是湖南省公安厅副厅长，奉命保卫毛泽东的安全。

毛泽东说："那就去两辆，不要兴师动众。"

这天下午，毛泽东由大托铺乘坐小轿车进入长沙市区，下榻中共湖南

1961 年 4 月，毛泽东回长沙下榻中共湖南省委院内的蓉园宾馆一号楼。该楼是毛泽东到湖南视察或回家乡韶山在长沙的唯一住所。总建筑面积 2984 平方米。毛泽东曾多次在此下榻。

省委院内的蓉园宾馆一号楼。

从外表上看,蓉园一号楼显得庄严、朴实,内部设施却是一流的,条件较好。1959年毛泽东回湖南时曾在这里住过一次。

当晚,刘少奇到蓉园一号楼,向毛泽东汇报工作。

刘少奇向毛泽东汇报了他到宁乡、湘潭农村了解到的初步情况,并表示他准备亲自再剖析几个典型,以便统一全党的认识。

毛泽东听了感到很满意,赞许道:"我们要大兴调查研究之风,向少奇同志学习,我也要回韶山去。"

针对刘少奇的意见,毛泽东指出:当前湖南农村存在的主要问题是对中央1960年11月3日发出的《关于农村人民公社当前政策问题的紧急指示信》(即"十二条"),贯彻不力。有些县群众没有真正发动,无蓬蓬勃勃之气,有不敢讲话之风。去年10月至今,整整半年,"五风"还没有得到普遍整顿,一些地方政权还没有从敌人手上夺过来,许多地区党还没有取得主动权。总之,主要是在走群众路线,及时看出问题,先下手争取主动权这样两个问题上,有些同志似乎还未认识到怎样去做。

两位领导人通过交谈,达成了共识,当即作出决定:调湖北省委王任重、王延春来湖南参加三级干部会议,帮助湖南解决走群众路线的问题。

当天深夜,毛泽东在蓉园一号楼给汪东兴写了《关于湖南工作的一封信》。

信中写道:

汪东兴同志:

　　请打电话给王任重、王延春二同志,请他们二人于十四日下午二时到长沙,在这里住三五天,带全部湖北三级会议简报及重要文件来,帮助湖南同志解决一些问题,主要是走群众路线,及时看出问题,先下手,争取主动权,这样两个问题。湖南在这两个问题上有些同志似乎还不大懂。(一)对十二条政策没有认真坚决去做,有些县群众没有真正发动,无蓬蓬勃勃之气,有不敢讲话之风;(二)去冬十月至今，整整半年，五风没有普整，相当多的地区，政权还没有从敌人手上夺过来。见事迟，抓得慢，以致春耕大忙临近，在许多地区党还没有取得主动权。古人言："亡羊补牢，未为晚也；见兔顾犬，未为迟也。"在这次三级会议上彻底解决这些问题，是可以做到的，无所用其忧虑。前途一定是光明的。

此件同时送湖南省委书记处各同志及少奇同志、谭震林、胡乔木二同志。

毛泽东

1961 年 4 月 11 日

毛泽东的这封信，写得及时而深刻，给中共湖南省委是一个很大的震动。

中共湖南省委第一书记张平化及省委的其他同志，立即进行传达贯彻，接受毛泽东对湖南工作的分析和批评。

4 月 12 日，毛泽东到蓉园三号楼看望刘少奇。

毛泽东和刘少奇两位主席在蓉园三号楼的客厅里亲切地交谈了两个小时之久。当时，他们究竟谈了什么，人们无从知道。两个多月后，毛泽东在中央工作会议上介绍了刘少奇在湖南农村蹲点调查的经验，并表示要向刘少奇学习。

中央警卫局负责刘少奇警卫工作的许永福回忆说：

4 月 11 日晚，少奇同志前往省委蓉园宾馆一号楼，向刚从广州来长沙的毛泽东汇报了初步看到的湖南农村情况，并就农村工作问题交换了意见。4 月 12 日，毛泽东来招待所看望少奇同志。毛主席进门时，我去给开门，毛主席问我："你叫什么名字?""我叫许永福。""久闻大名。"毛主席说完就进了屋。当随身警卫员田银玉同志出来时我问他："刚才毛主席进门时说什么话，我没听明白。"小田说："毛主席说'久闻大名'，意思是说毛主席好久前就知道你的名字，但不知其人。你不是 1959 年 5 月随毛岸英的爱人刘思奇及张韶华（刘思奇的妹妹）到大连看望毛主席的二儿子毛岸青，事后你给毛主席写了一份报告，毛主席看过后，叫我们转告警卫处'谢谢许永福'。所以他老人家就记住了你的名字。"

毛泽东和刘少奇两位主席的谈话内容，至今仍然是一个谜。这次会见，刘少奇、毛泽东分别说了一些什么，双方都没有泄露半句，在他们所有典籍里也找不到答案，成为人们议论的热门话题。

第七章　深入群众

一、落住王家塘

1961 年 4 月 12 日。长沙。

湖南民间谚语说，春寒至雨。由于西伯利亚的寒流急剧南下，昨夜气温骤降，倾盆大雨，顷刻即至。

早饭过后，昨夜的那场春雨，像牛毛，像花针，淅淅沥沥，密密地斜织着，已经下了一个夜晚一个早晨，依然兴致不减，没有停歇的意思。这种倒春寒天气，估计一两天也不会转晴。

春雨连绵。刘少奇不免感到焦急起来。他想，清早下雨不过午，下午应该会开天的。

到了中午，天空果然清亮了一些，还出现了一道亮丽的彩虹。雨也没有上午那么大，明显小了一些。这真是天遂人愿啊！

刘少奇紧锁的眉头舒展开来。他决定按原计划，下午去长沙县广福公社天华大队蹲点调查。

出发前，刘少奇坚持自己的意见，还是不要中共湖南省委主要负责同志陪同。中共湖南省委觉得宁乡是他的老家，不要人陪同也还说得过去。天华大队属于长沙县管辖，总得有个人领领路吧，于是中共湖南省委指派省公安厅长李强陪同，负责刘少奇的安全保卫工作。

李强是北方人，解放初期随大军南下，来到了湖南，一直在公安部门工作，为人既热情又稳重。

出发之前，中共湖南省委第一书记张平化交代李强："天华是一个比较好的大队，路也不远，联系又方便。少奇同志不让省委再去人，你去了，少奇同志如果有什么指示，你要及时向省委报告。"

刘少奇偕夫人王光美，还有秘书吴振英等几个工作人员，冒雨从长沙出发去天华大队，仍旧是乘坐那两辆嘎斯69吉普车。

走出蓉园三号楼，只见天空灰蒙蒙的。依然还有毛毛细雨下个不停。空气十分潮湿。一阵寒风吹来，呼呼作响。

刘少奇生在湖南长在湖南，已经习惯了湖南的气候。

王光美是北方人，对南方这种又潮湿又阴冷的春天气候还适应不了。她穿着厚厚的棉大衣，走出蓉园三号楼，寒风扑面，打了一个冷颤。

广福公社天华大队在长沙市北郊。两辆吉普车，一前一后，出了蓉园朝北驶去。

不一会儿，两辆吉普车驶出了长沙城，行至长沙市北郊。刘少奇拉开窗帘，密切注视着窗外的变化。

越往前行，刘少奇感到沿途的景物渐渐变得熟悉起来。

放眼望去，远处的山峦像水洗过一样，清新夺目。那突兀的山坡上，竞相开放的映山红，像革命的星星之火，燃起了燎原之势。田野红旗飘扬，社员群众冒雨在田间辛勤劳作，板田正在翻耕，劳动竞赛的热潮一浪高过一浪。

田野上紫云英开着红色的花，菜畦里蔬菜长得十分茂盛。柳绿桃红。油菜花遍地开放。轻风裹挟着泥土的芳香，夹杂着各种花的香味，沁人心脾。

一路上，刘少奇目不转睛地注视着窗外，高兴地说："这里比在宁乡看到的要好，比韶山也要好。"

窗外，农田、村庄一闪而过。刘少奇兴致勃勃地问李强："你知道是什么原因吗？"

不等李强回答，刘少奇又说："这里是城乡接合部，占有地利这个优势，社员群众摘一把蔬菜进城就能卖到钱，有一点小自由，经济自然就要活跃一些。"

两辆吉普车往前行驶，渐渐进入丘陵地带，路旁的小山全是光秃秃的。

刘少奇看得真切，连声叹息："森林破坏严重，都剃了光头，砍光啦！"

再往前走，就已经进入天华大队的地界了。

听说已经进入了天华大队，刘少奇精神抖擞。他一边注视窗外，一边叫司机将车子开慢点，说要好好看看这里的大好形势。

未见其面，先闻其声。在饥荒遍野、怨声载道的农村，天华大队却被描绘为五谷丰登、六畜兴旺，是一派欣欣向荣的社会主义农村新景象，这怎么不令刘少奇怦然心动呢？

两辆吉普车在砂石公路上缓缓前行。刘少奇贪婪地观赏着车窗外面的景色。他坐在车上赏景，聚精会神看天华的山，看天华的土，看天华的水田和池塘……

走马观花，刘少奇是坐车看景，当然看不真切。

发现雨已经停了，刘少奇干脆下车步行。他头戴蓝布帽，身着蓝平板棉大衣，穿一双军用雨胶鞋，踏着泥泞的小路走来。

这里的山怎么也被砍光了呢？春耕大忙季节，田里竟然也没有几个社员参加集体生产劳动……刘少奇心里升起疑团，这是怎么一回事呢？但他很快又否定了自己的猜疑。心想：一切结论都应该在调查研究之后，这中间有个由表及里、去伪存真的过程，切忌下车伊始就大发议论。

刘少奇边走边看，边看边想。不一会儿，他就来到了事先已经给他们安排好的住地。

这个屋场叫王家塘，与刘少奇在宁乡住的王家湾只有一字之差，一个叫塘，一个叫湾，都与水有关。

王家塘屋场坐落在长沙县秀美的天华山下，三间老屋，土墙青瓦。门前没有水塘，只有一条小溪从门前流过。沿小溪是湘阴县通往长沙的官道。官道上铺有青石板。无论春夏秋冬，也无论天晴落雨，挑脚的、坐轿的……路上行人不断。王家塘距长沙还有半日路程，于是有几个灵泛的人，在小溪边上，临官道的地方，建了几间房子，开着南货店、小旅馆，以备过往客商之需。于是，王家塘成了山村里一处繁华热闹的地方。这当然是早年间的事。新中国成立后，因为兴修了一条省级公路，清朝和民国的官道渐渐地路断人稀了。王家塘的饭店、旅馆也渐渐冷落了，不似往昔辉煌，相继关门大吉。由于这里地处全大队的中心，又有多余的房子，大队部就设在这里。

刘少奇到天华大队蹲点调查，本来可以住在长沙的蓉园三号楼。因为只有20多公里路程，一支香烟的工夫就到了，早出晚归，十分方便。但是，他决心身体力行，坚持要吃住在王家塘，直接到生产队社员中间访民情，听民意，探民心。这是他一贯的实事求是作风。

王家塘大队部的一间简陋的房子，成了中共中央副主席、中华人民共和国主席刘少奇的临时办公室。

当时，有人曾建议是否需要检修一下房子。

刘少奇不以为然，说："社员们不都是住这样的房子？有的比这还要差。人家住得，我为什么就住不得呢？"

在刘少奇看来，这里的条件，比宁乡王家湾万头猪场的饲料保管员住房，要稍好一些。他也就心满意足了。

刘少奇住的房子是天华大队的会议室，一间不足20平方米的土砖房。房子阴暗潮湿，泥墙已经大块地剥落。他图的不是享受，为的是深入群众，进行调查研究。他在这里一住就是18天。

面对这样的住处，地方干部感到不安。

刘少奇心满意足："这比延安时期好多了。"

窗户没有玻璃，用一块粗布挡着。因为没有床铺，于是用两条长凳架起两块门板替代，加上大队部那张陈旧墨黑的长条桌和靠背椅，成了刘少

1961年4月，刘少奇到天华大队蹲点调查，王家塘大队部一间简陋的房子成了他的临时办公室。两条长凳架起两块门板便是床铺，他在这里住了18天。

奇的临时办公室兼卧室。刘少奇开始第二站的蹲点调查。从此，他经常工作到深夜，屋里微弱的亮光经常迎来东方红。门前的空坪上、田塍边，他一次又一次地与社员们拉家常、问生计，促膝谈心。

布置完毕，刘少奇满意地笑了，高兴地说："比在王家湾进了一步。"

为了方便照顾刘少奇，李强和工作人员就在隔壁的一间房子打了地铺。

晚餐，刘少奇和夫人王光美在李强和其他工作人员的陪同下，一起去天华大队公共食堂吃饭。

中共中央副主席、中华人民共和国主席刘少奇来了，食堂特地加了一个菜：泥鳅煮豆腐。

泥鳅是社员群众在水圳里捉的,根本就没有花钱。刘少奇心想:如果初来乍到就搞特殊化,社员群众会怎么看呢?他立即谢绝,叫端回去留给病号加强营养。

这时,干部群众纷纷出面说情。有的说已经做了,有的说下不为例……

刘少奇坚决地说:"我们不能搞特殊化。群众吃什么,我们就吃什么!"

食堂事务长连忙解释:"您是国家主席,没有一点招待,太没礼性了。"

刘少奇幽默地说:"只要群众都过好了,就比什么招待都要好,也是最大的礼性!"

天华大队是湖南省农业合作化运动以来树起的一面"红旗"。刘少奇来之前,胡乔木曾率一个中央调查组在这里调查了一两个月。他们认为,这是一个生产和生活都搞得比较好的典型,并向中共中央写了报告。

然而,真实情况并非如此。由于受"左"的思想影响,天华大队粮食连年减产,"共产风"、平均主义、"浮夸风"虚报浮夸现象严重存在。当地干部采取统一口径、弄虚作假等手段隐瞒实情,使中央调查组得出了与事实不符的结论。

为了把情况弄清楚,刘少奇决定从群众最为关心的公共食堂入手,深入了解人民公社的有关问题。

刘少奇回到宁乡考察,最初没有公开自己的身份,那是为了避免工作尚未开展,就被亲戚朋友团团围着。到了天华大队,他没有这方面的顾虑,天华大队是有名的红旗大队,湖南省和长沙县常年驻有工作组的干部,胡乔木领导的中央调查组也有同志住在这里。

现在,刘少奇来了。大家拧成一股绳,积极配合刘少奇的蹲点调查。

刘少奇来到天华大队蹲点调查的消息,好像长了翅膀,一传十、十传百,很快就传开了。

二、召开三级干部座谈会

1961 年 4 月 12 日晚上，刘少奇召集省、县和中央调查组的同志，在自己的临时办公室举行座谈会。

长沙县广福公社天华大队共 20 个生产队，1100 多人。1958 年以来，先后成立了 15 个公共食堂，社员集中食宿，人均口粮只有 300 多斤，再加上自留地和自养家畜被取消、食堂管理不善、干部多吃多占等因素，给社员生活造成了极大困难，严重挫伤了他们的生产积极性。食堂问题，成为社员生活中比较突出的矛盾。

经过在宁乡、韶山所接触到的情况，群众反映最强烈的是吃饭问题。吃饭涉及公共食堂和分配原则。在广州召开的中央工作会议，制定了《农村人民公社条例（草案）》，简称"六十条"，也就是为了要解决这些问题。按照这个思路，刘少奇向大家交代任务，要注意总结天华大队好的方面的经验，更重要的是要认真听取先进大队对"六十条"的意见。

刘少奇语重心长地说："我们这次下来，不是来搞恩赐的，而是来当群众的小学生，和群众一起来商量如何办好人民公社的。你们要向群众讲明，为了帮助中央了解情况和解决问题，大家一定要讲真话，讲心里话。不管讲得对或不对，一律实行'三不主义'，不抓辫子，不扣帽子，不打棍子。愿意讲的话都讲，讲错了也不要紧。"

刘少奇接着说："中央最近制定的《农村人民公社工作条例》，还是一个草案，不知道写得对不对。先向群众征求意见，看哪些写得对，哪些写得不对。哪里写多了，哪里写少了，请大家发表看法。过去中央发的一些文件，听取下面的意见不够，常常发生错误难以贯彻执行，是吃了亏的。我们进行调查研究，第一位的任务就是要认真听取群众的意见，然后再和群众商量解决问题的办法。我们一定要按毛主席的指示办事，要甘当小学生，虚心诚恳地向群众请教，让群众把心里话说出来。注意好话、坏话都要听，就是骂我们的话，包括骂我这个国家主席的话，也要认真听。你们要把群众的意见原原本本地反映出来!"

最后,刘少奇强调:"大家随我们下乡蹲点,搞调查研究,很辛苦,要注意身体,生了病要及时看医生。"

谈话结束后,刘少奇继续伏案办公。他习惯于夜间工作。由于天华大队没有用电照明,煤油已经用完了,点的仍然是蜡烛。

对于需要戴老花眼镜的刘少奇来说,在蜡烛光下阅读和书写都是很吃力的。然而,他全然不顾这些。

李强作为中共湖南省委安排的陪同人员,也是保卫人员,住在刘少奇的隔壁房间。看到刘少奇房间里的蜡烛不亮堂,李强连忙又点了一支蜡烛送过来。

刘少奇连连摆手,说:"够了,点一支够了!"

说罢,刘少奇坚持只留下一支蜡烛,而将另一支蜡烛吹灭。

三、余泽福讲真话

1961 年 4 月 13 日早晨,刘少奇起床后在屋前屋后散步。

散步是刘少奇多年来养成的一种生活习惯,也是他思考问题的一种习惯。战争年代借住在老乡家里,左邻右舍,周围环境,他都得走一走,熟悉一下。

刘少奇常常一边散步,一边思考。早晨起床散步,他可以呼吸新鲜空气,享受大自然的乐趣,使紧张的大脑得到松弛。同时,许多问题也在散步中迎刃而解。

王家塘虽然改作了大队部,但还住着两户人家。其中一户姓余,户主名叫余泽福。

余泽福是个擅长雕刻的刻字匠,新中国成立前曾在长沙摆摊刻字,主要是帮人刻私章。解放那年他 37 岁,从此刻字生意比较冷清,这一行不那么好做了。他听说农村很快就要搞土改,于是收拾起刻字摊子回到了乡下,果然分得了一份田地。后来搞集体化,他就再也不去长沙摆摊做刻字生意了，靠参加集体劳动赚工分养家糊口。

俗话说，人过四十不学艺。余泽福中年改行，适应能力比较差。他曾想重操旧业，由于农村除了户主，通常都不需要私章。即便偶尔有活送上门来，也不讲究什么篆、隶、楷、宋等字体，更不讲究材料和刀法。有时为了应急，用萝卜镂几个字，也可以当名章使用。他想去长沙摆摊刻字，政策又不允许。

到了这个时候，余泽福可以说是英雄无用武之地，家庭情形每况愈下。自从吃公共食堂开始，他就经常生病。去年冬天，他手脚浮肿，夜里尿多。拖到现在，他几乎不能下床了。他曾对家人说："没得几天日子，只等阎王爷勾簿了！"

刘少奇偕夫人王光美来到余泽福家串门，看望躺在床上的余泽福。

当刘少奇来到余泽福床前的时候，余泽福并不知道面前这位白发长者是谁。

余泽福的堂客（湖南方言，即妻子），已经知道刘少奇来天华大队蹲点的消息，并且认出了刘少奇，于是走上前靠近耳边悄悄告诉余泽福："这是刘主席！"

余泽福想起看到过的领袖画像，这的确是刘少奇主席啊！他干枯的眼眶里立刻噙满了泪花，声音相当微弱，说："早几天，我还想吃一顿饱饭，现、现在，我只怕没有力气，也吞不下去了……"

刘少奇焦急地问："病成这样，怎么不去看医生呢？"

余泽福的堂客说，天华大队在一个叫水坝的屋场，办了一所临时医院，专门收治大队的浮肿病人，医院根本没有什么药，还要求家里派人去陪护。余泽福不愿意去临时医院送死，于是在家里苦熬着。

情急之中，刘少奇叫王光美赶快去喊医生为余泽福看病。

经医生检查，余泽福严重营养不良，患的是重症浮肿病。医生给他开了一些药。

王光美又送给余泽福一包白糖，还亲自为他泡了一杯白糖开水。

余泽福吃了药、喝了白糖开水之后，心里踏实了一些，觉得精神了许多。

有了刘少奇和夫人王光美的关怀，余泽福终于死里逃生。

35年过去了，弹指一挥间。1996年12月5日，朝阳初升的时候，一位新闻记者踏着开始融化的薄雪，专门来到王家塘寻觅当年的故事，登门采访余泽福。

当时，余泽福还健在，已经84岁了。他正坐在屋前空坪晒太阳。

余泽福愉快地接受了采访。对于他来说，35年前的情景，仍然历历在目。采访是在问答式中进行的，他认真回答了记者的提问。

采访即将结束的时候，余泽福感慨万千。他激动地说："我这条命是王光美用白糖开水救回来的。'文化大革命'中说我吃了修正主义的'迷魂汤'，糊我的大字报，批斗我……我反抗不得，可心里明白着呢。这主义那主义，能救人性命就是好主义啊！王光美同志也快80岁了吧，你们如果能见到她，请给我捎个话说我惦记着她，她是好人啊！"

救人一命，胜造七级浮屠。这是后话。

四、战前动员

1961年4月13日，天空阴沉沉的，雷声隆隆，一场大雨倾盆而下。

从这一天开始，刘少奇就开始了在天华大队紧张的调查研究工作。

调查之前，刘少奇嘱咐随行人员说：

搞调查研究，一定要实事求是，不要说假话。我们是为解决问题作调查，要照毛主席说的办，甘当群众的小学生，不带框框，认真听取群众的意见，让群众把心里话都讲出来。

好话坏话都要听，哪怕是骂我们的话，包括是骂我这个国家主席的话都要听。听了不要"贪污"，要原原本本地反映出来。

毛主席教导我们说："不要怕听言之有物的不同意见，更不要怕实践检验推翻了已经作出的判断和决定。"我们要牢记毛主席的教导，认真做好调查研究工作。

刘少奇的战前动员，仿佛黄钟大吕，绕梁三日，掷地有声，浓缩着化不开的爱和恨。室内刘少奇的讲话声，与室外的雷声此起彼伏，交相辉映，形成了深入农村调查研究的大合唱。

随行的工作人员听了，一个个摩拳擦掌，纷纷表态，一定要深入、细致开展调查研究工作，绝不辜负刘少奇的殷切期望。

道高一尺，魔高一丈。刘少奇来到天华大队蹲点，调查的难度却是他所始料不及的。

五、报喜不报忧

1961 年 4 月 13 日上午，倾盆大雨不停地下着，而且越下越大。天也瓢泼地也瓢泼，这雨下得真是"暗无天日"。

昨天下午，刘少奇就邀请天华大队党总支书记彭梅秀今天上午来王家塘座谈。由于大雨下得不停，刘少奇担心彭梅秀能不能按时赶来。王光美也很担心。

看着窗外下得越来越起劲的大雨，刘少奇笑着说："让你领教领教长沙的大雨。"

王光美爽朗地笑了，说："我已经领教够了。这雨可不像北京掉点，下得简直让人觉得毫无出头之日似的。"

一般情况下，农村生产大队只有一个党支部。天华大队因为党员较多，成立了几个党支部。水涨船高，天华大队于是成立了党的总支部。彭梅秀就是天华大队党总支书记。

俗话说得好，神仙下凡问土地。刘少奇怀着热切的心情，等待着天华大队党总支书记彭梅秀的到来。

作为中共中央副主席、中华人民共和国主席，刘少奇经常要会见众多的客人，更多时刻他要会见外宾。他特别看重来自生产第一线的工人和农民，因为工人和农民纯朴，感情真挚。与他们交往，不仅能获得友谊，还能得到大量生动而鲜活的材料。这些材料对国家的方针政策是否顺乎潮流，合乎民意，往往是一种检验。

早饭过后，雨虽然还一个劲地下着，但明显地雨点小了一些，频率也没有那么快了，风也没有先前那么猛烈了。

看到窗外的这些变化，刘少奇紧锁的眉头舒展开来。王光美脸上也有了笑容。

这时，彭梅秀撑着雨伞朝王家塘走来。

刘少奇对天华大队党总支书记彭梅秀了如指掌，她是一位刚过而立之年的巾帼能人，她领导的天华大队是全省的"红旗大队"，她本人是湖南省劳动模范、全国"三八"红旗手。别看她是女人，干农活、扶犁掌耙样样都会。她工作在农村基层，对中央的政策感受最直接。她能把一个大队的生产、生活组织好，肯定有许多成功的经验。这些都是调查研究最重要的课题。

彭梅秀脚还没有跨进门槛，边走边说："刘主席，我来了！"

刘少奇正在认真批阅一些文件资料，未见其人先闻其声。他抬头看见是彭梅秀来了，连忙放下了手中的文件夹。他仔细打量着走进屋的彭梅秀。

彭梅秀中等个子，颧骨较高，脸色黑里透红，那是太阳晒的印记。她穿着紫酱色起白花的上衣，青布裤子。因为下雨，她打着雨伞，赤脚穿一双草鞋，果然是劳动妇女的打扮。

因为是女同志，彭梅秀首先对王光美打了招呼，然后再转过身问候刘少奇，说乡下条件不好，照顾不周，表示歉意。

刘少奇询问了彭梅秀的家庭，问候了她的母亲。他们谈天气，谈天华大队的地理环境，气氛热烈而愉快。

言归正传。彭梅秀开始向刘少奇汇报工作。她对全大队的情况了如指掌，不拿笔记本，各种数据讲得头头是道。田土多少，人口多少，其中男女各多少，还有耕牛、大型农具、自流灌溉面积、粮食亩产、总产、征购任务是多少，食堂、幼儿园……她像竹筒倒豆子似的，一五一十，各项工作都说得头头是道，汇报得清清楚楚。

紧接着，彭梅秀开始汇报天华大队的工作成绩。她边汇报边将一本书和一本1961年4月号《中国妇女》杂志递给刘少奇。

那本关于天华大队的书和《中国妇女》杂志的报道，刘少奇在长沙就已经浏览了。再次看到书和杂志，他感到沉甸甸的。

彭梅秀的汇报大体也是这些内容，只不过将文字语言变成了口头语言，感觉更具体、更生动、更加绘声绘色罢了。

坐在一旁的王光美，专心致志地听着，不停地记录着。她十分投入，生怕有什么遗漏，记得很认真，一丝不苟。

刘少奇手里也拿着笔记本，并且不时地记录着那些他觉得比较重要的数字和材料。

彭梅秀讲得津津有味，正在汇报的兴头上。

这时，刘少奇关切地问了一句："彭梅秀同志，队里有没有病号？"

彭梅秀一愣，反问道："什么病号？"

刘少奇胸有成竹："比如浮肿病。因为粮食不够吃，营养不良，在宁乡、韶山一带，有不少人都得了这种病。"

彭梅秀回答得十分干脆："没有。我们天华大队吃得饱、穿得暖，社员群众的生活越过越好，就像那芝麻开花——节节高。我们大队不是原始的共产主义社会，不缺吃也不少穿，根本没有社员得这种怪病。"

刘少奇一听，愣住了。今天早晨，余泽福说的话又在他的耳边回响。他心里有了底。

看来，彭梅秀矢口否认天华大队的实情，是在粉饰太平汇假报。刘少奇心想，天华大队本来也有浮肿病人。彭梅秀怎么说根本没有呢？全大队1000多人，有几个病号，也不会全盘否定大队的工作成绩，怎么一提到病号，她就不高兴，并且还矢口否认呢？

刘少奇心里很明白了，半天没有吱声。

彭梅秀很会应付场面。她按照自己的思路继续汇报。湖南省的一些笔杆子，把天华大队写成一本 20 多万字的书，这里的成绩讲三天三夜也讲不完。她小学还没读完，虽然文化水平不算高，却有很好的记忆能力。那些材料她只看了几遍，就能记得八九不离十。

向刘少奇汇报完农业情况后，彭梅秀又向刘少奇汇报工业情况："大队白手起家办工业。绣花姑娘各带一口绣花针，为国营湘绣厂加工，这就是绣花厂；50 斤石灰，百斤稻草，办起了纸浆厂；砍几担竹，就办起了篾席厂；缝纫厂、酒厂、修理厂等行业，也同时建立起来，大抓现金收入。队办工业占全大队总收入的 23.5%……"

彭梅秀滔滔不绝，还向刘少奇汇报了兴修水利、改良土壤，还有林业、畜牧业的发展情况。

彭梅秀说得头头是道。刘少奇听得认真仔细。

对于彭梅秀一些明显的夸张，比如 50 斤石灰百斤稻草办一个纸浆厂，刘少奇没有指责和嘲弄。他认为基层干部的出发点是好的，积极性要予以保护。

刘少奇更关心的是公共食堂和社员住房。彭梅秀却轻描淡写，说公共食堂越办越好，饭热菜香，吃得饱吃得好。社员住房都安排得很好，住得宽敞明亮，等等。

因为是初来乍到，刘少奇不可能全面评价天华大队的工作，也不便发表什么指导性意见。

彭梅秀汇报快要结束时，刘少奇嘱咐她：要坚持实事求是。对群众生活的安排，要极端的重视。同时还强调，他这次来天华大队，想听听干部群众对"六十条"的意见。如果群众满意了，我们就可以试行。

王光美送彭梅秀到门口。彭梅秀撑着雨伞走出门，消失在雨中。

第八章　顶住阻力

一、独立王国

1961 年 4 月 13 日午后，风停了，雨住了，太阳却迟迟不肯露脸。

摆花架子、做表面文章，并不是封建社会的专利。天华大队党总支书记彭梅秀深谙此道，并且做得滴水不漏。

凡是来到天华大队的陌生人，不管是上级派来协助工作的干部，还是湖南人民广播电台和《湖南日报》的新闻记者，彭梅秀总是很警觉。她说："不管是什么人来到天华大队，首先要看他是来护红旗的，还是来找岔子砍红旗的？"

彭梅秀在天华大队苦心经营多年，可以说是见多识广。她不愁没有法子应付那些来天华大队找岔子砍红旗的，不管是谁，即使是天王老子她也不害怕。这次中共中央副主席、中华人民共和国主席刘少奇来到天华大队蹲点调查，她更是认真对待，不怕一万只怕万一。

头天晚上，彭梅秀接到了中共中央副主席、中华人民共和国主席刘少奇要来天华大队蹲点调查的电话通知。放下电话之后，她就在大队部召开了党员和生产队长会议，统一了汇报口径，明确规定哪些该说，哪些不该说，必须做到。根据她的安排，治保主任还召集全大队的地、富、反、坏、右分子，到大队部召开训话会，警告他们不要乱说、乱动。天华大队上上下下统一了口径，嘴巴都封紧了，才能保证万无一失。

彭梅秀敢作敢为，办事从不示弱，别人不敢说的话她敢说，别人怕干的事她敢干，所以大家给她取了一个绰号"直筒子"。社员们既敬重她，又畏惧她，当然也不敢轻易议论她。

这天上午，刘少奇与彭梅秀谈话，虽然没有明显地批评天华大队的工作，彭梅秀听了满肚子意见，心里很不高兴。

彭梅秀从刘少奇那里出来，回到家里已经时近中午了。她越想越不对劲，于是顾不上吃饭，通知大队党总支副书记李言孝、黎桂生，还有妇女主任童若斌、会计彭腾奎，马上到她家里召开紧急会议。

彭梅秀加上李言孝、黎桂生、童若斌、会计彭腾奎，号称天华大队的五大"巨头"。她将这四个人喊到自己家里，召开紧急会议。她说："刘胡子刚才找我谈了话，下午还要找你们座谈。果然不出我所料，刘胡子到天华大队不是来总结成绩的，而是来找麻烦、翻问题的。他想要扳倒天华大队这面红旗，你们同意不同意？反正，我是坚决不同意的！"

在天华大队干部面前，彭梅秀气势汹汹，公然对中共中央副主席、中华人民共和国主席刘少奇出言不恭。她开口一个"刘胡子"，闭口一个"刘胡子"，其他大队干部根本没有见过她这种阵势，一个个提心吊胆，不知如何是好。

看到其他干部面面相觑，彭梅秀接着说："你们如果也不满意天华大队这面红旗，可以到刘胡子那里去汇报情况，邀功请赏。如果大家珍惜天华大队来之不易的荣誉，爱护天华大队这面红旗，那么下午就跟刘胡子三头对六面，摆出天华大队的成绩，免得他疑神疑鬼。"

彭梅秀在背后发牢骚，刘少奇不可能知晓。他仍按原定计划开展调查研究工作。

这天下午，刘少奇邀请天华大队的干部召开座谈会。与会者有天华大队党总支书记彭梅秀及其他干部共11人。天华大队党总支书记彭梅秀、副书记李言孝、黎桂生，还有妇女主任童若斌和会计兼秘书彭腾奎都参加了座谈会。

会前，彭梅秀已经和李言孝、黎桂生、童若斌和彭腾奎打过招呼。这

"四大金刚"能不能攻守同盟，是不是铁板一块呢？

开会的时间已经到了，李言孝、黎桂生、童若斌和彭腾奎都来了，只有彭梅秀还没有来。大家只好等她。

彭梅秀迟到了一会儿。她风风火火地闯进门，大大咧咧地说："刘主席，我不是对你老人家来蹲点有意见，是我娘老子病了，要招呼病人，所以迟到了。"

刘少奇明察秋毫，已经隐隐约约地感觉到这位女支书有情绪，于是关切地问："老太太得的是什么病？不会是浮肿病吧。"

彭梅秀连忙否认，响亮地回答："不是！"

众所周知，因为饥饿而起的浮肿病，是当时流行的"第一杀手"。天华大队是湖南省的一面红旗，红旗大队党总支书记的母亲如果也得了这种病，那不是天大的笑话吗？

彭梅秀皮笑肉不笑地说："我娘老子得的是心脏病，病病恹恹，已经好些年了。"

刘少奇关切地说："老年病难得根治，靠平时注意保护、调理，请向老太太代问个好吧！"

彭梅秀感激地说："谢谢！"

与会人员都到齐了，刘少奇宣布会议开始。他没有想到，其他干部所谈的内容和情况，与上午彭梅秀所说的大同小异，如粮食丰收，林业、畜牧业发展很快，队办工业欣欣向荣……

当刘少奇请大家谈一谈群众生产、生活方面有什么困难，有哪些要求，应该如何解决时，全场鸦雀无声，再也没有人开口说话了。

屋内静得掉根针都能听见。大家的呼吸急促起来……偶尔从窗外传来几声鸟叫，听得十分真切。

因为不怕县官，只怕现管啊！彭梅秀已经和他们打了招呼，如果他们信口开河，那么，后果将不堪设想。

"嘀嗒、嘀嗒……"时间一分一秒地过去了。刘少奇有些焦躁不安。

为了打破这种沉闷的局面，刘少奇起身给大家敬烟。人们常常说烟酒不分家，李言孝、黎桂生和彭腾奎不好拒绝，微笑着接过了刘少奇递给他们的香烟，并且马上从口袋掏出随身携带的火柴，点燃香烟，悠哉游哉地吸了起来。

当刘少奇给妇女主任童若斌敬烟时，童若斌摆手说："谢谢，刘主席，我不吸烟！"

刘少奇笑着说："不吸烟也拿着，来我这里做客，空手回去不好，带回去给你爱人抽！"

大家听了都笑了。气氛顿时活跃起来，热闹起来。

这时，刘少奇心生一计，逐个点名。

点完名之后，刘少奇扫视了大家一眼，然后对大队党总支副书记、大队长李言孝说："你是行政负责人，对整个大队的情况应该最熟悉，你先说吧。"

李言孝正在吞云吐雾过烟瘾。因为眼下香烟奇缺，公社供销社偶尔也到点货，根本不上门市部的货架，先要供应公社机关的头头脑脑，然后是公社粮站、公社卫生院等部门的负责人，很难轮到大队这个级别的干部。刘少奇招待他们的是"大前门"香烟，他早几年前就听说过，这是专门供应中央领导的特供烟，现在抽起来，浑身的细胞都感到轻松、愉快。当刘少奇点名叫他发言时，他才惊醒过来，一边抽着香烟，一边朝着刘少奇傻乎乎地笑。

刘少奇也笑了，慈祥地说："你是大队长，应该介绍一下情况。"

李言孝见刘少奇又将自己的军，于是猛抽了一口香烟，然后又吐了出来。他似乎想让烟雾把自己重重包裹起来……

香烟的味道弥漫了整个房间，烟雾很快又散去了。

推又推不脱，李言孝很不自然地笑了笑，说："其实，天华大队的情况，彭书记已经向刘主席汇报过了，我们再说，还是那些事情，也就是那个意思。"

黎桂生连忙附和："是啊，是啊！彭书记掌握的情况比我们全面。"

童若斌说："彭书记工作深入细致，关心社员群众的生活，群众都很拥护她。今年春节，老贫农彭四爹给彭书记拜年，特地送给她一张大字报，那张大字报是整张大红纸，上面写着一首歌颂党的好领导的快板！"

提起那首快板，26 岁的彭腾奎顿时激动起来，当场就把那首快板背诵了出来：

> 共产党，似亲娘。
>
> 彭书记，知心人。
>
> 困难户子少穿盖，
>
> 新衣新被送上门。
>
> 如何感谢好领导，
>
> 搞好生产报党恩。

刘少奇听了，哭笑不得。这首快板刊登在《中国妇女》杂志上，他早已看过了。

看到再也听不到天华大队的真实情况，刘少奇只好改变计划，座谈不再局限于天华大队的具体情况，把话题引向《农村人民公社工作条例》，讨论公共食堂、供给制、粮食、分配、住房等问题。

刘少奇说：

> 十几天前，中央在广州开了一个会，写了一个《农村人民公社工作条例（草案）》，简称"六十条"，中央不知道写得对不对，想征求你们的意见，看哪里写得不对，哪里写多了，哪里写少了。以前，中央写一些东西，发一些指示，没有征求你们的意见，常常发生错误。这次就是来征求你们的意见的。

刘少奇提议先谈食堂问题。他说：

> 请你们本着实事求是的精神，敢于讲话，一点顾虑都不要，一点

束缚都不要，愿意讲的都讲，讲错了也不要紧，不戴帽子，不批评，不辩论。过去宣传上也有一些毛病，对公共食堂强调得有一点过分了、过厉害了，不办食堂就不是社会主义了，不是人民公社了，就是资本主义了。

说罢，没有一个人发言。

刘少奇启发大家：

"六十条"是个草案，是否正确，是否需要补充，哪些不正确，不合实际，要去掉，要纠正，请大家发表意见。要解放思想，不要以为不办食堂了就不是社会主义，不办食堂还是社会主义。只要对大家有利，对发展生产有利，食堂可以办，可以不办，可以大办，可以小办，可以常年办，可以临时办，并不妨碍社会主义。

话音一落，还是没有人发言。

为了不冷场，刘少奇又诚恳地说：

我是来向你们请教，向你们学习的。请你们帮助我们，哪些政策不对，要纠正，然后，我们帮助你们，纠正过往的失误。

然而，刘少奇这番恳切的言辞，并没有启动与会者的口，会场静得出奇，大家谁也不敢发言，只是不约而同地把目光集中到坐在刘少奇身边的大队党总支书记彭梅秀的身上。

彭梅秀感到十分难堪，便朝"四大金刚"使眼色。

谁知，"四大金刚"又是异口同声。

"彭书记说，'六十条'讲得很明确，一切有条件的地方，生产队要积极办好公共食堂。我们天华是全省的红旗，有办好公共食堂的条件，要坚决办，积极办！"

"彭书记说，供给制也要坚持，只有这样，才能体现社会主义的优越性!"

"彭书记说……"

"彭书记……"

刘少奇听了，仿佛打翻了五味瓶，酸甜苦辣一齐涌上心头。

诚然，我们的党和政府的各级机关各个部门，需要有一个坚强的领导集体，尤其是人民公社和生产大队。同时，更需要一大批作风正派、办事公道、吃苦肯干，在群众中有威信的领头人。但是，像天华大队，言必称彭书记，是不是好现象呢？

中央制定的"六十条"，是毛主席亲自领导胡乔木、田家英等三个调查组，中央其他领导同志也分头在各地调查研究，集中大家的智慧而形成的。那些最重要的条文，比如公共食堂、供给制，在天华大队似乎都不适用，而且都是彭秀梅曾这样说过的。这里仿佛是彭书记一语定乾坤。到底是中央的方案背离了实际情况，还是天华大队有些现象不太正常呢？

刘少奇恳切地说："我们今天讨论公共食堂，刚才已经学习过'六十条'，请谈谈你们的看法吧!"

沉默，又一阵沉默。彭梅秀拿起桌上一本"六十条"，翻了几页，说："刘主席，我们今天不讨论办不办公共食堂的事。"

经过一阵令人难耐的沉默后，"直筒子"彭梅秀自作主张，竟然一口否定了刘少奇提出的会议主题。

刘少奇没有生气，微笑着说："为什么呢?"

彭梅秀扬了扬手中的"六十条"，激情飞扬地说："我同意办食堂，办食堂的好处很多，以前妇女百分之五十的时间搞家务，出工很少。办食堂后，大家都出工，比原来增加了收入。我主张有条件的地方还是坚决办，积极办!"

说罢，彭梅秀似乎很得意，等待着刘少奇对她发言的肯定。

刘少奇陷入沉思之中。

彭梅秀声情并茂，又说："'六十条'第三十四条讲得很明白，一切有条件的地方，生产队应该积极办好公共食堂。天华大队怎么没有条件呢？省里都在天华大队开过现场会。即使没有条件，创造条件也要办。要不然，还算什么红旗大队？公共食堂是社会主义阵地，拆散公共食堂就是挖社会主义墙脚。不办，那还叫什么社会主义呢？"

刘少奇笑了，说："过去我们的宣传有些过火，也不能说不办公共食堂就不是社会主义。重要的是实事求是，看有没有利于群众生活，有没有利于发展生产。红旗大队更应该实事求是！"

彭梅秀斩钉截铁地说："别人办不办，我们不管，反正天华大队的公共食堂要坚决办，积极办！"

刘少奇焦急地问："是把自愿办摆在前面，还是把积极办好摆在前面呢？"

彭梅秀不假思索地回答："还是把积极办好摆在前面。"

会场僵局已经打破，食堂问题开始议论开了。

李言孝说："食堂还是要办，我主张办细（小）食堂。"

说罢，李言孝举例说明办规格比较小的食堂有很多好处，特别是便于发展猪、牛、羊、鸡、鸭等家庭副业。

彭梅秀听了，马上插话解释："现在副业少了不是办了食堂的问题，是我们收了社员的自留地，不让大家搞副业……"

听彭梅秀这么一说，李言孝马上又转口附和："人民公社化，办公共食堂以后，从收入看，百分之九十以上的社员增加了收入。从前许多人买周转粮吃，现在不买周转粮吃了。"

刘少奇顺势又提出一个问题："现在是没有周转粮卖，如果有周转粮卖，还是不是有人买呢？你们大队增加了收入，社员的家庭副业减少了，增减相抵，到底增加收入没有？你们研究一下。"

彭腾奎附和说："办食堂，大部分群众有要求，但都主张办细（小）食堂，不主张办大食堂。食堂大了，土肥要减少，远田远土，耕种、送肥、看水都不方便，远山不便于管理。"

彭迪元插言说："我们食堂的青年妇女都赞成办食堂，不愿意回家烧菜煮饭。他们散，我们办……"

平时处事稳重的大队党总支副书记黎桂生说："我个人意见，在自愿的原则下，坚决办……"

刘少奇赞许地说："对，把自愿摆在前头，把积极摆在后头。"

座谈会出现了转机，黎桂生说出了心里话。刘少奇马上因势利导，启发大家讲真话。

这时，彭梅秀面带愠色。

黎桂生心存余悸，他的话又转了："但要办细食堂。大锅饭，细锅菜，食堂小，菜味好。大多数社员还是愿意办食堂，特别是青年妇女愿意办食堂，不愿意回家去做饭。如果不办食堂，妇女都回去煮饭，对大队出工有影响。"

大队干部们的发言，都谈了公共食堂这个最敏感的话题，集中到一点，大家都主张继续办食堂，只是办大与办小之分。这些是群众的真诚愿望吗？刘少奇注意到不管是谁发言，都没有跳出彭梅秀发言时定的框框，有的几乎是在重复彭梅秀的意见。

刘少奇心想："假如社员群众也这么看，那当然也不是什么坏事。依靠集体的力量，发展生产，渡过目前的困难，进一步改善人民的生活，这正是中央所希望的局面。但是，如果基层干部还存在着顾虑，又不敢直言，仍旧打肿脸充胖子，那后果就不堪设想。"

公共食堂何去何从？刘少奇渴望听到社员群众的声音。

然而，天华大队干部座谈会没有任何收获。刘少奇深深地体会到，天华大队是针插不进、水泼不进的独立王国。

二、时势造英雄

天时、地利、人和是成功应该具备的三大因素。彭梅秀虽然出生在贫穷落后的天华大队，但是，这个大队离省会长沙很近，深受长沙的影响。

她充分享有"天时"、"地利"和"人和"，时代为她提供了一个很好的舞台，让她有了用武之地。

1949 年长沙和平解放的时候，彭梅秀 17 岁，正是人生的花季。翻身的人们，欢庆胜利，需要鞭炮、标语口号，同样离不开音乐和舞蹈。中国共产党是从延安打到北京夺取全国胜利建立政权的，当年全国人民都学跳陕北秧歌，以跳秧歌为荣，像现在的迪斯科，风行一时。

天华大队离长沙很近，城里发生的一些事情很快就传到这里来了。长沙和平解放后，新中国开天辟地的巨变，给彭梅秀提供了舞台，带来了机遇。

很快地，陕北的秧歌、腰鼓传到了天华大队。村里的男孩和女孩在天华大队学校老师们的带领下，发疯似地扭秧歌，直扭得天昏地暗。花季少女的彭梅秀，也加入到了扭秧歌的行列。

彭梅秀迈着大秧歌的舞步，哼着"解放区的天是明朗的天，解放区的人民好喜欢"的曲调……她唱着跳着，跳着唱着，自我感觉良好。

然而，人的天赋是与生俱来的。彭梅秀祖祖辈辈以耕田为业，上无片瓦下无插针之地，父母靠租种地主家的田养家糊口。她从小跟着父兄在土疙瘩里刨食，日出而作，日落而息，脸朝黄土背朝天。也许是她根本没有音乐、舞蹈方面的天赋，也许是辛勤的劳作使她显得笨手笨脚。

彭梅秀家里一贫如洗。她没有一件漂亮的好衣衫，在秧歌队里显得很寒碜。她因为穿得不漂亮扭得不像，经常招来一些人对她的冷嘲热讽。她的心情居然有点"过尽千帆皆不是"的焦急和牵挂。

人生就是选择。彭梅秀不断调整自己的人生角色。既然扭秧歌不能使她快乐，后来她干脆就不去凑热闹了。

命运往往喜欢捉弄人。彭梅秀虽然在秧歌队里面没有脱颖而出，但是，她并没有就此消沉。她心比天高，渴望新的生活。

那时候，翻身了、解放了、建设新中国是最时髦的口号。彭梅秀希望自己能为保卫祖国、建设祖国出力。遗憾的是，橘红色的祥云总不降临到她头上来。村里一些女孩子去报名参军，她也去报名了，但部队不要扛枪打仗的女兵，只招女卫生员、女文工团员……

一见面，那些前来招兵的询问彭梅秀上过几年学，会唱歌、跳舞吗？总是横挑鼻子竖挑眼，她一次又一次失望。

工厂也常来天华大队招人。那时，毛泽东号召："工人阶级必须领导一切。"当工人，一天上八小时班，并且天晴不晒，下雨不淋，也很吃香。然而，招工告示上白纸黑字写得很明白：要求有高小毕业以上文化，尤其是女工。彭梅秀文化太低，被无情地拒之门外。

一次又一次碰壁之后，彭梅秀已经没有年龄的优势了。随着年龄的增长，她不再有非分之想，于是安下心来在家务农。

七十二行行行出状元。踏实、肯干的彭梅秀，很快就有了自己的用武之地。当时，农村政治运动一个接一个，比如土改、扫盲、查田定产、互助合作……对这些运动，彭梅秀仿佛有一种与生俱来的天赋，有着极大的热情。在每次运动中，她比一些男子表现更为积极，还要投入。她在这些运动中左右逢源。这就是时势造英雄。

1951年12月，中央将《关于农业生产互助合作的决议（草案）》发给各地试行，指出：要使广大贫困的农民能够迅速地增加生产而走上丰衣足食的道路，就必须提倡组织起来，发挥农民互助合作的积极性。

有一天，一位县里下乡的干部传达了中央精神。彭梅秀参加了会议。

在会上，彭梅秀听说了《关于农业生产互助合作的决议（草案）》，觉得很新鲜。那位工作干部还说，这种互助组发展下去，就是苏联的集体农庄。这对彭梅秀更是充满着诱惑。

当时，苏联是社会主义的指路明灯。正如一首歌唱的那样："天空出彩霞呀，地上开红花呀，中苏人民团结紧，打败那反动派呀……"

以毛泽东为首的第一代领导人，提出向苏联老大哥学习，引进了苏联的社会主义制度。对那时的中国人来说，苏联是无比美好的国家：点灯不用油，耕田不用牛；人人都穿花衣裳，餐餐都吃牛奶面包，还有土豆烧牛肉……

听着听着，彭梅秀心想："既然互助组是通往苏联那种幸福生活的金光大道，那怎么不干呢？"

说干就干。彭梅秀带领社员群众成立了互助组。她要把贫穷、落后的天华大队，建设成为苏联式的美丽、富饶的集体农庄。

1952年春耕时节，彭梅秀串联了左邻右舍的六户农民，成立了一个互助组。最初，互助组只是互相帮工，比如春天插秧季节，各项农活挤在一起，春差日子夏差时，要抢季节。犁田、耕田、下肥、插秧……单家独户由于劳力不够用，干起来很吃力，进度也很慢。

农村本来有互相帮工的习惯。不过，那是亲帮亲、邻帮邻。应运而生的互助组，把这种方式制度化经常化了。互助组明显有了集体的优势。有的犁田，有的耙田，流水作业，分工合作，互相配合，进度大大加快了。这充分显示了集体的智慧和力量。因此，大家都很乐意。

彭梅秀积极肯干，是个很不错的互助组长。她从小在地里摸爬滚打，又舍得下力气，扶犁掌耙，抛粮下种，这些本应由男劳力干的体力活，她都拿得起放得下。因此，她很快就掌握了互助组的生产指挥权。为了抢季节，谁家在前，谁家在后，她的安排也比较公道，组织能力也是不错的。经过她的努力，全组通力合作：插秧时，互助组比单干户提前三天完成任务；抗旱的时候，又因人多势众，及时车水灌田，抵御了干旱的威胁；到秋后，互助组六户农民户户增产。她大公无私，在社员群众中树立了自己的威信。

1953年2月，《关于农业生产互助组合作的决议（草案）》，经中共中央正式通过，刊登在《人民日报》上，《湖南日报》也全文转载了，成为党在农村的一项中心工作。

为了贯彻中央的决议，中共长沙县委决定召开县、区、乡三级干部大会。真是踏破铁鞋无觅处，得来全不费工夫。彭梅秀的互助组是一个现成的样板，县里通知她参加会议。

到了要去县里开会的时候，彭梅秀带头成立的互助组还没有一个名称。既然要去县里开会，那么就得有个正式的名称。也不知是经过哪一位领导点头，为了突出典型就定名为"彭梅秀互助组"。于是，在县委书记、县长的报告中有十多次提到了"彭梅秀互助组"。彭梅秀成了全县瞩目的人物。

会议闭幕的那天，"彭梅秀互助组"被评为模范互助组，县里奖励一头大黄牛，还奖了一架双轮双铧犁。更具喜剧意味的是，那头黄牛也牵到了会场。彭梅秀在台上戴上了大红花，大黄牛在台下也戴上了大红花。

那一瞬间，彭梅秀是多么光彩，多么荣耀，多么辉煌啊！

那是英雄辈出的时代，人人都羡慕劳动模范，尤其是女劳模，那更是人见人爱、花见花开。上级也在刻意培养彭梅秀，县里专门派出干部在她的互助组蹲点，省、市、县领导也常来这里视察。尤其是县委，每一位新任的县委书记，到任后最先安排的公务活动，就包括来天华大队看望劳动模范彭梅秀。她认识历届省、市、县委的书记，甚至还到他们家里做过客。省报和市里的报纸上，经常刊登关于她的文章和照片。每逢重大节日和重要农事活动，报纸都会刊登她的动态新闻。在工作中如果受一点委屈，舆论会立即为她呼吁，进行声援。1954 年 8 月号《中国妇女》杂志，开辟了一个《大家谈》的专栏专门谈妇女工作，其中有一篇文章是这样写的：

> 长沙郊区有个农业生产合作社社长，名叫彭梅秀，是湖南省的劳动模范，在当地群众中很有威信。可是，社里某些干部却对她很不耐烦，时常用硬话碰她，难为她。为什么呢？不为别的，就因为她是妇女……

文章最后说：

> 湖南省妇联发现了这个问题以后，深入该社了解情况，向党委汇报，提出意见。县领导方面又帮助当地乡、社干部正确、全面地总结

了彭梅秀的成绩，改变了对她的态度。

事情的起因，是田塍上种不种黄豆。人勤地生金，彭梅秀主张要在田塍上种黄豆，理由是寸土不闲。一位副社长却持反对态度，坚决不赞成在田塍上种黄豆，理由是黄豆苗在田塍上长得密密麻麻，下田中耕、追肥很不方便。两人针锋相对，激烈地争论起来。那位副社长说："你们女人家，没有挑担子下过田，晓得么子啰！"

这件小事，本来无关紧要，没有什么了不起的矛盾，却惊动了湖南省妇联和中共长沙县委。

当时，湖南省妇联派了两个女干部，来到天华大队调查了三天。中共长沙县委农村工作部部长，也专程前来了解情况。乡党委正、副书记和组织委员召集农业社领导班子交心通气，实际上是批评帮助那位副社长。会议开到鸡叫头遍，大家都统一了认识才散会。《中国妇女》杂志报道了这件事。从此，人们对彭梅秀刮目相看，敬畏三分。

彭梅秀的荣誉越来越多，连续几年县里、省里召开劳动模范代表大会，她每次都榜上有名，成了名符其实的劳模专业户。从1953年起，由初级社、高级社、人民公社，体制变动了好几次。农业社名义上是生产组织，实际上也行使政权机构的大部分职能。

到了人民公社建立时，明文规定政社合一。别的地方每变动一次机构，就要调整一次干部。彭梅秀却稳坐钓鱼台，一直是天华大队的"掌门人"。

金无足赤，人无完人。彭梅秀也有自己的难处。她因为自己头上的光圈非常耀眼，在农村就很难找到合适的对象。有人给她介绍过一个工厂的技术员，她嫌技术员的社会关系比较复杂。而那个技术员又觉得她太政治化了。他要找的是一位温柔、贤淑的妻子，而不是一位满口马列的"政委"。

爱情就是这么不公平，第一眼喜欢上了就是喜欢了，第一眼没有喜欢上，再看一百眼也不会喜欢。显然，彭梅秀在找对象的问题上要求不一般，这山望着那山高。

男大当婚、女大当嫁，这是天经地义的事。同龄人已经成为人妻当妈妈抱孩子，彭梅秀却还是孤身一人。随着年龄的增长，因为她还没有找到自己心中的"白马王子"，亲戚朋友都替她担心。

箩里挑瓜，越挑越差。彭梅秀感到无所适从。何况她一不是皇帝女儿，二不是那种花容月貌、国色天香的美人。她已经20多岁，还待字闺中，好像今天的"剩女"。

妇联会的大姐们都为彭梅秀着急。县委领导同志也觉得组织上应该关心她。

正当彭梅秀高不成、低不就的时候，邻区有一个区委干部，名叫万国华，跟妻子刚刚离婚，比彭梅秀大几岁。而万国华比土头土脑的农民见多识广，比城市里的知识分子又实际得多。对于彭梅秀来说，万国华应该是最理想的人选。

然而，彭梅秀犹豫不决。因为她是黄花闺女，万国华则是第二次婚姻。由于她迟迟不松口，乡里、县里都急了，很多人上门做她的思想工作。组织上也关心她的生活，找她谈话，说："革命同志结为革命夫妻，政治上可靠，工作上互相帮助，这种婚姻是美满的……"

当时很讲党性，思想不通，服从组织。领导的一番话，说得彭梅秀心动了，组织还出面为她举办了非常热闹的婚礼。

所谓爱情，只要参加了就是有意义的。万国华和彭梅秀终于站在一起参加婚礼。在婚礼上，彭梅秀十分激动，说："感谢组织上的关心！"

在那个政治挂帅的年代，彭梅秀因为根红苗正，组织关心着她的一切，她的名气越来越大。1958年她被选为湖南省人大代表。湖南省人民代表大会召开的时候，她因为是著名的劳动模范，又是女性，于是和湖南省领导、各地州市负责人、社会知名人士一起，被荣幸地选为大会主席团成员。

在湖南省人民代表大会进行的过程中，彭梅秀和湖南省人民政府程潜省长一起，作为大会执行主席，在主席台前排就座。

太多的荣誉，对于许多人特别是年轻人都会是一种生命中不能承受之重，更何况坐"直升飞机"的彭梅秀呢？在掌声和鲜花面前，她开始飘飘然。

彭梅秀生活在一个相对封闭的山村，掌握了绝对的权力。大队的大事小事，都由她一人说了算。县里派到天华大队的工作干部，如果她不满意，随便找一条理由，打个电话给县委，县委就得考虑召回这个不受欢迎的角色。

程潜是孙中山非常大总统府的陆军部长、北伐名将、湖南和平起义的发起者和最高指挥者、毛泽东亲自为之荡桨游中南海的人物。彭梅秀曾和程潜一起在主席台上就坐，当湖南人民代表大会的执行主席。

湖南省人代会闭幕之后，彭梅秀回来传达会议精神。在介绍会议盛况时，她趾高气扬地说："程潜呀，那是我们党的统战对象！"

人的欲望是无止境的，也是无法满足的。彭梅秀被当做工具，推到了时代的风口浪尖上。她目中无人，说一不二，仿佛《西游记》中女儿国的统帅啊！

仲春的深夜，寒气从四面八方裹着刘少奇那间简陋的办公室。他既没有睡意，也感觉不到春寒。

刘少奇点燃一支香烟，披衣站立窗前，边吸烟边向外凝望。

窗外，沉沉夜色中的天华山，莽莽苍苍，伴着刘少奇不眠的身影。独对孤山，他浮想起一幕幕的往事。

民声就是人民群众的声音，是他们的所思所盼，衣食住行，柴米油盐……倾听民声、体察民情，是正确决策的基础，也是为政者起码的责任。新中国成立已经十二年了，执政党在人民群众中开展调查研究工作，想听听群众的心声，为什么竟然这般难啊！刘少奇凝神思索，既反思自己，也反思我们的党。从1958年的"南宁会议"到1959年的"庐山会议"，再到以后的批右倾保守，民主空气越来越差，人们总是在帽子底下生活，莫说群众有苦难言，就是高层领导也有难言之隐啊！他感到要想听到真实的民声，并不是一个轻松的话题。

一连几次座谈会都听不到真话，刘少奇决定改变方法，直接深入到群众中去，与社员群众促膝谈心，进行调查研究工作。

三、群众言不由衷

1961 年 4 月 15 日早饭后，刘少奇偕夫人王光美，还有秘书吴振英等几个工作人员，不用天华大队的干部陪同，径直去王家塘对面的施家冲生产队察看。

这是一个难得的好晴天。春风吹拂，飘来各种野草和花的芬芳，给人一种筋骨舒畅的感觉。田野里，有几个社员吆喝着耕牛犁田，那不时虚张声势的呵斥声，表示对牛的行进速度缓慢而不满。虽然竹条子无情地抽打在牛背上，牛照样走自己的路，不紧不慢，不急不忙……旁边那些铲草的，还有挑粪的，也都是这种节奏。

施家冲是一栋旧式民居，墙上的石灰大都脱落了，露出焦黄的土墙，堂屋里摆着几张方桌，这是公共食堂的饭厅。

19 岁的事务长李仲球介绍，从来没有人在这里用过餐，大家都是把饭菜打回家去吃。由于粮食定量很少，在家里炒点蔬菜帮补，饭厅形同虚设。

刘少奇突然想起宁乡东塘湖王家湾的彭满阿婆，回家炒点野菜，也要偷偷摸摸背着公共食堂的管理干部，便问李仲球："社员回家开点小灶，你们禁不禁止呢？"

李仲球回答："大队规定，禁止私人回家开小灶，到了生产队，都是几十年的老乡亲，也就不去较真了。"

刘少奇笑着说："看来，我家乡的那位事务长，没有你们开明！"

堂屋的一角，堆放着刚从地里割来的青菜。这种菜的学名叫春苔，本地人叫牛皮菜，菜帮子又老又硬。

刘少奇指着这一堆牛皮菜，问："食堂就吃这种菜？"

李仲球愁眉苦脸的样子，说："有什么办法呢？田里欠收，蔬菜又老长不好……"

正在这时，天华大队党总支副书记李言孝走了进来。

李言孝站在那里，仿佛有一种魔法。李仲球立即改变了腔调："彭书记，还有李书记，都特别关心食堂，要求饭热菜香。春节的时候，食堂给每家供应了一份豆腐粉丝烩猪肉。"

这份豆腐粉丝烩猪肉，报纸和杂志都曾经刊登过。刘少奇已经知道了。人们以为他不知，总是在他面前重复这件事情。

因为有大队干部李言孝在场，李仲球就言不由衷。刘少奇看在眼里，记在心里。

刘少奇在施家冲房前屋后转了一圈，然后就回王家塘去了。

回到王家塘，刘少奇交代秘书吴振英，去施家冲请八个社员，下午到他屋里座谈。天华大队干部不参加，生产队干部已经座谈过一次，也不要来了。他希望听到没有经过包装、真正来自群众的声音。

刘少奇问湖南省公安厅长李强："你带来的那些警卫战士呢，今天干什么？"

尽管刘少奇一再强调，下乡蹲点要轻车简从，在王家塘万头养猪场，中共湖南省委还是给他派去了独立师警卫排长扶定松等五六个人。这一次，竟然又派来了一个警卫班。

列宁曾以自己的行为告诫全党："对于共产党来说，最严重最可怕的危险之一，就是脱离群众。"刘少奇牢记列宁的教导，回到家乡湖南蹲点调查，深入群众，全心全意为人民服务。警卫战士日夜守护着他，无疑在他和群众之间砌起了一堵墙，将群众隔开了。这样，他还怎么联系群众，群众看了就害怕，一个个早已吓得胆战心惊，怎么会对他讲真话呢？

对于安排警卫，刘少奇感到很恼火。他对李强说："老百姓见了扛枪的就害怕，你们派来这么多战士，我还怎么与群众接触啊！让他们都统统回去！"

李强耐心地解释说："这是公安部的规定。党中央主席、国家主席等党和国家领导人出巡，都要有专门的警卫，湖南不能违反这个规定。"

刘少奇生气地说："我是湖南人，群众一听我讲话，就知道这是一个湖南老倌子。我就不信在家乡会有人加害于我！"

李强据理力争："少奇同志，我是做公安工作的，公安有公安的纪律。您不是说，共产党员要做遵守纪律的模范吗？"

刘少奇毫无办法，和李强约法三章："一、警卫战士不住王家塘，要住远一些；二、白天一律不许带枪；三、发扬解放军的老传统，下地参加劳动，以实际行动支援春耕生产。"

对于刘少奇提出的这三条，李强举双手赞成。

看到已经水到渠成，刘少奇对李强说："今天下午，我要找施家冲八位社员座谈，请你派八个战士到施家冲去参加集体生产劳动，以工换工，不耽误他们的生产！"

李强响亮地回答："是！"

四、向社员鞠躬致敬

1961 年 4 月 15 日下午，阳光和煦，春风送暖。

刘少奇约请施家冲生产队八个社员座谈，有一个用牛的社员因为要耕耘秧田，实在无法抽身，只来了七个人。这七个社员，五男两女，有老年、中年、青年，都是生产队的主要劳动力。

社员群众早就听说刘少奇到了天华大队，但大队有通知，没有事不要到刘少奇下榻的王家塘去，在路上碰见了也不要围观，有什么意见和要求可以通过大队干部转达，不许越级告状……这不准，那不准，社员群众好奇心却是无法禁止的。他们从广播、报纸、电影里经常看到的人物刘少奇到了天华大队，可以说近在咫尺，放开嗓子喊话听得到，都想一睹其风采。

如今，刘少奇有请，可以名正言顺去见刘少奇了。况且，又有解放军战士代替他们出工，那真是千载难逢的好机会。

下午出集体工的时候，七个社员从家里出发，先后来到了王家塘。

施家冲食堂的司务长李仲球，穿着粗布大褂，赤脚穿一双草鞋，到了屋门前正要走进去。他突然想打退堂鼓，心想去见中共中央副主席、中华人民共和国主席刘少奇，自己这身打扮行吗？

李仲球正在犹豫不决的时候，刘少奇快步来到大门外迎接他们，笑容可掬地把大家请进了屋。

刘少奇和王光美乐呵呵地站在门口迎接，让座、敬烟，没有一点架子。刘少奇安排工作人员给七个社员每人都敬上了一杯茶。

七个社员都来了，大家围坐在一张八仙桌旁。

刘少奇微微地笑着，目光很慈祥，把大家一一打量。由于缺少凳子，他自己站着，用那平缓而抑扬顿挫的宁乡口音说："今天请你们来，要耽误你们的工了。"

坐在刘少奇身旁的一位同志说："李强同志派了八名解放军战士，工作组又有几位同志自告奋勇，一共十几个人代替他们劳动去了。"

刘少奇笑着说："我们的同志干农活不里手，明天再去帮半天！"

彭淑仪在兴修水利大兵团作战的时候当过民工排长，大小也算个干部，见过一些世面，客气地说："刘主席找我们谈话，是看得起我们，还以工换工，我们受当不起！"

刘少奇连忙解释："是你们帮助我们，帮助中央把全国的事情办好。这几年，我们有很多事情没有办好。为了解决工作中存在的问题，克服目前的困难，中央起草了一个'六十条'。你们听说过没有？"

大家齐声回答："队里开会念过。"

刘少奇又问："讨论了没有？"

女社员彭佩芝说："我们是蚂蟥听水响。"

"蚂蟥听水响"是湖南谚语，意思是服从命令听指挥。王光美听了，只能从字面上进行理解，不懂弦外之音，因此感到莫名其妙。她只好如实进行记录。

刘少奇是本地人听得懂，感到亲切。他说："因为关系到社员群众的切身利益，与在座的各位都有关，没有正式作出决定之前，你们应该充分发表意见。今天请你们讲讲心里话。'六十条'现在还是一个草案，还可以修改，我们想听听你们的意见。听说社员群众对公共食堂意见很多，比如，对供给制有意见；比如，对粮食有意见；比如，对住房有意见。大概意见最多的还是食堂。公共食堂办不办，粮食怎样分配，你们的生产情况、生活情况，请你们敞开讲，讲错了也不要紧。讲错了也不批评，不戴帽子，不辩论。这几年，我们听群众的意见太少了。这几年，我们办了不少错事，让大家吃了许多苦头。"

说到这里，刘少奇环视着一张张面带焦黄的脸，内心充满歉疚。片刻，他庄重地站起身来，摘下蓝布帽，露出满头银发，恭恭敬敬地向大家深深一鞠躬，又诚恳地说："今天，你们是先生，我们——"他一边说，一边用手指指担任记录的王光美和另两位工作同志，"包括我，大家都是你们的学生。学生向先生请教，请放开讲吧！"

美国心理学家盖瑞·查普曼曾经说过："在你的生命中最重要的关系里，有一种东西是你必须付出的，而且需要勇气和真诚才能实现的，它就是道歉。"当国家政策出现失误人们遭受饥饿的时候，刘少奇勇于担当，放下架子，向社员群众道歉。

参加座谈会的七个社员，都是脸朝黄土背朝天的社员群众。这些年来，他们也见过一些大大小小的干部，当然也有待人和气、真心实意为群众办事的。但是，动不动就批斗、骂人、扣饭，这种干部也不少！1957年冬天，乡里下来一个管林业的干部，开口就说："整三个不死没人怕，我这次就是来整人的。"

如今，位高权重的刘少奇却说自己是社员群众的学生，白发苍苍的老人竟然向种田人脱帽致敬！自从盘古开天地，三皇五帝到如今，历朝历代，一个沉重的历史包袱，那就是君君臣臣、父父子子等级森严。从来都是老百姓向当官的行礼，小官向大官行礼，大官向皇帝行礼。为了表示自己的虔诚，必须后退半步，再下跪、磕头，五体投地行大礼。试想一想，哪个见过国家主席向社员群众立正、敬礼的呢？

中共中央副主席、中华人民共和国主席刘少奇，向普通社员群众一脱帽，二鞠躬，三帮工……霎时，他的心与人民的心紧紧地贴在一起了。

在这位近人情、知痛痒的党和国家领导人面前，七个社员手足无措，惶恐不安。心想："如果再不讲真话，就对不起白发苍苍的刘少奇。"

七个社员心灵上受到了震撼，党和人民的心又紧紧地贴在一起了。他们的心里话，像竹筒倒豆子那样滚滚而出。

头发花白、老实巴交的杨运桂，第一个站起来发言："刘主席，您来的头天，大队就开会打招呼，不准我们讲落后话、反动话。今天，您这样看重我们，我要斗胆讲一句落后话。"

刘少奇示意杨运桂坐下，并且鼓励他说："你大胆讲！"

杨运桂十分严肃地说："公共食堂不好。如果上级一定要办，办法只有一个，那么大家都要学'张公百忍'。"

王光美和几位北方干部不知道"张公百忍"的来历，听了感到又是云里雾里，只好原原本本地记在本子上。

刘少奇知道，这是流传在湖南农村的一个民间故事。很久很久以前，村里住着一位姓张的老人，人称张公。张公生活在社会的底层，无权无势，因此在生活中从不与人争强好胜。别人无缘无故打他一个耳光，他也不与人争斗，歪歪头就自认倒霉地走开了。这种忍气吞声的故事，已经发生过 99 回了。

这一天，张公的儿子结婚，亲戚朋友都来贺喜。晚上，当宾客告辞之后，忽然从门外走进来一位云游的道士。那道士衣衫褴褛，浑身恶臭，一头癞痢流着黄水，两条鼻涕龙拖到了嘴边，一见就让人感到恶心。张公还是热情相待，赠他吃食。

谁知这个道士吃饱喝足之后，得寸进尺，竟然对张公说："听说你家的媳妇长得很漂亮，今晚我想在你家借宿，跟你刚过门的新媳妇睡觉，一饱艳福。"

这简直是欺人太甚！张公的儿子勃然大怒，伸出拳头就要揍这个疯疯癫癫的道士。

张公急坏了，忙把自己的儿子拉到一旁，说："儿子，人常说，百事忍为高。我一生已经忍了 99 回，因此平平安安活到现在，忍了这一回就满 100 回了，也许从今以后就再也没有劫难来作践我们了。"

不管自己的儿子想通没想通，张公打来一盆热水，请道士洗脚上床。谁知，那道士竟然连脏兮兮的鞋子也不脱，爬上床就睡。

第二天早晨，张公备了酒席招待那个道士。走到床边一看，不禁大吃一惊，床上睡着的，根本不是什么道士，分明是一个金灿灿的金人。

原来，那道士是一个神仙，是特地下凡来考验张公的。见张公果然有很好的忍性，便留下一个金子铸的菩萨奖励他。

"张公百忍"的故事，是劝告人们逆来顺受，对于权势、厄运和灾难不要怨天尤人，更不可有不满或反抗的情绪，自认倒霉吧。很明显，这不是一种积极的人生态度。

刘少奇心想：全国有四亿多人吃公共食堂。这么多人因为生活陷入困顿，假如要求他们都学张公百忍，逆来顺受，那么，我们的政策到底建立在什么基础之上呢？既然公共食堂违背了最广大的人民群众的利益，并且给人民群众带来了无穷的灾难，那么，就必须悬崖勒马，赶快纠正。

"张公百忍"引起哄堂大笑，有的笑得前仰后翻。这就是原汁原味的民声！

杨运桂开了头，大家七嘴八舌，争先恐后，纷纷说出了自己的心里话。

彭淑仪接着发言。他直来直去，爽快地说："农村办公共食堂不好。"

从字面上看起来，彭淑仪好像是一个女性的名字。但站在大家面前的，却是一个五大三粗的男子汉，一米八的高个子。由于他排行第五，人称彭五大汉。他是个大力士。1958年修黄材水库的时候，他一天挑断了三根杉木扁担。他的发言，掷地有声。

刘少奇向彭淑仪投来赞许的目光，说："请您讲具体一些。"

彭淑仪像放连珠炮一样，数落着公共食堂的坏处："我住食堂，自己的屋空在那里，自留地不能种，猪、鸡、鸭、蛋、红薯、芋头、豆子都没有了。公共食堂搞供给制、平均主义，不能调动社员的积极性，如今做事难得来劲：肚子不饱，不愿积极；大个小个一样记工分，一样吃饭，不想积极；技术高低不分，懒得积极……"

刘少奇边听边记，不时向彭淑仪点头示意，鼓励他继续说下去。

彭淑仪认真地说："我如今挑100斤的担子也很费劲，都挑不动了。每天定量老秤12两米，新秤合7两半。在保管室里老鼠吃掉一点，也许事务长炊事员还要刮掉一点，余下的不够我一餐吃。油很少，菜也不多。讲句不怕刘主席见笑的话，屙出来的屎像猪粪一样。假如不吃公共食堂，各家各户自己做饭，没有人刮我的粮，田塝地角多种一点蔬菜，至少我的肚子会填得饱一些，干活的力气也会大一些。我总闹不懂，政府号召大家努力生产，多打粮食，又不让作田人吃饱饭。人是铁饭是钢啊！你不让人吃饱饭，怎么有力气去搞生产呢？"

李仲球感慨地说："把住人家的饭碗，政府这一手真厉害啊！"

坐在旁边的彭玉鸿，捅了李仲球一下，说："刘主席叫你讲食堂，你怎么扯到政府头上去了？1957年斗你的资本主义，难道你就好了伤疤忘记了痛吗？"

李仲球世代为农。他扶犁掌耙，抛粮下种，样样农活都精通，只有一个毛病，就是口无遮拦。1957年城里大鸣大放，农村整风整社，他也去凑热闹，说："共产党别的都好，就是个别干部强迫命令、打人，跟国民党的伪保长一样。"

幸亏，农村当时不划右派。否则，李仲球吃不了要兜着走，够他受一辈子的。他很幸运，只被当资本主义批斗了三次。如今，彭玉鸿当着刘主席的面揭他的短，他非常生气，争辩道："公共食堂是政府叫办的，怎么和政府无关呢？"

刘少奇鼓励说："李仲球同志，请你讲具体一点。"

李仲球壮了壮胆，一本正经地说："开始办食堂的时候，说可以节约劳动力。就拿我们施家冲食堂来说吧，72人吃饭，做饭、整米、种菜、挑水、喂猪，一共占了七个男劳动力、两个女劳动力，食堂用工占全队用工的三分之一。如果不办公共食堂，整米、种菜的活儿，早晚捎带干了。哪里要专门的劳动力呢？还有，刚办食堂的时候，上级要求生活集体化，整个食堂72人集中在施家冲居住。因为住得太挤，生活很不方便，不少人又陆续搬回去了。现在分别住在三四个屋场，远的有一里地，近的也要走一阵。一天三餐，来去六次，这要耽误多少工啊！如果遇上刮风下雨，要打着雨伞上食堂，生活又是多么不方便啊！"

彭玉鸿想插嘴，李仲球一摆手，又说："刘主席，不晓得如今北京城猪肉供应多不多？"

刘少奇正在做笔记，抬起头如实地说："这一两年来，北京的猪肉供应比较紧张！"

李仲球感慨地说："这就是了。乡谚说，皇帝也要百姓供养。农村不喂猪，城市里怎么会有猪肉吃呢？施家冲18户社员，如果不办食堂，各家各户分头做饭，每户总得养一头猪吧。半年出栏一次，一年就是36头猪……"

刘少奇焦急地问："现在养了多少头猪？"

彭淑仪幽默地说："养了两只刺猬！"

刘少奇迷惑不解，反问道："刺猬？"

彭淑仪解释说："两头黑猪，进栏三个多月了，皮有这么厚，毛有这么长。"他边说边用手比划着，"滚得一身尽是泥，用棍子敲它一下，那畜牲立时耸起毛来，确实就是像两只刺猬啊！"

由于彭淑仪比喻形象、生动。大家听了，忍不住哈哈大笑。

刘少奇微笑着说："中央曾发过一个紧急指示《养猪头数大量减少的局面必须迅速扭转》。公社向你们传达过没有？"

李仲球实在忍不住了，激动地说："刘主席，人都顾不上了，还有哪个去养猪呢？别说中央是下文件，就是画一把刀子下来，也是空的！"

刘少奇记完后将笔放在笔记本上，接着又点女社员彭佩芝的名，说："女同志半边天，该讲讲你们的意见了！"

平时很少参加社会活动的彭佩芝，一点也不怯场。她声音不大，像是在对一位长者倾吐心事似的："这几年，共产党总想替群众办点好事，又总是办不好，也不知道是什么原因。要是在过去，刘主席您老人家如果去我家，我会有盐姜豆子芝麻茶招待您。现在我拿不出。吃住在食堂，门前屋后的地方都荒着，不种芝麻，不种豆子。连红薯、芋头都不种了。鸡鸭也不喂了。鸡蛋、鸭蛋也没有了。去年，我娘屋里的老弟来看我，送我一只黑母鸡。刚刚生几个蛋，队里说要国庆献礼，分配我送一斤鸡蛋给公社供销社。我想留着，就诓队长说鸡蛋让我家毛伢子吃掉了。队长批评我没有一点社会主义觉悟。我男人听了，气不打一处来，晚上偷偷把鸡宰了，一锅炖了喝鸡汤。第二天队长又上门，看见一地鸡毛就大发雷霆。队里一个淘气鬼故意吓唬我，说鸡蛋是社会主义，母鸡就是共产主义了。你们把共产主义都吃掉了，准备挨批斗吧！"

彭佩芝一席话，引起哄堂大笑。

杨运桂感慨地说："办公共食堂，对山林破坏也很厉害。从前，烧柴只劈大树枝桠、扒地上的落叶，还烧一部分稻草。现在，没人扒柴了，稻草也没人及时收管，在田里就沤坏了。食堂要柴火，就派人上山砍树，砍了大树砍小树，几年就把山砍光了。过去，天华大队的山上有老虎、野猪、鹿，现在什么动物都没有了，也藏不住了。不要害怕老虎，虎啸太平年。好几年都听不见老虎吼叫了，果然就遭灾、饿饭！"

彭佩芝声情并茂，说："生产队种的棉花要上交给国家，个人没有自留地，棉花也没得了。如果有棉花可以纺纱，供一家人穿。如今什么都是凭票供应，布票很少，每人只够缝条裤衩。刘主席，您到我们队上去看看，一个个都是补丁摞补丁，好寒酸啊！"

办事稳重、年过半百的彭玉鸿接着说："我是个困难户，女人去年得浮肿病死了，留下六个小孩。但我还是主张不办食堂。我的大孩子16岁了，老二、老三也做得事了，可以拾柴、种菜。我利用早晚的时间，也可以开荒，种自留地。这样会辛苦一些，但吃进肚里的粮食和蔬菜肯定要多些。老古班说，两脚忙忙走，全为身和口。公共食堂把大家箍在一起，年头忙到年尾，身和口都顾不上，不知政府为何硬要这么做！"

刘少奇听了，感到生动形象，鼓励他继续往下说。

彭玉鸿继续发言："我们11户人家的食堂喂的猪，没有以前一户喂的多。从前，满月的猪仔买回家喂养，每月可长三四十斤毛重，现在喂一年还不到40斤。这是什么道理呢？因为生猪没有米汤吃，没有糠吃，没有菜吃，营养不良，不长肉啊！"

彭淑仪忍不住插嘴说："公社化后，人人坐大船，田土没人种，种了没人管，私人搞又说是资本主义。办公共食堂，四五十个人吃饭，一个人种菜，其他人不动手。从前早晚种菜，月光下种菜，现在吃了夜饭地里不见人影。"

言犹未了，杨运桂站起来说："从前好，从前分散住，私人可以喂猪、养鸡、种菜、种杂粮，现在住在一起，这些东西绝了种。我看还是分散住、分散吃要好些……"

接着，刘少奇以公共食堂问题为中心，引导大家讨论了供给制、山林、住房，还有民主与法制等大家平日议论的热门话题。

整个会场活跃了，社员们沉默多年，一吐为快。

社员群众对农村公共食堂直言不讳地批评，刘少奇还是第一次听到，表明在这个问题上，我们同群众有尖锐的矛盾。由于公共食堂关系到全国，牵一发而动全身，不得不仔细论证。

刘少奇用征求意见的口气说："过去食堂办得不好，缺点多，今后可不可以办得好些，使它的缺点少一点，使大家感到方便、满意呢？"

有人附和说："大家都不齐心，只怕难得办好。"

刘少奇又说："人心齐，泰山移。可不可以做到齐心呢？"

彭淑仪用手指着自己的脑袋，说："形式上可以，思想上不可以。"

刘少奇笑着说："那就加强思想政治工作，提高大家的觉悟。"

杨运桂以为刘少奇还是强调要办食堂，不免有些失望，说："人是铁饭是钢，一顿不吃饿得慌。人天天都要吃饭，天天都要去做思想政治工作，好为难啊！还是我开头讲的，如果上级一定要办公共食堂，就开展一个学习'张公百忍'的运动。心诚了，感动了神仙，说不定什么时候真能抱回一个金菩萨呢！"

刘少奇爽朗地笑了，说："那好，食堂办不办，由你们自己决定吧！"

李仲球焦急地说："如果我们都不赞成办食堂呢？"

刘少奇回答得很坚决："那就不办！"

话音一落，不知是谁带的头，屋内爆发出一阵热烈的掌声。

掌声过后，李仲球摇头晃脑，表示怀疑，说："刘主席，在天华大队不办食堂，只怕我们大队彭书记的思想难得通。"

彭淑仪立刻接言："彭梅秀怎么说，也只是一个大队支部书记，如果刘主席发了话，她还敢说半个不字吗？"

看来，彭梅秀与中央调查组顶牛，许多人都知道了。

刘少奇没作正面评价，严肃地说："关键是实事求是！"

彭淑仪警告说："以前大队向上级汇报，公共食堂办得怎样好，那完全是捏白（湖南方言，撒谎的意思）！"

刘少奇微笑着说："有些事情县委有责任，省委有责任，中央也有责任。下面捏白了，你为什么还要相信呢？"

李仲球幽默地说："看样子，这一回上边睏醒了（湖南方言，意思是想明白、弄清楚了)！"

大家一听，心里乐开了花。有的笑出了眼泪，有的点头称是，有的大声附和。

刘少奇转过话题，问："再一个问题，供给制要不要，是多好还是少好？"

社员群众议论纷纷："这两年搞供给制吃坏了人，依我看，把供给制歇一年再说。"

刘少奇又问："你们这里的干部打人没有？"

大家异口同声："主要是骂人、扣饭。"

"啊……"刘少奇不停地做着记录。他问话的语气平和而亲切，他的神情严肃而沉重。

在热烈的气氛中，刘少奇将和蔼的目光落在彭一英身上，轻缓地说："你叫彭一英，爱人在长沙民生床单厂工作，妹子在福临铺机械厂上班，细崽在影珠中学读初中，你在生产队喂牛，是吗？"

彭一英听了，又惊又喜，刘少奇日理万机，还这么熟悉一个普通社员的家庭，眼泪禁不住夺眶而出，激动地说："我是少数服从多数。"

刘少奇兴奋地扬起手，神情庄重地说："总算表了态，你们妇女这票很重要！"

说得大家都开心地笑了。

经过和社员座谈，刘少奇豁然开朗。他获得了在省委、地委、县委、区委、公社、大队乃至生产队干部中听不到的真实情况，得到了回湖南调查以来从未有过的满足：只要我们坚持全心全意为人民服务的宗旨，老老实实向群众请教，我们是会感动"上帝"——人民，获得人民的信任和支持的。只有这样，才能纠正探索社会主义建设过程中出现的各种失误，重新焕发出社会主义的勃勃生机。

刘少奇微笑着说："今天就谈到这里，谢谢你们！"

这时候，太阳开始在天边收藏它金色的夕辉，晚霞染红了半边天。今天的座谈会，刘少奇的诚恳态度感动了与会社员，打消了他们的顾虑，大家纷纷诉说入食堂后生活上的不便和对生产的影响。七个社员迎着晚霞，高高兴兴地踏上了归途。

后来，刘少奇还走访社员家庭，把社员群众对食堂的批评归纳为八条，讲给社员听。大家都很赞成。

五、饲养员破坏耕牛案

对于贫农社员冯国全来说，1961年4月15日是一个永远值得纪念的日子。那天下午，刘少奇与天华大队施家冲的社员座谈，征求社员群众对公共食堂的意见。

因为谈兴正浓谈得很热烈，杨运贵得意忘形。讲着讲着，他的发言却跑题了："刘主席，这些年不仅饿倒了许多人，还不明不白地整倒了许多人。"

刘少奇迷惑不解，说："请你讲具体一些。"

看到刘少奇比较感兴趣，杨运贵滔滔不绝，仿佛打开了话匣子。

故事还得从头说起。那是1955年，天华大队成立了高级农业社。冯国全将自己家里的一头老黄牛，随户作价入社。

冯国全的父亲冯福田，是养牛的行家，做事尽心尽力。社里便决定他仍然喂养这头老黄牛。

由于这头老黄牛岁口老了一些，不能耕田了。高级农业社工作走上正轨之后，决定将这头老黄牛卖了，再去买一头年幼齿嫩力壮的牛来耕地，所需差价由社里负责。这件事也交给冯福田去办理。

冯福田不负众望。他以自己的精明，从邻县湘阴买回了一头从体形到口齿都很不错的大黄牛。

看着膘肥体壮的大黄牛，社员群众兴高采烈。

谁知，冯福田竟然在阴沟里翻了船。半个月后，冯福田买回的那头大黄牛萎靡不振，总是不停地咳嗽，食欲不佳，耕田无力……

刚刚花大价钱买回的大黄牛不能耕田，干部群众都十分焦急。请兽医，吃偏方……不仅不见好转，还大便不通，肚子胀得像一面鼓。

兽医爱莫能助，建议把这头牛宰了。

牛是农民的宝贝，是当时农村先进生产力的代表。高级农业社刚刚建立的时候，因为普遍家底子比较薄，牛力特别紧张。上级明文规定，不得随意宰杀耕牛。天华农业社经过逐级报批，才得到一张"病残耕牛宰杀许可证"。

审批手续越是严格，关注的人也就会越多。宰牛的那天，围观的社员群众人山人海，都想看个明白。

屠夫把大黄牛解剖后，竟然发现牛肚子里有一根四寸长的锈铁丝。

好像哥伦布发现了新大陆，仿佛医生找到了病根，这根四寸长的锈铁丝就是残害大黄牛的罪魁祸首。那么，谁是这根四寸长的锈铁丝的"始作俑者"呢？

当时，全国上下都强调要用阶级斗争的眼光来分析一切人和事，阶级斗争一抓就灵。牛肚子里有一根四寸长的锈铁丝，这就是阶级斗争的新动向。联系到刚入农业社时，冯福田曾讲过一些怪话。现在，他饲养的这头大黄牛，肚子里又发现了锈铁丝，社员群众议论纷纷，有的说牛肚子里面怎么会有铁丝呢？有的十分肯定地说是冯福田故意插进去的，目的是要破坏集体财产。

冯福田破坏耕牛的罪状，一经提出，就没有任何人提出质疑。因为人心难测，生怕自己被人误解为阶级立场不坚定。这是时代的悲剧。每个人都极力表现自己的进步，一贯正确。进步或正确的实质就是偏激，这就是"左"。在这样的背景下，冤假错案如雨后春笋，层出不穷。为此，不少人付出了沉重的代价。

有牛肚里这根铁丝作为物证，冯福田和儿子冯国全有口难辩，跳进黄河也洗不清，当时就被按"破坏耕牛"罪论处。画地为牢，反省交代，父子俩被接连批斗了六次。

在最后那次批斗会上，愤怒的干部群众对冯福田、冯国全父子又推又搡。冯福田一脚踏空，跌下了斗争台，摔成了重伤。

干部群众不依不饶。冯福田摔伤了也不放过，被定为"资本主义分子"，交群众监督劳动。经受了这一连串的打击之后，冯福田身心俱碎，像霜打的茄子，一病不起。他躺在床上再也没有起来过，并且不久含冤死去。

冯福田死后，"资本主义分子"的帽子并没有就此消失。1959年反"右倾机会主义分子"的时候，冯国全作为"资本主义分子"的子弟，再一次遭到批斗。批斗他的理由很充分，说当年残害耕牛，是父子俩合谋。

批斗会结束之后，愤怒的干部群众将冯国全送到孙家桥水库工地，强迫劳动改造。冯家老小见人低三分，永远也抬不起头……

杨运桂为冯家父子鸣不平，讲得绘声绘色很激动。他希望引起刘少奇的重视，为冯家伸张正义。

刘少奇插话问道："铁丝是怎样插进牛的胃里面去的?"

杨运桂推理说："除非在牛肚子上捅一刀，把铁丝塞进去。那怎么可能呢? 因为宰牛的时候，牛的腹部并没有疤痕。"

刘少奇豁然开朗，说："今天的座谈会主要是研究食堂问题，这件事我记下了，就不展开来谈了。"

杨运桂听了，不免有些失望："是不是这件事就不管了?"

刘少奇坚定地说："这事管定了!"

冯家的冤案，何时才能洗刷掉呢? 刘少奇并没有忘记这件事。

这天晚上，刘少奇和湖南省公安厅厅长李强谈工作时，专门谈到了那根铁丝，说："牛皮那么厚，牛劲那么大，又是反刍动物，铁丝怎么插得进去? 要把这件事搞清楚，不仅要听当事人的意见，恐怕还要找老兽医，或者有专门学问的畜牧专家，请他们作出鉴定，才能下结论定性!"

李强赞同刘少奇的意见。工作组有的同志不这样看，单凭牛胃里一根铁丝，就定性为破坏耕牛罪，似乎有些小题大做。如果兴师动众进行调查，工作量一定会很大，因此主张作出不再追究的结论。

刘少奇感慨地说："不对。不再追究实际上还是追究了。如果冯家父子仍然觉得受了冤，口里不说，心里还是不服。没有确凿的证据就平反，基层干部也不会心服口服的，尤其是整过冯家父子的那些人。关键是要有一个实事求是的结论。这样，当事人、基层干部、群众，大家才会服气。气顺了，才会齐心合力去发展生产，克服当前的困难。至于工作量大一些，我们是为人民服务的，任务越是繁重，越是需要我们去做过细的工作！"

通过分析，刘少奇认为这可能是一起冤案。他抓住这个案件，要求公安部门进行调查，一定要查个水落石出。

在湖南省委工作队的领导下，成立了以工作队干部老蔡为首的三人调查组，采取重阅案卷、访问群众与专门研究相结合，深入开展调查。

首先，他们不辞劳苦，走访了当年宰牛人黎长生和他的助手彭杰云。

其次，他们走访了老兽医。据老兽医介绍，剖开牛肚后，发现牛左肺叶上有一根18号铁丝，两端稍有弯曲，斜插在左肺下端。铁丝周围的肺组织肿大，呈乌黑色。

老兽医说，那根18号的锈铁丝，是导致黄牛长期害病，医治不好，丧失耕作能力的根本原因。

那么，这根18号的锈铁丝是怎样进入牛肺里去的呢？

在工作组和大队干部的联席会议上，大家畅所欲言，形成了三种不同的意见：一是从胸部直接插入肺部；二是从鼻子插入气管而后吸入肺部；三是从食道吞下进入肺部。

调查组老蔡先后走访了湖南省农业科学院畜牧研究所和长沙兽医学校，专家们得出的结论是以科学为依据的：

一、牛的性格暴躁，牛皮又很厚，平时为牛治病，还需要几个人放索捆绑，方可施治。单独一个人将铁丝插入牛的肺部是绝对不可能的。加之铁丝两端弯曲，要直接插入更有困难。

二、如果从鼻子插入铁丝，牛的鼻梁骨很高，铁丝不可能弯进气管，更别说进入肺叶了。

三、只有一个可能，那就是从草料中进入。采食时，吃得多，吃得快，铁丝有可能随草料吞下去。牛是反刍动物，有两个胃。反刍食物时，铁丝从第一胃进入第二胃。第二胃容积小，肌肉收缩力强，胃膜呈蜂窝状，铁丝容易附在胃上，引起创伤性的胃炎。严重时，铁丝向前穿破进入二胃壁，进而穿过横隔膜，再进入肺的下部。

类似情况，长沙兽医学校曾发现过三例。

找到了这头大黄牛致病的根本原因，调查组老蔡马不停蹄，千方百计要找到那个"始作俑者"。

老蔡先找冯国全谈话。他父亲冯福田因耕牛案挨斗摔成重伤，不久后去世。冯福田死了，已经永远闭上了嘴。冯国全坚信自己的父亲没有把铁丝拌入草料，请求党和政府为他一家申冤。

这头大黄牛是从湘阴县桃花乡买来的。调查组找到了原养牛户彭玉堂。开始，彭玉堂装糊涂，说由于时间太久了，已经想不起来了。

人命关天。老蔡不得不把来这里调查的原因讲给彭玉堂听。

彭玉堂没有料到事情会有这么严重的后果，失声叫道："这么说来，是我把冯老倌害了。"

彭玉堂卖掉的，原本就是一头病牛。

在此之前约两个月，彭玉堂在长沙县青田大队买来一头大黄牛。牛主称要钱还账，急于要脱手，价钱比较便宜，只卖40元。

彭玉堂认真察看，从外表上看，这头大黄牛骨骼粗大，岁口嫩，只是形状有些萎靡不振。心想："这不要紧。"因为他懂得一点牛经，还会治一些小毛病，只要寻几副草药，大黄牛就能药到病除。

不料，彭玉堂把这头大黄牛买回来后，喂了药，打了针，牛的病还是不见好转。

恰巧，隔邻的长沙县天华大队冯福田到这一带来访牛。彭玉堂急于要脱手，两人一谈即成交，作价48元。

彭玉堂丢了这个烫手的山芋，还赚了八元钱。冯福田犯了彭玉堂同样的错误，日后为此付出了生命的代价。

调查组一查到底，又去长沙县青田大队。原养牛户名叫彭丙良。他的家庭结构比较复杂。五年前，彭丙良的妻子得急病去世了，留下两个年岁尚小的女孩，彭丙泉既当爹又当妈。他想续弦，总是高不成低不就，直到去年才经人牵线，相中邻队一位死了丈夫的寡妇。那个寡妇带着一个10岁男孩，是个地地道道的"拖油瓶"，并且吊儿郎当比较淘气。

有一天，这个小男孩放学回家，见自家饲养的大黄牛拴在门前的大树下，安闲地反刍着。由于好奇心的驱使，他想试一试大黄牛的牙齿到底有多锋利。恰巧地上有一根小铁丝，他拾起来，送进了大黄牛的嘴里。

大黄牛嚼了嚼，立刻吐出来了。那孩子仍不肯罢休，刈来一把青草，将铁丝包在里面，再一次送进大黄牛的嘴边。

这一次，大黄牛落入了小男孩的圈套，舌头一卷，连青草带铁丝，全都囫囵吞进了肚子里去了。

邻居杨六阿婆在塘边洗衣服，劝告这个孩子不要搞恶作剧。没想到，这个随母下嫁的"拖油瓶"野性难驯，果然闯下了大祸。

孩子的继父彭丙泉脾气暴躁，如果知道了，肯定会大发雷霆。杨六阿婆不愿看到这个重新组建的家庭出现裂缝，便悄悄将这件事告诉孩子的母亲。那母亲又急又气，把孩子狠狠地责骂了一通，却不敢告诉自己的丈夫。

吃过晚饭，劳累了一天的彭丙泉，得到了妻子极温顺的照料，互相谈着家务事，气氛轻松而甜蜜。

谈着谈着，妻子焦急地说："大黄牛性子太烈，最好把它卖掉，去买一头易于饲养的牛来。"

彭丙泉安慰她说："大黄牛性子是烈一点，可耕起田来就一头顶两头了。"

妻子焦急地说:"它掀蹄子踢人呢。踢伤了自家的人不得了,踢伤了别人更是塌天祸事!"

梅开二度,夫妻总是互相谦让。彭丙泉经不起妻子的一再动员,萌发了把牛卖出去的念头。

第二天,恰逢湘阴县桃花乡彭玉堂来买牛,彭丙泉便忍痛割爱将自己刚买来不久的大黄牛匆匆出手。

开始相牛的时候,彭玉堂也有些怀疑。牛是农民的宝贝。人们卖牛总是有原因的。心想:"这么好的牛为什么要卖掉呢?"

彭丙泉的妻子在旁边嘀咕,自圆其说:"买牛的时候欠了账,人家急着要还钱呢。"

彭玉堂听了,知道了原因,心里的那块石头才算落了下来。这桩买卖成交了。

事情虽然已经很清楚了,但真相还不能大白。因为彭丙泉不知情,至今还蒙在鼓里。那个"拖油瓶"孩子已经长大成人,与继父的关系不甚融洽,孩子的母亲更不愿揭过去的伤疤。没有他们母子的证明,要想把冯福田"破坏耕牛案"翻过来,就缺乏最直接的证据。

调查组老蔡在青田大队待了两天,首先说服了杨六阿婆。通过她去说服彭丙泉的老婆,然后再去说服她的儿子。

围绕这头大黄牛,不仅演出了这许多曲折复杂的故事,还使冯福田一家蒙受了不白之冤。

当彭丙泉得知这一切,不禁大吃一惊,破口大骂妻子和继子:"你们干了这种造孽的事,害得冯福田一家受冤屈,遭打击,还不赶快出证明,让人家把冤案昭雪了!"

刘少奇结束在湖南农村调查研究回北京时,冯国全破坏耕牛案还在一片迷雾之中。他一直记着这件事情。

近年来,由于强迫命令瞎指挥,使相当多的人吃尽了苦头,教训是十分深刻的。冯国全耕牛案或许是个突破口，查清了真相，可以进行教育，让广大干部明白：不调查，不研究，全凭主观臆断办事，把一些清白无辜的人，包括他们的后代，都推到敌我矛盾方面去，无异乎为渊驱鱼、为丛驱雀，后果是多么可怕啊！为此，刘少奇多次交代秘书吴振英催问，指示一定要把事情彻底查清楚，有一个正确的结论。

1961 年 6 月 30 日，湖南省公安厅为冯国全平了反，并向中共湖南省委和公安部写了《关于长沙县广福公社天华大队社员冯国全破坏耕牛一案的调查报告》。

刘少奇批阅由中共湖南省委转来的这份报告，立即联想到全国十几万个人民公社，是否也有类似案件？是否也有人因此而受到惩罚，给他们精神和肉体都带来痛苦？由此及彼，他将这份报告批转给公安部长谢富治，责成他们作一次认真的调查：

谢富治同志：

此件请登公安简讯，最好能发至县以上公安部门阅读。对各地几年来所有由于死牛的胃内、肺内发现铁钉、铁丝等而定为"破坏耕牛"的案件，都进行一次认真的调查，以便使我们的结论都符合实际情况。牛是反刍动物，吃饲草不嚼就吞下。铁钉、铁丝等混入饲草内，牛是可以吞下的（马和猪就不能吞下去）。牛在吃青草时，可能把掉在青草上的铁钉、铁丝吃进去，也可能由于饲养员的疏忽，饲草内混入铁钉、铁丝，被牛吃进去。牛在吃进铁钉、铁丝等金属后，有经验的兽医可以诊断出来，并可进行手术从胃内取出，治好。从死牛的胃内和肺内发现铁钉、铁丝等物，有些是破坏案件，但并不都是破坏案件，更不能肯定当时的饲养员就是耕牛的破坏者。各地如还有冯国全这样的冤案，应由各地公安机关进行认真的调查研究，作出符合实际情况的结论。

刘少奇

一九六一年七月七日

公安部就此发出通知，号召县以上公安机关组织全体公安干警认真学习和贯彻刘少奇同志指示。它大大促进了公安队伍的思想、政策水平的提高和作风的改进。

人们记忆犹新。1961 年那个炎热的夏天，长沙县公安局副局长李正文专程来到天华大队，召开干部群众大会，宣布为冯福田、冯国全父子平反，并向他们赔礼道歉。

会议气氛十分热烈。冯国全和父亲冯福田由于背上了"破坏耕牛"的黑锅，曾遭到残酷斗争和无情打击。对冯福田、冯国全父子的悲惨遭遇，人们无不掬一把同情的泪。

这是一个从未有过的冤案！冯国全和父亲冯福田盼望太久！冯福田已经去世，一了百了。冯国全还活着，还要继续做人面对生活。

冯国全虽然受了很大的委屈，但他通情达理，没有责怪任何人。

平反大会一结束，冯国全就直奔后山，在父亲冯福田的坟前长跪不起。他痛哭流涕，大声地禀告长眠于九泉之下的冯福田："爹爹呀，您可以合眼了。搭帮刘主席，为您申了冤，也为我平了反，刘主席是青天大老爷，是我们冯家天大的恩人啊！"

重见天日、真相大白，这当然是一种心灵的安慰。不幸的是在"文化大革命"中，冯国全又被划为刘少奇"黑线"上的人物，再次遭到残酷斗争和无情打击。直到党的十一届三中全会后，他才彻底从噩梦中走了出来，过上正常人的生活。

第九章　解剖麻雀

一、采取组织措施

1961年4月14日，中共湖南省委第一书记张平化给毛泽东和正率领中央工作组、中央调查组分别在湖南农村调查研究的刘少奇、谭震林、胡乔木写信，检查湖南实际工作中存在的恩赐观点和主观主义的错误。他在信中写道：

主席、少奇，震林、乔木二同志，

并送任重、延春、东兴同志：

主席4月11日给汪东兴同志的信，已印发省委书记处同志，并在省委常委和地、市委书记的会议上作了传达和讨论。

这封信，对于湖南省委、首先对于我是一付对症的良药。"见事迟，抓得慢"，这主要是我的毛病。我对于湖南的严重情况估计不足，认识虽逐步加深，但一直落后于实际。半年来的整风整社运动，有一定的成效，但只在一些动手较早、领导较强的重点县做得比较好，大部分地区不彻底，一部分地区甚至根本没有解决问题。其根本原因是没有充分发动群众贯彻党的政策。

在我们的实际工件中，存在着两种错误。第一是恩赐观点：不少的地方不是真正依靠群众发动群众，由群众当家作主来解决问题，而是由少数人站在群众上面"发政施仁"。第二是主观主义：我们有若干政策性的具体措施是脱离实际、脱离群众的。例如过分强调办公共食堂、供给部分过大、征购任务过重，等等。

所有这些错误，应当由省委，首先应当由我负主要责任。我决心改正自己的错误。为了吸取同志们更多的批评和帮助，特将主席的指示和我的检讨，同时发给参加我省三级干部会议的工作队长、县委书记、地委和市委书记、省委以及各部门领导同志阅读。

张平化

1961 年 4 月 14 日

4 月 14 日晚上，毛泽东同张平化和从武汉来到长沙的王任重、王延春谈话两个小时。毛泽东决定王延春调湖南工作，任分管农业的省委常务书记。

王延春（1910—1984），河北曲阳人，1961 年由中共湖北省委书记处书记调任中共湖南省委书记处常务书记，1965 年 5 月任中共湖南省委第二书记，1966 年 6 月至 9 月代理中共湖南省委第一书记，中共中央中南局委员。"文化大革命"中遭到迫害，党的十一届三中全会后平反，当选为湖南省政协第一副主席。

二、毛泽东听取韶山的情况汇报

刘少奇离开韶山后，胡乔木继续深入进行调查。胡乔木还召集调查组成员反复讨论，广泛听取意见，集思广益，要求大家各写一份调查报告，并向毛泽东主席汇报。

时至 4 月中旬，中共湖南省委即将召开省委常委扩大会议。毛华初即做回长沙向中共湖南省委汇报的准备。

毛华初临行前，胡乔木于 4 月 14 日向毛泽东写了一封长信，将调查组的报告一并交毛华初，说："你回省里开会，将这份材料带回长沙，送交主席阅示。主席住在蓉园。"

胡乔木给毛泽东主席的信中写道：

主席：

　　送上调查组关于解决食堂问题的报告一份，请审阅。另送上韶山公社讨论"六十条"情况简报一份，韶西大队杨家生产队食堂分伙后情况一份，和毛华初同志访问东茅塘生产队材料一份。关于韶山公社的一些情况，请毛华初同志面报。

信中接着汇报了他们在韶山和湘乡调查的情况：

　　韶山大队准备在后天（四月十六日）召开代表大会，讨论食堂、山林、房屋、包产等问题。韶山大队因原来包产较高，经社员讨论后提出包增产百分之二，即亩产由原包的五百三十一斤增包至五百四十一点六斤，公社党委已同意，将在这次代表大会上正式决定。

　　昨天，我和王力同志、毛华初同志、省农业办公室贺炳贤同志等人去了一趟湘乡县委。我们原听说邻近韶山的原东郊公社现龙洞公社死人情况严重（从一九五八年十月至一九六一年三月，三个大队死七百零七人，占现有人口百分之十三点五），拟去该处调查。结果因为道路不便，临时到原东郊公社现陈赓公社的楠香大队、七星大队、水底大队、石匠大队的几个生产队看了一下，发现这几个大队的情况也很严重，楠香和石匠两个大队三年来死亡率都达百分之二十左右。据县委说，全县三年约死去三万人，去年约死二万人，而以去年年底最为严重。全县病人在去年年底达七万人。现在已减至一万余人，但我们去的地方，有些生产队病情尚未停止……

胡乔木在陈述解决公共食堂的办法后，最后写道：

　　毛华初同志回省开会，同时向省委报告韶山和湘乡的一些情况，预备过两天还回来。如有指示，希望告诉他转告。

最后，胡乔木又将所附的 4 份材料，交毛华初一并带回长沙。

4 月 14 日，毛泽东在中共湖南省委院内的蓉园，等待着调查组回来向他汇报家乡的情况。

这天下午，毛泽东正在寓所批阅文件，电话铃突然响了。秘书拿起话筒，是中共湖南省委第一书记张平化打来的，请主席接电话。毛泽东接过话筒，只听张平化在电话中说："主席，毛华初现在已经从韶山回来了，带回了胡乔木同志的一封信及几份材料。另外，华初同志还给您写了一封信。他希望能见您一下，有很多情况想跟您当面谈谈。"

毛泽东高兴地说了一声："好，快把材料拿来。"

毛泽东接过信和材料，掂了掂，然后打开毛华初那封信，只见信上写道：

大伯：

您好！

我已由韶山回省参加省委三级扩大会议。乔木同志嘱我带回韶山报告及信件，并向您老汇报情况。我在长沙大约有两、三天时间，请您随时通知我来看您老。

此致

敬礼

毛华初

四月十四日

原来，毛华初下午一回到长沙，便给毛泽东写了这封信。然后将此信及胡乔木托付的信及材料，一并送给中共湖南省委第一书记张平化，请张平化转给毛泽东。

毛泽东放下毛华初的信，又拿起胡乔木的信及几份材料看。胡乔木的信中提到的那些具体情况及数据，令他大为惊讶，他心里一阵紧似一阵。

当天深夜，毛泽东在蓉园寓所挑灯批阅胡乔木的信件和材料。次日清早，毛泽东在胡乔木的信上作了如下批示：

张平化同志：

胡乔木同志来信一件及附文四件，送上请阅。我看可印发你们的三级干部会议各同志，予以讨论。请在今日印好发出。发出时，请送刘少奇同志、王任重同志、王延春同志各一份，送我二十份，为盼。

祝好！

毛泽东

一九六一年四月十五日上午

毛泽东印发这封信，表明他对目前严峻的形势，与刘少奇有一致的认识。同时，这也是提醒大家要认真对待，切不可掉以轻心。

4月15日上午，长沙，霪雨霏霏。中共湖南省委正在召开三级干部会议。

这天下午4时许，天气突然转晴，太阳穿云破雾而出。天空中出现了一道亮丽的彩虹。

毛华初在办公室翻阅材料。突然，电话铃响了。他拿起听筒，是中共湖南省委办公厅打来的，通知他去见毛主席，电话中说："毛主席在蓉园四号楼会见你，车子已在楼下等着，请你马上下楼来。"

毛华初急忙下楼，坐上小车奔向蓉园四号楼。

进入蓉园，只见树木茂盛，花草扶疏。一阵暖融融的春风吹来，送来阵阵清香。毛华初感到心旷神怡，无比的舒畅。

毛华初一脚跨进门，只见毛泽东正在批阅文件，便向前一步，习惯地喊了一声："大伯！"

"你来了，华初！"毛泽东朝毛华初笑着，并招呼说："好，你坐下。"

秘书走进来给毛华初沏了一杯茶，便退了出去，随后又进来送给毛泽东一支铅笔和一本稿纸。

会客厅陈设简朴，四张沙发分左右两排摆着，一张写字台靠着窗户。毛泽东坐在写字台前。

毛泽东询问："华初，你什么时候回来的？"

毛华初回答："昨天回来的。"

毛泽东微笑着说："乔木同志的报告和所附的四个材料，我昨天晚上都看过了，今天你再给我谈些乡里的情况。"

毛华初汇报说："我陪乔木同志在韶山调查，还到了湘潭县和湘乡县等地听取汇报。我们每到一处，群众都围上来，向我们诉说自己的意见。看来当前农村浮肿病比较严重，非正常死亡人数增加，影响了群众生产的积极性。群众说，食堂这个办法要不得，粮食歉收，植被破坏，水土流失，农村经济破坏严重……群众迫切要求解散食堂。"

毛泽东一边凝神听着，一边用铅笔在稿纸上画着。他问道："公共食堂群众为什么不满意，办不下去呢？"

毛华初认真回答："主要是群众吃不饱，群众还认为吃食堂不自由。"

毛泽东感到十分吃惊，追问道："粮食都是那么多，为什么在食堂就吃不饱呢？"

毛华初回答："主要是吃法不一样，一家一户大小人丁吃多吃少不一样。加上过去有自留地种小菜，主粮吃得就少了。另外，一家老少几口人，谁多吃一口，谁少吃一口都无所谓。吃食堂就不行了，吃多吃少心理不平衡，容易产生意见。因此，吃食堂不吃食堂大不一样。"

毛泽东理解地点了点头，又问："办食堂为什么破坏森林那么严重？"

毛华初答："因为集中吃饭人多，用大锅大灶蒸饭，茅柴不经烧，火力小，而大柴火力大，又省事，所以人们上山砍树当柴烧，山上的树也就砍光了。"

毛泽东用征询的语气问："依你看食堂不办为好？"

毛华初肯定地回答说："是的，群众都不愿意办食堂。我看，农村

办公共食堂的条件不具备。办食堂，社员不种菜，尽靠主粮，怎么吃得
饱啊！"

毛泽东又惊又喜，说："你们的省委书记王延春同志，在湖北是喊'公
共食堂万岁'的人。你主张解散食堂，那不是和你们的省委书记唱对台
戏吗？"

毛华初考虑了半晌，长叹一声："那也许是当时的认识吧。"

由于汇报是在交谈中进行的，边问边答，谈的时间比较长。这时，一
个女护士推门进来，请毛主席休息。

毛华初意识到谈话时间很长了，怕影响毛泽东的身体，连忙起身站了
起来。

毛泽东摇了摇手，要毛华初坐下，又关切地问："唐家坨（毛泽东外
婆家）生产队怎么样？"

湘乡县大坪唐家坨文家是毛泽东的外婆家。毛泽东的幼年是在外婆家
度过的，得到了外祖母和舅父的照顾和疼爱。他的舅父还把他与自己的
儿子排行，叫称"廿三"，视为亲生。文家兄弟在革命时期都参加过农民
协会，白色恐怖下还保存了毛泽东早年与亲人的合影及诗作和书信手迹。
1950年毛泽东派长子毛岸英回湘省亲，文氏兄弟特意将这些保存的珍贵
文物托毛岸英交给毛泽东转交人民政府。

听到毛泽东问起外婆家的情况，毛华初实事求是地说："唐家坨一个
屋场基本上是一个生产队，生产生活情况一般，他们都姓文，都是自家兄
弟叔侄，但团结性较差……"

毛泽东听了，脸色沉下来，严肃地说："文家是我的亲戚，应该带头
搞好团结，搞好生产。你回去转告当地党组织和政府，请他们教育文家兄
弟叔侄好好听党的话，听政府的话，勤耕守法。"

毛泽东对公共食堂的看法，并不是一成不变的，两年前就持怀疑态
度。1959年6月回韶山时，他曾听到乡亲们反映公共食堂的问题。时至
今日，公共食堂的问题，一直没有解决。毛泽东心中感到内疚。

这时，女护士第二次进来催毛泽东休息。毛华初起身告辞。毛泽东却又按了一下手，要毛华初坐下。

毛泽东赞赏地对毛华初说："你谈得好哇！今天说了很多真话。当干部汇报情况就是要说真话。有些人向领导汇报就是不说真话，尽说假话，报喜不报忧，结果害人不浅。这是万万要不得的啊！"

毛华初听了，连连点头。

毛泽东点了一支烟，继续说："你回去告诉乔木同志，公共食堂不能'万岁'，我同意你们的意见。关于解散食堂问题，我一个人不能独自作决定，即使要散也要经过中央讨论决定后，再正式行文。因为这是关系到全国的问题。"

毛泽东边吸烟边说："解散食堂，你们在韶山可先试点，但应注意还会有一些新问题，一定要搞好生产！你回去和乔木同志讲，韶山要搞好，唐家坨要搞好。"

走出蓉园，毛华初心情格外舒畅，总算没有辜负群众的要求，把农村的真实情况向毛主席作了汇报，尤其是解散食堂的问题，已得到了毛主席的认可和支持。他觉得心上的一块石头落下来了。

4月17日，毛华初从长沙回到韶山，向胡乔木转达了毛泽东的指示。胡乔木当即召集调查组成员和公社干部开会，布置进行解散食堂的试点工作。

会后，毛华初陪同胡乔木去湘乡县大坪公社唐家坨召开了社员座谈会，会上转达了毛泽东关于"搞好唐家坨"的指示。胡乔木鼓励社员群众说："听毛主席的话，自力更生，发展生产……"

社员听了要解散食堂，又分给房前屋后的自留地，个个欢天喜地，笑逐颜开，说中央调查组是"青天"，为农民松了绑，是他们的"第二次解放"。

社员群众对解散食堂非常拥护，无不笑逐颜开。

三、落实粮食产量

1961 年 4 月 15 日晚，刘少奇返回长沙。一是接见湖南省三级干部会议全体人员和几内亚外宾。二是与中共湖南省委负责同志一起研究解散农村公共食堂等问题。三是与中共湖南省委研究天华大队 1961 年粮食定产。

手中有粮，心里不慌。粮食问题是困扰天华大队的突出问题之一。由于虚报浮夸，天华大队粮食产量连续几年完全是凭空想象的，是个摸脑壳数字。

中国是个农业大国。在漫长的五千多年文明史中，除了只有近代不到一百年的工业化进程之外，中国的全部历史都是农民的历史，或者说都是吃饭的历史，生存的历史。

自古以来，我国就有"湖广熟，天下足"的美誉。天华大队地处湘江岸边，是美丽富饶的"鱼米之乡"。刘少奇深深地懂得，粮食生产是关系到国计民生的大事，必须抓紧抓好，绝对不能放松。然而，天华大队的粮食产量不切实际，令他担忧。

经过调查核实，刘少奇了解到：天华大队共有水田 1300 多亩，1958年以来粮食连年减产，到 1960 年粮食产量只有 72 万斤。由于虚报浮夸，在统计材料上那年的粮食产量却报为 120 万斤，扣除国家征购的 32 万斤，全大队人均口粮只剩下 330 斤，还要留下种子和饲料，社员口粮严重不足，处于半饥饿状态。虚报产量和高征购，使他们的基本生活需要难以得到保障，健康情况恶化，严重损害了社员的生产积极性。

刘少奇充分听取群众和基层干部的意见，又在 15 日专程回长沙，同中共湖南省委商量，决定 1961 年天华大队定产 75 万斤，国家征购 22.6万斤。

同时，刘少奇和中共湖南省委商量，决定了天华大队粮食生产的奖励措施：在定产的基础上，超产百分之十以内的国家征购四成，超过百分之十的部分全部由生产队自主分配。社员口粮的分配也改变了平均主义的做法，实行多劳多分、超额重奖的政策，并且重新分配了自留地。

为了打消社员群众怕政策多变的顾虑，刘少奇要求县和公社的领导向群众宣布，如不兑现由县和公社负责。

这些措施的制定，充分调动了社员群众的生产积极性，天华大队粮食生产的被动局面在比较短的时间内扭转了。

四、毛泽东批转胡乔木的调查报告

1961年4月16日，也就是刘少奇与施家冲七个社员座谈后的第二天，刘少奇接到毛泽东批转胡乔木在韶山的调查报告。

胡乔木在报告中说：

> 公共食堂，多数人不愿意办，据韶山片六个大队统计，一百五十三个食堂，一千一百一十六户中，主张办常年食堂的只有五个，占百分之三点六四；赞成搞公饭私菜的食堂六十五个，二百五十一户，占百分之二十一点四；部分人主张，部分人不主张办的食堂十八个，一百五十二户，占百分之十七点四；坚决要求散伙的食堂六十五个，六百七十四户，占百分之五十七点六；在主张办食堂的人中，有不少人是为了应付。这个统计说明，当前农村中的大部分人，是不愿意办食堂的。

阅读毛泽东这份批示，刘少奇心潮澎湃。

韶山的情况，和宁乡县的王家湾大队、长沙县的天华大队，何其相似！

群众路线是中国共产党的传家宝。不论是在战争环境，还是在白区工作，由于有了广大人民群众的支持，中国共产党才如鱼得水。农村办公共食堂，完全违背了广大社员的意愿，给群众生活带来了多少不便和痛苦啊！

亡羊补牢，犹未晚也。一个大胆的想法在刘少奇脑子里跳出来："解散公共食堂，尽快把饭碗还给社员群众。"

刘少奇心急如焚，连夜赶回长沙。他虽然是中共中央排在第一位的副主席，又是中华人民共和国主席，但他到天华大队来蹲点调查，也不能越俎代庖，直接发号施令，只有尊重基层，充分调动基层的积极性，才能事半功倍。

回到长沙之后，刘少奇没有很好地休息。他寝食不安，多次与中共湖南省委领导交换意见，研究如何解散农村公共食堂的问题。

同一天，中共湖南省委发出第188号文件，要求各地市、县委"派出一位有群众工作经验的书记，亲自深入到一个食堂进行调查研究和试验，以便取得直接经验，在全省三级干部会后，有组织地处理好一部分或大部分食堂散伙的问题"。

当天晚上，毛泽东在长沙主持召开会议。参加会议的有刘少奇、陶铸、王任重、胡乔木等。

在谈到公共食堂的问题时，大家都畅所欲言，各抒己见。普遍认为公共食堂是脱离群众、最不得人心的一件事。办了公共食堂妨碍了生产发展，对于救灾非常不利。

4月17日下午，刘少奇向毛泽东汇报了回湖南蹲点调查的情况。

这天晚上，毛泽东同王任重谈话，交谈湖南三级干部会议应该如何开的问题。

稍后，毛泽东再次找王任重谈话，提出要敞开思想，要作自我批评，要把王延春调到湖南工作，要王任重在湖南多住几天，帮助湖南把三级干部会开好。

4月18日早晨，毛泽东乘坐专列离开长沙，经株洲前往南昌视察工作。

遵照毛泽东的指示，中共湖南省委利用正在召开的全省三级干部会议，广泛学习讨论了毛泽东给汪东兴的信、给张平化的信，和中央调查组胡乔木给毛泽东的信以及四个调查材料，对于总结吸取前段工作中没有充分发动群众贯彻党的政策，脱离群众发号施令，脱离实际强调办公共食堂，征购任务过重等错误的教训，起到了"一付对症的良药"的作用。

同时，参加全省三级干部会议的工作队长、县委书记、地市委书记、省委及各部门领导同志，直接受到了毛泽东指示的教育，很快传达贯彻到全省实际工作中去。

五、把饭碗还给社员

1961 年 4 月 18 日晚上，刘少奇迅速赶回天华大队，召集天华大队支部委员和中央调查组的同志开会。会议在王家塘大队部举行，也就是他临时住房的外间。

会议是以漫谈的方式开始的。刘少奇说：

前天，我去了一次长沙，跟中共湖南省委交换了意见。今晚请大队、公社，还有长沙县委的同志，一起来谈谈公共食堂的问题。

刘少奇接着说：

这个问题，我和大队的同志谈过一次。大家的意见还是要办食堂，不过划小一点。我找小队干部谈，跟大队的说法差不多，也是说要办，可以划小一点。后来，我请来施家冲的七位社员，他们的说法就不同了。他们讲了公共食堂的缺点，比如用工多，烧柴多，破坏了森林……他们都是主张解散食堂的。

在分析公共食堂时，刘少奇指出：

公共食堂是 1958 年 10 月 1 日一声喊办起来的。那时候，社员不是自愿的。办了几年觉得不方便，不利于生产，绝大多数主张解散食堂，坚决要散。我们反对、不准，行吗？如果我们仍然坚持，那就是脱离了群众。一切从上级的意图出发，这是非马克思主义的。要看到在食堂问题上，我们同群众的尖锐矛盾，直接影响工农联盟。我们的人民民主专政，不只是靠命令维持的。群众对共产党失掉希望，那是很危险的！

刘少奇既不是作指示，也不是下命令，而是平等地跟基层干部商量研究解散公共食堂的问题，把饭碗还给社员。在座的干部听了，十分感动。

广福公社党委书记第一个发言。他顾虑重重，说："公共食堂的毛病，我们也看出来了。只是办食堂的时候，上级有指示，社队干部为了贯彻上级的指示，不知开了多少会，跑了多少路。对那些有抵触情绪的群众，有的批评过，有的还挨过斗争。个别'四类分子'，还被以破坏罪关押过。现在又叫解散食堂，难免没有顾虑，说这是自己打自己的嘴巴子。"

刘少奇听了，严肃地说："办公共食堂由中央负责任，不要你们负责。跟施家冲社员座谈时，我就说了这个意思。我向他们道歉，他们都很通情达理。共产党员随时都准备修正自己的错误。为了人民的利益，我们有什么错误不可以纠正呢？"

区委书记廖国钧诚恳地说："办公共食堂，我们是犯有错误的，过去哪个敢讲呢？直接影响了生产的发展。就拿家庭副业来说吧，公社化前，全区有40000多只鸡鸭，去年统计只有4000多只。1958年全区收红薯80万担，堆积如山，去年只有4000多担。养猪就更不要说了。"

说到养猪，刘少奇手中有活材料。他实话实说："施家冲还有两头猪，群众说那不是猪，是刺猬。他们还说，如果现在不想办法，将来连猪种都会没有了。不发展生猪怎么行呢？这里是长沙郊区，总要作点贡献吧，那就是供应城市的猪肉、蔬菜。办公共食堂，社员吃不饱，怎么会去顾及家庭副业呢？"

由于彭梅秀一直没有发言，刘少奇便点名叫她发言："彭梅秀同志，你谈点意见吧。"

对于彭梅秀的抵触情绪，刘少奇始终保持沉默。刘少奇认为，彭梅秀是一个年轻的农村基层干部，很有培养前途。刘少奇从关心和爱护的角度出发，不想过多地责怪彭梅秀，没有计较这个年轻干部的态度。他多次找彭梅秀谈话，帮助彭梅秀提高认识。

过去把食堂提得很高，天华大队的食堂是彭梅秀一手组织办起来的。自己否定自己，好像自己打自己的嘴巴，肯定会有一个痛苦的过程，想不通是很自然的事情。其实，她是钻了牛角尖进了死胡同。办公共食堂，主意是中央出的，她只不过是政策的执行者。现在中央决定纠正过来，她为什么还要这样固执呢？

刘少奇见多识广，遇到过一些性子倔、认死理的基层干部。一旦发现新的举措更有利于群众的生产、生活时，这些干部会以更大的热情投入其中。彭梅秀一意孤行，算是例外。

对彭梅秀，刘少奇准备耐心地等待她幡然醒悟。如果从彭梅秀的情况生发开去，刘少奇想得更远。中共中央出台的政策是否正确，不仅关系到工作的大局，还影响基层干部的情绪。正如在战场上由于指挥员的失误而打了败仗，干部战士都会感到晦气，彭梅秀的抵触是因为她还在原有政策的惯性之中。彭梅秀有责任，中央的责任更大啊！

彭梅秀的母亲得了病，刘少奇知情后偕夫人王光美，带着白糖、奶粉前去看望，既是慰问病人，也是对一位作过贡献的农村基层干部的关心。

听到刘少奇点名，彭梅秀满不在乎地说："那就按您的指示办，解散公共食堂吧。"

刘少奇纠正道："不是我的指示，命令主义不好。集思广益，根据大家意见作出决定。"

刘少奇又问区委书记廖国钧："如果准许解散食堂，全公社有多少食堂会解散？"

廖国钧回答："如果敞开解散的话，一个都会留不住。"

刘少奇严肃地说："那就敞开散，只要是真正自愿。过去，我是主张办食堂的，事实证明不行。卡住社员吃饭比什么都厉害，比捆绑还厉害。你把人家的饭碗拿在手里，这不行。现在要把饭碗还给社员！"

天华大队党总支部副书记李言孝茅塞顿开，说："开头我的思想有顾虑，好像一个党员不参加食堂不像样。现在才知道，办不办食堂要看群众愿意不愿意。"

天华大队党总支部另一位副书记黎桂生感慨地说："文章齐颈，要有人提醒。以前办食堂，怎么没有想到要听听群众的意见呢？"

大家看法比较一致了，会议就作出决定，分头下去，发动群众开展讨论，办还是不办公共食堂。如果还有一部分人愿意办，那就一定要设法办好。如果不办，也不可匆匆忙忙解散。

刘少奇认为，解散公共食堂是关系到千家万户的事情，我们必须慎之又慎，千万不能掉以轻心啊！

散会时，刘少奇再三叮嘱："公共食堂办也难，解散起来也会有许多难处。群众再经不起折腾了，我们要多替他们想想。想细一些，做好周密安排！"

从这天晚上开始至 4 月 30 日，刘少奇先后召开天华大队党总支部委员会、大队干部会、生产队干部会、工作组会议，研究解散食堂、做好退赔的思想工作和具体工作。

刘少奇在听取中央调查组的汇报会上说："现在必须看到在食堂问题上，我们同社员群众有尖锐的矛盾，这是影响工农联盟的。人民共和国的巩固建立在工农联盟的基础上。只靠威信命令来维护，已经维持三年了，这对共产党来说是危险的。群众很好，社员在等待共产党表示态度，还没有丧失希望。如果还不表示态度，社员就要自己散了，那就被动了。"

刘少奇又说："不是我们提倡散，而是群众要求散，要允许群众有这种自愿。"

针对过去宣传食堂是社会主义阵地、现在散有顾虑的思想，刘少奇指出："食堂是强制组织起来的，就不是社会主义的阵地，而是平均主义的阵地。"

解散食堂是关系社员群众生活的一件大事。中央调查组同公社、大队干部作了多次研究，确定方案，最后实施。

刘少奇在调查研究时指出："现在百分之九十以上的人要求散食堂，如果不散就脱离了百分之九十的群众。共产党员的义务是要经常了解群众的要求，反映群众的要求。食堂不讲散，讲退。愿意退的，自己就退出去。愿意在食堂吃饭的，可以还在食堂吃饭。"

在刘少奇的建议下，决定由群众自愿选择退留。这个决定受到社员群众的热烈欢迎。

刘少奇在各种会议上反复强调，解决问题，必须遵循实事求是的原则，从实际出发，真正按照群众的意愿办；必须遵循有利于调动群众的积极性和发展生产力的目的。这两条是相互依存、相互制约、缺一不可的。还有，无论是解散公共食堂，还是退赔住房、家具，等等，必须坚持有领导、有步骤地进行，千万注意不要造成"新的破坏"，也不要给"五保户"带来新问题。

刘少奇部署按照"六十条"中公共食堂的规定，具体组织实施。如同在战争年代置身于前沿阵地，他心里升起一股自豪的感情。

不久，天华大队的食堂陆续解散了。天华大队的干部群众像怀着久旱逢雨的喜悦。人们兴高采烈，奔走相告！

六、巧妇有米难为炊

1961 年 4 月 19 日清早，解散食堂后的第一天早晨，太阳穿云破雾出来了，万丈光芒普照大地。天华大队沐浴在金色的阳光里。

古人云："解民于倒悬之急，当断则断。"

在经过调查研究以及吸取群众意见的基础上，刘少奇昨天果断地作出决策，从今天起立即解散天华大队的公共食堂。

这一天，刘少奇起得特别早。他和夫人王光美一起在王家塘前边的坪子里散步。

放眼望去，只见农家土屋处处升起乳白色的炊烟。袅袅地，一直飘到半空才散去。

农家的炊烟，就像一本本"无字天书"。刘少奇一边散步，一边仔细观察。他静静地用心"阅读"，渐渐地读出了自己的体会。

有了炊烟的点缀，树梢上的新叶也显得格外晶莹剔透。燕子飞来飞去，空中充满它们情的呢喃。出早工的社员浑身发热了，一个个争先恐后把衣服脱下来放在田塍上，甩开膀子大干。驱赶耕牛犁田的社员，吆喝耕牛的声音非常洪亮，传得很远，隔几条垅都能听到。

这一切的一切，组成了一支大合唱，歌唱天华大队春耕生产的勃勃生机，歌唱社会主义的新生活。看到这些新气象，刘少奇感到心里甜滋滋的。

像久旱的禾苗下了一场透雨，天华大队开始出现转机。春耕生产田野上热气腾腾，多年来看不到的生动场面重新出现了。

这时，一位七十多岁的老农满意地说："这下子上面睏醒了。"

刘少奇很欣赏这句话，他在一次干部会上说："这个老人讲的'上面'是什么呀，从你们这里算起，到县委、到省委、到中央，都是上面，过去都在睡觉，都不了解实际情况，现在是不是真的睏醒了呢？"

刘少奇料事如神。这时，传来了令人不安的消息："大部分社员家庭有米难为炊。"

1958年掀起的"大跃进"，把人们搞得晕头转向，农村公共食堂应运而生。一些所谓的理论家在报刊上连篇累牍，鼓吹什么通过公共食堂与私有制进行彻底决裂，培养出一种伟大的集体主义精神，由此，最终进入共产主义的天堂。

为了促使社员群众在共产主义的金光大道上奋勇前进，在加入公共食堂的时候，人民公社强调各家各户必须把炉罐、菜刀、锅铲，通通送到大炼钢铁的小高炉里……项羽跟强大的残暴的秦国在巨鹿摆开战场，过河后他们就把锅鼎都打破，船都弄沉，表示决一死战，不再回来。当时，人民公社重演了项羽破釜沉舟那惊心动魄的一幕。社员群众下定决心，不顾一切干到底。

如今，公共食堂解散了，社员群众各自回家做饭，突然发现没有炉罐、锅子、菜刀、柴刀、饭碗、筷子、锅铲、水缸……由于没有炊具，有米也煮不成饭啊！

已经进化的人类社会，不可能再回到茹毛饮血的年代。由于没有生活用具，社员群众家里有米也难为炊。这真是急死人啊！

狮子湾生产队 13 户人家，只有一个炉罐、两口炒菜的小锅。13 户人家发扬互相帮助的精神，互相借用，张家做完饭，将炉罐送给李家。李家炒完菜，再把锅子给王家……像田径四百米接力比赛那样，从天亮就开始忙乎，直到上午 10 时，太阳已经当顶了，全队社员才算吃完了早饭。

刘少奇很快知道了这个情况。他心急如焚，连忙派人找到广福供销社主任缪礼幼，请他们尽快供应社员群众迫切需要的生活必需品，尤其是炊具、用具。火烧眉毛，越快越好！

谁能想到，广福供销社也有难处，他们根本调不到货。由于上级一再强调公共食堂是农村的社会主义阵地，限制社员回家做饭，铸锅厂因此不再生产小锅、小罐，公社供销社也不卖这些产品。

如今，十万火急，广福供销社又没有库存，一下子到哪里去进这么多小锅、小罐呢？

刘少奇万分焦急。因为牵一发而动全身，终于发生了连锁反应：铸锅需要生铁，炼铁需要煤炭需要电力，煤和电又离不开机械设备、交通运输……天华大队群众急需的锅碗瓢盆，牵动着国民经济的各行各业啊！

我们已经付出了很大的代价，交了很多昂贵的学费啊！刘少奇试着理清天华大队这一团乱麻。他把省计委主任徐羽，还有省工业部门的负责同志，请到天华大队现场办公，专门研究生产炉罐、鼎锅、柴刀等日常用具，请他们想群众之所想，急群众之所急，为群众排忧解难。

刘少奇说："农业是国民经济的基础，把农村搞活了，这里就有一个广阔的市场。有市场就有利润，工业商业要走出困境，出路就在于此。"

湖南省有关部门迅速组织，调来一批铁锅，并且表示尽快组织这类商品的生产。

供应铁锅的那一天，广福供销社人山人海，门也被挤破了。一些人买到了铁锅，欢欢喜喜；一些人没有买到铁锅，两手空空。空手而归者，有大声喊叫起哄的，有跳脚骂娘的，有向中央调查组反映说公社供销社不地道的……

俗话说，巧妇难为无米之炊。天华大队的社员群众境况很惨。他们伤心地说："我们是有米也难为炊啊！"

七、会师天华大队

1961年4月21日，又是一个艳阳天。

胡乔木和当时在长沙的中南局第一书记陶铸、中共湖北省委第一书记王任重及中共湖南省委第一书记张平化，专程到长沙县广福公社天华大队，看望在那里蹲点调查的中共中央副主席、中华人民共和国主席刘少奇。

刘少奇会见了陶铸、王任重、张平化、胡乔木等人，同他们畅谈了天华大队的调查情况，以及他对当前农村工作的意见。

刘少奇说：

> 一切从实际出发，这是马克思主义的观点，现在有一股风，一切从上面的意图出发，这是非马克思主义的。过去宣传"食堂是社会主义阵地"，当然办好是阵地之一，办不好就成了平均主义的阵地了。有人说："食堂是两条路线斗争的焦点"，这话不对。只是分米回家做饭，又不是分田分地，不是反对社会主义。

> 90%的人要求退食堂，如果硬是不同意退，那就脱离了90%的群众。要看到在食堂问题上我们同群众的尖锐矛盾，会直接影响工农联盟。我们人民民主专政的巩固是靠工农联盟，不是靠命令来维持的。

刘少奇还提醒大家：

解散公共食堂也不要一刀切，要防止造成新的损失，影响春耕生产。

看来，刘少奇是主张解散食堂的。中央主要领导人之间已经取得了一致意见。这就为全国食堂的解散奠定了基础。

4月26日，中共中央以《中央转发主席批示的几个重要文件》为题，将上面的材料转发中央局、全国各省、直辖市、自治区。文件如下：

各中央局、各省、市、自治区：

根据毛泽东同志的指示，现将胡乔木同志的一封信和附文四件转发给你们，请你们仔细研究，作为研究解决食堂问题和有关问题的参考。这个文件是否转发至下级，由你们自行决定。

中央

一九六一年四月二十六日

中央文件很快下发全国各地，并传达到基层，全国的公共食堂随即相继解散。

农村公共食堂的建立和解散，教训是沉痛和深刻的。制定政策应该深思熟虑，切忌头脑发热一哄而起。建立公共食堂，意愿是好的。但是，政策不够完善，制度很不健全，没有很好地解决干部的特权问题。夫妻二人过日子都有可能藏一些私房钱，以备急需。何况办公共食堂呢？

将千千万万个家庭捆绑在一起，吃公共食堂，让一些干部专职掌管金钱、物资……毫无疑问，这为一些思想觉悟不高的干部多吃多占、贪污腐败，打开了方便之门，提供了良好的机会和条件。试想一想，常在河边走，哪有不湿鞋的呢？

家是国的基本元素，国和家是相辅相成的。如果没有家的幸福安宁，哪有国的长治久安呢？戒哉！

第十章 以法治国

一、"要爱惜树木"

1961 年 4 月 25 日，又是一个大晴天。

这天上午，刘少奇和中央调查组的几位成员沿着天华山山南的石阶，登上天华山。

天华大队森林资源丰富，盛产竹木，原有山林 4500 多亩。天华山海拔 430 米，是其中最高的山峰。山上竹木茂盛，古松成群，素有"天华八景"之称，天华大队由此而得名。

"大跃进"为了大炼钢铁、大办食堂，拆了不少房屋，砍伐了不少树木，滥砍滥伐非常严重，山林受到了毁灭性的破坏。天华山上原有的三个生产队，被迫陆续搬下山来，山上地荒了无人种，山下社员无房住。刘少奇了解到这些情况后，决定登上天华山实地勘查。

这年，刘少奇已经 63 岁了。登山时，他边走边看。

沿途，刘少奇看到很多山坡都是光秃秃的，心情十分沉重。

因山上路窄，雨后路滑，陪同的同志看到刘少奇登山很吃力，砍了一根小树给他做手杖。

刘少奇拒绝了，并且十分惋惜，告诫大家："这棵树成活要几年呀！再过几年就可以成材了，要爱惜树木！"

刘少奇不服老，不畏难，终于登上了天华山的顶峰。

山登绝顶我为峰。刘少奇站立山顶，欣赏祖国的大好河山。岳麓山巍

然屹立在天华山的南面,与天华山遥相呼应。它们都矗立在湘江的西岸,
一个在西南,一个在西北,互为犄角,形成一道天然屏障。仿佛两个紧握
钢枪的哨兵,日夜守护着长沙的西大门。

奔腾不息的湘江,如仙女的玉带,飘落人间,缓缓地从脚下流过。

站立山顶,可以说阅尽人间春色。刘少奇兴致勃勃地察看天华大队的
地形,对天华大队的山山水水有了初步印象。

看那荒山秃顶,一切都因为大跃进被赋予了萧杀的色调。刘少奇感到
十分惋惜。

回到山下,刘少奇在干部会上说:"我到天华山一望,山都挖得稀烂
了。年老的农民都懂得,如果再不禁止,继续挖下去,将来造成水土流
失是一大危害!这件事要严格禁止,请你们省委、县委注意,不要放松

1961年4月25日,刘少奇在长沙县天华山视察山林被毁情况。他手
拿望远镜,看到因为"大跃进"森林被砍伐的情况,愁眉不展,感到十分
惋惜。

下去。"

随后，刘少奇指示中央调查组对山林问题作专题调查，研究出一个解决方案。

中央调查组经过深入调查研究，写了《关于天华大队山林问题调查报告》，提出要明确山林所有权，山林要允许由社员承包，收益按比例分成，制定山林管理办法、封山育林等具体措施。报告经刘少奇审批后，由中共湖南省委转发全省。

二、听取广福供销社主任汇报

1961 年 4 月 25 日下午，刘少奇不顾上午攀登天华山的劳累，专门抽出时间，听取广福供销社主任缪礼幼的汇报。

供和销本来就是一对矛盾。由于广福供销社与广大社员结怨已久，刘少奇现场办公。

提起供销，缪礼幼也有一肚子苦水，说："我们是受夹板罪啊！"

关于农副产品收购，上级下达的任务过大，又和政治任务挂钩。比如，国庆节快到了，上级规定要收购多少头生猪，多少只鸡，多少斤蛋，向国庆献礼。还有春节、五一节……人们逢节就喜庆，公社供销社逢节都很忙。上级规定生猪收购标准为每头 115 斤以上，由于完不成任务，每头只有 100 斤重甚至 80 斤重的生猪，公社供销社也收。有一次，天华五队一个社员因为要钱救急，送来一头只有 60 斤毛重的生猪，他们为了凑数也收下了。由于只有头数，重量不达标，他们挨了上级的批评。严格按照上级的规定办事，如果收过了头，群众利益就会受到影响，社员辛辛苦苦养一头猪不容易，有的因为要钱救急才想到送猪。群众不满意就会骂娘。他们又要挨骂。公社供销社，特别是收购人员，是两头受气啊！

公社供销社在收购鸡蛋的时候，群众的对立情绪就更大了。公社是按掌握的养鸡数分配蛋品的收购任务，每只母鸡每月交售 20 只鸡蛋，按国家规定的价格进行收购。公社掌握的养鸡数量，其实有很大的水分，有的大队根本就没养一只鸡，也上报养鸡多少这个摸脑壳数字。收购人员完不成任务，发展到见鸡就捉。群众见了收购人员，风趣地说："鬼子进村了！"

收购苎麻也很难。这一带历来有种苎麻的习惯，绩麻纺线是农村妇女闲暇时的活计。上级提出口号："为了支援工业建设，麻不落地，户不留麻，五寸必剥，片麻不留。"

苎麻是一种多年生植物，一年可收数次。由于收购任务过重，群众望麻兴叹，已经丧失了种麻的积极性，有的干脆挖掉麻蔸，改种其他作物。

公社供销社销售的生产资料，主要是卖给农民的，不少商品质量差，价格高。县肥料厂生产的钾钙磷，肥效不高，却当任务分配下去，不要也得要，每担 8.5 元。县里推销的青海石膏，铁锤锤不烂，斧头敲不碎，只能当石头用，也搭配销售给群众，群众意见很大。一些单位打着"支援农业生产"的口号，实际上都是在"坑农"。社员开玩笑说："这是白脚把子吃黑脚把子。"

由于城乡差别很大，购销价格严重不合理。一担稻谷收购价只有 6.4元，一担米糖卖给农民却要 3.5 元。生猪毛重收购价每斤只有 0.4 元多一点。工农业产品有个剪刀差，剪去的是农民的利益。然而，社员群众以为是供销社搞鬼，骂的却是供销社。

听了缪礼幼的汇报，刘少奇眉头紧皱："哪有这么做生意的？强买强卖，也是一种强迫命令。"

刘少奇严肃地说："国营合作商业的工作方针，应该是发展生产，保障供给。在延安就是这么做的。杀鸡取卵，掠夺性的收购，到头来必定害了自己，这种局面必须尽快改变！"

缪礼幼感慨地说："群众骂得最厉害的，是紧俏商品走后门。"

刘少奇反问："你们怎么不顶住呢？"

缪礼幼无可奈何地说："有的写条子，有的亲自上门，我们顶不住啊！"

刘少奇追问:"都是一些什么人来走后门呢?"

缪礼幼吞吞吐吐地说:"都是一些熟人,有的是领导干部。"

刘少奇严肃地说:"正因为国家遇到了暂时困难,各级干部更应该与群众同甘共苦,共同渡过难关。对待开后门的唯一办法,就是公布账目。谁买了多少糖,多少紧俏物资,凡是有条子的,交公社党委张榜公布。如果国家主席刘少奇和中央调查组有条子,你也公布出来,我不怕丢人。这样揭露一次,我想就不会有人来走后门了。"

刘少奇进一步追问:"你有没有胆量公布这个名单呢?"

缪礼幼无言以对,脸有难色。

第二天,刘少奇果然抽调了两名工作干部,跟公社供销社一道,清理近几个月的商品销售去向。不查不知道,一查吓一跳。

煤油,关系到千家万户的照明。1960年供销社调入84244市斤,规定每户供应9.77市斤,实际供应社员的只有42667市斤,户平4.97斤。有一半是开后门买走了。

刘少奇来天华大队蹲点前的3月份,供销社调入煤油3700市斤,实际供应社员的只有861市斤,户平只有一市两。到了夜晚,社员群众只有摸黑打发时光。可想而知,他们生活该有多么不便。

食糖。在浮肿病蔓延的日子里,食糖相当于救命的灵芝。去年调入19734市斤,其中数千斤食糖被一些头头脑脑和他们的七姑八姨弄走了。

刘少奇坚决要求向广大群众公布。

公社个别负责人极力拖着、敷衍着,说:"如果张榜公布,把名声搞坏了,面子上不好看。"

刘少奇坚决地说:"揭露矛盾,修正错误,群众才会拥护我们。群众积极性调动起来了,生产上去了,那才是我们最光彩的面子啊!"

后来,公社供销社照办了。连一双人人都想买的军用胶鞋,让县委一位部长买走了,也张榜公布了。许多开后门的干部都作了检讨。

群众也通情达理,对公社供销社一本糊涂账没有过多地责难,说:

"公买公卖，公平合理，以后再不开后门，我们就高兴了。"

长沙县福临公社的不正之风，曾引起了中共湖南省委极大的关注。中共湖南省委由此及彼，解剖麻雀，分析研究全省的情况，于6月21日发出红头文件，转发福临供销社商品"走后门"处理情况的材料，指出："在目前情况下，实行计划供应是必要的，干部要模范地遵守商品供应政策。"

这时，刘少奇已经结束在湖南农村的调查研究，回到了北京。收到中共湖南省委的这份文件，他心里久久不能平静。心想："如果生产一直平稳发展，商品极大地丰富了，哪里还会有这许许多多的麻烦呢?"

三、社员住房被强拆

宅者，人之本。家是我们每个人温馨的港湾，是快乐的驿站。我们多么想拥有一个自己的家啊！我的房子我做主，相信每个人都有个建房梦、购房梦，幻想过自己家的样子。

天华大队地处丘陵地带，田亩分散，农户居住也比较分散。1958年成立公共食堂后，上级要求集中食宿，建立所谓的"居民点"，造成全大队三分之一的住房被拆，百分之六十的社员被迫搬家，再加上社办企业和大队副业无偿占用社员住房，使社员住房减少一半以上，不少人家三代同住一室，群众反映十分强烈。

随着公共食堂的解散，社员住房问题更加突出。一些社员没有住房，更说不上有厨房。天华大队解散食堂后的第一天早晨，刘少奇看到社员群众做饭的方式五花八门，形形色色：有的在屋檐底下放两块砖头，架锅造饭，那情形如同逃荒的；有的在荒坪空地挖个地灶，上面放口铁锅，生火野炊，看起来颇有诗情画意，实际上像小朋友做游戏请客……

目睹了这一切，刘少奇忧心忡忡："如果刮风下雨，落雪下冰雹，社员群众将如何过自己的小日子呢?"

刘少奇触景生情，为社员群众掬一把同情的泪。他把社员住房问题，看作是同群众切身利益密切相关的大事。

天华大队关于房子问题引发的各种矛盾接踵而来。狮子湾生产队贫农社员任杏生，因为会养猪，用其所长，"大跃进"时调去文书塘生产队当饲养员，队里指派他住彭荫良家的房子。

彭荫良调到公社林场去了，他的房子恰好空着。现在，公社林场名存实亡，食堂又解散了，彭荫良拖家带口回到了文书塘。

屋归原主，这是天经地义的。任杏生自然要把房子让给彭荫良。任杏生在狮子湾本来有三间茅草房，现在里面却住着陈国民、冯玉元、冯玉梅三户人家。因为陈国民的房子被拆去建了猪场；冯玉元、冯玉梅兄妹的房子也拆了，土砖头下田作了肥料，门板、门片、桁条、椽子堆在一起，后来被公共食堂搬去当柴火烧了。于是，彭荫良催任杏生，任杏生催陈国民。陈国民一气之下，要去掀养猪场的瓦。

冯玉元、冯玉梅兄妹谁也找不上，只知道双手抱着脑壳呜呜地哭……那时的房子，好像如今的"三角债"，是一个扯不清的"连环套"！

"六十条"明确规定：要保障社员个人所有的一切生活资料，包括房屋……永远归社员所有，任何人不得侵犯。因此，任杏生、彭荫良有权要回自己的房子。这是天经地义的事情。

早在1954年9月，第一届全国人民代表大会通过的《宪法》明确规定，公民的一切生活资料，包括房屋，受国家法律保护。《宪法》是国家的根本大法，现在却要由"六十条"来予以肯定、重申，说明在实际生活中，违反《宪法》的有关条文已不是个别的现象了。

这一幕幕悲剧到底是怎么发生的呢？

毛泽东倡导"大跃进"，本来是要以最快的速度，使国家富裕起来，因为违背了客观规律，急于求成而事与愿违。尽管在毛泽东的文稿里，我们多次读到"欲速则不达"这一《论语》中的名句，毛泽东还是一意孤行，拔苗助长，结果适得其反。

自1957年冬天以来，毛泽东亲自抓农业，除了重视增产指标以外，还非常重视增产措施和群众干劲。《人民日报》曾发表过一篇题为《十分指标，十二分措施，二十四分干劲》的社论，这篇社论如实地反映了毛泽东抓农业的指导思想。

在调查研究的基础上，毛泽东总结了土、肥、水、种、密、保、管、工"农业八字宪法"。用今天的眼光来看，如果增加其科技含量，并且以雄厚的经济实力为基础，"农业八字宪法"仍然是行之有效的好经验。

湖南农村大量拆除社员群众的住房，最初的动因与"农业八字宪法"有关，与《人民日报》发表的那篇社论有关。1958年年初，每个农业社都有了全年的增产指标，也就是《农业发展纲要》中规定的，长江以南亩产粮食达到800斤，即为"跨纲要"。自然条件好的地方还要"超纲要"，亩产粮食850斤、900斤……当时，生产条件和生产水平亩产粮食通常只有500斤左右，每亩粮食600斤就是高产冲顶了。现在，提出十分措施，要求"超纲要"，也就是超常规跳跃式发展，那么，当然就得有十二分措施、二十四分干劲了。

水稻水稻无水不长稻，有收无收在于水，收多收少在于肥。春耕生产开始了，村村户户，上上下下，大抓积肥，强调积肥工作。那时，化肥很少，各级领导只能号召社员大积土杂肥，在农家肥上想办法做文章。社、乡、区、县，各级都要求逐日上报积肥进度和数字。电话会、汇报会，大会小会强调的都是积肥，大积农家肥。省报和地区的报纸，特大号标题，中心内容都是强调积肥。

湖南农村有句农谚："要得田里多结谷，除非拆破屋。"农家房舍绝大多数是用泥砖砌的，天长日久，泥砖经过风雨侵蚀而氧化，含有一定的磷和钾，或者还有别的元素。这正是禾苗生长所需要的肥料。据一些有经验的老农介绍，施过陈墙土的禾苗，杆儿粗，叶儿绿，颗粒饱满，增产是坛子里摸乌龟——十拿九稳。

氮、磷、钾是水稻生长的基本要素，好像人生长的营养物质。在没有化肥的前提下，全国各地只能因地制宜，大积农家肥。陈墙土是很好的农家肥料，施过陈墙土的禾苗能增产是毫无疑问的。问题是陈墙土并不是经常有到处有。或者是拆旧房建新房，或者换掉其中一堵出现了裂缝的墙，或者是换下一个不能使用了的灶。陈墙土下田，纯粹是废物利用。然而，对于需要节衣缩食才能打发日子的农户人家，拆旧房建新房谈何容易啊！至于换墙换灶，不到万不得已非换不可的时候，他们宁可将就也绝不会动这份心思的。

"大跃进"是轰轰烈烈的群众运动，擎得起天，提得起地，敢想、敢说、敢干。共产主义离我们只有30里了。共产主义来了，就楼上楼下，电灯电话了……所有的旧屋通通要拆掉，都盖成新楼房。旧房子上半年拆了，陈墙土可以下田作贡献。下半年拆了，陈墙土就不能发挥作用没有人要了。

当山坡地边的草皮铲光之后，积肥运动进入白热化阶段，公社开会作动员：拆旧屋。

形势逼人，不拆屋是不行的。为了积肥，湖南农村开展了为茅草屋洗澡运动，实实在在拆了十数万间社员住房。拆屋积肥是怎样提出来的，并作为一场运动轰轰烈烈地在全省范围内开展，现在已无从考证。

然而，我们栖身的住宅，是人生的起点和终点，也是人类科学和文化的摇篮。早在远古时代，为了避免野兽的侵袭，有巢氏构木为巢而居，人类便有了最初的居所，我们的祖先开始从原始的洞穴里走了出来。当历史进步到今天，世界竟又这么拥挤，住宅使多少人魂牵梦萦。尤其是在广大的农村，一些贫苦的农民为了造几间能够安身的房屋，他们用最简单的工具，进行最繁重的劳动，挣得每一颗粮食，苛刻自己而累积每一分钱，穷大半辈子的精力，造起几间房。房子造好之后，有的还欠下了一屁股债，需要他的儿子或孙子用同样艰苦卓绝的劳动去偿还。如今，领导一声命令，要把他们之中的一些房屋拆掉，用拆下来的陈墙土去肥田……毁房容易盖房艰难，无论是谁都下不了手啊！

在那强拆社员房屋的日子里，由于形势所迫，社员群众敢怒不敢言。眼巴巴地看着自己住了一代又一代、好端端的房屋被强拆，有的哭丧着脸，有的失魂落魄……

彭梅秀吃了秤砣铁了心，安慰说："现在搞'大跃进'，跑步进入共产主义。你知道什么叫共产主义吗？共产主义是天堂，神仙过的日子呀！拆了旧房，到秋后，你可以搬进新房里住。水泥地，红砖墙。楼上楼下，电灯电话呀！"

这样宣传劝社员，当然有很大的欺骗性。到了秋后就搬进新房，谈何容易？红砖从哪里来，水泥从哪里来，电灯电话又从哪里来呢？拆毁一栋房屋只需要几天时间，建设一栋房屋则需要几个月几年一辈子甚至几代人啊！

揭瓦掀墙，摧枯拉朽。当时，天华大队一声令下，强拆了不少房子。长沙县档案馆存有一份材料，是当年跟随刘少奇去天华大队蹲点的工作组写的。这份材料说：

> 公社化前，天华大队共有房屋一千五百四十五间，按当时一千一百九十二人平均，每人占一点三间。现在社员住房只有七百一十七间，占原有房屋百分之四十六点四，每人只占零点六间。住房最少的第五生产队，每四人平均只有一间房。社员普遍反映说：一间房子要做五用，睡觉、做饭、烧水、放工具、关鸡鸭，真是眼睛鼻子挤在一起了……

根据这份材料推算，天华大队"大跃进"期间减少房屋828间。这么多房屋到哪里去了呢？为了取陈墙土下田当肥料，自作聪明把房子强拆了啊！

时过境迁，我们不妨算一算这笔细账：即使陈墙土下田，改善了土壤，提高了肥效，假如可以使每亩增产稻谷100斤，天华大队1300亩稻田，增产稻谷1300担。当时，国家收购每百斤稻谷为6.4元，折合人民币8300元。这8300元是否能盖起828多间房屋呢？更何况那时社员参加集体劳动，干活"大呼隆"，秋收很马虎，大批稻谷、棉花扔在地里无人收管，所谓增产数字是要大打折扣的。

然而，在那面猎猎飘扬的"大跃进"的红旗下，828间房屋被强行拆除，陈墙土扔进了并没有能多打稻谷的水田里。这真是挖肉补疮，得不偿失啊！

"大跃进"中的狂热，由此可见一斑。

如今，公共食堂办不下去了，解散了，又有"六十条"强调社员住房归个人所有，在天华大队就出现了狮子湾任杏生赶走文书塘彭荫良的情况。

一时间，吵架的、哭闹的都是为了房屋，都是为了找个安身之所。

情况汇集到刘少奇那里，他立即召开大队和工作组干部会议，规定社员搬家，要在大队统一安排下，逐步地搬。绝对不能互相赶。大队成立社员房屋协调小组，具体组织实施。研究了四条办法：

一、大队、生产队占用社员住房的，一律退还；

二、能够利用和改建住房的，如大队猪场、纸浆厂、绣花厂，尽快改建，暂作社员住房；

三、一些人外流到江西、新疆，现在又没有回来，房子是空着的，由大队暂借安排社员居住；

四、没有完全拆除，或年久失修的破烂房屋，经过修理可以住人的，尽快组织泥工木工修理好，作社员住房。

这些措施，有的还只是权宜之计，但使社员有了夜眠八尺的地方啊！

刘少奇心里仍然不平静。他由此联想到别的大队，别的公社，乃至湖南省、中国其他省、自治区、直辖市……农村社员的住房是否都已安排好了？中共中央副主席、中华人民共和国主席是人民的公仆，心里装着全国各族人民的利益啊！他亲自写了一份《天华大队房屋情况的报告》，指出：

要知道，房屋问题，是关系到群众生产和生活的极其重大的问题。定了屋也就定了心、定了生产。妥善处理房屋问题，也是退赔工作中最突出的任务。谁对退赔工作不认真做好，谁就不是真正的马克思列宁主义者！

把马克思、列宁都请出来了，可见问题相当严重。刘少奇心急如焚，寝食难安。

4月25日，刘少奇在工作组汇报会上说："拆了人家的房子，一定要赔。大队、公社干部要负这个责任，一定要赔清，使社员基本满意，不能敷衍了事。一年解决不了，两年；两年解决不了，三年；三年解决不了，四年；四年解决不了，五年。总而言之，要抓住这个事情不放。"

刘少奇还从天华大队的实际情况出发，提出了解决社员住房问题的切实可行的方案。他认为，社员住房问题是带有普遍性而需要较长时间才能彻底解决的问题。为此，他要调查组根据天华大队解决群众住房的方案起草了《关于广福公社天华大队房屋情况调查和处理意见》的报告。

"大跃进"的教训是沉痛的，深刻的！然而，各级领导干部都是好了伤疤忘了痛。干部一声命令，神州大地一直在强拆群众的房屋。不是吗？群众多生了一个孩子，违犯了所谓的计划生育政策，通不通三分钟，一声令下，群众的房屋被强拆了；群众拖欠了上交款，房屋又被强拆了；县里乡里村里要搞建设，群众的房屋处在规划范围内，房屋又被强拆了……强拆别人的房屋不心疼，眼看别人流离失所自己幸灾乐祸。如果革命革到自己头上来了，要将自己的房屋拆毁，那么，我们是否还下得了手呢？

戒哉！群众的心在流血，在哭泣！

四、成立社员代表大会

在天华大队调查期间，刘少奇多次指出：要从根本上总结经验教训，就必须从政治上解决讲民主、讲法制的问题。对于农村中这几年发生的错误，他代表中央承担了责任，同时指出，某些农村干部不走群众路线，不讲民主，不讲法制，也有重要责任。

针对农村基层干部中存在不听取群众意见，搞强迫命令，甚至打人骂人的现象，刘少奇在对县、公社和大队三级干部的谈话中说："什么事情都要由群众来作决定，这是一条基本原则。这三年，就是没有让群众当家作主，什么拆房子呀，搞居民点呀，如果让群众当家作主，这些就办不成。"

刘少奇建议在农村中成立社员代表大会，一切上级的指示，都要经过社员充分讨论，才能实行。特别是关系到群众切身利益的问题，一定要采取慎重态度。

民主要有健全的法制做保障。对于农村和基层组织的法律观念和法制建设，刘少奇给予特别的关注。

五、加强农村法制建设

刘少奇感到，要做到有法可依，依法办事，必须在农村中加强法制建设。他说，以前我们的执法机关都设在城里，群众告状或解决纠纷十分不便，应当在农村区一级设立公安派出所和人民法庭，方便群众告状，并有利于案件的及时正确解决。

经过中共湖南省委批准同意，再加上有关部门的努力，长沙县农村区人民法庭在4月底或5月初先后建立。刘少奇回到北京后，认真审阅了长沙县人民法院关于建立区人民法庭的报告，并转给中央负责公检法工作的彭真、谢觉哉传阅。

不久，全国各地普遍建立起区人民法庭。这一措施，对维护我国农村的法制建设起了重要作用。

六、祸从口出

1961年4月28日，刘少奇把两年前被打成严重右倾机会主义分子的天华大队原党总支副书记段树成请来谈心。

蹲点调查是视察工作的一种形式。为了掌握农村的真实情况，刘少奇采取座谈的形式，与社员群众促膝谈心。

刘少奇在座谈走访中，许多社员群众都向他详细反映了天华大队党总支原副书记段树成的情况。

段树成在旧社会苦大仇深，是土改根子。他为人坦率，说话从来不转弯抹角，办事情从来不计较个人得失，不强求别人理解，想干就干。

性格决定命运。性格直爽的段树成，果然引火烧身，惹来了麻烦。

社员群众夸段树成抓生产很有经验，敢于坚持自己的正确意见，又能吃苦，总是自己带头，但在1959年他受到不公正的对待，划为"右倾机会主义分子"，很多社员都为他打抱不平。

段树成是个木匠，以精雕细琢闻名乡里。他从十几岁的时候就做木匠活，由于做工精细，所做的家具结实、耐用，深受群众欢迎。1950年乡里成立手工业工会，他是广福公社手工业工会最早的骨干之一，1954年加入中国共产党。1955年天华农业社成立，彭梅秀担任社长。乡里考虑到彭梅秀虽然是劳动模范，毕竟年纪太轻，需要有一个年纪大一些的又老练持重的同志给她掌舵撑腰，于是决定将公社手工业工会主任段树成调回天华大队任社党支部书记。按照农村工作的惯例，党支部书记负总责，是一把手。社长负责行政工作，在党内是二把手。

段树成在天华大队土生土长，住在靠山的坡边。彭梅秀家在小溪边上。两家相距不到半华里路远，算是近邻。由于段树成比彭梅秀年长17岁，属于两代人；又因为一个务农，一个从事手工业，平时没有更多的联系；更因为彭梅秀名声在外，段树成顾虑重重不肯出山。

后来，公社党委出面再三做工作，彭梅秀也上门敦请，段树成才正式走马上任。

开始，段树成和彭梅秀相处得比较友好，工作配合也还算默契。他们产生矛盾，是在大炼钢铁的时候开始的。1958年秋天，中共中央发出号召全民大炼钢铁。公社土法上马，建立了小高炉。为了完成炼钢任务，公社向各大队下达任务，要上交多少多少木炭。

成立人民公社后，段树成和彭梅秀的职务有了调整，彭梅秀是天华大队党支部书记。段树成为党支部副书记，分管工业副业。

一天，公社下达了木炭指标后，段树成立即与彭梅秀商量。他是木匠出身，对林木特别敏感，建议以党支部的名义向公社反映，天华大队虽然山地面积较多，但山上蓄材量很少，尤其缺乏薪炭林。如果在山上砍伐森林烧木炭，势必会损坏松杉和其他用材林。

毁树容易种树难，森林破败了很难恢复啊！彭梅秀一口否定了段树成的建议，说："现在上级正批秋后算账派，老段你也想去凑个热闹啊！"

到了棉花刚刚结桃、水稻刚刚抽穗的时候，公社和大队一些干部就成天在田间地头转，急着估计产量。人们对讲大话、吹牛皮、大刮浮夸风颇有微词，说："牛皮吹上天，也要秋收后才能见分晓。"这些人被视为"秋后算账派"，受到了批判。后来凡是保守分子，抵制和怀疑新生事物者，统而言之都被称为"秋后算账派"。

由于彭梅秀不支持，段树成孤掌难鸣。天华大队几座青山都剃了光头，木头烧成了木炭。木炭填进了小高炉，烧出几个死铁饼。那几个铁饼子，又都是用各家各户的菜刀、铁锅、铁炉罐融化而成的，根本就不是钢材。

有一天，段树成去看小高炉的产品，感到心里火辣辣地痛，说："代价太大了，真是萝卜花了肉价钱啊！"

庐山会议"反右倾"成效显著。彭德怀因为说大跃进、大炼钢铁"得不偿失"，被打成了"右派分子"。天华大队是红旗单位，在"反右倾"运动中更不甘落后，也不能落后。段树成说大炼钢铁是"萝卜花了肉价钱"。由于段树成说的和彭德怀如出一辙，段树成便成了彭德怀在天华大队的"代理人"。

一夜之间，天华大队党总支副书记段树成变成了"右倾"的靶子，接连几天受到了批判斗争。

为了造声势，上级一再强调棉田要连成片。当时，公社指示"大搞经济作物区"，天华大队计划把连片的稻田改种棉花。

天华大队那片棉田，中间还有几丘常年冒水的"冷浸田"，不宜种棉花。生产队队长不敢自作主张，请示段树成。段树成说："因地制宜吧！"于是，在大片棉田中，有几丘田种的是水稻。

段树成与上级领导对着干，罪上加罪。

扣在段树成头上的另一顶帽子，是破坏了党的集中统一。天华大队有个茶园，因为虫害或干旱造成少数茶树枯死，茶行中有一些空地。段树成叫茶场工人在空地栽种红薯，茶树间种红薯既不影响茶叶生长，还可以收些红薯，帮补茶场工人们的粮食不足。到了反"右"斗争时，说段树成是想在茶场复辟资本主义。这帽子太大了，压得他喘不过气来。

段树成犯下了这三条罪状，被日夜批斗。最后，戴上右倾机会主义帽子，被留党察看两年。

实事求是是我们党的优良传统和作风。段树成因为口无遮拦，讲真话罹祸。这是他万万没有想到的。

刘少奇到天华大队前夕，大队召开党员干部会统一口径。段树成头上已经戴了"三顶帽子"，是个"内控对象"，根本没有资格参加会议。为了防止意外，担心他会给天华大队摸黑，天华大队党总支专门安排人到他家，向他发出警告，要他积极在生产队参加集体劳动，不要有什么天真的幻想。

和一切在政治上被打入另册的人一样，段树成必须夹紧尾巴做人。

这天早晨，湖南省公安厅一个干部来到段树成家，叫他上午不要外出。

段树成听了，心里打了个寒战。心想："难道又要把我抓起来？除了1958年那几件事，我并没有犯其他错误，为什么还要抓我呢？"

对穿制服的公安，人们普遍感到害怕。段树成也不例外。此时此刻，他恨不得钻地缝。试想一想，战功赫赫的彭德怀元帅都可以发动全党、全军和全国各族人民讨伐，从此再也听不到他的消息。段树成，一个大队党总支副书记，并且早已安上了右倾机会主义的帽子，要抓他真是太容易了。

段树成的老婆患有肺心病，常年病病恹恹。他生怕家里发生什么事情，吓着自己生病的老婆。于是，他先给老婆打预防针："等会儿，也许会有祸事降临，你不要害怕，与你没有任何关系。好汉做事好汉当，放心死罪是没有的，充其量再挨一次斗，坐两年牢，放出来还可以下力气干活。"

一家人忐忑不安地等待着这场灾难降临。

吃过早饭，湖南省公安厅的那个干部又来到段树成家，只有一个人，也没有带枪……

段树成一看，不像要抓他的样子，于是放宽心了。

湖南省公安厅的干部进门后，说："老段，今天队里排工，你应该去哪里干活？"

段树成实话实说："我今天上午的任务是出涵粪。"

湖南省公安厅的干部问明了段树成的劳动地点之后，说："今天上午，我代替你出工，你去王家塘大队部，中央调查组有一位同志要找你。"

段树成虽然听明白了，但他以为自己听错了，于是支支吾吾，十分含糊。

湖南省公安厅的干部又向段树成耐心解释，说："中央调查组来天华大队调查研究，需要找一些人谈话，为了不影响队里的春耕生产，就派调查组的工作干部顶替出工。这叫以工换工。"

段树成觉得好稀奇，仿佛太阳从西边出。省、市、县经常有工作干部下乡，从来没听说过工作干部顶替社员出工的。不过，他悬着的心平静了许多。

临出家门的时候，段树成悄悄地在老婆的耳边说："可能是我多虑了，看样子今天不会有什么危险事。"

段树成喜忧参半，来到了王家塘。这时，一位女同志迎了出来，笑着对他说:"您就是段树成同志吧,少奇同志在屋里等您,请吧!"

这位女同志就是王光美。王光美把段树成引进屋,向刘少奇介绍说:"这就是段树成同志。"

衣着朴素的刘少奇微笑着,起身和段树成握手,说:"看来段树成同志是个常干活的人,身体很结实。你今年多大岁数啦?"

听罢,段树成感到了一种睽违已久的亲切气氛。自从在公社的批斗会上宣布他为"右倾机会主义分子"之后,再也没人叫过他"同志"。平时一些很熟悉的人在路上迎面相遇,人家总是侧目而过,仿佛他身上有一种病毒,稍有接触,就会传染自己。他成了生活的局外人。不能与人交流,不能与人说话。没有友情,没有互相的关怀。他虽然还活在世上,却如同生活在荒无人烟的沙漠。

中共中央副主席、中华人民共和国主席刘少奇现在正确对待段树成,称呼他为"同志",他怦然心动,仿佛有一种失群的孤雁回到了自己的行列的感觉。他感到无比欢欣,无限亲切!

段树成听了,如沐春风,感到十分亲切。他认真地回答了刘少奇的提问,说:"我是属龙的,今年45岁。"

刘少奇爽朗地笑了,说:"比我小18岁,后面的日子还长啰!"

刘少奇接着说:"我们来天华大队已经三四天了,今天请你来,希望你谈谈天华大队的情况。成绩就不谈了,报纸杂志上都刊登了许多文章。"

刘少奇扬了扬手里的一本杂志,又说:"省里有关部门还写了一本书,文章和书我都看过。彭梅秀同志也向我介绍了许多。我们也不能老躺在成绩簿上打呼噜睡大觉呀,还得继续前进,轻装前进。成绩也可能成为包袱。要看看还存在一些什么问题,怎么去解决。此外,也说说你是怎样被打成右倾机会主义分子的。有什么谈什么,实事求是,要讲真话!"

段树成本来是有顾虑的,何况大队党总支还派人给他打过招呼。既然中共中央副主席、中华人民共和国主席刘少奇称他为同志,在同志面前能说假话吗？对一位年尊辈长、满头白发的老人说假话，那将是一种罪过。

真菩萨面前烧不得假香啊！段树成鼓足勇气，抓起桌上那本书说："报告刘主席，这本书我也看过，别的我不说，只说天华大队的粮食产量，就是一个大谎言！"

刘少奇边听边在笔记本上做着记录。他表情十分严峻。

段树成言辞恳切，汇报说："天华大队 1300 多亩水田，最好的年景为 1957 年，粮食总产量只有 80 万斤。1960 年田里减了产，实际只收粮食 72 万斤。但上报到公社的粮食产量是 120 万斤，虚报了 48 万斤。送给国家的征购和超产粮是 32 万斤。人平口粮不足 400 斤。这 400 斤是稻谷，打成大米只有 280 斤。一年有 365 天，每天平均只有七两六钱米，每餐仅有二两五钱米。"

段树成停顿了一下，接着说："上级号召以粮为纲，全面跃进。粮食确实是个纲。粮食减产，副业都上不去。1960 年年底生猪存栏全大队只有 17 头，上报的却是 500 多头。鲜鱼出塘只有几百斤，上报为 7500 多斤。每个劳动日工值只有两角三分钱，上报到公社是五角钱。这两角三分钱的收入，吃饭、穿衣、点灯、治病、小孩上学，等等，全在里边，根本无法维持正常生活啊！"

段树成又说："与 1957 年相比，社员生活大大降低了。整个大队患浮肿病的人超过 100 人，上报到公社只有十几人。1958 年全大队死亡 48 人，报到公社只有 11 人，少报了 37 人。"

段树成滔滔不绝地说："当然，也不能说天华大队最差，比天华差的大队还不少。但是，天华大队确实没有报纸上登的书本上写的那么好。在我们福临区，比天华好的大队多的是。天华顶多算个二类队，并不是那种了不起的红旗大队。就因为县里、省里早就把天华大队树为红旗，是红旗就得爱护，就得讲成绩。"

段树成补充说："根本不能讲缺点。动辄扣帽子打棍子挨批斗，哪个还敢讲呢？刚才，您老人家问我是怎样打成右倾机会主义分子的，无非是我讲了几句真话。扣帽子、撤职发生了连锁反应，我被批斗了六次。刘主席，如今讲真话真难哪！"

说到这里，段树成根本不能抑制自己的感情，眼泪像断了线的珠子，吧嗒吧嗒地往下流。

男儿有泪不轻弹。刘少奇安慰说："不要激动。划了'右倾'也不要紧，实践证明不是，帽子可以取掉。这号帽子我戴过，毛主席也戴过。后来证明不是，就取掉了。一个共产党员只要忠心耿耿，党和人民会了解他的。党正在恢复实事求是的传统，实事求是就是讲真话。我们下来搞调查研究，为的就是要听到真话。你要振作起来，跟广大群众一起，克服目前的困难！"

谈话结束，刘少奇鼓励段树成放下思想包袱，大胆出来工作。

听了刘少奇的话，段树成感激地连连点头。他好像吃了"定心丸"，看到了希望，心里感到甜滋滋的。

七、道高一尺　魔高一丈

孟德斯鸠曾经说过："妇女们失掉了品德，便会有许多缺点继之而来。她们的灵魂会极端堕落；而且在这个主要之点失掉以后，许多其他方面也会随之堕落。"

正如孟德斯鸠所说的那样，恶性膨胀的彭梅秀，竟然发展到不知自己是何许人也，更不知道自己有几斤几两了。

刘少奇顺应民心，果断解散公共食堂，给天华大队带来了生机和活力。如日月昭昭，这是有目共睹的。

然而，面对这种转机，彭梅秀却是另一种心境。不过，她的出发点和落脚点不是天华大队，而是她个人的私心恶性膨胀。这是刘少奇意料之中的事。

当彭梅秀听说刘少奇约请段树成去谈话之后，她感到恼羞成怒，并且十分不满，急得像热锅上的蚂蚁，暴跳如雷，竟然在自己家里摔东西、拍桌子。

在彭梅秀看来，她是天华大队党总支书记，就是中国共产党在天华大队的化身，她的权威在天华大队是至高无上的。外面来的工作干部，不管是什么级别，即使是县里的、省里的哪怕是国家主席，来到天华大队开展工作，找人谈话，都要事先向她报告，并且都要经过她的同意。否则，那就是目无法纪，是对她天华大队党总支部书记权威的挑战。

按照彭梅秀的逻辑，段树成头上的右倾机会主义分子的帽子是定了铁案的。他反对总路线，反对大跃进，跟彭德怀一个鼻孔出气，政治上完全站在党的对立面。挖出这个隐藏在天华大队党总支内部的右倾机会主义分子，是天华大队党总支的一大胜利，也是天华大队党总支书记彭梅秀的一大功劳。现在，刘少奇竟然找段树成谈话，这将在社员群众中会造成什么样的影响呢？难道段树成不是右倾机会主义分子吗？如果是这样，那么，彭梅秀就站在被告席上了，因为是在她的领导下，亲自指挥把一个段树成整成了右倾机会主义分子的。彭梅秀是无中生有故意制造事端，还是挟嫌报复陷害同志呢？

辩证法认为，矛盾是对立统一的。对立的双方只有一方是正确的，不是彭梅秀，就是段树成，二者必居其一。

在彭梅秀看来，自从1953年那个春光明媚的日子，自己戴着大红花从县长手里接过奖给她的一头牛，一头戴着大红花的大黄牛。从那时起，她就是天华大队正确路线的代表。段树成算是一个什么角色呢？是一个地地道道的老右倾。

彭梅秀越想越气愤。她脸色煞白，呼吸急促，仿佛一头发威的母老虎。她一气之下，冲出家门，几乎是一路小跑，飞奔到了王家塘。

这时，刘少奇与段树成的谈话正在进行之中。

王家塘屋门前的空坪，站立着两个穿灰布中山装的年轻人，那是湖南省公安厅按照规定给刘少奇派来的警卫干部。这两个警卫干部都认识彭梅秀，见她神色异样，连忙迎上去，说："彭书记，刘主席正在跟人谈话。"

彭梅秀不理睬警卫干部的提醒，继续急步往前冲。

在这种情况下，警卫干部跨前一步，语气很平和，那手势却十分坚决，说："彭书记，请您止步！"

彭梅秀大发雷霆，说："怎么，你还敢拦我的路？"

两个警卫干部像两堵山似地，挡在彭梅秀前面，说："彭梅秀同志，刘主席正在工作，请您不要打扰，立刻离开这里！"

中共长沙县委派到天华大队来给刘少奇当向导的工作干部老王，连忙跑过来，问："梅秀，你有事吗？"

见到了熟人，仿佛抓到了救命的稻草。彭梅秀更放肆了，高声嚷道："正是春耕大忙季节，你们——"她指指两名警卫干部，"屋里还有几个——"她指着刘少奇住的房子，"你们吃得饱饱的，坐在屋里讲空话，耽误生产，群众有意见咧，不知你们在这里搞些什么名堂咧！"

彭梅秀声音越说越大，急坏了长沙县干部老王。在刘少奇的窗户底下，彭梅秀竟然大声喧哗，老王也没有制止得了，怎么向刘少奇解释呢？且不说他是中共中央副主席、中华人民共和国主席，同时也是公社的、县里的、省里的客人呀！彭梅秀如此放肆，公社、县委、省委都将十分难堪。

长沙县干部老王当机立断，迅速走上前去，一把将彭梅秀拉走。彭梅秀不肯离开。

在附近参加集体劳动的两个社员，也赶过来帮着长沙县干部老王拉走彭梅秀，他们三个合力，一直将彭梅秀拉到王家塘对面的公路上。

彭梅秀暴跳如雷，越拉越跳得厉害。被拉到了公路上后，她还大发雷霆，仿佛一个感情失控的泼妇，歇斯底里地大喊大叫："刘胡子，你到天华大队来搞我的名堂，我不怕你！"

长沙话语言非常丰富，骂人像唱歌，有些话因时间、场合和说话人的情绪而含义完全不同。比如"胡子"，如果两人友好，叫"胡子"就显得亲切。如果瞧不起对方，叫"胡子"，就是一种奚落。此时此刻，彭梅秀叫"刘胡子"，应该说奚落咒骂兼而有之。

其实，刘少奇不留胡子。彭梅秀之所以用这样的当地土话喊叫，只是表达自己心中的一种不满。

正在屋里和段树成谈话的刘少奇，还有段树成，都听到了彭梅秀在外面的叫骂声。他们排除干扰，任凭风浪起稳坐钓鱼台继续谈话。

秘书吴振英请示刘少奇："是不是把彭梅秀同志请进来谈谈，听听她到底有些什么意见?"

刘少奇摆摆手，说："现在她正激动，不可能冷静地讨论问题，等几天再说吧!"

刘少奇一步蹿到窗前，叹了口气说："我身为党的副主席、国家主席，想了解一点真实情况竟然这么困难。想随便找人谈谈话，都要受到责难、咒骂。这正常吗?"

为了使彭梅秀能够真正认识天华大队暴露的问题，并能实事求是地及时纠正，刘少奇曾请省里的革命老大姐易湘苏亲自与她谈心解结。

刘少奇知道彭梅秀的母亲昨天病故后，嘱咐中共湖南省委一位领导代他前往悼念，寄托哀思。

然而，这一切都没有真正感化彭梅秀。此后的几天，她越来越放肆：对中共中央下发的"六十条"，她公然采取抵制的态度；对中央调查组的工作，她处处为难设置了种种障碍。

中共长沙县委不得不采取组织措施，经过研究决定将彭梅秀调离天华大队。

八、最后一次谈话

1961年4月30日是刘少奇在天华大队调查研究的第十八天。

这天下午，中共湖南省委第一书记张平化、长沙县县长李满成、长沙县农村办公室主任汪季平、中共福临区区委书记廖国钧等，一起来到天华大队开会。刘少奇和张平化以及中共长沙县委的同志商定，让彭梅秀换一个工作环境，调她到福临公社任党委副书记。天华大队党总支书记由段树成接任。

会场是借用嘉留学校的礼堂。会上，中共长沙县委宣布彭梅秀调动工作的决定。同时宣布，经过县委研究甄别，决定为段树成同志平反，撤销戴在他头上的"右倾机会主义分子"的帽子。在大队党总支还没有改选之前，组成党的核心小组领导天华大队的工作。核心小组由段树成任组长。

会前，中共福临区区委书记廖国钧找彭梅秀个别谈话，指出过去办公共食堂，以及"大跃进"中的浮夸风、强迫命令风、一平二调损害群众利益等"五风"错误，不是彭梅秀一个人的责任，中央、省、县、公社都有责任，要她正确对待。现在调动她的工作，不是要处分她，而是考虑调动对工作有利，对她本人也有利。要她服从县委的决定。

在那天的会上，各级领导都作了自我批评。刘少奇说："社员群众生活过得很苦，不能完全怪基层干部，上边也要负主要责任。有些事是中央提倡的，如大办食堂，大办水利，大办万头猪场，根子还在中央。我们的工作做得不好，对不起你们。"

刘少奇态度非常诚恳。有哪个见过国家元首在会议上勇于承担责任，向基层干部作检讨的呢？只有刘少奇！古今中外，空前绝后！

中共湖南省委第一书记张平化说："报喜不报忧，根子在省委，省委听到好的就高兴，助长了浮夸风。"

中共长沙县委副书记、县长李满成说："我们没有走好群众路线，假如多听听群众意见，怎么会有这么多的损失呢！"

一位常来天华大队跟踪报道模范典型的《湖南日报》记者说："真实是新闻的生命。我写过许多夸大其辞的报道，感到很内疚，教训深刻！"

国家主席、省委书记、县委领导，还有报社记者都真心实意、深刻沉痛地向基层干部和社员群众当面道歉，人们增强了信心，看到了希望，决心齐心合力走出困境！

然而，就在大家兴高采烈的时候，彭梅秀突然闯进了会场。

彭梅秀破罐破摔。她大哭大闹，躺在地上打滚，破口大骂"刘胡子"……

凡是敌人拥护的我们就要反对，凡是敌人反对的我们就要拥护。在史无前例的"文化大革命"中，颠倒黑白成为时尚。已经死去三年的彭梅秀，成为了"英雄"。当时，她闯进会场大哭大闹，躺在地上打滚，破口大骂"刘胡子"……这些行为本来有损一个大队党总支书记的形象，却被说成是"革命行动"，还夸奖她是先知先觉的"反刘英雄"。不仅彭梅秀，她的一些亲属也跟着出尽了风头。此一时彼一时。这是后话。

太阳快要落山了，月亮温柔地把它的光辉洒向大地。会议不欢而散。

晚饭后，刘少奇要动身去长沙参加第二天的"五一"国际劳动节纪念庆祝活动。临行前，他当即把彭梅秀、段树成等几个骨干请到一起开谈心会。

彭梅秀开始不愿意来。吉普车已经发动了，刘少奇想了想又要秘书吴振英去把彭梅秀请来，同她作了最后一次谈话。

刘少奇不是以身居高位的领导人的口气，而是以同志式的商量口气与他们谈话：

> 在你们这里住了十多天，麻烦了你们。今天准备回长沙去了。请你们来谈一谈。在这里，我本来是想来了解一些情况，同时对食堂问题、粮食问题、供给问题、房子问题也想听听大家的意见，看怎么解决好。中间经过一番波折，不那么顺畅。现在，我看最后还是好。原来我到这里来，也是听同志们讲天华大队好，是一类队。我到这里来以后，也说过是一类队。我看，天华大队的确有些工作是做得不错的，是有成绩的。彭梅秀同志，你们工作是有成绩的，不是没有成绩的。但是不是那么很好，就没有缺点了，就没有错误了，什么都是好的，一点缺点、错误都没有，是不是这样？恐怕也不能这样说嘛！也还是有缺点错误的，不过这方面我还了解得不太清楚。

听说彭梅秀同志这几天很着急，着什么急？对就对，不对就不对。成绩就是成绩，不是成绩就不是成绩。好就是好，不好就是不好。当然，讲好，总舒服一点儿。但缺点要让人家讲。如果你是好的，人家说不坏。所以，不要去务那个虚名。过去说得过火，主要不由彭梅秀同志负责。

当刘少奇说到这里，张平化主动承担了责任，说："主要由省委负责。"

刘少奇也认为省委过去长期在这里办点，应该首先对天华大队的困难和问题负责。他毫不客气地说：

恐怕主要责任应由上面负，由省委、县委负。当然彭梅秀同志作为一个党员来讲，也不是没有一点儿责任，但天华大队的同志们不负主要责任。如果自己要作自我批评的话，自己也可以作一点儿自我批评，也不是一点儿责任也没有。即使有缺点、有错误，不要紧，有缺点可以改正，有错误可以改正。共产党员总要做事情，做工作，工作做得多，不会没有缺点没有错误的。所以，工作中间发生一些缺点，发生一些错误，不要紧。问题是在于改正，如果坚持不改，就变成大错误了，那就不好。有缺点，有错误，要改正，改正过来就好了。我想，以后很多事情要由社员自己作主，由社员自己当家作主。

我想是这样，虽然有许多错误、缺点，只要你们努力工作，还是可以改过来。我走了，还会有同志帮助你们，但主要是靠你们，靠天华大队的党员、干部和所有的社员同志。靠你们自己，工作队只是帮助你们。什么事情都要你们自己主动负责，不要什么事情都是工作队怎么办就怎么办。自己拿出主意，拿出决心，工作队只是帮助你们。要向社员讲这些话，共同把这个工作搞好，把天华大队搞好，有利于所有的社员。

在这里住了十几天，要回长沙了，今天同你们讲这么几句，行不行？

刘少奇讲到这里，彭梅秀悔恨交加，激动地说："我们天华大队的问题是严重的，我们水平有限看不到。如果不是中央这次来，问题发展下去后果是相当严重的。我应该负主要责任。整个天华大队存在问题不少，这些问题前一段我认识不够，思想上有毛病，这几天易湘苏大姐、几位（省委）书记对我的教育帮助很大。刘主席很英明，来帮助我们发现了问题。下一次，我向全体党员、干部作检讨，对自己的缺点、错误作检查。刘主席、各位书记、易大姐对我的教育帮助很大，我很感谢！"

刘少奇对彭梅秀的转变很满意，接着说：

> 你这个态度很好。作为一名共产党员，到底是做一年还是做两年？做两年就不做了，是不是这样？不是这样嘛！而是一辈子做下去嘛！做到死嘛！……社员群众说我今年来没有吃上红薯、芋头和鸡蛋，明年我再来一定有红薯、芋头和鸡蛋吃，我明年争取再来。

谈心会结束，刘少奇这位满头银发的老共产党员，再一次握着彭梅秀这个年轻共产党员的手，语重心长地说：

> 我作为国家主席，是你的领导；作为共产党员，我们是同志。天华大队的工作，有一些好的经验，但问题也不少，要总结。你们要做真正的"红旗"，向前发展！

谈话完毕，已经是深夜9点多了。月光如镜，和煦的春风吹拂着久冻的原野。

刘少奇一行，结束在天华大队的蹲点调查，准备转移到下一个地点。彭梅秀含着热泪，欢送刘少奇一行。

在茫茫夜色中，刘少奇偕夫人王光美，还有秘书吴振英等几个工作人员，乘坐吉普车离开天华大队。

从 4 月 12 日至 30 日，刘少奇在天华大队整整调查了 18 天。他在天华大队，首先是较好地解决了食堂问题，然后逐步解决了解散食堂问题、粮食问题、社员住房问题、山林问题、民主与法制建设问题。此外，他在天华大队期间还就社办企业、农村手工业、农村商业以及国家干部职工在农村的家属的待遇等问题作了调查。

第十一章 来到宁乡

一、繁忙的"五一"劳动节

1961年5月1日是国际劳动节。

刘少奇从天华大队回到长沙，第二天正好是"五一"国际劳动节。他出席了湖南省长沙市军民在烈士公园举行的庆祝"五一"国际劳动节活动。

除了出席中共湖南省委举行的庆祝活动，刘少奇还以自己独特的方式，庆祝"五一"国际劳动节。这一天，他还做了两件很有意义的事情。

这天，刘少奇同《人民日报》副总编辑胡绩伟等谈话，指出：

> 三年来，报纸在宣传生产建设成就方面的浮夸风，在推广先进经验方面的瞎指挥风，在政策宣传和理论方面的片面性，这些，对实际工作造成很大的恶果。你们宣传了很多高指标，放"卫星"，《人民日报》提倡错误的东西，大家也以为是中央提倡的。报纸上发表的一切文章都应该是调查研究的结果。

这天，刘少奇写信给中共湖南省委第一书记张平化："湖南农村的住房问题，是一个目前就需要处理，而要在二三年内才能解决的重要问题。调查组在广福公社天华大队关于房屋情况的调查和处理意见，可以作为各地处理农村房屋问题的参考，请你考虑是否可将这个文件发给各地？"

同时，刘少奇还给张平化附上了《关于广福公社天华大队房屋情况调查和处理意见》的报告。这个报告是中央调查组根据天华大队解决群众住房的方案起草的。

当天，中共湖南省委将刘少奇的信和调查组的报告转发全省，对全省解决农村住房问题起了指导作用。

二、不住县里的招待所

1961 年 5 月 2 日上午，太阳从东方冉冉升起，光芒万丈。

刘少奇偕夫人王光美，还有秘书吴振英等几个工作人员，乘坐吉普车，兴致勃勃地来到了宁乡县城。

宁乡，地处湘中东北部、长（沙）株（洲）（湘）潭金三角地带，是长沙通往湘中、湘北之要冲。宁乡是省会长沙的西大门，距长沙市中心 36 公里。宁乡地势由西向东呈阶梯状逐级倾斜，属亚热带季风性湿润气候。

自三国时开始，这一片文明热土便引人注目。唐贞观元年（627），国家太平，政局稳定，取"乡土安宁"之意，改新康县为宁乡县。据《汉书》："孔永封宁乡国为食邑"，以故国为名。据《古今图书集成》："唐始析益阳地置宁乡"。宋太平兴国二年（977），置宁乡县，隶潭州长沙郡。

新中国成立后，宁乡曾归属益阳、湘潭两地区，1983 年划归长沙市辖。县人民政府驻玉潭镇，距省会长沙市 40 公里。宁乡是全国闻名的"鱼米之乡"、"生猪之乡"、"茶叶之乡"，先后被列为全国优质米、瘦肉型猪、水产品生产基地，生猪和粮食产量分列全国第五位和第九位。县内矿产资源丰富，已探明的矿产有 40 多种，目前已开发利用的有煤、铁、锰、铀、金刚石、海泡石、花岗岩等 20 多种。

土宁乡人在外买东西，总要跑三四个店子，先问问价，又比比货，然后再择其中一家购买。其理由是："货比三家不吃亏"、"不怕不识货，就怕货比货"。这"买三家"，"货比货"，使宁乡人在外进货购物时，很少吃亏；宁乡人不管在哪里上学读书，大都勤学好问，争强好胜，其理由是："学问学问，勤学好问"，"多读书，不得输"，因此，宁乡学子的学习成绩大都引人注目；宁乡人成了名人或是大人物，穿着上仍很随便，不修边幅，其理由是："秀才不怕衣服破，就怕肚子里没得货"，等等。宁乡人干什么都爱说个理由，譬如：鼓励你学手艺，就会说："草鞋没样，边打边像"；批评学习不求真懂的人就说："不懂装懂，一世饭桶"；对旧的师徒关系不满，就说："徒弟徒弟，三年奴隶，呷（吃）不得饱饭，打不得臭屁!"……宁乡人挂在嘴边或放在心里所念叨的这些，都是千百年来形成于宁乡地区劳动群众之中的民间谚语。这些谚语是经他们创作并广为口头流传的定型化的艺术短语，它形象地总结了人们的生产经验，生活知识和道德规范，以惊人的准确性，道出了事物十分复杂的本质，是带有讽劝、训诫、经验和哲理性特征的语言结晶。

宁乡是刘少奇的故乡。1916年那个夏天的晚上，他乘着夜色离开宁乡县城，就再也没有来过宁乡县城。45年后重返故地，久违了的县城熟悉而陌生。

刘少奇回到故乡，不希望大肆张扬。他这次来到宁乡县城，乘坐的是一辆绿色的篷布吉普车，身上穿的是一套蓝布制服，头上戴的是一顶蓝布帽子，脚上穿的是一双家制的青布鞋，普普通通，毫不引人注意。

由于轻车从简、穿着朴素，刘少奇在宁乡还闹出了一个笑话。身为中共中央副主席、中华人民共和国主席，刘少奇乘坐的还是那辆嘎斯69吉普车。车子在中共宁乡县委会大院里刚刚停稳，他下车就往里边走。这是一幢二层红砖楼房。

中共宁乡县委已经接到了通知，说刘少奇同志将于近日到达宁乡县。刘少奇具体是哪一天到，上级没有说明，指示他们认真做好准备。刘少奇前一次回宁乡，在王家子湾工作了六天，中共宁乡县委的同志本来打算去看望他，他却捎信说同志们都很忙，就不必讲那些客套了。中共宁乡县委的同志果然就没去。现在，刘少奇要来县里，大家都很高兴。

在翘首盼望中，忽然得到通知说"刘少奇同志已经到了"。中共宁乡县委几位书记欣喜若狂，急步下楼，出门迎接中共中央副主席、中华人民共和国主席刘少奇。

在县委大院里，刘少奇与中共宁乡县委第一书记康政走了个照面儿，也没有被认出来。在走廊上，中共宁乡县委副书记何长友差点与刘少奇撞了个满怀，还以为是上门办事的老农，没能引起注意。

两辆吉普车停在中共宁乡县委大院里，却不见刘少奇。只见一位40来岁的女同志手里拎着包，正往里边走。忽然有人认出了这位女同志，说那是王光美。

何长友感到很惊讶，连忙上前招呼："这不是王光美同志吗？刘主席呢？"

王光美忍不住笑了，说："少奇同志已经上楼了呀，你们没有碰到？"

中共宁乡县委几位书记异口同声地说："没有哇！"

　　1961年5月2日，刘少奇轻车简从、穿着朴素来到宁乡县党委机关大院。他与中共宁乡县委第一书记康政走了个照面，也没有被认出来。

王光美肯定地说："没错，刚刚从大门口进去的！"

"啊！"康政见自己同刘少奇打了个照面儿竟然没有认出来，感到不好意思，差点笑出声来。

何长友猛一愣神，刚才差点与自己撞了个满怀的那位老农，难道是刘少奇同志？

大家连忙转身，赶快往屋里跑，只见接待室里果然有一位老人，他头戴蓝布帽，身穿蓝布中山装，脚穿一双家制的青布鞋……

是啊！中共宁乡县委的领导怎么能想到，身为中共中央副主席、中华人民共和国主席的刘少奇，竟然是这样朴素无华、普普通通地出现在他们面前呢？何况，这是回到他阔别几十年的家乡啊！

何长友为自己刚才的鲁莽感到难堪。他结结巴巴地说："我……我刚才没想到您就是刘主席！"

刘少奇微笑着，幽默地说："照你的想法，国家主席应该是什么样子呢？你看我，是不是也长着横眼睛、直鼻子呢？"

说罢，引起哄堂大笑。

中共宁乡县委、县人民政府有一个招待所，其中有几间是专门招待重要客人的房子。为了接待中共中央副主席、中华人民共和国主席刘少奇，被子已经换过了，房间彻底打扫了一次卫生。对于刘少奇一行的伙食，他们也做了一些必要的安排。

然而，刘少奇却不住招待所，说在这办公楼找一个小房间就可以了，吃饭就在机关食堂。

康政微笑着说："您是客人，应该住招待所。"

刘少奇感激地说："宁乡是我的家乡呀，你怎么能把我当客人呢？听说你是河北大名县人，你回老家去，在你的乡亲面前，好意思摆出个架子吗？"

康政连忙解释说："住办公楼，条件太差了呀！"

刘少奇脸色变得严肃起来。他身为中共中央副主席、中华人民共和国主席，又一把年纪了，下来调查研究，住得舒适一些，吃得稍好一些，似乎也不是什么了不得的问题。可是，他认为如果自己这么做了，那么，省里的同志，还有县里的、公社的同志，也经常要下基层，如果互相攀比，讲条件，图舒适，那将是一种什么景况呢？

刘少奇笑着说："一个地方搞几间像样一些的房子，我也不反对。但人是要有一些精神的。眼下老百姓食不果腹，居无安寝之所，我们更应该以身作则，生活向下看，工作向上看！"

最后，刘少奇在中共宁乡县委办公楼的二楼，找了一间约10平方米的房子，作为他的临时住所。

那是中共宁乡县委的电话会议室，平时没有人在屋里办公。电话会议室有一张又长又宽的会议桌，刘少奇把带来的背包打开，铺在桌上，便成了床铺。

遗憾的是，那张油漆脱落的会议桌现在已经找不到了，也许在"文化大革命"中被造反派一把火烧了吧。如果还能够找到，将它陈列在中国国家博物馆里，上面标明"这是中共中央副主席、中华人民共和国主席刘少奇睡过的会议桌"，其教育意义非同小可啊！

安顿下来之后，刘少奇即投入工作。

三、毋忘国耻

刘少奇回到宁乡县城，故地重游。他感慨万千，往事历历在目。

那是1915年的事情。刘少奇在玉潭学校的三年当中，对他影响最大的一件事，是参加声讨袁世凯的卖国罪行。这是他第一次投身到爱国的群众性运动中去，打破了他以往埋头读书的平静生活。

1915年5月，中华民国大总统袁世凯接受日本政府提出的"二十一条"，把大量中国主权出卖给日本。消息一传出，极大地激怒了全国人民，各地纷纷举行游行示威和通电抗议活动。

消息很快传到了长沙、宁乡。当时，玉潭学校有一位教国文的梅先生，怀着满腔爱国热情，在课堂上大胆地揭露了袁世凯的卖国嘴脸。他讲得慷慨激昂，声泪俱下。

刘少奇和学生们听了，一个个摩拳擦掌，义愤填膺。刘少奇带头刺破手指，和一些同学用自己的热血，写下了"誓雪国耻，勿忘国耻"的血书。

随后，刘少奇和贺执圭等同学，迅速组织了一场声势浩大的轰动全县的游行示威。玉潭学校的师生们肩并肩、手挽手，率先走出校园，举行罢课游行。全校400多名学生，手执红绿小旗，高呼着口号，行进在县城的大街小巷，愤怒声讨袁世凯的卖国行径。

在玉潭学校的带动下，宁乡第一女校等其他几所学校也奋起响应，加入到浩浩荡荡的游行队伍之中。

刘少奇成为这次讨袁斗争的骨干分子。他和几个同学胸前都挂着"毋忘国耻"的牌子，手里拿着"内除国贼，外抗强权"的小旗，喊着口号走在游行队伍的前面。

游行后，刘少奇又和同学们在几处闹市街头组织演讲，向群众宣传救国道理。他们义愤填膺，还组成抵制日货的小组，同工商界爱国群众一道将商店里的日本产品检查封存，劝导商人不要再贩卖日本货。

抗议活动一连持续了好几天，使这个平时比较宁静的小县城，到处充满炽热的爱国气氛。年龄还不满十七岁的刘少奇，积极组织并投身于这场声势浩大的讨袁斗争，第一次经受了群众性的政治风暴的洗礼。从此，他踏上了漫长的革命道路。

为了表示自己誓死保卫炎黄子孙、振兴中华民族的决心，刘少奇将自己的字"渭璜"改为"卫黄"。他在自己的书本、作业簿上，都用毛笔重新写上了刘卫黄这个新名字。在此后几十年的革命生涯中，刘少奇曾用过许多化名和笔名，"刘卫黄"是他为革命而起的第一个新名字。

刘少奇刚回到宁乡县城，玉潭学校的老同学们闻讯便赶来看望他。

昔日同窗好友相见，感到分外亲热。和刘少奇一起参加当年声讨袁世凯活动的同学贺执圭、彭国栋回忆说："刘少奇平时在校文质彬彬，沉默寡言，但是，当时一坐到反对袁世凯与日本签订丧权辱国的'二十一条'、声援救国的大会上，他却能长篇大论，慷慨陈词，非常感人。"

彭国栋还记得当年游行的一些情节，以及刘少奇背上的那块牌子所写的内容，还记得是谁写的。那时，他们共同的理想和追求是祖国强盛，人民不受帝国主义的欺侮。

半个世纪过去了，中国人民前仆后继，终于迎来了革命的胜利。新中国成立后，全国各族人民翻身得解放，做了新中国的主人。如今，昔日的同学们都成为祖国的建设者和保卫者，在各自的工作岗位上为祖国的建设添砖加瓦，贡献力量。

刘少奇成为中共中央副主席、中华人民共和国主席。同学们都认为他最有出息，是大家学习的好榜样。围着他叙旧话新，促膝谈心。

然而，刘少奇却始终高兴不起来。

由于工作上的失误，加上自然灾害，人民生活竟然如此困难。刘少奇认为自己负有一定的责任，并且不可推卸。在自己少年发奋之地，面对昔日的同窗好友，他感到无颜面对父老乡亲，内心深处，一种愧疚之情油然而生。

四、听取中共宁乡县委汇报

1961 年 5 月 2 日下午，中共宁乡县委会议室。刘少奇与中共宁乡县委几位主要负责人谈话。

中共宁乡县委书记康政，首先向刘少奇汇报情况。

刘少奇听取了康政的汇报后，焦急地问："宁乡有多少社员群众死于饥荒？"

大家都沉默着，好像在回避着什么。

在刘少奇的一再追问下，其中一位说："据不完全统计，大约有两万多人……"

话还没有落音，中共宁乡县委副书记何长友接着说："不止这么多。

据我在整风整社中掌握的情况，全县有四万五千多人，或因饥饿，或因疾病，还有的是在修黄材水库的工地上死亡的。"

刘少奇突然想起了彭满阿婆的儿子彭文海死亡的经过，焦急地问："水库工地死亡的人，是不是因为挖神仙土被埋的呢？"

何长友望着县委其他几位领导同志，欲言又止。

刘少奇很是不快，说："难道你们还有什么顾虑，不愿讲真实情况？人都死了，更应该实事求是啊！"

1958 年，在离县城约 52.5 公里的黄材公社以西 3.5 公里的寨子山下，兴建黄材水库。

黄材水库兴建在湘江一级支流沩水上游。按照设计，水库将蓄水 1.5亿立方米，可灌溉农田 30 万亩，是当时全国大型土坝工程之一。库区淹没农田 2000 余亩，土石方约百万余方。这本来是宁乡县的远景规划，由于"大跃进"的号角吹响，黄材水库工程立即上马。

那是一个号称敢想敢干的年代。"人有多大胆，地有多大产"、"有条件要上，没有条件创造条件也要上"，这些张贴在墙壁上的标语，就是那个时代最响亮的口号。没有器材，全县征集；缺少资金，大搞摊派；没有施工机械，就搞人海战术……

中共宁乡县委、县政府率领全县人民，自力更生，艰苦奋斗。全县84 万人口，不管男女老少，能跑得动的都要上黄材水库工地，经常在工地上劳动的达 10 万之众。他们用最原始的操作方法，一锄一锄地挖土方，一担一担地挑到坝上，四人一组抬着石夯砸紧。

一些带有浪漫色彩的口号，武装了人民的头脑，并且付诸实际行动。比如，"跑步进入共产主义"。黄材水库工地上挑土的、搬石头的，都得将口号内容落实到劳动中，必须小跑前进。否则，那就是对"大跃进"有抵触情绪，挨批挨斗挨打是家常便饭。挑土、搬石头重担在肩，要求小跑前进，风险是可想而知的。

冬季施工，指挥部提出的口号是："北风当扇摇，白雪当战袍。老的要学黄忠老来红，少年要立志当罗成，妇女个个争当穆桂英。"因为冬季是农闲时节，全县人们群策群力，积极支持建设黄材水库。为了显示冲天的革命干劲，人们根据自己的情况选择角色，如扮演黄忠、罗成、穆桂英的，在工地参加劳动都要像在戏台上一样画彩脸，而且要求一律打赤膊上工地。

由于瞎指挥，黄材水库工地上有不少老者、少年、妇女在赤膊上阵、涂头画脸这种恶作剧中被活活地冻死了。

刘少奇听了，心情沉重。

第十二章　回到家中

一、傍晚回家

1961年5月3日傍晚，夜幕降临，路上行人稀少。

在宁乡通往花明楼的砂石公路上，两辆吉普车，一前一后，从县城向花明楼方向颠簸驶去。

到了炭子冲，两辆吉普车都停下来了。

原来，刘少奇偕夫人王光美，还有秘书吴振英等几个工作人员，回到了炭子冲。20多天前，他路过家门而不入。现在，他终于回到了炭子冲。这里是他的桑梓胞衣之地，魂牵梦萦的地方啊！

这是刘少奇最后一次回到家乡，也是王光美在1948年同刘少奇结婚后第一次来到婆家。夫妻双双把家还，他们就住在刘少奇诞生和度过青少年时代、陈设十分简陋的老屋里，对乡亲们的生产和生活进行了深入细致的调查研究。

衣锦还乡，也叫衣锦荣归，古时候指做官以后，穿了锦绣的衣服回到故乡向亲友夸耀。在历史长河中，曾经流传着许许多多衣锦还乡的故事。上至帝王将相，下至贩夫走卒，一个个做了官发了财，都要衣锦还乡。项羽曾经说过："富贵不归故乡，如锦衣夜行。"意思是说，升官发财之后，如果不到故乡去走一走、看一看，就好像穿着漂亮的衣服在夜晚行走。漂亮的衣服虽然穿在身上，也等于是白穿了，因为天黑别人根本就看不见，不知道穿着漂亮衣服的是何人，家住哪里，姓什名谁。项羽所说的虽然有些偏激，但是反映了人们的思想观念。

汉高祖刘邦曾在班师回京途中，趁便回到了自己的故乡沛县中阳里。刘邦趾高气扬，并且写了一首《大风歌》："大风起兮云飞扬，威加海内兮归故乡，安得猛士兮守四方！"

元曲《高祖还乡》，真实地记录了刘邦衣锦还乡的盛况，并且耐人寻味。我们可以想象，衣锦还乡的刘邦，是何等的威风，踌躇满志啊！

刘少奇不希望兴师动众。他这次回乡，身上穿的是一套蓝布制服，头上戴的是一顶蓝布帽，脚上穿的是一双青布鞋，简简单单，普普通通。

湖南农村有这样的风俗习惯，在外面闯世界的人荣归故里，乡亲们总是格外隆重地迎接。在封建社会，炭子冲曾经出过一位秀才，当这位考场上的优胜者归来的时候，人们敲锣打鼓，燃放鞭炮，舞起狮子、龙灯，全村男女老少都跑到村口去迎接。

很明显，刘少奇是少小离家，老大回归。在推翻压在中国人民头上的三座大山、建立新中国的伟大斗争中，他出生入死，艰苦卓绝，贡献了自己的青春和才华。党和人民十分信任他，把他推到了中共中央副主席、中华人民共

1961年5月3日，刘少奇偕夫人王光美穿着简单、朴素，不希望兴师动众，傍晚低调回家。这是刘少奇最后一次回家，也是王光美同刘少奇结婚后第一次来到婆家。

和国主席的位置上。如果乡亲们也像迎接从考场归来的秀才那样，敲锣打鼓前来迎接他，他会感到很难堪。当年，他摸黑从宁乡县城出发去长沙，不事声张。如今，他也要这样回炭子冲去。在他的天平上，任何了不起的功劳和显赫的头衔都将黯然失色，唯有乡情乡谊重千斤。

本来，中共宁乡县委在花明楼公社准备了12间房子，作为刘少奇和随行人员的居住、工作用房。然而，他却谢绝了中共宁乡县委的好意，连看也没去看一眼花明楼的住房，晚上就不声不响地走进了炭子冲他家祖传的旧宅，还是住在他小时候住的那间屋子里。

中共花明楼区委机关就在炭子冲附近。区委的同志闻讯摸黑赶来了，请刘少奇去区委机关休息。区里已在二楼腾出了12间房子，供刘少奇及夫人还有他的随行人员使用。

花明楼区委为了表达他们的一片热忱，还特地弄来了两张沙发，陈设在供刘少奇下榻的房间里。那时，沙发还是一件十分稀罕的家具，大多数人见也没有见过。因为刘少奇是花明楼区委最尊贵的客人，也是最高级别的领导。

刘少奇感谢花明楼区委的盛情，激动地说："不必麻烦同志们了，我就住在炭子冲！"

区委书记诚恳地说："炭子冲没有电灯，屋里又很潮湿，还是请刘主席住到区里去。"

刘少奇微笑着说："区公所说到底还是机关嘛。我住在那里，你们再派两个把门的，群众就不敢来了。我们下乡来搞调查研究，了解农村情况，见不到群众不成了瞎子、聋子吗？我住炭子冲，群众上门来，挨门以候，随时都欢迎！"

说罢，刘少奇手拿一支手电筒，快步走过堂屋，进了左边的房间。再过一个小天井，有一间约10平方米的房子。他离开炭子冲已经几十年了，穿堂入室，十分熟悉，根本不用别人带路指引。

刘少奇用手电筒四处照射着，泥墙，做工粗糙的木窗户，屋里有一张

1961年5月，回到故乡的刘少奇直接就在祖传的旧宅中安顿下来，仍旧住在他小时候住的那间屋子里。

油漆已经脱落的架子床，一张高矮宽窄不成比例的小方桌。所有陈设都年代已久，毫无现代气息。

俗话说得好，金窝银窝不如自己的狗窝。走进自己儿时的住房，刘少奇感到仿佛有一个磁场，深深地吸引着他，使他在这里不想离开。

刘少奇很激动，说："我，就住这间！"

原来，这是刘少奇少年时代的书房。他曾在这间陋室挑灯夜读，博览群书。

工作人员马上拿来一盏煤油灯，顿时屋里亮堂起来。

刘少奇兴致勃勃，再一次环顾着四壁。

看到自己儿时喜欢读的书籍，还有装书籍的书柜不见了，刘少奇不免有些惋惜。他感慨地说："还是原来的老样子，床也是这么放的，桌子也是这个样子的。那时，我在这桌上做功课。噢，对了，靠墙的地方还有一个书柜，装着许多书，都是经、史、子、集。只可惜，书柜和书都不见了！"

区委书记有意使气氛活跃起来，说："刘主席最爱学习，听老人们说，那时您还有一个绰号……"

刘少奇笑了，问："怎么，你也知道，你说说他们叫我什么？"

为尊者讳是做人的修养和品德。区委书记不好意思说，没有开口。

刘少奇脱口而出："他们都叫我刘九书柜。"

家国情怀是中国的一大特色。在湖南农村中，兄弟的排列，有的是共一个祖父，有的是共一个曾祖父，常常排出十几个或二十几个兄弟来。这是一种有趣的民俗学现象。乡间聚族而居，兄弟众多，以显示出这个家族的强大。刘少奇同胞一母四兄弟，他是祖父刘得云的第九个孙子，因而叫刘九，昵称"九满"。

当着众人说出自己的绰号，刘少奇既是得意，也是自嘲。

对自己少年时代的读书生活，刘少奇至今都怀着美好的回忆。炭子冲以耕读传家，父母以种田为主，同时也兼做谷米和米酒的生意。有时，刘少奇还要帮家里人卖酒。他更爱读书。站在柜台上帮助父母做买卖的时候，他手里也经常拿着一本书，边做生意边读书，手不释卷。

离炭子冲二里路远的南塘湾，有一位叫刘甲三的本家，几代都是读书人，家里藏书十分丰富。刘甲三的父亲搞过"洋务运动"，他家除了收藏古籍，还有许多工业技术、医学、哲学等方面的书籍。刘少奇经常去他家看书。有时，他还把没有看完的书，用一块蓝花布包裹好，借回家继续阅读。

20世纪40年代，刘甲三募集资金创办南塘学校。远在延安的刘少奇从家信中得知，十分高兴。他从自己有限的津贴费中，拿出平时省吃俭用的50元钱，寄给初创的南塘学校，表示他对家乡教育事业的关心和支持。

同学周祖三的父亲曾官费留学日本，是孙中山先生领导的同盟会的会员。他家有一间专门珍藏中外图书的书房。刘少奇经常到周祖三家串门，在周家的书房博览群书。他在那里读到过康有为、梁启超、谭嗣同的诗文和著述，还知道了卢梭、华盛顿、瓦特和富兰克林等外国政治家、科学家的名字与建树，大大开阔了少年刘少奇的眼界，使他很早就懂得了生活的艰辛和世界的宽广。

在人们的心目中，少年刘少奇勤奋好学，手不释卷，且知情达理。他排行第九，大家便都叫他"刘九书柜"。既是调侃，也是乡亲们一种友善的溢美。

中共中央副主席、中华人民共和国主席刘少奇回到家乡，区委书记想尽地主之谊，忙上忙下，要去为大家准备夜宵。

刘少奇连忙制止，说："我们在长沙吃过晚饭动身，肚子不饿，不必张罗了。"

刘少奇把区委书记请到跟前，又说："我们就算在这里住下了。明天，请你们找一个人，帮我们做饭。别的就不需要什么了。这里是我的老家，熟门熟路，人也熟悉。眼下正插秧，你们去忙吧。不要因为我们来了，影响了区委的工作。"

区委书记还在一个劲地说客气话，刘少奇摆摆手，说："好啦，时候不早了，都回去休息，有事我再找你们。"

客走主人安。刘少奇将随身携带的行李打开，在自己少年时代睡过的房子里搭起一张临时铺，把作陈列用的桌子改做办公桌，就夜以继日地工作起来。

躺在床上，刘少奇思绪万千，浮想联翩。

刘少奇从1922年7月离开炭子冲，已经39年了。从风华正茂的青年到满头白发，他一直没有回来过。这次回乡，他的主要任务是了解农村的真实情况，为中央制定政策寻找依据。

通过王家湾、许家坨、天华大队的调查，刘少奇对湖南农村的情况基本有了底。那么，自己家乡的情况又如何呢？革命革到自己头上了，这里群众困难到底有多大？如何渡过目前的难关，安定好民心呢？他相信故乡少年时代的伙伴不会对他敬而远之，更加不会瞒天过海。

想着想着，刘少奇很快就进入了梦乡。也许是他实在太劳累了，也许是他已经找到了解农村真实情况的窍门，并且已经有了几分把握吧！

二、炭子冲的传说

蜿蜒曲折的湘江，像一条绿色的玉带，从南到北缓缓穿越湖南全境，注入中国第二大淡水湖——洞庭湖。在湘江西侧的宁乡县境内，有一个地方叫做花明楼。

地处宁乡县东南部的花明楼，北距宁乡县城 35 公里，南面与韶山相邻，东达历史文化名城、省会长沙仅 50 公里。人们通常对它的理解，是源自宋代词人陆游的诗句"山重水复疑无路，柳暗花明又一村"。大清同治《宁乡县志》却另有说法："昔有齐公择此筑楼，课其二子攻读其中，闻楼上书声琅琅，楼下柳暗花明，遂将其取名'花明楼'。"如今，花明楼

刘少奇故居炭子冲，西南有一条四季清水长流的小河——靳河。

已经超越了它的本义，成为一位伟人的标志、一方热土的名片。

花明楼有个炭子冲。"冲"是湖南群众对山间小块平原的称呼。炭子冲就是一块夹在两座山岭之间的平地。它的北面背靠着连绵不绝的丘陵，东西两面是长满了密密层层各色杂树的山坡，南面是平坦的农田和宁静的池塘。春夏之时一片葱绿，夏秋时节稻浪金黄。这里地处丘陵地带，山明水秀，翠柏苍松，土地肥沃，粮牧皆宜。

炭子冲被重叠的小山环绕，山丘连绵起伏，林木郁郁葱葱。从冲尾到冲口不到一公里，形如喇叭向北张开。在炭子冲的东南面，有一座当地最高的山，形如二狮伏卧，故名双狮山。西南有一条四季清水长流的小河，名叫靳河，是湘江的支流。它发源于湘乡，流经宁乡、湘潭、望城等地，最后流入湘江。两岸有密密层层的灌木，成排的杨柳，河水清清，鱼儿游戏，景色迷人。顺着冲口的大路往东北方向行进，大约40多公里，便到了湘江。继续往前行走，就是湖南省省会长沙。

据说，明末清初，在炭子冲周围的山坡上，长满了又高又大的各种松、杉和杂木树。那时因人烟稀少，林木越长越旺，当地群众便来到山中伐木烧炭。日子长了，烧炭的人也越来越多。后来，人们就把这条小山冲称为炭子冲。这一带有山有水，盛产稻米、林木、烟叶，是湖南中部较为富庶的地区。由于离省会和县城都不远，交通便利，外面的信息容易传播进来，文化也比较发达。千百年来，这里的人们日出而作，日落而息，过着耕读传家的生活。

刘少奇故居炭子冲屋场，坐落在炭子冲中部东面的山坡下，是一栋坐东朝西的普通农舍。据记载，是刘少奇的祖父刘得云于清同治十年(1871)兴建的。前拥池塘，后依小丘，门前塘水涟漪，屋后丛林茂密。在故居的北面，十多株高大的枫树挺立在池塘旁的东北角上，冬天可以避风，夏天可以乘凉。金秋时节，红枫似火，衬托着周围的青山秀水，把炭子冲装点得多姿多彩，使人心旷神怡，流连忘返。

炭子冲屋场由正屋、偏房、外坪、内坪组成。进故居槽门过小坪升阶而入是正堂屋。堂屋北面的房屋，原为刘少奇的家族所有，后卖给夏姓外族人，南面房屋为刘家所有。正堂屋为刘夏两家共有。刘少奇故居共有茅瓦房20多间，分别是刘少奇父母、兄姐的卧房、厨房、饭堂、烤火房和其他杂屋。

光绪二十四年（1898）十月十一日，公历1898年11月24日，刘少奇诞生在这座普通的农舍里。他在这里生活、学习、劳动长达15年之久，度过了他美好的童年和少年时代。家乡的山山水水，赋予他睿智的秉性、博大的胸怀和超凡的胆略，也让他与劳苦大众结下了不解之缘。

刘少奇的父亲名叫刘寿生（1865—1911），母亲鲁氏（1864—1931）。刘寿生、鲁氏夫妇共生了四子二女，依次是：刘绍源（又名刘墨卿）、刘绍远（又名刘云庭）、刘绍达（又名刘作衡）、刘绍德（女）、刘绍懿（女）、刘绍选（字渭璜，后名刘少奇）。

当地俚语称最末一个孩子为"满仔"。刘少奇在叔伯兄弟姐妹中排行第九，是这一辈分中最小的一个，所以家族中平时都亲切地叫他"九满"，又叫九伢子。

刘少奇家在炭子冲属于外来户。他们的祖籍是江西省吉水县。若干代以前，江西刘氏家族中有人被派到湖南省益阳县做官，全家便从吉水迁到了益阳。以后几经辗转，搬到炭子冲定居下来。

刘家搬到炭子冲以后的境况并不好，是白手起家。到刘少奇的曾祖父刘在洲（1791—1875）当家的时候，除了在十几里外的茅田滩有祖上留下的一些薄地外，他们在炭子冲的家产只有三间茅草房，靠租人家的田地耕种度日，生活相当艰难。由于刘在洲勤劳能干，带领一家人起早贪黑，辛苦劳作，除了种植粮食，还种些烟叶等经济作物，使家庭境况逐渐好转，开始在炭子冲置办田产。

刘在洲的儿子刘得云（1833—1882），经过多年经营，又把在炭子冲的田产增加到了六十亩，还把原来的三间旧茅屋扩建成七间新房。刘得云有两个儿子，长子刘秉林，次子刘寿生。在分家的时候，兄弟俩每人在炭子冲分得三间半房子和三十亩地，另外，在茅田滩还得了三十亩祖田。

在封建社会，"天子重英豪，文章教尔曹。万般皆下品，唯有读书高。"要走出炭子冲，只有靠读书做官走仕途。家无读书人，官从何处来呢？刘寿生读过几年私塾，能写会算，思想比起上几辈来开通多了。他比较重视培养子女学文化受教育，而对盖房买地置田产这些事不甚热心。在经济条件并不宽裕的情况下，他坚持让四个儿子都从小上私塾读书。

俗话说："吃不穷，穿不穷，不会盘算一世穷。"刘寿生见多识广，管理家政很有一套办法。他把在炭子冲的三十亩地留给自家耕种，而把离家较远的茅田滩的三十亩地租给别人，自己又在附近租种了别人的十五亩地。儿女长大以后，他安排男孩子们下地干活，学习烧石灰、掌犁耙等技术，让两个女儿在家协助母亲纺纱织布，喂养家禽家畜。在他的统一调度

刘少奇读过的《辛亥革命始末记》，此书是六哥刘云庭送给刘少奇的。刘少奇带着它走出了炭子冲，来到宁乡县城，进入玉潭学校读书。

下，一家人一年到头忙忙碌碌，很少有空闲的工夫。农忙时节，家里还需要雇几个零工才能应付。

母亲鲁氏，出生在离炭子冲不远一个叫顾庐塘的小山村，家族中也是世代务农。鲁氏勤劳贤惠，很能吃苦，操持家务井井有条。在刘少奇十二岁的时候，刘寿生过早地去世。鲁氏挑起全家的重担，把一家大小十几口的生活和农务安排得有条不紊。

刘少奇的童年，就是在这样一处山清水秀的山村和这样一个勤俭朴实的农家里度过的。他从小受到了湖湘文化的熏陶。

离炭子冲二三里路远，有两个毗邻的小山村，一个叫柘木冲，另一个

叫罗家塘。这两个小山村里都办有私塾，教书的先生都姓朱。刘少奇八岁那年，父亲送他到柘木冲私塾读书，照例先读《三字经》、《千字文》，接着开始读《论语》。第二年，他又换到罗家塘私塾，在这里读了《大学》、《中庸》、《论语》、《孟子》等。

从八岁到十三岁，刘少奇先后在柘木冲、罗家塘、月塘湾、洪家大屋、红米冲、花子塘等地的私塾读书，差不多一年换一个地方。在这些私塾当中，洪家大屋私塾的教学环境和方法与其他几处明显不同。刘少奇在这里上了一年多学，留下了特别深刻的印象。

刘少奇在求学期间曾赋诗一首："小树两边栽，浓荫绿上阶。他年成大树，便是栋梁才。"其立志救国救民的远大理想，跃然纸上。

1913年夏，15岁的刘少奇带着曾在湖南新军任连副的六哥刘云庭送给他的一本《辛亥革命始末记》，踌躇满志地走出了偏僻的炭子冲，来到离家70多里的宁乡县城，进入玉潭学校读书。

玉潭学校位于宁乡县城南门外，它的前身是始建于明嘉靖年间的玉潭学院。玉潭学校是一所新式学校，无论课程设置、教学内容和方法，都和刘少奇原先上的农

刘少奇就读的玉潭学校。该校位于宁乡县城南门外，是一所新式学校。1913年到1916年，刘少奇在这里学习三年，对刘少奇思想性格的形成有着重要影响。

村私塾大不相同。在玉潭学校的三年学习生活，对刘少奇思想性格的形成有着重要影响。

1916 年夏，刘少奇以全年级第一名的成绩，从宁乡县第一高等小学毕业。这年夏，他考入设立在长沙望麓园的宁乡驻省中学。

1917 年春，刘少奇受武力救国思想的影响，到谭延闿在长沙开办的湖南陆军讲武堂学习军事。半年后，讲武堂被军阀解散，他回家自修中学课程。

1919 年春，刘少奇插入长沙私立育才中学毕业班。他以毕业考试第一名的成绩，取得中学毕业文凭。

这年夏，刘少奇先后在长沙、北京和保定参加"五四"爱国运动。在北京，他报考北京大学等几所学校都被录取，但因交不起学费和思想有了变化，决心留法勤工俭学。

9 月，刘少奇入保定育德中学附设高等工艺预备班（即留法预备班）半工半读。受十月革命和"五四"爱国运动影响，他开始阅读共产主义进步书刊。

刘少奇就读的育德中学。1919 年 9 月，刘少奇入保定育德中学半工半读，开始阅读共产主义进步书刊。

1920 年 6 月，刘少奇在育德中学留法预备班毕业。因受俄国十月革命和社会主义进步书刊的影响，他逐渐萌发了赴俄国学习的念头。

同年 8 月，刘少奇回到长沙，在长沙加入中国社会主义共青团。经长沙俄罗斯研究会和船山学社贺民范的介绍，他进入上海外国语学社学习俄文。

同年 9 月，上海共产党发起组在新渔阳里六号开办了一个外国语学社，目的是要选拔一批进步青年

到莫斯科去学习，为即将成立的中
国共产党培养干部。袁达时、罗亦
农、吴芳、卜士奇、陈为人等沪滨
工读互助团的成员们，大部分都参
加了这个外国语学社的学习。很快，
由各地选派来的一批进步青年陆续
进入了这所学社，其中湖南青年最
多，先后到来的有刘少奇、任弼时、
彭述之、萧劲光、胡士廉、任作民
等。在三十多名学员中，湖南青年
就占了一半之多。其他省份选派来
的，还有浙江的何今亮（汪寿华）、
王一飞、梁柏台、谢文锦，安徽的
蒋光赤（蒋光慈）、柯庆施、韦素园，
河南的曹靖华等。他们这批青年在
这里学习了整整八个月，除了学习

刘少奇就读的外国语学社。1920 年 9 月，刘少奇来到上海新阳里六号外国语学社培训，在这里学习 8 个月，除学习俄语之外，还学习了马克思主义的课程。

俄语之外，还学习了马克思主义的课程，并阅读《共产党宣言》，以及《新青年》等进步报刊。另外，他们还要参加劳动和社会实践活动。

　　1921 年 4 月，刘少奇和罗亦农、任弼时、萧劲光等湖南同乡，还有袁达时、吴芳、卜士奇、彭述之、谢文锦、王一飞、蒋光慈、廖划平等，在上海吴淞港登上一艘客轮，赴莫斯科东方劳动者共产主义大学学习。这是一所专门为苏俄东部各少数民族和远东各国(如中国、日本、朝鲜等国)培养革命人才的政治性学校，该校的名誉校长是斯大林。来自中国的是一批风华正茂的青年，其时刘少奇才 23 岁，袁达时刚好 20 岁，罗亦农 19 岁，任弼时和萧劲光都才只有 18 岁。刘少奇后来曾回忆说："当时，我们这些中国青年，到苏联去就是为了寻找一条中国革命的正确道路。"

　　同年年底，也就是在中国共产党成立的 5 个月后，刘少奇由中国社会主义青年团团员转入中国共产党党员，与其他党团员组成旅莫支部。他正式改名为刘少奇。他的入党介绍人有两个：一个是中共党史上大名鼎鼎的先烈人物罗亦农，还有一个是鲜有人知的袁达时。

1922年7月，刘少奇从莫斯科东方大学留学回国，由中共中央执行委员会分配回湖南，参加中共湘区委员会的工作。

刘少奇积极宣传马克思主义，投入领导工人运动的伟大事业中。在领导安源工人大罢工、"五卅"运动和收回汉口、九江英租界等斗争中，他所表现出来的睿智和大无畏革命精神，充分证明了他是当之无愧的中国工人运动的杰出领袖。

大革命失败后，刘少奇辗转于白色恐怖笼罩下的上海、天津、北平、沈阳和哈尔滨等地，坚持以"防御为主，长期隐蔽，积蓄力量，以待时机"的正确路线和方针，指导群众工作，领导恢复党在白区的组织和活动，被誉为中国共产党"正确路线在白区工作中的代表"。

"五四"运动、新文化运动之后，旧的价值观被彻底打破，新的价值观尚未建立起来，刘少奇的《论共产党员的修养》横空出世，像春雨滋润着亿万人民的心田。

那是1939年7月8日和12日，在延安蓝家坪马列学院窑洞外广场上，刘少奇作了两次演讲，在广大学员中产生了强烈的反响。张闻天对刘少奇的演讲特别重视，认为这正是当前广大共产党员，尤其是新党员迫切需要解决的问题。于是，请刘少奇将演讲稿整理成文。他将48000多字的《论共产党员的修养》文稿，交给了张闻天。张闻天非常高兴，即转《解放周刊》责任编辑吴黎平。吴黎平呈送毛泽东审阅。毛泽东看完即给吴黎平回信："少奇同志文章我看了，写得很好。这篇文章提倡正气、反对邪气，是一篇很重要的文章，应该快登。"

1939年8月20日至9月20日，《论共产党员的修养》连续在《解放周刊》全文发表，成为根据地和解放区党员党性锻炼的学习范本，在延安整风运动中被中共中央列为干部必读的整风文献之一。

刘少奇指出："我们的党员，不但要在艰苦的、困难的、以至失败的革命中来锻炼自己，加紧自己的修养，而且要在顺利的、成功的、胜利的革命实践中来锻炼自己，加紧自己的修养。""任何一个政党，任何一个政府，必须取得绝大多数人的拥护、赞成，才能巩固。"仿佛黄钟大吕，绕梁三日，掷地有声，浓缩着化不开的爱和恨！

如今，在刘少奇故里有一处别具一格的文化景观"修养亭"，青石板上镌刻的刘少奇《论共产党员的修养》手书，四万八千多字，字字见精神，通篇折射着刘少奇同志的思想光辉，是一部永葆共产党员先进性的教科书。

《论共产党员的修养》是刘少奇在抗日战争时期的重要著作，最早刊登在《解放周刊》第81—84期上。

在建党90周年的时候，我们重温《论共产党员的修养》意义非常重大。胡锦涛总书记号召广大党员干部要切实加强个人的修养，勤政为民，"权为民所用、情为民所系、利为民所谋"，成为每个党员干部的崇高信仰。在革命和建设的历程中，伟人的智慧往往是多么惊人地相似啊！

有什么样的胸怀，就有什么样的境界。刘少奇早在革命尚未成功之时，就已高瞻远瞩，看到了要永葆中国共产党的先进性，关键是要加强每一个共产党员的修养，这才是最难的啊！

炭子冲是刘少奇出生和度过青少年时期的地方。他投身革命以后，只在1922年7月从莫斯科留学回国，回到湖南长沙参加中共湘区委员会的工作时回过一次家，至今已经阔别39年了。

封建伦理常规中有"父母在，不远游"的说教，但移民家族比较开放。炭子冲刘家保守思想最少，鼓励子弟出去闯天下。因为他们是移民后代，具有开拓进取精神。正因为这样，刘少奇才有机会走出炭子冲，走向五彩缤纷的历史舞台。

炭子冲的松林摇曳着刘少奇的身影，花明楼的阁楼回荡着刘少奇的声音。这里的一山一水、一草一木，都引起了刘少奇深深的回忆。

然而，刘少奇更关心的，是今天家乡人民的生产和生活情况。为了找到答案，他迫切要求听到真话，了解到真实情况。

三、儿时的伙伴吐真情

1961 年 5 月 4 日上午，一轮红日喷薄而出，炭子冲沐浴在一片金色的阳光下。

回到炭子冲，刘少奇继续进行农村真实情况的调查研究。

旧居的堂屋，被当做了刘少奇的接待室。他兴致勃勃地在这里连续召集各种座谈会，找人个别谈话，了解这几年农村的真实情况。这里毕竟是他的故乡，什么事情要瞒过他，就没有那么容易了。

这天上午，刘少奇约请儿时的伙伴成敬常、黄端生来炭子冲叙旧。

第一个应约而来的是黄端生。黄端生迎着朝阳，踏着早晨的露水，来到了炭子冲。

黄端生是刘少奇少年时的朋友，也是他的农民通讯员。黄端生家住炭子冲对面的山窝里，跟刘少奇家是近邻。新中国成立前，他家上无一片瓦，下无插针之地。他年幼时，父母就过早地去世了，全靠奶奶把他抚养成人。家无隔夜粮，是他家的真实写照。远亲不如近邻。刘少奇的母亲鲁老太太心眼儿善，柴呀米呀，对黄端生祖孙二人时常有接济。刘家的地都是自己耕种，农忙时节活儿多，就请黄端生来帮忙。按照农村帮工的习惯，黄端生得到了一份应得的报酬。

刘少奇离开家乡投身革命的时候，黄端生已经 17 岁，互相都很熟悉。

1949 年 10 月 1 日，当五星红旗在天安门广场升起时，刘少奇成为中华人民共和国中央人民政府副主席。

消息传来，黄端生激动万分，仿佛是他的亲哥哥登上了天安门城楼。他逢人便称赞刘少奇。夸刘少奇聪明能干，勤奋好学，待人和蔼可亲……刘少奇少年时代的种种传闻轶事，在他的嘴里无一遗漏。说到高兴的地方，他还会故作神态地在别人耳朵边说上几句悄悄话，吹嘘他跟刘少奇是怎样的哥们儿。如果遇到有人对此提出质疑，他会跟别人据理力争，争得面红耳赤也不肯有丝毫退让。

当乡农会主席王升平把自己的名字叉掉，力举黄端生当刘少奇的农民通讯员，正是综合考虑了这些因素。因为黄端生是翻身农民，又熟悉刘少奇和他的一家。由黄端生去反映农村情况，更便于上下沟通。

黄端生没有进过学堂门。他曾经这样自嘲："大字墨墨黑，小字不认得。"让他给刘少奇当农民通讯员，写信反映农村的情况，那真是赶鸭子上架，抓了黄牛当马骑。

三个臭皮匠合成一个诸葛亮。由于黄端生没有文化，不会写信。那也不要紧，成敬常会写。黄端生可以收集情况，大家商议着写，这样更少片面性。

黄端生似乎更热衷于宣传刘少奇。其实，收集情况，给刘少奇写信，都是成敬常他们在张罗。

1953 年 9 月，应刘少奇的邀请，黄端生和成敬常一行四人赴京观光。一个月后回到炭子冲，黄端生就有了更多更新鲜的话题。

去了一趟北京，黄端生仿佛脱胎换骨，俨然成了北京的侃爷。这时，他逢人便夸刘少奇，俨然成了刘少奇的狂热崇拜者。

黄端生说，刘少奇爱学习，还是小时候的"刘九书柜"。到他的办公室去一看，几个大柜子装的都是书。书有砖头那么厚。我问："刘副主席，这么多书，您怎么读得完呀？"他说："没有时间也要挤时间读呀！"听说连毛主席都非常佩服刘少奇的学习精神。毛主席说："三天不学习，就赶不上刘少奇。"

黄端生说，刘少奇官高位显，一人之下，亿万人之上，却仍然是在炭子冲时的生活习惯，不讲排场，日子过得很省俭。他住的是旧房子，穿的是普通衣衫。罩衣洗得褪了颜色，衬衣上还打了补丁。只有出门见客，比如国庆节上天安门，才穿出客的衣衫。他吃的也很简单。听他秘书说，晚上开夜工，肚子饿了，就跟农户人家一样，把白天剩下的饭菜一锅烩了，将就着吃。烩饭不要别人动手，由他婆婆子王光美料理。他婆婆子读了许多书，还会讲洋文。上得厅堂下得厨房，家有贤妻，几多的福气呀！

黄端生说，刘少奇担任中华人民共和国中央人民政府副主席，日理万机，工作很辛苦。吃过早饭进办公室，批文件呀，开会呀，找人谈话呀，要忙到夜深才回屋里休息。毛主席是白天睡觉，晚上办公。有时候，刘少奇刚刚睡下，毛主席那边有急事，一个电话打来，他翻身起床，用冷毛巾擦一把脸，就急急跑过去。国家大事，不能耽误呀！

黄端生说，刘少奇家教特别严。长子刘允斌在炭子冲住过十来年，大家都认识，可惜这次没有见到。几个小的都很懂礼貌。那天，刘少奇夫妇请四位乡亲吃晚饭，把孩子们都叫来，一一作介绍。孩子们开口叫叔叔，还行鞠躬礼。见过面，就一一退去。跟农村一样，客人来了，小孩子不入席。我们很过意不去，要孩子们一起吃饭。刘少奇说："他们在大食堂吃饭，这个规矩不能破！"

刘少奇是家乡人民的骄傲，黄端生的宣传呼应了大家的心思。因此，他在乡间的知名度大大提高了。

黄端生排行第八，因为他是名人，人们尊称他为"黄八爷"。他是刘少奇儿时的伙伴，还是刘少奇专门约请的农民通讯员。炭子冲时常有人前来参观，他自告奋勇做义务讲解员。附近小学少先队过队日，也请他去作报告……

黄端生成了刘少奇的义务宣传员。刘少奇是他永远也说不完的热门话题。

刘少奇回到了阔别39年的炭子冲，消息灵通的黄端生竟然不知道。

直到工作人员去请他，他才急急忙忙赶来与刘少奇见面。

昔别君未婚，儿女忽成行。宾主双方都不胜感叹唏嘘。黄端生是拖着患有浮肿病的身体赶来的。刘少奇在大门口迎接他，王光美扶着他，一步一步地移至刘少奇的住室。

一见面，刘少奇以家乡人的称谓，询问："八老倌，你脚上的紫血疹好了没有？"

刘少奇没有忘记，三年前黄端生写信汇报家乡的情况时，在信中谈到自己犯脚病的情况。他对一个普通农民的病牢记在心，多年不忘。

黄端生伸出脚让刘少奇看，边将裤脚往上拉边说："不瞒刘主席，紫血疹没好，又得了浮肿病。"

刘少奇惊讶道："怎么，你也得了这种病？"

黄端生伤心地说："没得饭吃啊！队里60几号人，有40多人得了浮肿病。"

刘少奇关切地问："如今在哪里治疗？"

黄端生回答说："住在简家巷子的临时医院。"

刘少奇焦急地问："临时医院有多少病人？"

黄端生回答说："莫讲起，营养不良，没饭吃，要都住进来，还加个医院也住不下。"

刘少奇安慰说："八老倌，看来大家困难蛮大，你好好治病，过两天我去看大家。"

人心都是肉长的。刘少奇的关切之情，启动了黄端生的话匣子，他把自己患浮肿病的原因，以及全村患浮肿病的人数、姓名，如数家珍，都一五一十地数落了出来，并说干部的"五风"是造成农民没有饭吃的主要原因。

刘少奇感到震惊，说："我们有过君子协定，要你们常给我写信。但我好几年都得不到你们的消息！"

黄端生解释说："我不会写字。不过，我催过成二爷（成敬常），他说写给您的信又收不到回信，他也淡了心。"

刘少奇追问："你有些什么意见，说说吧！"

能说会道的黄端生，显得很激愤。他是一个赤贫户，新中国成立后，他是多么高兴啊！后来，他去北京参加中华人民共和国诞辰四周年国庆观礼，他想到的是国家富强了，农民的生活也会芝麻开花节节高。回到乡下，他热衷于宣传刘少奇。在炭子冲，刘少奇把共产党的形象具体化了。也不知是怎么搞的，这几年人都像发了疯一样，尽干些劳民伤财的蠢事。土改时分的房子被拆掉了，他栖身在队里的晒谷棚子里。老婆死了，唯一的女儿也出嫁了，他孤身一人，赤条条来赤条条去，来去无牵挂，双肩扛一张嘴巴，一人吃饱全家不饥饿。他竟然连饭也没得吃，经常吃不饱，饿得两眼发黑。现在，他心目中的共产党刘少奇回到了炭子冲，憋在心里的话再不说出来，还待何时呢？

黄端生一派豁出去的样子，说："报告刘主席，今天我可要讲几句反动话。"

刘少奇微笑着说："什么反动话？你先说说看。"

黄端生脸色变得严肃起来，一本正经地说："再这么搞下去，不要很久，恐怕连抬死尸掩埋的人都会找不到了。国家主席啊，这人都死光了，这人民公社、公共食堂还办不办呢？"

黄端生虽然语言重了一些，但也有几分事实。刘少奇没有责怪他，解释说："我们的工作没有做好，让你们吃苦了。现在中央制定了'六十条'，只要大家齐心合力，困难很快就会克服的！"

走出京城回到家乡，刘少奇生活在劳动人民中间，让他收获了人间真情，也让他看到了社员群众对政策的期待。心里有了这样珍贵而厚实的东西，他倍感温暖。

不知不觉，太阳已经当顶，到了吃饭的时间了。刘少奇留黄端生吃午饭，请医生给他看病。

刘少奇对黄端生关爱有加。离开炭子冲前，他又特别交代大队，炭子冲的房子安排给群众住，要考虑考虑黄端生。他的房子拆掉了，眼下住在晒谷棚子里，夏天太热，冬天太冷，生活极不方便。

刘少奇回到北京后，黄端生搬进了炭子冲，住在刘少奇少年时代的书房里。

提起刘少奇，黄端生滔滔不绝。他说："少奇要我帮他看看家。"又说："不是我在他面前说了几句硬话，公共食堂怎么能够解散呢？"

黄端生牛皮哄哄，天上一句，地上一句，真真假假，人们听了半信半疑。

没有文化、不会写信的黄端生，曾请人代笔给刘少奇写信。1962 年 3 月 15 日，王光美给黄端生复信（根据原信刊印。《我与少奇》，王光美著，中央文献出版社 2006 年版，第 105 页）。

黄端生同志：

你在 1 月 28 日写给少奇同志的信早已收到。谢谢你把你们的情况告诉我们。知道你们 1961 年的生产、生活和健康情况比 1960 年都有好转，我们很高兴。

花果山占用的两亩田上所栽的果树，还没有移上山去，社员有意见，是对的。你应该把你们的意见反映给队干部。现在还可以移栽，只要不影响春耕，把树移到山上，田里起码可以种红薯、芋头等。如果有劳动力的话，把上面的山塘修理好，还可以种水稻。

大队给你安排了三百六十斤口粮，政府给你一百多元的医疗费，照顾已很多。你常年害病，收入较少，我们了解，现寄给你 30 元备你零用。望你能多参加一些力所能及的劳动，生活会更好些。

握手！

王光美

1962.3.15

四年之后，当"文化大革命"的口号震天、大字报铺天盖地之际，身处炭子冲这个山旮旯里的黄端生，根本不知道外面的世界到底发生了什么事情。一些对刘少奇不利的言论，陆续传到了炭子冲。开始，大家还是尽量朝好的方面去想。后来，刘少奇在报纸上由排名第二位降到了第八位，人们不免有些惋惜。包括黄端生在内，炭子冲的人没有预感，想不到日后会发生什么灾难。

在花明楼，"文化大革命"最初是空对空。他们虽然也喊口号，也游行。然而，他们在游行的队伍里高高举起的，是毛泽东和刘少奇的彩色画像。郭沫若曾写了这样一首诗："毛主席，刘主席，都是人间太阳系。这个太阳系仍然照耀在明朗的天空！"

1967年8月，北京的红卫兵小报不断流传到了炭子冲。一些小报指名道姓攻击刘少奇。当时，炭子冲几乎所有的人对此都保持沉默。

一天，北京有一个叫"首都三司"的造反派组织，还有长沙的造反派组织"湘江风雷"，一百多号人开进了炭子冲，贴出的标语除了"打倒"、"炮轰"之外，还有一条这样的标语："掘地三尺捣老巢！"这条标语令人格外不安。

造反派要拆炭子冲的房子。1961年，刘少奇坚持不设纪念馆，把房让出来，现在里边住着五户人家，清一色的贫下中农。首先是住在北屋的欧风求起来反抗，五户人家结成联盟，房子没有拆成。

造反派心狠手辣，不甘心就这样草草收兵，于是在附近撑起帐篷驻扎下来，声言要挖"修根"，调查刘少奇的家史和1961年回乡干了哪些黑勾当。他们采取扎根串联、各个击破的方法，企图在炭子冲寻找突破口。

林子大了，什么样的鸟都有。炭子冲也有人见风使舵，私下与北京来的造反派挂上了钩的。他们首先抄了成敬常的家，说他是刘少奇的"看门狗"，批斗、游乡，成敬常被整得死去活来。

批斗会场设在炭子冲对面山坡的晒谷场上，场边上搭了个土台子，与炭子冲的大门遥遥相对。

有人故意逗乐，对黄端生说："给刘少奇看门的本来是你，怎么搞到成敬常头上去了呀!"

说者无心,听者有意,保护自己是人的本能。轰轰烈烈的"文化大革命"正在深入开展,每天都有外地造反派来到炭子冲,已经有人在追问刘少奇当年的几位农民通讯员。黄端生听了,吓得出了一身冷汗。

黄端生不怕别的,就怕把他划进刘少奇的圈子里,将他赶出炭子冲……如果是那样,他将如丧家之犬,连安身的地方都没有了啊!

有一天,北京建工学院"八一兵团"一个戴眼镜的角色,找到黄端生门上来了。黄端生也不知道是害怕,还是已经下决心要"反戈一击"。他竟然嘴巴一歪,伤心地哭了起来,诉说他十几岁的时候,就给刘少奇家当月工,受尽了他家的压迫剥削。1953 年,刘少奇把他接到北京去,是害怕黄端生揭他家的老底,是打向他的一颗糖衣炮弹……

黄端生腿上生过紫血疮,有一块特别显眼的伤疤。乡下人为了走路和干活的方便,常常把裤腿往上扎几圈,那个伤疤刚好露在裤子外面。

"八一兵团"一个戴眼镜的造反派看了,仿佛哥伦布发现了新大陆,问:"老大爷,您脚上的伤,是不是在刘少奇家做月工时,让他家的恶狗咬的?"

黄端生猛地一愣,没有回答,不说是,也没说不是。

"八一兵团"的眼镜说:"肯定是的。那时候,哪个地主家不养几条恶狗?养了恶狗,怎么会不咬人呢?"

说起来,像推理小说一样荒诞。黄端生却哑口无言。

"八一兵团"的眼镜又说:"明天,我们来开一个大会,老大爷您现身说法,控诉刘少奇的罪恶,这样更有力量。您说好不好?"

黄端生有些犹豫:"我只怕讲不好。"

"八一兵团"的眼镜说:"带着仇恨讲,就一定能讲好!"

第二天,"八一兵团"联合炭子冲的造反派果然召开大会。黄端生趾高气扬,果然威风凛凛地上台发言。

刘少奇的狂热崇拜者,一夜之间变为批判刘少奇的"急先锋"。易反易覆，反目成仇，这正是流氓无产者的脸谱。"文化大革命"恰恰为这类人物提供了构陷忠良的机会。

那些天，几乎每天都有外地造反派来，来了就开批判会。每开会必请老贫农黄端生上台，进行控诉。黄端生每次上台表演都是十分投入，声泪俱下。

本来有着强烈表现欲望的黄端生，很快就熟练地掌握了那一套程序，先喊口号，表示极大的愤慨。紧接着，他就痛哭流涕，让大家看他脚上的伤疤。据说每次批判的效果极佳，听众都提高了阶级觉悟。造反派又把黄端生的发言整理印在造反小报上，广为流传。

1968 年 12 月 5 日，《湖南日报》第四版，赫然印着黄端生的杰作：

决不能让刘少奇的罪恶阴谋得逞

宁乡花明楼公社贫农社员　黄端生

铁的事实证明：刘少奇的地主阶级立场丝毫没有改变，还是与地主共穿一条裤子，同唱一个调子，大肆鼓吹"剥削有功"，说明他是一个地地道道的孝子贤孙！我是一个给他家做过佃户和月工的人，受尽他家的压迫剥削，上无片瓦，下无寸土，穿不暖，吃不饱，过着牛马不如的生活。请问："剥削"到底有什么功?! 对穷人有什么好处?! 狼心狗肺，真是恶毒！阶级恨、剥削苦，我们贫下中农一辈子也忘不了……

黄端生是个文盲，斗大的字不识一箩筐，更不会拿笔写字。他发表在报纸上的这篇文章，毫无疑问是别人捉刀。苍蝇不叮无缝的蛋。如果他洁身自好不见利忘义，如果他没有那些蹩脚的表演，那么，别人敢这么写，敢这样做吗？

由于年纪大了，女儿又出嫁了不在自己身边照顾，黄端生按政策定为"五保户"，由生产队供应基本口粮。自从 1961 年起，他就一直住在刘少奇少年时代的书房里。

我们通常都十分痛恨"以权谋私"，但却忽视了讨伐另一种谋私的手段——以"左"谋私。黄端生就是以"左"谋私的例证。

黄端生看到，现今公然打着革命的旗号要批斗刘少奇，他这个文盲生怕自己站错队，响应得比谁都迅速，行动得比谁都积极，不辨是非，囫囵吞枣，有没有弄懂先来个抢先表态，辨不辨清先来个遵照执行。他这样做，就是要让上面看到他这个人永远是"革命的急先锋"，永远都是那么高调地做事。

仅仅自己"左"是不够的，有时还需要以打击"右"作为自己的垫脚石。黄端生无师自通，在某些人的摆布下以打击、陷害刘少奇为目的，他的表演十分恶劣。在某些人看来，黄端生如此这般已经相当不错，其勇于革命的豪情充分地表现出来了，爱憎分明的政治立场充分地表现出来了，在革命队伍里的可靠性也就充分地表现出来了。

如果拿钱买官是一种投资手段，那么，"左"则是一种无本而又可靠的政治买卖。在一些见利忘义的人看来，这是谋求私利最顶级的智慧。然而，这是一切有廉耻之人、有良知之人不愿做的，也做不到的。

1980 年 2 月，中央作出《关于刘少奇同志平反的决议》。消息传到炭子冲，不少干部群众痛哭流涕。在那风声鹤唳的"文化大革命"中，大队会计冒着挨斗抄家的危险，巧妙地保存了刘少奇的一张彩色画像。公社炊事员以同样的勇气，保存了一块 60 年代的匾额，上面有"刘少奇同志旧居"几个烫金的大字。现在，画像挂出来了，"刘少奇同志旧居"匾额也重新镶嵌在炭子冲的门楣上……

炭子冲的父老乡亲自发地为老乡亲、中华人民共和国主席刘少奇隆重地举行追悼会，开展各种悼念活动。地点设在炭子冲门前的空坪里。黄端生站在一个角落，远远地注视着会场。他感到自己见风使舵，很惭愧，对不起刘少奇，不敢面对刘少奇的画像。同时，他还担心叫他马上就搬出炭子冲，更害怕取消他的"五保户"资格。他已是七十多岁的老人，不能参加集体劳动了，假如叫他搬出炭子冲，又失去集体的生活供给，他将如何过日子呢？只有死路一条。

这时，宁乡县文化局文物干部喻孟成，去北京收集有关刘少奇的照片和文物资料，专程去木樨地高干住房看望王光美。

王光美已经没有第一次回炭子冲时的风采，明显地老了瘦了，头发也白花了。但是，她记忆犹新。她还清楚地记得当年炭子冲的一些人和事。

对于首鼠两端、忘恩负义的黄端生，王光美宰相肚里能撑船。她请喻孟成给县里、给公社捎信，一再叮咛："不要歧视黄端生。在当时那种环境下，他违心地做了一些不应该做的事情，有他个人的原因，更是时代的悲剧。大家都要原谅他，该照顾的还是要照顾。至于房子，刘少奇曾答应他住10年20年。如果叫他搬出去，一定要先给他安排住房后再搬。"

喻孟成从北京回来后，把王光美的话原原本本地告诉了黄端生。

黄端生听了，感到无地自容，十分惭愧。他痛苦地用双手捶打着自己的胸脯，咒骂自己是混蛋……

旧社会把人变成鬼，新社会将鬼变成人。天地之间一杆秤，忠奸良莠都能称出其分量。这是后话。

四、不要扣压我的信件

送走黄端生后，刘少奇和王光美一起来到离炭子冲不远的柘木冲，登门看望成敬常。

成敬常是刘少奇少年时的同窗好友，也得了浮肿病，脸也肿起，手脚也肿起，正躺倒在家养病。

一个五大三粗的种田汉，现在竟病容枯槁，刘少奇吃了一惊："这是怎么搞的，你病成了这个样子！"

刘少奇几乎认不出成敬常了。看来，"五风"和饥饿像传染病，已经在家乡寻找"替死鬼"。

成敬常伤心地说："报告刘主席，我得了浮肿病。脚肿，走不了路。

男怕穿靴，女怕戴帽。我的脚上穿靴了，只怕要叫'少陪'（湖南方言，意思是告别人世）了。"

刘少奇走上前，看了看成敬常浮肿的双脚，安慰说："不要那样悲观，浮肿病能够治好！"

王光美给成敬常泡来一杯白糖开水，成敬常当场喝了下去，就觉得身子轻松了许多。

刘少奇十分同情成敬常的遭遇，安慰他养病。因为是老朋友了，刘少奇恨铁不成钢，责备说："1953 年我把你们请到北京去，要你们经常给我写信。可是，我有好几年没有收到你们的信了。你们的生活这样困难，为什么不及时把情况告诉我呢？"

成敬常争辩说："我是写过信的！"

1961 年 5 月 4 日，刘少奇和夫人王光美来到柘木冲，登门看望少年时的同窗好友成敬常。没想到成敬常也得了浮肿病。

如何给党和国家领导人写信？怎么才能获得来自最高层的回信？长久以来，一直是全国各族人民最想探知的中南海"秘密"之一。

中南海西侧院墙外，府右街乙27号。如果不是悬挂着一块标有"中南海邮局"的黄色金属铭牌，路人很难将路边这座低矮的暗色仿古四合院，与上送下达中南海信件的中南海邮局联想到一起。来自各地的邮件，也只有被发送到这里，才可以盖上"中南海"的落地邮戳。

这个特殊邮局1950年2月开始工作，在很长一段时间里，属于中南海的内设局。它最初位于中南海西门内，距西花厅不过百米，不对外挂牌，也基本不面向社会开展业务。不过所有投递到中南海的民间邮件，都会聚集到这里。信件也被统称为"人民来信"。每天早上8点，这些"人民来信"都会准时投递，送往中南海的信访部门。经过信访部门的程序处理，将甄选出来的人民来信，分别送到党和国家领导人手中。刘少奇约请的四位农民通讯员的信件，也是通过这条渠道送达的。

成敬常高颧骨，宽下巴，五大三粗，典型的湘中农民形象。他家与刘少奇家还有一点转弯抹角的亲戚关系，成敬常的父亲是当地一位挺有名气的中医，比刘少奇大十来岁。刘少奇的父母曾想让他学中医，他虽无志于此，却和那个郎中成了"忘年交"。刘成两家相距约一华里，常来常往，关系很密切。

翻身了，解放了，刘少奇成了中华人民共和国中央人民政府副主席。消息传来，成敬常欣喜若狂。他心中产生一种冲动，希望有机会与刘少奇见见面，问个好，表示一个晚辈对长辈的深厚感情。

成敬常仔细一想，又觉得自己有些天真，与刘少奇见面不是随随便便的小事，是一种不切实际的奢望。刘少奇离开家乡投身革命的时候，成敬常还是一个10岁左右的小孩子。刘少奇是否还能记得起自己的样子呢？况且，现在一个在上是党和国家领导人，一个在下是修理地球在水田坡地里干活的种田人，有天壤之别，地位又这么悬殊，怎么可能去那警卫森严的中南海做客呢？

然而，幸运的人往往能梦想成真。当大学生刘正山回乡度暑假，带回刘少奇的口信，打算在家乡约请几位农民通讯员，那几个条件仿佛是专门冲着成敬常来的：翻身农民，生产经验丰富，又敢于说话。乡农会在研究人员名单的时候，第一个就是成敬常。虽然还不知道是否有机会去北京与刘少奇见面，互相通信那是铁板上钉钉肯定的。他父亲是一个乡里郎中，在父亲的指导下，他小时候读过《三字经》、《百家姓》、《幼学琼林》、《增广贤文》、《论语》……他读了一烘笼子书，略通文墨，写信应该是不成问题的。

想到可以与刘少奇建立经常的通信联系，成敬常感到心里美滋滋的。仿佛读书人中了状元，这也是一件非常了不起的事情啊！

人逢喜事精神爽。那些天，成敬常一直沉浸在幸福之中。

1953 年 9 月下旬的一天，成敬常突然接到了刘少奇发来的电报，电报说欢迎成敬常等四位农民通讯员去北京相叙。这一消息在乡间引起了轰动。人们把这看做是一项殊荣。亲戚朋友纷纷向成敬常表示祝贺。

9 月 25 日，成敬常一行抵达北京，没有约定，四个人却是一样的打扮：光头、青布裤子、白土布对襟上衣、长条布纽扣、家制黑色布鞋，只是都把竹烟杆丢了，换上了一种价格便宜的香烟。

在北京站下了火车，每个人心头突然升起一股自己是刘少奇故乡人的自豪感。他们像解放军战士那样，四人自动成行，昂首阔步，并且虎虎有生气。他们的行动引起街头行人的注目，有的还以为他们是少林寺的武术师来北京观光呢。

四个人都是第一次出远门。他们来到首都北京，并不像陈焕生进城，一点儿也不慌怯。

宁乡曾有人去过北京，是住在翠明庄的一个招待所。成敬常一行寻到那家招待所，这里却不对外营业，须经有关部门介绍，出具介绍信，方可在此办理登记。

听了服务员的介绍，成敬常觉得很新鲜，有意开点儿玩笑，问："如果我们请刘少奇来介绍，能不能住呢?"

全国刚解放的时候，一些革命老区经常有人带着红枣、核桃等土特产来北京会老战友，也有老房东来北京看望党和国家领导人的。凡人不可貌相。别看这些人其貌不扬，土里土气，他们可以通天，也许与某位党和国家领导人有着非同寻常的关系呢。

服务员一听，自然不敢轻易怠慢，便问:"你们几位，有没有介绍信呢?"

成敬常微笑着说:"我们没有带介绍信，只有一封电报。"

说罢，成敬常从袋里掏出刘少奇发来的那封电报，递给了服务员。

服务员接过一看，立刻把他们四个人迎进屋，给他们进行登记安排住宿。两人合住一间。两间房紧挨着，彼此联系也很方便。

四个人走进各自的房间，刚刚洗漱完毕，一位工作人员突然前来通报:"少奇同志请你们现在就去中南海。"

听了这个振奋人心的消息，成敬常心里怦怦跳，原以为见刘少奇等党和国家领导人是根本不可能的事情，现在却变成了现实，他怎能不激动万分呢? 心想:"见了刘少奇又该如何称呼呢? 从前是叫他九叔的，现在他是中央人民政府副主席，名字排在毛泽东后面，可以说是位高权重，应该称呼刘副主席。叫九叔显得亲昵……不对，我又不是来串门走亲戚的，而是作为农民通讯员来向刘少奇汇报工作的。公私有别，因为办的是公事，就得称呼他的职务。"

一路上，成敬常东瞧瞧西望望，想入非非。

车子七拐八弯，不一会便来到了中南海西楼的甲楼。

那是一幢灰色的小楼，没有围墙，结构类似公寓，办公室、卧室在楼上，会客室在楼下。这种布局无论对已经六十开外的刘少奇本人，还是对来办公室谈工作的干部，都很不方便。

刘少奇和王光美在门口迎接，跟他们一一握手。

成敬常心里十分激动，跟刘少奇握手的时候，起先打好的腹稿跑得无影无踪，喊道："九伯，您好！"

"你是成敬常嘛，我比你父亲小了12岁。在家时，你这么高"，刘少奇笑了起来，边说边比划着，"那时，你叫我九叔嘛！"

说罢，引起大家哈哈大笑。成敬常红着脸，改口道："刘副主席！"

刘少奇摆手说："这里都叫我少奇或少奇同志，你们还是按这里的称呼吧，那样不显生分！"

听刘少奇这么一说，四个人也就不再拘谨。

刘少奇把来自家乡的四位客人请进了他的办公室。办公室里陈设很简陋。西墙有四个大窗户，北墙和东墙有几个书柜和文件柜。屋里一对沙发，一把藤椅。客人多了，工作人员临时搬来两把靠背椅。

四位客人落座后，刘少奇敬烟，王光美泡茶，仿佛农家待客。

叙谈是从乡间的人和事开始的，刘少奇记得许多老朋友，问他们家境如何，身体好不好？

刘少奇侃侃而谈。他记得一位叫黄四木匠的手艺人，他打的家什，绳墨紧，做工精细，经久耐用。

谈笑间，刘少奇问："柘木冲朱五阿婆还健在吗？"

得到肯定的回答后，刘少奇说，他去洪家大屋读书之前，在柘木冲朱赞廷老先生的私塾里读过两年书。朱老先生的国学底子很厚，对学生要求也挺严格。当然，他教书的方法完全是"填鸭式"，什么《四书》、《五经》……强调学生读熟，背诵如流。如果背不出来，他毫不客气，就用戒尺打手心。朱五阿婆是朱老先生的妻子，那时，她很年轻，只有二三十岁吧，在私塾里管理生活，给学生烧开水，热饭菜。如果朱老先生惩罚了学生，她总是很难过的样子，总要设法安慰那个被罚了的学生，因此同学们对她都有好感，都亲切地叫她师母。

刘少奇关切地说："现在她该年过花甲了吧。你们回去，代我向她问好！"

谈话无拘无束。刘少奇接着又问起家乡的农业生产，互助合作，社会治安……

成敬常回答说："报告刘主席，土改后，贫雇农分了田，生产积极性都很高，但因家底子薄，耕牛农具不足，影响了生产的发展。我这里带来一份材料，是听取了大家意见，跟村小学王老师商量整理的，请副主席过目。"

刘少奇接过那份材料，仔细看了一遍，说："成敬常同志，你反映的情况很好。我在中央工作，需要从多方面了解下情。这次请你们四位来，就是想跟你们商量，经常保持通信联系。比如说，你们一年给我写两封信，不难吧？"

齐海湘遗憾地说："我不识字，也不会写。"

黄端生接着说："我也不会写。"

另一位有些文化，后来支援工业建设离开了家乡，也就不再担任刘少奇的农民通讯员了。

成敬常自告奋勇，说："我肚里书不多，写封信还可以马虎应付。刘副主席又不是要我们写大篇文章，主要是讲农民自己的事，海湘、端生你们负责了解情况。信，由我来写。"

齐海湘、黄端生异口同声地说："这样最好！"

刘少奇感到很高兴，说："齐海湘、黄端生两位同志负责了解情况，成敬常同志执笔写信。对，就讲农民自己的事。有些什么意见和要求，生产生活有些什么难处，基层干部工作作风好不好，等等。"

刘少奇特别嘱咐大家："但请你们一定要讲真话，千万不能说假话。说错了不要紧，我不会责怪你们，更不会打棍子。你们能不能够做到？"

四人齐声响亮地回答说："能够做到！"

刘少奇笑了，说："能够做到就好。这就是我请你们来北京的主题。大家来趟北京不容易，可以多参观一些地方，开开眼界。过几天有空了，再请大家吃一顿便饭！"

告辞时，刘少奇和四位客人一起出门。在门口与客人分别后，他往另一个方向去了，好像是毛泽东主席那边有请。

晚上，四个人在房子里拉家常，说毛泽东，也说刘少奇。他们模拟毛泽东、刘少奇两人在一起商量事情的情节，模仿他们的声音，既神秘又新奇。谁说农民都是一些土八路老实疙瘩？当他们张开了想象的翅膀，那真是天花乱坠，海阔天空。

1953 年 10 月 1 日，是中华人民共和国成立四周年。作为刘少奇家乡的农民代表，他们四个人都被邀请参加国庆观礼。每人胸前佩戴一个印制精美的观礼出席证。很多年之后，成敬常仍然记得，9 月 30 日晚上他们通宵未睡，坐在床上等天亮，等待那幸福时刻的到来。

他们四个人在东观礼台就座。穿过那一片座位时，几乎所有人的目光都投向了他们。光头，白土布对襟上衣，青布裤子，家制黑布鞋。湘中农民出客的打扮。然而，作为一种群体形象出现在如此庄严的场合时，湘中农民的勤劳、淳朴、力量和美，表现得淋漓尽致。

庆典开始了，天安门城楼前一片欢歌笑语，一片红旗的海洋。每一个置身其中的人都心潮澎湃。国家强大，人民的力量，使来自宁乡山旮旯里的种田人思想产生了一种飞跃，他们不再是为养家糊口而种田。五谷丰登，六畜兴旺，与眼前宏伟壮观的场面紧密相连。这四个种田汉心中骤然升起一股激越的感情：我们是国家的主人！

在北京期间，成敬常一行四人，由有关人员陪同，兴致勃勃地参观了工厂、名胜，还饱览了首都的风光。

回到家后，他们四个人互相配合，诚诚恳恳，忠实履行农民通讯员的职责，将农村的所见所闻如实向刘少奇汇报。

农村出现的各种新情况新问题，四位农民通讯员经常在一起研究、磋商、分析，然后由成敬常或王升平执笔形成文字，邮寄给刘少奇。

刘少奇收到四个农民通讯员寄来的信后，要么亲笔复信，要么由乡间进京的人捎话给他们。

一天，王升平把公社书记对他说的话，告诉了成敬常。

成敬常听了，感到很纳闷：公社书记怎么知道我们给刘少奇写了信，并且写的都是一些"屁大的事"呢？是不是刘少奇把信转到了公社，叫公社解决呢？如果是这样，公社肯定会不高兴，因为那些信也批评了公社。他心事重重，今后还当不当这个农民通讯员呢？

农村情况越来越糟糕，成敬常凭一个种田人的良知，欲罢不能。

1958年4月，成敬常又给刘少奇写信，说乡里搞密植，插挨挨寸，也就是一蔸挨着一蔸，没有行距和株距。农民想不通，公社就下命令，强迫推行。谁反对就斗争谁。这种劳民伤财的事，请刘少奇赶快制止！

1959年4月，刘少奇当选为中华人民共和国主席，成敬常十分高兴。这年11月，成敬常又给他写信，反映公社虚报产量。粮食亩产明明只有500多斤，却虚报浮夸成800斤。如果全国都这么报，国家要遭殃，百姓会遭难啊！

成敬常给刘少奇寄出了一封又一封信。因为再也接不到刘少奇的回信，成敬常心灰意冷。后来，他吃不饱饭，得了浮肿病，命都保不住，也就死了这条心，不再给刘少奇写信了。

在饥饿难熬的时候，成敬常曾突发奇想，要去北京找刘少奇当面汇报。由于浮肿病越来越严重，连走路都费劲了，他只好作罢。

如今，刘少奇追问这个问题，成敬常实实在在地回答："应该完成，近两三年向主席写信报告过情况。"

刘少奇感到很奇怪："写信来了，我怎么没有收到呢？"

成敬常感到十分委屈，解释说："我确实写信汇报了，乡里人不说假话。"

成敬常记忆犹新，1953年从北京观光回家后，他前前后后给刘少奇写过六封信。他将每封信所写的内容和时间一一陈述了一遍，又说："刘主席，我确实写了，不会说假的！"

刘少奇问一旁的王光美："成敬常同志的这几封信，你见到过没有？"

王光美是刘少奇办公室的工作干部，兼管日常信件的处理。她思索了一会儿，肯定地说："没有。对于家乡的来信，通常都会留下深刻的印象。我没有见过成敬常同志这些内容的信件。"

在刘少奇的印象中，成敬常是个忠厚人。他相信成敬常不会说假话。那么，成敬常写的信为什么收不到呢？难道有人扣信，阻止人民向上反映情况？

《中华人民共和国宪法》明文规定："公民的通信自由受法律保护。"刘少奇是中共中央副主席、中华人民共和国主席，难道他的通信自由也受到了限制？

刘少奇有些恼怒，嘱咐秘书吴振英："一定要认真查一查，人民有通信自由。查明原因严肃处理！"

湖南省公安厅派出一位副厅长，会同有关部门进行了调查。据当地邮电所反映，成敬常、王升平两位寄给刘少奇的信件，是公社书记和一位县里下来挂职的大队长拿走了。湖南省公安厅厅长李强找他们谈话，他们却不承认从邮电所拿走了这些信件，也矢口否认追问过王升平为"屁大的事"向上写信。

后来，调查组在县邮电局查阅会议记录，发现扣压群众信件并非偶然现象。他们据此写了一份《调查报告》：

……1960 年 5 月 28 日，县公安局侦察股副股长张××在县邮电局召开的邮电支局长会议上，不经请示报告，擅自公开布置："今后，凡是寄给中央、省委没写寄信地址或地址写得不详的信件，应送公安局检查后才能发出。"

1960 年 6 月，宁乡县公安局保密干部陈××，手持一张写有不满言论的明信片，至邮电局当面严厉指责，并又擅自规定："以后，凡寄给中央领导的信件，都要送县公安局保密室陈××过目，才能寄出……"

5 月 7 日，刘少奇与炭子冲农民座谈，那个曾追问过王升平、邮电所指证扣押过信件的公社书记也在座。

刘少奇敲山震虎，说："以前我和王升平、成敬常保持通信联系，今后我还想和他们继续通信。请你们给我一点通信自由，不要扣押我的信件，好不好？和我通信并不是要捣公社、大队的乱。我是想帮你们的忙。我这个人也可能犯错误，帮个倒忙，那我再向你们承认错误，作检讨。"

从刘少奇喉咙发出的悲怆的颤音，简直是在向公社书记提出请求。然而，那位公社书记竟然没有丝毫不安的表情，只顾自己抽烟，烟雾在他头顶上飘圈圈。

坐在一旁的成敬常觉得过意不去，气愤地说："刘主席，弄了半天，原来是有人扣押了我们的信！既然是这样，以后我们不写信了，有什么意见，到北京来，当面向您报告。"

刘少奇当即表态："为了大家的事情，可以到北京来向我反映。你和黄端生就来过。为了大家的事，你们认为需要，可以来，住房吃饭我出钱！"

五、视察首子冲食堂

1961 年 5 月 4 日下午，刘少奇偕夫人王光美，还有秘书吴振英等几个工作人员，视察了首子冲食堂。

公共食堂本来是一个生活组织，因人民公社实行政社合一，生产队便成了基层政权的一个最基本的元素。农村公共食堂是以生产队为单位建立起来的，因此，公共食堂也包含基层政权的内容在里面。炭子冲属于首子冲食堂管辖，是炭子冲的上级主管单位。如果刘少奇乡居，他应该就是这个食堂的居民。他要去首子冲食堂视察，看看父老乡亲的生活情形。

首子冲食堂共有 23 户，56 口人。工作人员共五名，事务长、炊事员、种菜工各一人，另外还有两个身强力壮的全劳动力，专门负责食堂的柴火。

刘少奇走进首子冲食堂，与大家见面。陪同的同志向他一一介绍了首子冲食堂的五名工作人员。事务长姓黄，30 多岁。

事务长应该对食堂的情况了如指掌。刘少奇认为要了解首子冲食堂的情况，姓黄的事务长是关键。他走近事务长，与事务长拉家常。

刘少奇问这位年轻的事务长父亲是谁，爷爷又是谁。对于年轻人，他只能用这样的方法来辨认他们。

事务长一一作答。

刘少奇听了，感到莫名其妙，一个地方年龄相当的人自己居然不熟悉。

原来，这位事务长是后来迁过来的，属于外来户。刘少奇不认识他的父亲和爷爷，情有可原。如果这位事务长是本地人，刘少奇应该认识他的父亲和爷爷，也许还是儿时的伙伴呢。那么，谈话也就可以找到一些共同的话题。

1961年5月4日，刘少奇步行去炭子冲、首子冲公共食堂了解情况，倾听意见。首子冲公共食堂事务长想方设法弄来一块猪肉、两条鱼、一壶菜油、一箱豆腐。

陪同的同志解释说："因为外来户没有复杂的人际关系，大家才选他当事务长。"

刘少奇笑着说："这倒是一个经验。"

事务长领着刘少奇，参观首子冲公共食堂。卫生搞得不错，里里外外打扫得干干净净。

刘少奇进入厨房，只见挂菜篮子的地方挂着一块猪肉，大约有十多斤；地上的一个大盆子里装满了水养了两条鱼，鱼嘴巴一张一合，还是活的。

那时，猪肉供应非常紧张。在宁乡县城，除了劳动节、国庆节、春节，每人凭票供应二两猪肉外，肉店平时都是门上挂锁。在乡下，猪肉更是有钱无市。

看到首子冲食堂有鱼又有肉，刘少奇高兴地说："食堂办得还不错嘛！"

事务长谦恭地汇报："我们食堂，每逢初一、十五，都给社员打牙祭。"

刘少奇沉默了一会儿，问："今天是初几？"

那天是 5 月 4 日，农历辛丑年三月二十日，根本就不是什么打牙祭的日子。刘少奇看到猪肉和活鱼，产生了怀疑。

能说会道的事务长连忙解释："这几天栽米树（湖南方言，意思是插秧），劳动强度大，为了慰劳社员，食堂决定打牙祭。"

湖南农村把插秧看得非常隆重，播种希望也播种收获。人们把秧苗看成大树，故而称插秧为"栽米树"。

事务长这句久违了的乡音，唤起了刘少奇美好的回忆。

刘少奇连声说："对，栽米树！秧苗长成大树，雪白的大米哗哗落下，粮富年丰啊！"

事务长兴致勃勃地展示公共食堂的经济实力。接着，他又搬出油盐坛子，满满的一壶菜油，盐也很充足。哟，还有一大箱豆腐……

与事务长告别返回炭子冲时，刘少奇微笑着说："如果这里的情况属实，那就不能千篇一律地说公共食堂不好！"

不幸的是，刘少奇的美好愿望第二天就像肥皂泡一样破灭了。

六、看望"四属户"鲁渭媛

1961 年 5 月 5 日，拂晓的太阳还懒洋洋地赖在山下，小黄雀清脆的歌声就已经在炭子冲的树梢上唱响了。刘少奇早早地起了床。

按计划，今天上午刘少奇要去看望侄孙媳妇鲁渭媛。鲁渭媛是"四属户"，因为她的丈夫刘正山是国家干部。

"四属户"是指丈夫从事非农业生产的，如外出做手艺的木匠、砌匠，还有在外工作的国家干部、教师、营业员、工人，妻子在家从事农业生产的家庭。

早饭后，刘少奇偕夫人王光美，还有秘书吴振英等几个工作人员，从炭子冲出发朝鲁渭媛家走去。

鲁渭媛是个 30 来岁的妇女。她的丈夫刘正山，是刘少奇大哥的孙子。

1952 年，刘正山考取北京中国人民大学统计系。1957 年毕业的时候，刘正山曾想请叔爷爷刘少奇说句话，把他留在北京，或者分配回湖南党政机关工作。

刘少奇严肃地说："我不能开这个先例，要服从组织分配。"

后来，刘正山被分配去了安徽。革命干部四海为家，那时还没有照顾夫妻两地分居一说，鲁渭媛带着孩子住在老家。刘正山每年一次探亲假，这样才有牛郎织女鹊桥相会的机会。

刘正山月薪 51.50 元。他除了吃饭开支，每月寄回 25 元。鲁渭媛将这笔钱交给生产队，买回 300 分。

当时，生产队每 10 分工，即每个劳动日的工值是 3 角钱。鲁渭媛将自己的丈夫刘正山寄回的 25 元钱交给生产队后，25 元变成了 9 元，明显地吃亏了划不来。但是，他们也没有办法，那时的制度就是如此。

鲁渭媛本人还要努力多出集体工，一家三口才能吃上标准的口粮。

刘少奇焦急地问："你们的口粮标准是多少？"

鲁渭媛认真地回答："我自己每天半斤米，大孩子七两，小的只有六两。"

说罢，鲁渭媛生怕刘少奇产生误会，赶紧又补充说："生产队用的都是 16 两制的老秤。"

刘少奇早就听说过，为了造成感觉上的误差，便关切地问："够不够吃？"

鲁渭媛焦急地说："怎么够吃呢？"

这时，刘少奇提起昨天去首子冲食堂视察的情况。

在首子冲食堂就餐的鲁渭媛听了，生气地说："假的！那都是假的！您老人家前脚走，猪肉、鲜鱼和菜油就都让人给提走了。"

刘少奇半信半疑。

鲁渭媛生气地说："在公共食堂，事务长、炊事员这些长牙子吃人虫还要刮走一点，我们吃进肚子里的饭菜，就要大大地打折扣了。他们竟然敢在您老人家面前作假，弄来一挂猪肉、几条鱼，糊弄您老人家？"

说罢，鲁渭媛把两个孩子推到刘少奇面前，又说："叔爷爷，假如食堂常常打牙祭，我的孩子怎么会瘦成皮包骨呢？"

两个面黄肌瘦的孩子，都用惊恐的眼睛望着刘少奇。

刘少奇震惊了。他怀着一片赤诚，风尘仆仆回到老家调查研究，乡亲们居然打肿脸充胖子，用虚假的富足来糊弄他。那么，到什么地方才能听到真话呢？

家乡的情形，把刘少奇搞得云里雾里。难道我的故乡吃饭真的也成了问题？

刘少奇心寒了，对王光美说："请你带孩子去让医生看看，化验一下，他们肚子里也许有蛔虫呢。"

医生诊断两个孩子主要是营养不良，挺严重，还贫血。

刘少奇亲自到炭子冲大队养猪场了解情况。

鲁渭媛双眼噙着泪花，忧心忡忡地说："叔爷爷，食堂再这么办下去，我的两个孩子还不知能不能带得出来。"

王光美没有什么可以送给鲁渭媛帮助其渡过困难，只给她的孩子送了两大包水果糖。

因为是亲属，刘少奇没有作过多的表示，只是安慰说："国家目前十分困难，中央正在想办法。政策好了，你们的日子就会过得好一些。"

七、看望童年好友李桂林

告别鲁渭媛，刘少奇决定顺路去安湖塘食堂，看望童年好友李桂林。

安湖塘跟首子冲只隔了一个浅山冈，转过山嘴便到了。

刘少奇来到安湖塘食堂，安湖塘食堂诚惶诚恐。

安湖塘食堂吸取教训，没有像首子冲食堂那样，摆出鱼、肉和豆腐，打肿脸充胖子。社员群众也比较拘谨。

当刘少奇问起安湖塘食堂的情况，社员群众言不由衷。显然，他们是把刘少奇当成上面来的干部了。

刘少奇问食堂事务长："李桂林呢，他在不在家?"

事务长没有正面回答，反问道："你和李桂林是什么关系?"

刘少奇微笑着说："李桂林和我是小时候在一起放牛的伙伴，我想看看他，邀请他叙旧话新。"

事务长朝屋前屋后找了一会儿，很着急的样子，说："他刚才还在这里，怎么一晃眼就不见了呢?"

李桂林比刘少奇小两岁。当他们都在黄发垂髫之年，就常在一起玩耍，是极要好的童年伙伴。他们一起放牛，一起跳进安湖塘洗冷

1961年5月5日，刘少奇和王光美在安湖塘李桂林（图中右者）家中，李桂林比刘少奇小两岁，是极要好的儿时伙伴。

水澡……

新中国成立后，刘少奇成了中华人民共和国中央人民政府副主席。李桂林引以为骄傲。刘少奇也常常惦记着李桂林。乡间有人去北京，刘少奇总要问起李桂林，并请来京的乡亲转达他对李桂林的问候，现在终于有机会见面了，一定要跟老伙伴好好聊聊。

如今，刘少奇来了。李桂林竟然躲起来了。难道李桂林是叶公好龙？

李桂林刚才还在屋前空坪里转悠。突然，他看见田间路上有七八个人朝这边走来，走在前面的那位年过花甲，一头白发。虽然有三四十年没有见面了，但他凭直觉断定那就是自己的童年好友刘少奇。

本来，李桂林应该奔上前去迎接，热情拥抱，或者握手言欢，或者你捶我一下，我捶你一下，互吐思念之情。

然而，李桂林突然改变了主意。他三步并作两步，加快步伐，紧走几步，躲进了屋后的竹林里。

李桂林跟刘少奇一块儿长大。儿时，不管是上山采栗，还是下河捉蟹，他们从来都是成果共享。李桂林淳朴、善良，不是那种心胸狭窄的人。他不愿见刘少奇，是因为他正害着浮肿病，脸色蜡黄，双脚浮肿。由于生病，胡子没有刮，头发也有很长时间没有理了，蓬头垢面，像只长毛兔。另外，他也没有见客的衣衫，身上补丁叠补丁，像个要饭的叫花子。他这个样子怎么好去见老朋友呢？

阳光灿烂，天气不热。李桂林坐在竹林里的石板上，煎熬着自己。

食堂事务长、李桂林的侄儿找来了："哎呀，大伯，您怎么坐在这里，刘主席正在等您呢。"

看来躲着不行，李桂林只得起身。

李桂林刚刚走出竹林，刘少奇一眼就看见了他。

刘少奇迎面走过来，喊道："李七十，你在这里忙什么呀！"

"七十伢子"是李桂林的乳名。他出生的那一年，爷爷恰巧七十岁。因为巧合了爷爷的年龄，也为了祝福他没病健康成长，便有了这么个乳名。

刘少奇亲昵的呼叫，唤起了李桂林童年的回忆。

因为事情来得很突然，李桂林有些慌乱，又不知该如何称呼刘少奇，结结巴巴地说："您，刘，刘……"

刘少奇大声说："我是刘九呀！"

为了表示自己仍然珍惜与李桂林的友谊，刘少奇通名报姓时用的也是乳名。

李桂林激动起来，急忙迎上前去喊道："刘九，九满！啊，刘主席！"

刘少奇微笑着说："还是叫我刘九吧！"

一对老友，两双手紧紧相握。四目相对，良久无言。

刘少奇关切地问："你怎么病成了这个样子呢？"

李桂林不愿谈自己的病，说："你的头发全白了，国家主席当得也不轻松吧！"

就这样，他们用心灵互相感应着对方，友情像暖烘烘的浮云把他们簇拥。

这时，许多干部群众围了上来看热闹，他们里三层外三层，将刘少奇、李桂林团团围住。

为了走出包围圈，刘少奇扶着李桂林的肩膀，说："我们去那边走走！"

刘少奇搀扶着李桂林走出竹园，跨过一道田埂，来到了安湖塘的塘基上。

安湖塘约有30亩水面，灌溉着下面近400亩水田。当年，刘少奇和李桂林一同放牛时，牛在塘边吃草，他们两个人齐喊"一、二、三！"跳进塘里洗冷水澡，打水仗。

望着汪汪碧水，刘少奇谈起孩提趣事："李七十，还记得我们小时候在塘里洗冷水澡吗？"

李桂林回答："记得，我们光着屁股打水仗咧。"

有一回，两头牛在塘基上角抵角，斗起架来，并且斗红了眼睛。彭五公公路过这里，把两头斗架的牛拉开了。否则，不知会闹出什么事情呢。

刘少奇牵着李桂林站在这春风拂面的塘基上，你讲一个细节，我讲一件小事，仿佛一同回到那金色的童年。

长长的塘基下面，有一大片鱼池子，这是一处新的景观。

刘少奇迷惑不解，问："我记得这里过去都是水田呀，什么时候开始养鱼了呀？"

李桂林回答："鬼扯脚咧！那是大队支书王升平打着你的旗号干的好事！"

刘少奇一愣："打我的旗号？"

李桂林解释说："是呀。他说，要把刘主席的家乡建设成鱼米之乡，要扩大养鱼的水面，就把安湖塘塘基下边这片阳光水源都很充足，又便于耕作的良田废了，花上千个工，才挖成这一片鱼池子。"

刘少奇迷惑不解，说："安湖塘有这么宽的水面，可以养鱼嘛！"

李桂林生气地说："瞎指挥啊！饭都没得吃，哪个去管鱼池子呢？这一片鱼池子白天晒太阳，晚上照月亮，里边连鱼花子都没有一个。"

刘少奇叹息道："怎么要干这种蠢事呢？"

李桂林激动地说："你看对面山上，过去挤拱麻密长满了树木。王升平说山上要变成银行，就把满山树木砍伐了，用来开茶园，种果树。结果呢，果树干死了，种茶没技术，稀稀拉拉。老百姓说，这是抓了芝麻丢了西瓜。劳民伤财啊！"

刘少奇又问："大家都说去年干旱很厉害，安湖塘的水都车干了吗？"

李桂林十分肯定地回答："没有。还有半塘水！"

刘少奇迷惑不解，说："我记得乙丑年（1925年），湖南连续几个月干旱，安湖塘晒得底朝天，那一年每亩还收得两三担谷。安湖塘去年还有半塘水，说明干旱还没有到彻底绝收的程度，生活怎么会这样困难呢？"

李桂林直愣愣地望着刘少奇，激动地说："刘主席，我说句丑话，你不会见怪吧！"

刘少奇庄重地说："我是炭子冲刘九。有什么话，你直说吧！"

李桂林实话实说，一语惊人："叫我看，去年粮食减产，干旱有一点影响，但不是主要的。我讲实话，三分是天灾，七分是人祸，是'五风'（作者注，指浮夸风、瞎指挥风、平调风、共产风、强迫命令风）刮得咯样的！"

苦口良药，逆耳忠言。李桂林这敢于犯颜直谏的话语，像晴天霹雳，震动了刘少奇。

刘少奇微笑着说："所以你就得了浮肿病？"

李桂林说："我的浮肿病还是轻的。你到塘基那边屋里看看，那里集中了两个生产队的病号，大队为什么不领你去参观呢？"

没有大队干部引路，李桂林自告奋勇当了向导。

刘少奇视察那个临时医院的情形，现在已经无人能说得清楚。炭子冲留下了当时的一张照片。只见病床上坐着一位老人，一把山羊胡子全白了。瘦得皮包骨头，粗看还以为是一具骷髅。眼睛睁得很大，眼神忧郁而绝望。嘴唇紧闭。他可能知道站在床头的是共和国主席刘少奇，也许他对这个世界已经不再留恋，因此不打算再向人诉说什么。

李桂林还带着刘少奇去看附近的公共食堂，指着胡乱堆放在地上灶上的炊具、脏碗筷和一小堆莴笋叶，说："这是整个食堂一餐的菜。炒菜只放盐，不放油，吃不饱啊！"

中共中央副主席、中华人民共和国主席刘少奇家乡缺吃少穿饿死人，这不是导师门前鬼唱歌吗？

面对着坐以待毙的童年伙伴李桂林，刘少奇心里十分难过。他目光低垂，半晌无言。

全国各族人民都在遭受饥饿，苦苦挣扎在死亡线上，生活在水深火热之中，刘少奇当然不会沉默，更不会熟视无睹。八个月后，在中共中央召开的扩大会议上，台下坐着七千多名来自全国的省、地、县委负责同志，刘少奇发表对形势的看法：

> 这种困难的形势是怎样出现的呢……原因在哪里？原因不外乎两条：一是天灾。连续三年的自然灾害，使我们的农业和工业减产了。还有一条，就是从一九五八年以来，我们工作的缺点和错误。这两个原因，哪一个是主要的呢……去年我回湖南一个地方去，那里也发生了很大的困难。我问农民……他们说：天灾有，但是小，产生困难的原因是"三分天灾，七分人祸"！

那时候，政治生活很不正常，讲到工作中的成绩和缺点，往往习惯于打一个比方，那就是九个指头和一个指头的关系。九个指头是指成绩。成绩大大地有，形势大大地好。一个指头是指缺点，小小的，不足挂齿。刘少奇从少年时代的朋友李桂林那里获得了真知，炭子冲临时医院里因饥饿绝望的老人使他无法人云亦云。他实事求是，大声疾呼是"三分天灾，七分人祸"。这需要勇气和胆量。

刘少奇敢于担当，没有诿过于人。在那个扩大的中央工作会议上，他作为中央政治局日常工作的经常主持者，说中央政治局应该担负责任。他把自己摆进去，更需要勇气和胆量。他犯颜直谏，说实话、道真情，付出了生命的代价。这是后话。

第十三章　举重若轻

一、电线杆上的小纸条

刘少奇回到炭子冲，浓浓的乡情令他陶醉。他在炭子冲以走亲戚、看朋友的形式，了解农村的真实情况，进行调查研究。

然而，有一件事情大煞风景。这天，刘少奇很早就起床了。他喜欢在薄薄的晨雾中散步。像往常一样，他和王光美走出了家门。

清晨，凉风习习。那柔和的东风，吹在身上感到暖洋洋的。东风劲吹，吹绿了广袤的原野山峦，吹皱了神州大地的江河湖海。大自然从冬眠中苏醒过来，生机勃勃。

天空好像经过水洗一般，透着一种纯粹的蓝，醉人的蓝！空气清新，一尘不染。炭子冲尽情地呼吸着祖国美丽早晨的气息。这明媚的早晨，多么像纯洁的心灵啊！

炭子冲的早晨，仿佛一幅水墨丹青。东方一片橘红。突兀的山坡上红杜鹃遍地开放。房前屋后开满了桃花。还有田野那一片又一片金灿灿的油菜花。这一切组成了炭子冲早晨美丽的风景。

刘少奇和王光美踏着晨露，呼吸着故乡清凉的新鲜空气，沿着山边的小路散步。大块小块的新绿随意地铺着，有的浓有的淡，有的厚有的薄……夫妻双双，边走边欣赏着家乡早晨的美景。

路边盛开的红杜鹃，深深地吸引了刘少奇，也吸引了王光美。

阳春三月，是百花盛开的季节。在湖南，红杜鹃开得最早开得最旺，是报春的使者。传说蜀国皇帝杜宇很爱百姓，死后灵魂变为一只子规鸟（杜鹃），每年春季，飞来唤醒百姓"快快布谷！快快布谷！"嘴巴啼得流血，滴滴鲜血洒落在山野，化做美丽的红杜鹃。每到春时，家乡万山红遍，恰似漫山红旗翻舞，激荡人心！

刘少奇和王光美蹲在一簇簇红杜鹃旁，低头俯视，只见坚挺的树枝从根部长出，仿佛一双双向上举起的有力的手臂，稳稳地托起那争艳开放的花朵。仔细端详，只见五片粉红的，像粉绸一样的扇形花瓣热烈地向外张开，上面还有露珠点缀着，煞是好看。花蕊是银粉色的，每根顶端都有一个小小的粉黄色的花粉球。花的中心，伸出一根坚挺的雄蕊。娇艳的红杜鹃，好像多情的湘女向世间展示着闭月羞花的容颜，令人赏心悦目，心旷神怡。

红杜鹃枝干呈淡绿色，叶面是深深的绿色，闪着光泽，尽透着光鲜。

放眼望去，那高高低低的山坡上，竞相开放的红杜鹃，密密层层，叠锦堆秀。红杜鹃像革命的星星之火，燃起了燎原之势，又被家乡人民称做漫山红旗！家乡的红杜鹃催开了校园里的琅琅书声，催开了人们心中的欢愉激情。紧接着，桃花、李花、梨花次第开放。此时此刻，花明楼成了花的海洋，花的大合唱！

对面山坡上，一头大黄牛正大口大口地吃着地上带着露水的青青的嫩草，五六只苍蝇在牛眼前来回飞舞。牛骚动了一下，鼻子呼出一团气，摇着脖子，颈上的铃铛也随着摆动。牧童飞舞手中的柳条，驱赶牛前的苍蝇。牛恢复了平静，低头继续吃草。牧童趴在牛背上，伸出一只手抚摸着牛耳朵，嘀咕着："牛啊牛，快吃快吃，等你吃饱了，就有力气去耕田。"

看着看着，刘少奇仿佛童年的时光回到了眼前。

刘少奇边走边看，边看边想。他陶醉在炭子冲早晨的美景中。

一阵微风吹来，送来花的芳香，沁人心脾。刘少奇感到，这真是人在路边走，仿佛是在画中游啊！

不知不觉，刘少奇走出了炭子冲。当他路过一根电线杆子时，他突然发现这根电线杆上，大约离地一米多高的位置，张贴着一张白纸条。

刘少奇感到很特别。因为那时墙壁上、电线杆子上张贴的标语口号，一般都是用毛笔写在红纸上用米汤张贴上去的。山坡上、田塍上的标语口号，一般都是用石灰水写的。

电线杆子上张贴的这张白纸条，引起了刘少奇极大的兴趣。他走近凑过去细看，只见上面写着："我们饿肚皮，只怪刘少奇。打倒刘少奇！"

这犯颜直谏的话语，像晴天霹雳，震动了刘少奇。

刘少奇一愣。他走近再细看，只见字迹歪歪斜斜，笔画稚嫩，显然不是成年人所为，而是小孩子写的。心想："这个孩子为什么要写这张纸条呢？难道仅仅是因为饿肚皮吗？"

看着想着，想着看着，刘少奇陷入深思之中。此时此刻，他想起了延安发生的事情。

二、延安的启发

刘少奇思绪万千，浮想联翩。延安发生的一件件事情，像电影那样，一幕一幕地浮现在他的眼前。

故事得从 1937 年说起。1937 年 1 月，中共中央机关迁往延安。六个月后，抗日战争爆发，延安地区政府催要公粮的任务增重，民众生活压力陡增。在此情形下，中央红军成为民众批评的对象，而毛泽东曾遭遇两次"咒骂"。

1941 年 6 月 3 日，陕甘宁边区政府在延安的杨家岭小礼堂召开边区各县县长联席会议，讨论征粮工作和农民负担问题。

当天下午，正在开会的时候，突然天空阴云密布，电闪雷鸣，下起雨来。一个炸雷爆响，雷电穿入会议室，击断了礼堂的一根木柱，坐在附近的延川县代县长李彩云猝不及防，不幸触电身亡。

同一天，一位农民饲养的一头驴也被雷电击死了。

噩耗传开之后，人们议论纷纷。有一位农民逢人就说："老天爷不开眼，一个响雷把县长劈死了，为什么不劈死毛泽东呢？"

消息不胫而走，传遍四邻八村。

延安附近的村子里，混进了一些敌特分子，不久便借此传出谣言，说这是老天爷对共产党、对红军的惩罚。

中央社会部认为，这是一件重大事件，绝不可掉以轻心。因而派出了很多人到处调查，跟踪追击，一定要追查制造谣言的坏人。

毛泽东从警卫员口中得知这件事后，立即阻止了保卫部门的行动。他语重心长地说："群众发牢骚，有意见，说明我们的政策和工作有毛病。不要一听到群众有议论，尤其是尖锐一点的议论，就去追查，就要立案，进行打击压制。这种做法实际上是软弱的表现，是神经衰弱的表现。我们共产党人无论如何不要造成同群众对立的局面。"

毛泽东强调："党群关系好比鱼水关系，共产党是鱼，老百姓是水；水里可以没有鱼，鱼可是永远也离不开水。"

不久，在陕甘宁边区的清涧县农村又发生了一起类似的事件。农妇伍兰花的丈夫在山上用铁犁耕地时，不幸被雷电击毙。

伍兰花一边悲痛，一边大骂"世道不好"、"共产党黑暗"、"毛泽东领导官僚横行"……

延安城北面有一个傻子村，村里有一个女人叫伍兰花。她的男人又呆又傻，生了三个孩子却活蹦乱跳，一个也不傻。傻男人领不了家，一个六口之家，还有一位白发苍苍的婆婆，生活的担子全落在了伍兰花的双肩上。

20世纪30年代，受国民党政府的黑暗统治，陕北是一个很苦的地方。伍兰花要养活一家人，其中吃了多少苦，流了多少汗，是一般人难以想象的。中央红军到了延安后，实行土地革命。她家分得了5亩坡地。

陕北是个靠天吃饭的地方。风调雨顺，农民所产的粮食尚可果腹；遇到天旱雨涝，粮食歉收就要饿肚子了。

到了20世纪40年代，陕北偏偏连年大旱，粮食问题显得尤其突出。

中央机关、学校还有在前方打仗的八路军战士，不吃饭不行。边区政府派人到各村催要公粮。

伍兰花家是村里有名的贫困户。第一年公粮任务公布后，伍兰花实在无力完成任务，就找村干部诉苦。村干部知道她家的情况，但又不敢开免缴公粮的口子，经研究答应把缴公粮的期限推到下一年。

谁知，第二年又歉收。伍兰花别说缴上年的公粮，就是当年的公粮也难缴上。

每年秋天，县、乡、村三级干部的主要任务是催缴公粮。一天，乡里的几个干部来到傻子村，检查公粮上缴情况。村干部汇报说，别的人家都好说，只是伍兰花家不好说，要求乡里的干部出面去做动员工作。

村干部领着乡里的干部来到伍兰花家。伍兰花正盘腿坐在炕上飞针走线纳鞋底。

见村里、乡里的干部都找上门来了，不问伍兰花也清楚是来催缴公粮的。

因为连年歉收，伍兰花板着脸不理睬。她仍然一个劲地纳鞋底。

乡干部对着伍兰花，讲了不少革命道理，启发她为革命作贡献，主动上缴公粮。乡干部说得口干舌燥，伍兰花仍一声不吭。她不是不缴，而是实在缴不起。

村长实在看不下去了，走上前去，把伍兰花手中的鞋底夺过来，扔在炕上，气势汹汹地说："人家乡里的干部跑了几十里路来找你谈话，你怎么能这样呢？"

伍兰花是个烈性妇女。她手里的鞋底被村长夺去后，一股怒火直冲脑际。她"唬"的一声站起来，从炕上跳到地上，气愤地说："缴吧，缴了我们全家就等死！"

说罢，伍兰花气呼呼地从地洞里提出一小口袋粮食，扔到门边，用颤抖的声音说："拿去吧，这是我们一家人一年的口粮……"

见伍兰花从地洞里拿出了粮食，乡里、村里的干部认为这是"私藏粮食"。

乡干部生气地宣布："粮食没收充公！"

一反常态的伍兰花，猛地扑到装粮食的口袋上，用双手紧紧抓住口袋，生怕被别人抢去似的。

乡干部怒不可遏地训斥道："你真是一块榆木疙瘩！前方的部队为咱们穷人打仗，已经快断粮了，可你们还忍心把粮食藏起来……"

伍兰花嘴里虽然讲不出多少道理，但她心里清楚，这一小口袋粮食是她全家人的命根子，粮食一旦被没收，全家人就得被饿死。想到此，她再也忍不住了，脱口高声喊道："天哪……黑啊……没了粮食，我可怎么活啊……"

说罢，伍兰花眼里流下两行凄楚的泪水。

村长大声质问："你，你好大的胆子，竟然咒骂共产党和红军！"

伍兰花收住眼泪，不服气地说："骂了又怎样？骂了共产党，还骂毛主席哩！前一阵子打雷，怎么不把他也打死！"

乡干部恶狠狠地斥责道："嗯！你骂毛主席！"

在光天化日之下竟然都能听到伍兰花咒骂毛泽东，终于找到了这个大坏蛋。

乡干部气愤地命令村干部："你们还待着干什么？快把她给抓起来！"

伍兰花被抓起来后，问题逐级上报，一直报到了中央保卫部。

事有凑巧。正赶上中央社会部大张旗鼓地追查谣言。伍兰花便被定为典型，问题性质发生了根本的变化。中央保卫部给她定的罪名是"反对共产党、反对毛主席"，决定枪毙她，杀一儆百。

中央社会调查部闻讯后，把伍兰花拘押到延安，并由保卫部门建议判处死刑，报陕甘宁边区高等法院审判和中央审批以后即在清涧县枪毙，以此来稳定社会局势和群众情绪。

当时，中央办有一个内部刊物《情况汇报》，是专门送给中央首长看的。伍兰花事件被登在《情况汇报》上，康生看到后就报呈给毛泽东。

住在枣园的毛泽东，日理万机，每天要看很多电文、文件和材料。当他看到《情况汇报》后，还是抽时间把保卫部决定枪毙伍兰花的那篇文章详细地看了一遍。当他发现伍兰花是因为骂了他而被判死刑时，一股说不出的滋味涌上心头。他的呼吸变得急促起来，觉得这件事他必须过问。

毛泽东喊来秘书，吩咐把伍兰花带到枣园，他要亲自问问情况。

伍兰花被带来了。她并不知道坐在自己对面的人是谁，只好低头不语。

毛泽东微笑着问："你为什么要骂我，让雷打死我呢？"

听口气，伍兰花已经完全明白，坐在自己对面的人就是毛泽东。她慢慢抬起头来，不满地瞥了毛泽东一眼，想说什么，但只是嘴唇动了动，却什么话也没有说出口。

毛泽东风趣地说："我这个脑壳真值钱喽！国民党要它，用枪用炮；你倒好，要用雷打……"

毛泽东想了想，又说："要我死嘛，很简单，可你总得说出一个要我死的道理来嘛！"

说罢，毛泽东倒了一杯水，递给伍兰花。

伍兰花气犹未消，不喝水，双目怒视着毛泽东，恶狠狠地说："雷打不死就让火烧死，火烧不死就让水淹死，反正咱活不下去嘛！"

毛泽东似乎从伍兰花嘴里听出了什么问题，就坐下来，用极认真的口气说："活不下去？有什么你就说出来让我听听。"

伍兰花见毛泽东并没有生她的气，就把她缴不上公粮，一时气愤骂了毛主席的情况诉说了一遍，然后又把村里的老百姓因负担过重，生活苦不堪言的情况也说了不少。

经过聊天拉家常，毛泽东了解到：伍兰花的家里共有六口人，七十岁的婆婆是个瘫痪病人；三个孩子，大的才十岁，小的还不到三岁半；里里外外全靠丈夫支撑着。1935年中央红军来了以后，她家里分了五亩地，头几年还好，政府收的公粮少，家里的粮食吃不完，踏实过了几年好日子。这几年变了，干部只管多要公粮，还多吃多占。如今她丈夫死了，家里的顶梁柱就没有了……

毛泽东认真地听完伍兰花的诉说，心里像打翻了五味瓶，说不出是一种什么滋味。他满脸怒气，像有什么事惹恼了他似的，什么话也没有说，就大步向窑洞外走去。

毛泽东一直走到延河边，眼望着翻滚的延河水，嘴里大口大口地吐着气。

过了好一会儿，毛泽东才扭头把站在远处的保卫处长钱益民叫到身边，若有所思地问："益民，你的名字是谁给你起的呢？"

钱益民回答："是我爹给我起的。"

毛泽东又问："你爹为什么给你起这么个名字呢？"

钱益民弄不清毛泽东为什么要问这个，想了想还是如实回答："家父当年给我起这个名字，大概是希望我长大能多做一些有益于人民的事情吧！"

毛泽东重重地点了点头，感慨地说："是啊！连一个老百姓都知道让自己的儿子多做一些有益于人民的事情，何况我们一个党呢？"

稍停片刻，毛泽东吩咐钱益民说："那位叫伍兰花的妇女，马上护送她回家……"

钱益民不解地看着毛泽东。

毛泽东解释说："她是好人，敢讲真话，是给我们提意见的好同志。把她送回去，请你告诉地方政府，在生活上要照顾她。她家的生活是很苦的。"

就这样，伍兰花得救了。当地政府给她免去公粮，还有互助组帮她家种田。

伍兰花像变了一个人似的，见人就说："咱们毛主席，雷打他也打不死。"

释放伍兰花之后，毛泽东便给中共中央西北局宣传部下达了指示，要他们深入群众，认真调查一下延安群众的负担问题和生活状况，并将调查情况及时报告。

两个月后，一份来自张家村乡的调查报告，放到了毛泽东的案头上。这份调查报告说：1941 年，张家村乡的负担，尽管比革命前的 1934 年有了大幅度的减少，但从抗日战争爆发后，随着政府征收公粮数额的增加，群众的负担又逐年加重。1938 年，征收公粮 1 万石；1939 年，征收公粮 5 万石；1940 年，征收公粮 9 万石；1941 年，征收公粮 21 万石……

看完这份调查报告，毛泽东又找来几份自然灾害的报告。那上面有保安遭受雹灾的情况，有延安等地遭受瘟疫的情况。这几个地区灾情和疫情都很严重。报告中说，仅盘龙一区，就有五万多人因瘟疫而丧生。

望着这两份报告，毛泽东心事重重，一个劲地抽着烟。他知道，照这样下去，人民是难以生活下去的，共产党和红军也会失掉人心的。一个十分严重的问题摆在了毛泽东的面前，需要他作出果断的处理，提出解决的办法。经过久久的思考，毛泽东紧锁的眉头终于舒展开来。他叫来通讯员，吩咐说："你立刻到延安去，让西北局和延安留守处的负责人明天来这里见我。"

"是！"通讯员敬了一个礼，转身就走了。

第二天凌晨，西北局负责人高岗、边区政府主席林伯渠、八路军留守处负责人萧劲光等同志，骑马来到枣园。他们走进毛泽东住的窑洞，发现炉子上放着几个烤芋头，心里都不是滋味。

毛泽东脸色阴沉地坐在办公桌旁，招呼大家坐下后，便把那份来自张家村乡的关于农民负担的调查报告和枪毙伍兰花的报告丢到大家面前，语气十分沉重地说："这个请你们看看。看我们是来陕北干什么的？"

几个人匆匆地把两份材料传阅一遍。他们一个个屏声敛息，谁也不说一句话，不时偷偷地看一眼毛泽东。

窑洞里的空气变得凝重而沉闷，静得连每个人的呼吸声都能听得一清二楚。

毛泽东点燃一支烟，深深地吸了一口，说："不错，我们是到这里来革命的……"

说罢，毛泽东又陷入了沉思，过了好一阵，才接着说："现在，日本军队、国民党顽固派要困死、饿死我们。我们应该怎么办呢？"

毛泽东用目光巡视大家一圈，见没有人说话，接着又说："我们死了不要紧，总会有人站出来革命的。但是，人民死了谁来革命呢？"

在座的几位负责同志已听出了毛泽东召他们来枣园的意思了，不由赞许地点点头，表示同意毛泽东的看法。

毛泽东又猛抽一口烟，声音提高了八度，说："我说有三个办法：第一是革命革不下去了，那就不革命了，大家解散回家；第二是不愿解散，又没有办法，大家一起等着饿死。"

说到这里，毛泽东喉咙哽咽，声音发抖，稍稍停了一下。紧接着，毛泽东把手一挥，像指挥千军万马前进一样，又说："第三嘛，那就是靠我们的两只手，自力更生，发展生产，大家共同克服困难！"

高岗、林伯渠、萧劲光等同志都认为毛泽东提出的意见很好，很有价值。他们认为，只要按毛泽东提出的第三种办法去做，眼前的困难一定能够克服，人民群众的负担也可以大大减轻。交换意见之后，他们不愿过多地耽误毛泽东的时间，就告辞回去了。

不久，毛泽东代表党中央，向边区党、政、军发出了"自己动手、丰衣足食"的号召，要求人人参加生产，解决吃饭、穿衣问题。

毛泽东经过两次"骂"后，从群众的民怨骂声中深刻反思，并举一反三，下决心与中共中央、中央军委和陕甘宁边区政府的领导同志一道，采取一系列措施改进工作。例如，毛泽东等中央领导同志通过深入调查发现，"确实公粮太多"，"加重了人民的负担"。在 1941 年 11 月 6 日开幕的陕甘宁边区第二届参议会上，开明绅士李鼎铭等十一人提案建议："政府应彻底计划经济，实行精兵简政主义，避免入不敷出、经济紊乱之现象"，并提出了具体实施办法。11 月 18 日，参议会通过了精兵简政的决议。

在中共中央的领导下，陕甘宁边区带头行动，先后进行了三次精简，从根本上解决了"鱼大水小"的矛盾。在减轻人民负担，减少消费支出，提高工作人员素质和工作效率等方面，都取得了明显的成效。

毛泽东在 1942 年 12 月明确指出："发展经济，保障供给，是我们的经济工作和财政工作的总方针。"

陕甘宁边区和各抗日根据地的党政军民学各界都开展了轰轰烈烈的大生产运动。中国共产党领导的广大军民，用"自己动手"的方法，达到了"丰衣足食"的目的。毛泽东说："这是中国历史上从来未有的奇迹。"

毛泽东还把大生产运动与 1942 年整风运动一起，称为在当时整个革命链条中起决定性作用的两个环节。

在 1945 年 4 月 24 日党的"七大"政治报告中，毛泽东强调指出："有无认真的自我批评，也是我们和其他政党互相区别的显著的标志之一。"

《情况汇报》上刊登的伍兰花事件，刘少奇曾经看到过。对事情的来龙去脉，他也比较清楚。心想："我们应该正确对待群众的批评，毛泽东处理伍兰花事件，为我们处理人民内部矛盾做出了榜样。"

三、"白日点灯"事件

刘少奇又想起了一年前发生在天安门广场的"白日点灯"事件。

1960 年 3 月 12 日，四川达县人何明渊冒死在天安门广场制造了"白日点灯"事件。该事件报道经路透社当年 3 月 14 日转发，不仅令北京市官方大为紧张，也惊动了中共中央副主席、中华人民共和国主席刘少奇。

路透社转发自伦敦《新快讯报》的报道说，1960 年 3 月 12 日中午 11时许，一个四十来岁的小个男子，来到北京的人民英雄纪念碑旁边。找了个地方坐下后，他从包袱里取出了一个折叠着的长圆形状的白色纸灯笼。他在众人惊讶目光的注视下，又从包袱里拿出一支红色蜡烛，点燃后小心翼翼地插在灯笼里面底部的一根钉子上。然后，他提着这盏灯笼，离开了纪念碑，慢慢地朝天安门广场的南侧方向走去，不久就消失在人们的视线中。

报道还配发了一张照片。照片上的那个提着点燃的白色纸灯笼的中国男子，大白天走在天安门广场上，旁若无人地行走着。背后，可见人民英雄纪念碑的上半截。报道称，这个男子显然是用这种方式，抗议中国大陆的"暗无天日"。这是一起被外国新闻媒体称为"带明显政治倾向"的事件。

路透社转发的这条消息，在播出后几个小时，被中华人民共和国外交部获悉。外交部部长陈毅立即向国务院总理周恩来作了汇报。

此前，周恩来接到了一封寄自安徽合肥的挂号信函。信中反映：安徽省和县、无为县发生严重粮荒，和县铜城闸已经有多人饿死，两县农民中的许多人已经外出逃荒，有的不得已抛弃了子女，当地干部作风恶劣，不但无法解决此类问题，还迫害敢于说话的群众。

周恩来马上向刘少奇汇报了"白日点灯"事件的情况。刘少奇非常重视。早在1960年3月6日，刘少奇就接到了毛泽东主席批转过来的一份文件。这份文件向中央反映了当前农村缺粮情况严重，已经出现了农民非正常死亡的事例。

针对"白日点灯"事件，刘少奇当即指示身边工作人员询问中共北京市委。因为中共北京市委并不清楚此事，于是便询问北京市公安局。北京市公安局也不知情，于是便向中共北京市委如实说明，并表示立刻开展调查，查明情况后立刻向中共北京市委汇报。

受命调查的8人小组，连夜对此事进行了具体安排。

第二天，从天安门广场传来消息，说那个人又出现在天安门广场上，并且再次企图制造"白日点灯"事件。警方当场予以制止，那个上了大洋彼岸西方报纸版面的灯笼也被同时查获。

随即，公安人员对这个中年男子进行讯问，很快就查明了事实真相。这个制造"白日点灯"事件的中年男子叫何明渊，是四川达县人。何明渊因不满当地的粮食征购政策和经办干部的作风，认为同村和邻村出现的不少农民因饥饿而死亡就是由此而造成的，其中包括他的母亲和两个孩子的饿死，其妻因此而失踪。

近三个多月，何明渊一边要饭糊口，一边去专区、省城上访反映情况，结果先后三次被收容，其中一次还被送往县公安局拘押。

伺机逃脱后，何明渊对上访失去了信心，也对共产党和人民政府失去了信心，便打定主意到北京制造"白日点灯"事件。

何明渊对此举的用意直言不讳："就是以此影射当时的形势'暗无天日'。"

调查人员在讯问时特地询问："你是否考虑过这样做的后果？"

何明渊回答："我考虑过——大不了一个死字罢了！我如果不离开家乡，这会儿恐怕也已经饿死了！人民政府竟会让自己的人民饿死，这叫什么人民政府呢？"

讯问结束后，调查人员随即写了一份《关于"白日点灯"事件的调查报告》（以下简称《报告》），送到了局长冯基平的案头，不久又送往中共北京市委第一书记彭真那里。

当时，彭真身兼数项要职，自然是知道粮荒的严重性的。对他来说，此案就不仅仅是一桩个别群众闹事或者"反革命分子活动"之类的案件了。

警方调查人员在《报告》中已经对此事作了定性，认为属于"反革命事件"。何明渊已经被拘留，所以《报告》中称其为"该犯"。整篇《报告》不到千字，比较笼统。彭真又将冯基平找来，仔细询问案情。

听完汇报后，彭真沉默了片刻，方才缓缓开口："人民政府竟会让自己的人民饿死，这还叫什么人民政府？这句话是那个叫何明渊的人所说的原话吗？"

冯基平点头，说："是的。"

随即，冯基平从笔录中找出何明渊的原话，并且指给彭真看。

彭真叹了一口气，说："这话说得重了些，不过……"

彭真没有继续往下说，但是意思已经完整地表达出来了。

稍停，彭真又说："这个何明渊讨饭进京、'白日点灯'的行为至少暴露了三个问题：第一，特殊时期的困难给人民群众造成的损害已经到了何等严重的程度；第二，我们的干部中有一部分人犯了官僚主义的错误；第三，对群众中关于当前形势的认识缺乏及时的引导。从这方面来说，这个何明渊是给我们提了个醒！基平同志，能否再辛苦一下，以调查何明渊的名义，对他所说的情况进行一番调查，然后把结果告诉我。至于何明渊的问题，究竟属于什么性质，待调查后再作结论吧。"

北京市公安局迅速指派调查人员赴四川达县调查。同时，决定将已关押在看守所的何明渊，从监房中放出来，安排他从事"外劳动"。

严格地说，被看守所关押的人，在一般情况下都是不从事任何劳动的，只有极个别人属于例外，那就是"外劳动"。所谓"外劳动"，就是从事看守所内部清洁卫生、伙房等劳役的一种"岗位"，通常由问题不大、案情清楚而又没有前科的人担任。"外劳动"有一定的活动空间，并且能够获得较多的囚粮定量，因此被视为一种求之不得的美差。

安排何明渊从事"外劳动"是一种优待措施，而且还包含着准备从宽处理他的意思。可是，何明渊并没有领悟到这层意思，他在大约一个星期后，突然来了个不辞而别。

那天，看守所要购买当月的囚粮，派了两名看守员押着4个"外劳动"推了一辆人力车前往粮站。因为"外劳动"是属于受信任的人，以前外出从来没有发生过逃跑事件，看守员因而没太在意。结果，何明渊逮了个机会，逃了！

何明渊想得很简单，以为自己溜之大吉。

让何明渊做"外劳动"，是根据冯基平局长所转达的彭真的指示后，经过集体讨论决定的。如果何明渊逃跑之后在社会上继续搞"白日点灯"的把戏，或逃跑出去后发生意外，被外国新闻媒体诬为"杀人灭口"，问题岂不更严重？北京市公安局当即下令紧急追捕。

何明渊那天逃跑之后，偷偷地爬上了停在附近的一辆军用卡车。他一车就坐到了秦皇岛。然后，他就在秦皇岛一带开始流浪，靠乞讨糊口度日。

5 天后，何明渊被北京派往秦皇岛的一支追捕小组找到，被押解回到了北京。

同一天，赴四川达县调查的 4 名警察返回北京。冯基平听取了汇报：达县地区的灾情确实非常严重。至于何明渊，他本人以及家属均无精神病史，他对审讯人员所说的情况完全属实。另外一点新情况是，何明渊的一个叔叔和大哥均为红军烈士。

调查报告很快就送到了彭真的面前。彭真当天就向周恩来汇报。周恩来称赞北京市公安局做了一桩好事。

次日，彭真陪同中共中央副主席、中华人民共和国主席刘少奇会见外宾。会见结束后，彭真向刘少奇谈到了"白日点灯"事件和随之进行的调查。

刘少奇听后，久久不语，最后说："情况早已经到了非常严重的境地了！这是全党全国的头等大事啊！"

何明渊第二次被拘留后的第三天，就被警方宣布解除拘留，改为收容。彭真提出："鉴于何明渊家乡某些干部的工作作风问题，不适宜让何明渊返回原籍，以防止受到打击报复，可征求其本人意见，准其在其他地方择址落户。"

何明渊也担心自己回去后会遭到打击报复，提出愿意去贵州一位朋友处落户。由于刘少奇的过问，何明渊的要求得到了满足。到贵州后，他得到了当地政府的妥善安排。

岁月匆匆。"白日点灯"事件已过去一年多了。刘少奇心想："对群众上访，甚至是过激的行为，实事求是的处理方式，解决问题的具体措施，至今仍具有特别重要的镜鉴意义啊！"

四、童言无忌

延安和天安门广场发生的事件，在刘少奇脑海中留下了深刻的印象，为他处理目前针对自己的小纸条提供了参照。

常常有人抱怨："人在江湖，身不由己。"有的以此作为尚方宝剑，为自己做了不应该做的事情寻找理由。刘少奇却不以为然。

轰轰烈烈的"大跃进"运动，拆了社员的房子，办起了公共食堂。社员群众普遍吃不饱、穿不暖，生活在水深火热之中。

党和政府已经觉察到了工作中的失误，由于粮食紧缺，造成了大面积的饥荒。制定"六十条"就是要帮助全国各族人民渡过难关，走出困境。

小纸条是针对刘少奇的。也许写纸条的孩子认识刘少奇，或许没有见过面，根本就不认识刘少奇。

想着想着，刘少奇突然产生一股冲动。他希望见见写这张小纸条的孩子，也许这个孩子能说出许多大人不敢说的意见来。

回到住地，刘少奇交代工作人员："纸条贴了就贴了，不要大惊小怪。如果有可能，希望见见这位小朋友。"

当工作人员急急忙忙跑过去，发现张贴在电线杆上的小纸条忽然不见了。

难道像侦探小说一样神秘，小纸条不翼而飞？

按照日程安排，刘少奇今天要找王升平谈话，还要去赵家冲看望姐姐刘绍德。

刘少奇指示工作人员不要神经过敏，大惊小怪。他有意淡化这件事情，说："童言无忌。一切按计划进行。"

第十四章　倾听呼声

一、"五风"干部王升平

1961 年 5 月 6 日，刘少奇回到炭子冲的第三天，找来王升平座谈。他想通过王升平，详细了解炭子冲刮"五风"的全过程。

王升平曾担任过炭子冲大队党支部书记，小时候出门讨过米，土改时是"娃娃村长"，从 1952 年担任村干部就主动向刘少奇汇报农村情况，后来补充为刘少奇的农民通讯员。

毛泽东、刘少奇这一代中国共产党人，开始在井冈山建立红色革命政权，经过二万五千里长征到达陕北，到达西柏坡，最后打到北平建立新中国，和人民群众建立了血肉感情。没有人民群众提供红米南瓜、小米窝窝头，中国革命是绝不可能取得胜利的。因此，毛泽东把群众路线上升为一个哲学命题。他说，群众是真正的英雄，而我们自己则往往是幼稚可笑的。

刘少奇用的是另外一种表述方式。他说："一切为了人民群众的观点，是我们共产党人最大的光荣和最值得骄傲的地方！"

新中国成立初期，刘少奇就极力主张共产党员要公开自己的身份，切实加强人民群众对共产党员的监督，保证执政党不脱离人民群众。

刘少奇认为，过去在根据地、游击区或白区，共产党员不能暴露自己的身份，都是做地下工作，这个问题处理得比较好，因为不解放就不能生存。现在取得了政权，进入了大城市，就容易同人民群众疏远，甚至脱离群众。这个问题必须引起特别的注意。他曾说："我们反对国民党，是因为国民党欺压群众。如果我们自己执政，不代表群众的利益，脱离群众，甚至蜕化到欺压群众的话，那我们和国民党有什么区别？"

为了保证中国共产党不变质，刘少奇主张首先要加强群众对党的监督。每个党员，包括他自己在内，都要受群众、受组织的监督，而且应该欢迎别人监督；作为领导干部，更应该这样。

1953年7月，正在人民大学读书的刘正山回乡度暑假，离京前去中南海看望叔爷爷刘少奇。刘少奇交代刘正山一项任务，回乡后为他找几个农民通讯员，经常向他反映农村的情况。

住进中南海后，随着环境和地位的改变，就很难见到群众，并且直接听到群众的声音了。了解下情全靠听汇报，看材料。文牍气很重，常常有一种隔靴搔痒的感觉。刘少奇决定与农民群众建立直接的联系，请他们每年写几封信，反映农村生产情况、生活情况、干部作风、农民有些什么意见和要求，等等。

刘少奇希望自己的农民通讯员，是真正的翻身农民、种田的行家里手、又敢于讲真话的老农。他对即将返乡的刘正山说："你是大学生，暑假回乡也作点社会调查，顺便帮我办好这件事。我相信你能办得好！"

刘正山回乡后，没有自作主张确定名单，而是找到了安湖乡农会主席王升平，请他拿主意。

乡亲们把当刘少奇的通讯员，看做是一件大事、喜事，以空前的热情参加提名。他们将刘少奇提出的条件具体化了，只有老实本分、发狠生产、大公无私、敢于讲真话的种田人，才有资格承担这项十分光荣而又非常艰巨的重任。

名单汇集到了农会主席王升平那里，竟有七八位之多，其中也包括王升平。经过反复协商、比较、筛选，最后确定成敬常、黄端生、齐海湘和另一位农民，由这四个人作为刘少奇的农民通讯员，定期向刘少奇反映农村情况。

暑假结束，刘正山回到北京，向刘少奇报告了四位农民通讯员的遴选经过。乡亲们既热情又慎重，使刘少奇十分感动。

时序已是 9 月初，很快就是国庆节了。刘少奇亲笔写了一封信，邀请四位农民通讯员到北京相聚。人们更是奔走相告："刘少奇没有忘记家乡，共产党看得起种田人！"

王升平虽然不在刘少奇邀请之列，但是，他从土改当积极分子起，担任民兵队长、乡农会主席，三年多了，心里时常想着一件事，就是如何使农民尽快致富。村里就那么些田，人口却在不断增长。生产底子薄，农具、肥料都很困难，产量很难上去。土改了，农民政治上翻了身，如果生活仍很贫困，就算不得是真正的翻身。门路还是有的。地属花明楼区的双狮岭，地下有煤炭，挖下去几米深，就可以挖到煤，如果乡里组织一点人力，开发这个项目，赚些钱来发展生产，改善大家的生活，这不是两全其美的好办法吗？

夜幕降临了，王升平坐在煤油灯下给刘少奇写信。

信写好了，王升平又有些犹豫。这个样子寄出去，刘少奇会不会笑话呢？于是，他拿着信去与乡党委书记邓子卿商量。

邓子卿微笑着说："少奇同志晓得我们是泥腿子，不会责怪我们字写得不好，也不要找人重抄了，我们真心实意反映农村情况，少奇同志会感到高兴的！"

邓子卿也没有读过多少书，文化水平也不高，但他赞成王升平的意见，便在信上签下了自己的名字，算是乡党委书记和乡农会主席联署写给刘少奇的信件。

第二天，成敬常一行四人去北京。王升平把信交给成敬常，请他面呈刘少奇。

成敬常在北京整整住了一个月，回家的当天下午就兴冲冲地来找王升平，他来不及讲北京的种种见闻，拿出一封信来说："升平，少奇同志给你来信啦！"

长条大信封，上面写着邓子卿、王升平两人的名字，拆开来一看，果

中央人民政府委員會　　中央人民政府委員會　　中央人民政府委員會

刘少奇写给邓子卿、王升平的信。

然是刘少奇的亲笔信：

邓子卿、王升平同志：

　　你们的来信以及很多朋友的来信，我都收到了，使我了解了乡间很多情况，谢谢你们及其他来信的朋友。对于我们乡间的发展情形，我是有兴趣的，关心的。望你们经常来信，例如，每年有一次或两次来信，告诉我乡间的各种情况，对我是很有用的。但请你们告诉我实在的情形，是好的就说好，是坏的就说坏，并且最好能说具体些，说明事情的发展经过，而不要有任何夸大或隐藏。这须请你们注意。齐海湘同志等带来很多朋友的信，我不一一作答，请你们代为致意，并请你们转告各位朋友，在以后再不要向我写致敬一类的信，因为这并无好处。此外，关于乡间的各种问题，仍须向县、区、乡政府请示处理，而不能由我来处理，所有要求处理问题的信，已转县政府酌情办理，双狮岭煤矿问题则转省政府酌办。

　　致以

敬礼！

刘少奇

一九五三年十月二十三日

刘少奇写的这封信是毛笔字，刚劲有力，整整三页纸。

那会儿，王升平正在田里收割黄豆，在附近干活的人听说是刘少奇写来了信，纷纷围上来。

有些字王升平还不认识，大家一凑，信上的字就都认全了。大家觉得，刘少奇日理万机，能亲笔给邓子卿、王升平回信，很不简单。刘少奇的谦虚和热情，永远也不能忘怀。那些年，王升平时常将这封信拿出来看一看、念一念。

不幸的是，刘少奇写给邓子卿、王升平的这封信，在"文化大革命"中被"造反派"抄去，当场撕得粉碎。信可以撕毁，刘少奇在人民心中的高大形象，却是怎么也驱散不了的。这是后话。

第二年，刘少奇有两个亲属，平时不好好劳动，经常发牢骚、讲怪话。村里干部批评他们，他们以刘少奇的亲属自居，跟村干部顶嘴。尤其是他们去过一次北京后，说刘少奇给了他们一个什么奖，回来后更是盛气凌人。村里感到难办，王升平便又写了第二封信，讲了农村的一些情况后，还提到他的那两位亲属的问题。

刘少奇收到王升平的信后，很快就给王升平回信。

> 你的来信，我已收到，谢谢你反映了情况，关于刘、齐二位来北京，事先我不知道，他们再三要求，我给了30元路费，并没有得什么奖。我已要他们到乡政府承认错误，再不要吹嘘，也不要来北京，要努力搞好生产……

读着读着，王升平激动不已。他非常佩服刘少奇，刘少奇的不徇私情深深地感染了他。

刘少奇邀请进京参加国庆观礼的四位农民通讯员，后来走了一位。王升平补充了进来，刘少奇的通讯员仍然是四位。

农村出现的各种新情况新问题，四位农民通讯员经常在一起研究、磋商、分析，然后由成敬常或王升平执笔形成文字，邮寄给刘少奇。

　　王升平经常把工作中出现的问题，写信寄给刘少奇。自从 1957 年冬天以后，他寄去的一封又一封信件，仿佛泥牛入海，就再也没有得到回音了。

　　尤其是 1958 年"大跃进"，挨家挨户收铁锅、拆房子……王升平想不通，一连给刘少奇寄去了几封信。后来，真相大白。原来他写给刘少奇的信件被县里扣压了。

　　有一天，公社书记问王升平："你和成敬常是不是经常给少奇同志写信？"

　　王升平说："是呀，我们是少奇同志的农民通讯员呀！"

　　公社书记听了，非常严肃地说："今后，有什么事找公社解决。公社解决不了，也可以向县委反映。不要把一些屁大的事情，都捅到北京去！"

　　颇具讽刺意味的是，王升平一边给刘少奇写信，抨击农村的"五风"，一边自己又加入到刮"五风"的行列之中。他在安湖塘下的良田中挖鱼池，在花明楼的坡上挖树、平山、砌凉亭……这些都是王升平自作主张干的。他这些馊主意曾遭到社员群众的坚决抵制。他一不做二不休，竟然利用手中的权力扣社员的饭，罚社员的工分。他为所欲为，成了彻头彻尾、蛮横不讲理的"五风"干部。

　　权力如果没有正确的政策作指导，对于掌握权力的人又缺乏有效的约束机制，那么，灾难便不可避免。王升平担任炭子冲大队党支部书记后，由于公社布置下来的任务很重，比较压头，到时完不成任务轻则要挨批斗，重则撤职罢官。他只好与时俱进，胡搞乱搞。他本来是一个很不错的农村干部，为了保全自己，便只听上面的，置群众的利益于不顾。这是"大跃进"结下的苦果。

　　前不久，上级派来整风整社工作组。王升平因犯"五风"错误，公社宣布撤销他的大队党支部书记的职务，并要求他向群众作个像样的检讨。

　　老虎屁股摸不得。同所有从权力的位子上掉下来的干部一样，王升平好像受了天大的委屈，满腹牢骚。上级越是批评他，他越是死猪不怕开水烫，一意孤行，不检讨，也不去队里干活。他每天提着一只竹篓子，去水圳里捉黄鳝。

这一天，王升平吃过早饭，又提着一个竹篓子来到了水圳边。忽然，有公社的同志陪着省公安厅一位干部来找他。

王升平心里直打鼓。心想："惊动了公安部门，难道还要抓我去坐班房？"

看到这阵势，王升平虽然心里咚咚跳，口气却很生硬，气愤地说："我已经削职为民了，哪里也不去！"

公社的同志告诉王升平，是刘少奇主席找他谈话。他打了个愣怔，丢掉竹篓，一路小跑奔向炭子冲。

刘少奇从屋里迎了出来，说："你就是王升平吧！"

王升平和刘少奇只通过信，没见过面。但是，他见过刘少奇的彩色画像，一眼就认出来了。他向刘少奇深深一鞠躬，说："刘主席，是您老人家回来了，您好！"

刘少奇一边伸出手来，一边高兴地说："好，好，你也好吧！"

王升平系个破围腰，手上泥泥水水，不好意思伸手过去。

刘少奇哈哈笑着，紧紧握住王升平的手。他们手拉手走进了屋。

谈话随意而轻松。刘少奇问："多大年纪，读过几年书，都做过些什么事？"

王升平认真地回答："在娘肚子里就跟着讨米，8岁时读过半年书。因为家里穷，念不起书，十二三岁就去煤窝里背煤。"

刘少奇问："出身很苦啰。你父亲叫什么名字？"

王升平答："我父亲叫王春华，做过36年长工，早过世了。"

刘少奇沉吟片刻，说："噢，王春华，住首子冲，是个本分人，我还记得！"

说罢，刘少奇又问："听说你犯了错误，是怎么回事呢？"

王升平耷拉着脑袋，说："没有听党的话，没有听毛主席的话。"

　　刘少奇补充说："我看还要加一条，没有听群众的话。你把安湖塘下面的良田改成鱼池，搞那么大，费那么多工，也不养鱼。山上本来长满了树木，你砍了树木开茶园，青山成了荒山。这些，你跟群众商量过没有？脱离了群众，日子当然就不好混了啰！"

　　王升平感到无地自容，恨不得钻地缝。

　　刘少奇微笑着说："当然啰，责任不全在你，但你也不能推得一干二净，我看你头脑也有些发热！"

　　王升平喃喃地说："刘主席，我有错误……"

　　刘少奇严肃地说："有错误就检讨，就改。你到大队临时医院去看看，那些奄奄一息的浮肿病人，那些骨瘦如柴不知所措的老人，队里还有不少因饥饿而死亡的人……一想起他们，我心里就难过，一连几个晚上都睡不着觉。你作为大队党支部书记，难道不应该把自己也摆进去？"

　　刘少奇越说越激动，站起身来踱了几步，叹息一声，又说："听说你每天提着个竹篓子去捉黄鳝，这算怎么一回事啊！"

　　王升平恨不得给自己掌嘴，痛心地说："刘主席，我下决心改，虚心向全大队群众作检讨。"

　　刘少奇严肃地说："由于我们的过失，使群众遭了罪，不检讨，行吗？当然啰，检讨了，群众谅解了，你还可以出来工作，前提是彻底改正自己的错误！"

　　在和刘少奇拉家常时，王升平讲了"粮田变鱼池，鱼池装白水，白天晒太阳，晚上照月亮"的缘由；也讲了一位姓曹的干部因写了"大战戴家洲，青山剃光头，请问副书记，竹苗留不留"这首打油诗，被指责为"反对大炼钢铁"，遭受批斗、打骂的过程；还诉说了搞"屎湖尿海"，把茅屋拆了，把屋上的茅草、人尿、畜粪，一起浸到塘里，开塘水灌田等蠢事。对公共食堂的事，他只字未提。

　　刘少奇留王升平一起吃午饭。他们边吃边聊，将话题转向了公共食堂。

刘少奇焦急地问:"王升平,你实事求是说说看,公共食堂到底好不好?"

由于刘少奇是单刀直入,王升平没有直接回答,沉思了片刻,支支吾吾:"刘主席,有些话,我不好讲。"

王升平因为"右倾"被撤职,心有余悸。他停顿了一下,谨慎地反问道:"咯到底是讲得还是讲不得呢?"

刘少奇鼓励说:"怎么讲不得呢?不要有顾虑,白的就说白,黑的就说黑,把你请来,就是要你讲真心话。实事求是嘛,好就是好,不好就是不好!"

刘少奇既严肃,又诚恳。

王升平心里像打翻了五味瓶,酸甜苦辣一齐涌上心头。他想,先前给刘少奇写信反映情况,现在刘少奇就在眼前,并且和自己面对面坐着,在一张桌子上吃饭,为什么不把乡亲们的心里话讲给刘少奇听,实话实说呢?

想着想着,王升平鼓起勇气,说:"报告刘主席,如果公共食堂还要继续办下去,将来恐怕会弄得人死路绝,国破家亡!"

说罢,王升平语气中含着激愤。他停息片刻,继续说:"拿柘木冲食堂来说吧,刚办时有120人,眼下不到80人,死了十多个,跑了十多个,还有几个得了浮肿病住在大队临时医院里,只怕是有命插田,没命过年。过去家家户户养猪养鸡,入了食堂没得吃,养不成。如今20户人家,只剩下集体的一头母猪,叫鸣的鸡公子都没有……"

刘少奇进一步追问:"你们食堂还有多少头猪?"

王升平如实回答:"全队一头母猪,毛有五寸长,皮有三分厚,只见骨头不见肉。鸡,全队还有一只鸡婆,连报晓的公鸡也绝了种。"

"五凤"的危害真大啊!刘少奇激动不已,心情无法平静下来。他放下碗筷,站在窗前,陷入了沉思之中。许多浮肿病人痛苦的样子,反复浮现在他的眼前,挥之不去。

听到的，看到的，问到的，都表明这里的食堂也不受社员群众欢迎。刘少奇当机立断："既然大家都觉得食堂不好，中央制定的'六十条'也发下来了，你们的食堂为什么还不解散呢？"

王升平忧心忡忡，说："公社规定，这里是刘主席的家乡，解散食堂要慎重。"

刘少奇听了，很生气，说："顾这些虚名有什么用，怎么不想想群众在饿肚子呢？"

刘少奇想了又想，又说："王升平，既然大家都不愿意办食堂，你回去把你家所在的食堂停办了！"

王升平怕担风险，说："我是犯过错误的干部，已经削职为民了。"

刘少奇鼓励说："你还是共产党员嘛，回去跟群众商量一下，就说'六十条'有规定，可以不办食堂，要是群众同意，就把食堂散了。你给群众办了实事，群众就会谅解你！"

第二天清晨，太阳出来了，金色的阳光撒满屋子。

王升平正在屋里煮饭，刘少奇突然来到了他家。

刘少奇已经知道昨晚开会研究今天解散了食堂，故意问："王升平，食堂停办了没有？"

王升平高兴地说："报告刘主席，昨晚连夜开会，社员群众一听刘主席支持解散食堂，大家都热烈鼓掌，不少人眼泪双流，都说搭帮刘主席。要不然，哪个敢解散食堂呢？"

刘少奇摆摆手，说："不是搭帮我，是中央制定了'六十条'，反映了群众的要求！"

王升平家的房子也很挤，屋里只有两张破旧的木板床，被帐也很旧了，正在用一只装盐的瓦罐做饭。

刘少奇微笑着说："家具都不齐备，看样子，你的日子过得也很紧巴啊！"

王升平遗憾地说："这两年'刮五风'，一会儿要扒墙，一会儿要行动军事化，我前前后后搬了八次家。这一折腾，我一家五口只剩下这点家当了。"

从某种意义上说，王升平刮"五风"，是上面的高指标逼出来的。基层干部事事带头，外头群众骂，人际关系搞得很紧张，屋里什么东西都没有，家人也跟着吃亏。

刘少奇很同情王升平，说："大家都受苦了，这是教训。今后我们再也不能干这种蠢事了！"

二、察看简家巷子临时医院

和王升平谈话后，刘少奇偕夫人王光美，还有秘书吴振英等几个工作人员，径直来到简家巷子临时医院，看望黄端生、王升平所说的那些浮肿病人。

简家巷子临时医院实际上是炭子冲大队浮肿病人的集中住所。这里究竟收了多少病人，治愈了多少病人，死了多少病人，谁也说不出准确的数字。因为只要是死了的就抬出去，半活的就抬进来……

刘少奇的到来，使简家巷子临时医院顿时沸腾起来，人们奔走相告："刘主席来看我们了！"

刘少奇逐一握手，征询意见。看着那些蜡黄的浮肿面孔，瘦骨嶙峋的躯体，他眼睛湿润了，公开地自责："对不起父老乡亲们，我工作没做好啊！"

看见有人啃着糠饼，刘少奇却忍不住"责备"起来："这可不能吃啊！会结肠，要加重病情的！千万不要作践自己的身体啊！"

刘少奇深情地对面前的一位中年男子说："你还要吆喝水牛下田呢。"

转过来，刘少奇看到一位年轻妇女便说："有病慢慢治，你以后还要做妈妈咧！"

那青年女子转过身来，一眼见了王光美，就像见到久别的亲娘一样，鼻子一酸，哽咽地说："我都好久'身上'（月经）没来了。"

王光美轻声低语安慰说:"要耐心渡过难关。"

作为女人,王光美心里同样感到难过。说完这句安慰的话,她双眼噙着泪花。

这时,整个医院的病人三五成群,纷纷赶来,一个个争着和刘少奇握手。

刘少奇热情地问候乡亲们。他激动地说:"将近40年没有回家,多时就想回来看看。回来了,看到乡亲们生活很苦,我们工作没有做好,很对不起你们!"

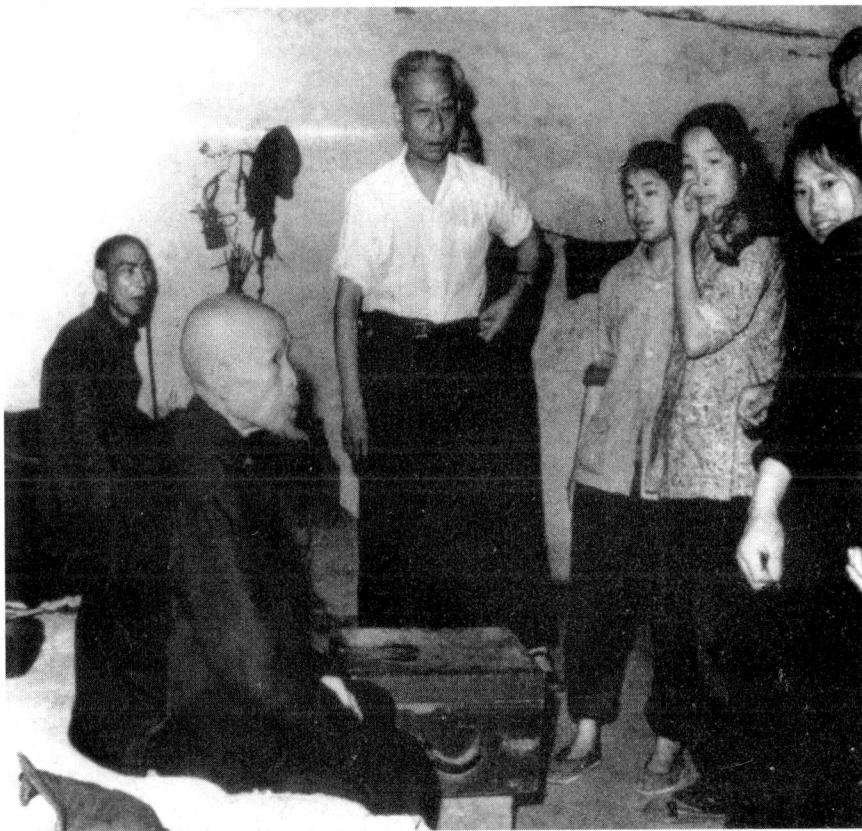

刘少奇察看简家巷子临时医院。这是炭子冲大队浮肿病人的集中住所,究竟收了多少病人,治愈了多少病人,死了多少病人,谁也说不清道不明。

　　每到一处，刘少奇总是诚恳地向群众道歉，为前两年工作的失误主动承担责任。

　　别看这些浮肿病人平时凑在一起牢骚怪话很多，真正见了刘少奇什么牢骚怪话都没有了。这，大概就是故乡人的平实吧！

　　平时，炭子冲的人们深信："刘主席回来了，中央知道情况了，事情就好办了。"

　　昨天，刘少奇严肃地批评了王升平所犯的"五风"错误。如今，趁着许多社员都在，他觉得应该为王升平做些协调解释工作。

　　刘少奇问一位老农："昨天晚上，听说王升平召集你们开会，把食堂解散了。这件事，他还办得不错吧？"

　　这位老农高兴地说："常言道，救人一命，胜造七级浮屠。解散了食堂，不知要救多少人的性命啊！这当然是最好不过！"

　　刘少奇进一步说："乡亲们生活很困难，王升平当基层干部这么多年，家里一贫如洗，吃的住的用的跟大家并没有什么两样，这说明他至少没贪没占。这也很难得。他虽然有错误，但有些错误的责任也不全在他。有些东西是中央提倡的，中央有错误，要向群众承认这个错误。乡亲们饿了饭，苦了一两年。现在，中央已经明白了，王升平也有了切身的体会，并且已经改正了错误，就要振作精神，更好地为群众办事做好事！"

　　这位老农连连点头，说："刘主席说的极有道理。如果王升平不刮'五风'，还会有张升平、李升平……上边来了号令，哪个抵挡得住呢？人在江湖，身不由己啊！但是，话又说回来，群众吃了这么多苦，不怪王升平又怪谁呢？"

　　刘少奇笑了起来："这么说来，王升平是代我们受过啰！"

　　这位老农连忙争辩，说："我不是那个意思。"

　　刘少奇坦诚地说："这几年工作没做好，中央有责任，省委、县委有责任，当然啰，王升平也有责任。还是那句话，有了错误就得改。恢复了实事求是的老传统，以后的日子就会慢慢地好起来的！"

说罢，刘少奇提议和大家一起照相。

社员群众举起双手喊赞成。于是，大家簇拥着刘少奇。一个个虽然穿着补丁叠补丁的衣服，脸上却露出幸福的笑容。

摄影师抓着相机，"咔嚓咔嚓"就拍了起来。画面上，缺衣少食的社员群众都面带笑容，表明他们对生活仍然充满着希望。

王升平为刘少奇的人格力量所感动，不再为自己犯下的错误进行辩解，一次又一次地认真作检讨，终于取得上级和群众的谅解。不久，王升平又担负了大队的工作。他仍然履行着农民通讯员的职责，每年给刘少奇写一两封信，如实反映农村的真实情况。

不料，王升平和刘少奇的两次谈话，互相来往的信件，还有那张照片，日后都成为他十恶不赦的罪状。在"文化大革命"中，王升平和那位老农都挨了批斗。王升平更惨，被斗得九死一生。这是后话。

三、看望师母朱五阿婆

离开简家巷临时医院，刘少奇到东湖塘去看望自己少年时的师母朱五阿婆。

清光绪年间，年仅9岁的刘少奇进入私塾接受启蒙教育，他的启蒙老师就是秀才朱赞廷。

朱赞廷是一位满腹经纶、学识渊博的私塾先生。他的家境并不太富裕，兄弟姊妹较多，他排行第五，因此被晚辈称为五阿公。他早年靠的是白天跟父兄一起下地耕种，晚上秉烛夜读，才考取府学秀才的。

在执教期间，朱赞廷既给刘少奇传授了丰富的文化知识，又谆谆教导刘少奇懂得了许多为人处世的道理。而后者，在刘少奇的一生中则显得尤为重要。对这份珍贵的馈赠，刘少奇终身难忘，并感恩不尽。

在刘少奇的印象中，朱五阿婆是菩萨心肠。如果朱老先生惩罚了学生，她总是很难过的样子，总要设法安慰那个被罚了的学生。因此，大家对她都有好感。刘少奇读书很用功，没有遭到过朱老先生的惩罚，也对朱五阿婆十分感激。朱五阿婆给他们烧开水、热饭菜，没有功劳也有苦劳。

刘少奇来到朱五阿婆家，亲切地问："朱五阿婆！您老人家还认得我吗？"

年逾古稀的朱五阿婆对这位突然登门的客人左瞧瞧，右看看，无奈地摇了摇头。

刘少奇并不急于讲明身份，而是操着浓重的乡音，谈起往事："我是在您老倌子手里发的蒙。那时候，您经常烧开水给我们喝，中午见我们带的饭菜凉了，就帮我们炒热。您的贤惠，朱老师的严格，我至今还记得哩。"

年过七十的朱五阿婆，对许多国家大事已经健忘了。当年私塾里的那些事情，她记忆犹新。她根本没有想到刘少奇会来看望自己。

"啊！你是九先生！"朱五阿婆终于从尘封的记忆里认出了刘少奇，她

刘少奇特地去少年启蒙塾师朱赞廷家里，看望师母朱五阿婆（图中左者）。

一下子叫出了声，随即又连忙改口："您是刘主席！国家主席上门来看望我，叫我这孤老婆子怎么领受得起呢？"

刘少奇笑着摆摆手，说："哪里，哪里！学生看师母是应当的嘛！再说，老师当年教育了我，师母您还记得有我这么个'九先生'，我岂敢忘了老师，岂敢忘您师母啊！"

一席话，说得大家都哈哈地笑了起来。

朱五阿婆激动得热泪盈眶。她久久地望着刘少奇，好一阵儿说不出话来。她为刘少奇昔日勤学苦读终于有了出息而感到高兴，也为死去的丈夫能有机会培养国家的栋梁之才而感到欢欣鼓舞。

笑声中，刘少奇伸手搀扶师母坐下来，尽情地谈起往事，谈起现在的生活……

刘少奇念念不忘自己的塾师朱赞廷老先生的教诲。朱赞廷先生已经病故，音容笑貌仍活在他心中。他特地和朱师母一起合影留念。

时间一分一秒地过去了。刘少奇不得不站起身告辞。临走时，他送给朱五阿婆一包饼干和20元钱，并再三叮嘱她老人家多保重。

望着刘少奇远去的背影，朱五阿婆感到无比激动，无上光荣。她双眼噙满了热泪。

四、看望六姐刘绍德

刘少奇从东湖塘看望朱五阿婆出来，天空突然下起了毛毛雨。

雨说来就来了。这雨好像是从炭子冲那边徐徐地漫过来的，先是握过远山黛青的山头，吻过近处嫩绿的枝叶，然后才铺天盖地地布满了整个东湖塘。

南方的雨，普通得如同大路边的、荒山坡的野草，一会儿下得大，一会儿又下得小，连绵着没有停歇的意思。

按照原定安排，刘少奇今天下午还要去赵家冲看望六姐刘绍德。闻讯而来的公社干部劝他不要去，说炭子冲到赵家冲有三四公里，不通公路，连机耕路也没有修好。天又下着雨，道路泥泞，很不好走。

有人建议，派人到赵家冲去把刘少奇的六姐刘绍德接到炭子冲来，让姐弟俩在老屋里见面，这样就更有家庭气氛。

刘少奇坚决不同意，因为炭子冲讲究长幼有序，尽管自己当了中共中央副主席、中华人民共和国主席，在六姐刘绍德面前他仍然是弟弟。更何况在众多的兄弟姊妹中，他和六姐刘绍德感情更为亲密。

在三个哥哥两个姐姐中，刘少奇最敬重两个人，一个是二哥刘云庭。刘云庭参加了辛亥革命，思想进步，1952年去世时，他还送了花圈和挽词，挽词是这样写的："你是我幼年走上革命道路的第一个帮助者。"

另一个就是六姐刘绍德。刘绍德生在旧社会，比刘少奇年长八岁。由于那时普遍存在重男轻女思想，刘绍德没有上过学，只识不多的字，并且

刘少奇和王光美冒雨步行去赵家冲看望六姐刘绍德。

都是刘少奇教的。由于家里人口多，母亲家务负担很重，照顾刘少奇的任务就落在刘绍德身上了。刘绍德总是将刘少奇驮在自己的背上，用布带捆好，然后，姐弟俩就到屋后的树林里听鸟雀啼鸣，在草地上看天上的白云悠然飘过。后来，刘少奇不需要刘绍德驮了，刘绍德仍然处处帮助他，为他梳理发辫。那时候，男子无论老幼都拖一条长长的辫子。刘绍德还帮助他洗涮、缝补衣服。再后来，刘少奇上学了。在刘少奇开始独立生活的最初阶段，刘绍德还细心地照护他一段时间。这种在孩提时代建立起来的亲密感情铭心刻骨。

除母亲之外，刘绍德是刘少奇童年最亲也最让他牵肠挂肚的亲人。刘绍德出嫁时，刘少奇只有9岁，还给大姐送过亲。他与刘绍德本来可以有见面的机会。从西柏坡进入北平，他就写信和乡间亲友联系，得知刘绍德的近况，曾打算接刘绍德来北平相聚。由于他总是很忙，任务一个接一个，先是去天津解决接管城市中出现的问题，接着又去莫斯科与斯大林会谈……他日理万机，为筹划开国、建国，日夜操劳。

新中国成立后，怎样使中国富强，又是摆在这一代共产党人面前最光荣最艰巨的任务。刘少奇兢兢业业，不敢有丝毫懈怠，致使接刘绍德来北京相聚一推再推。现在，他回到了炭子冲，回到了刘绍德昔日驮着他玩耍的树林和草地，应该去看望刘绍德。

刘少奇偕夫人王光美去看望刘绍德，申明不要许多人陪同。王光美是第一次去见刘绍德，应该同去；湖南省公安厅厅长李强是老朋友了，应邀同行。此外，还有一位工作人员。大家都穿着军用胶雨鞋，打着雨伞，踏着泥泞的乡间小路，朝赵家冲走去。

一场春雨使山间小路满是泥泞，他们在泥泞绞脚的路上行走着。

爬上一个小山坳，刘少奇站住了。放眼望去，只见满山都是茅草和浅浅的、稀稀拉拉的灌木。过去，这里长着密密丛丛的大树，树林里藏有野生动物，据说还有老虎。他十几岁的时候去姐姐家里，每次回来，要么是姐夫，要么是姐姐，总要把他送过这个山坳，生怕野生动物伤着他。如今，那迷人的景色却无影无踪。

刘少奇长叹一声："满山的大树，怎么都不见了啊!"

李强遗憾地说："这几年，山林破坏得很厉害啊!"

刘少奇愤愤不平："这都是人为的! 炭子冲有人告诉我，前边有人劈树枝，后边有人砍棍子，最后一个挖蔸子，连根都拔了! 他们还说，有一位副书记在戴家洲搞开山造田的样板，把满山的树木都砍光了……这就是人祸啊! 北方沙漠化严重，最初是因破坏森林而起。要下决心封山育林，不准随意砍伐树木。如果到处是荒山，到处是百孔千疮，我们怎么向子孙交代呢?"

下了山坳，有一个平缓的山坡，那一番景象更令人心悸。坡上有一片新坟，数一数共有 12 座之多。

一个又一个黄土堆，有烧过的纸钱灰烬，坟堆上有尚未褪色的红绿纸剪成的引魂幡。这些新坟头显然都是最近的事。几只老乌鸦在坟头跳跃，"呱哇呱哇"不停地叫着，十分凄怆。

刘少奇连声叹息，没有说话。

下了山坡，路边有一个茅房。

刘少奇迟延了一下，还是往那茅房走去。

随行的工作人员以为刘少奇要使用茅房，想抢先进去查看一下是否安全。李强示意工作人员不要去了。

刘少奇走到哪儿调查到哪儿，不放过任何一个了解实情的细节。

停停走走，边看边走，赵家冲就在眼前。

随行的工作人员要去通报。

刘少奇摆手，不让去，说应该是他进屋去向刘绍德请安才是。

赵家冲地处丘陵地带，偏僻闭塞。刘少奇回炭子冲四五天了，六姐刘绍德还不知道弟弟刘少奇回到了炭子冲。

最先发现贵客临门的，是刘绍德的女儿鲁新秀。她正在地里干活，忽然发现有一行人朝她家走去。走在前头的那位满头白发，蓝布中山装，蓝白相衬，格外引人注目。中间还有位妇女同志。赵家冲其他人家没有这样的亲戚朋友。

想着想着，鲁新秀脑子里忽地一闪："莫不是舅舅、舅妈来了？"

鲁新秀迎上前去，果然是舅舅、舅妈，还有陪同的客人。

鲁新秀一路奔跑回家，跑进娘的屋里，走到床前掀开帐子，又惊又喜，像哭又像笑："娘，舅舅、舅妈来了，已经到了地坪里，很快就要到家了。"

这些日子，刘绍德一直卧病不起。去年冬天，她相依为命50年的丈夫，因为吃不饱饭，弄来些米糠饼充饥。年岁大了，消化功能已经不如从前，吃了却拉不出来。憋了两天两夜，竟然活活地被憋死了。

想起丈夫的不幸，刘绍德时常精神恍惚。最近，她又受了风寒，虽然

刘少奇和王光美拉着六姐刘绍德的手，刘绍德久久地凝视着刘少奇，哽塞着说："老弟，你在中央做事，要给老百姓饭吃啊！"

吃了些单方，但还是病病恹恹的。

企盼已久的喜讯，也是一种神奇的药物。30多年不见的弟弟刘少奇的突然到来，给刘绍德病老的身体注入了活力，她连忙披衣起床。

这时，刘少奇和王光美已来到床前。

年逾七旬的刘绍德，脸色蜡黄，一身疾病，加上眼力不好，一时还没有反应过来。

刘少奇亲切地说："姐，我和光美来看您了！"

刘绍德感到这声音十分亲切。她的眼睛已不太好使，当她看清楚确实是自己的弟弟刘少奇之后，使劲地抓着刘少奇的一只胳膊，热泪禁不住夺眶而出，激动得叫出了刘少奇的乳名："九满，九满！你回来了，我好想念你啊！"

刘少奇焦急地问："听说您的身体不好，到底是得了什么病呢？"

刘绍德答非所问："你姐夫少陪了。"

乡下老人特别忌讳说"死"字，只说"少陪了"，意思是已经告别了人世。

刘少奇在炭子冲已经得知姐夫鲁瑞林去世的消息。见姐姐焦急，他宽慰道："姐夫不在了，你更要注意保重自己啊！"

鲁新秀告诉舅舅、舅妈："爸爸总是说他饿得慌，想吃一顿饱饭。不想让几个米糠饼子送了命。爸爸死得很苦啊！"

刘少奇感到心情沉重，沉默了片刻。

过了一会儿，刘少奇问鲁新秀："刚才，在山坡上看见一片新坟，那是怎么一回事呢？"

鲁新秀实话实说："那都是今年开春以来葬的新坟。短短几日，荒冢遍地，哭声连天。我们队里就死了11个。有的是吃了糠饼、野菜、树皮，拉不出，憋死的；有的是得了浮肿病死的。上屋场鲁树才，也说不出是得了什么病，起先还在地里出工，忽然说不好受，就扶他回家，躺到床上就死了，死的时候脚上还有泥巴……"

刘少奇感到，饥饿像瘟疫那样席卷着神州大地，也席卷了赵家冲。

刘绍德久久地凝视着刘少奇，千言万语不知从何说起，哽塞着说："你姐夫，还有队里的那几位，都是活活饿死的咧。老弟，你在中央做事，要给老百姓饭吃啊！"

这句话说得很重，一语破的，石破天惊！也只有做姐姐的刘绍德，才敢这样直言不讳。她说得实实在在，并非危言耸听。

刘少奇听了，点点头，似乎听懂了姐姐的话。他完全明白，这是广大人民群众的心声。人人都要吃饭，这是生存最起码的要求，怎么会弄得他们连饭都吃不上呢？

听了姐姐的话，刘少奇痛心不已。他焦急地问："你一天吃多少大米呀？"

刘绍德如实回答："每餐老秤二两，一天六两。这怎么够呀。一天要吃13两才够咧。出工干力气活的人，还要多吃一些。一餐不饱，餐餐都不饱啊！"

在此之前，工作人员代替刘少奇、王光美夫妇给刘绍德送交了带来的礼物：八斤大米，两斤饼干，两斤糖果，九只盐蛋，一瓶猪油。

刘少奇微笑着说："那点东西，你就留着加点餐吧！"

刘绍德虽然是中共中央副主席、中华人民共和国主席的姐姐，却是一位地地道道的农村老妇人，不会作假。更何况这是她一母同胞的弟弟，也用不着虚假的客套。她问刘少奇："老弟呀，我加餐加完了，再到哪里去找你呢？"

刘少奇猛地一怔。这是曾经驮过他，亲过他，为他梳过头，洗过澡，补过衣、缝过鞋和袜的亲姐姐啊！已是风烛残年，每餐给她加一把米，让她吃饱，这要求能说过分吗？

如果刘少奇开口，说要给自己的姐姐每天加一把米，这一点也不过分。

然而，刘少奇是中共中央副主席、中华人民共和国主席，还有炭子冲、宁乡县的父老乡亲，乃至全国各族人民，他们的生活都很窘迫，正因为他在中央做事，要给全国人民都加一把米啊！

刘少奇宽慰地说："姐姐，现在是暂时的困难时期，你过得很艰难，大家的日子也过得很艰难。我只能从政策上帮助你们。现在已经有了'六十条'，政策好了，大家的日子也会慢慢好起来的。"

刘绍德似懂非懂，眼里是一片茫然。

正在这时，鲁新秀的丈夫黄六生从外面走进屋来了。他赤脚，身上溅有泥浆。

刘少奇叫黄六生坐在身边，问："六生，听说你得浮肿病住医院了，怎么又去干活了呢？"

黄六生答："前一阵住在大队临时医院，现在出院了。医生打证明叫我在家休息 20 天，说增加一点儿营养，慢慢会好的。"

刘少奇说："那就按医生的嘱咐在家好好休息，不要去干活了。"

黄六生嗫嗫嚅嚅，不知如何回答。

鲁新秀快人快语，说："现在正是春插时节，队里生产很忙。六生是个勤快人，在家里根本坐不住。不瞒舅舅、舅妈，另外还有个小算盘，想多吃几两米。犁田师傅一餐可吃半斤米，如果坐在家里只能吃老秤三两米。六生是犁田师傅，能者只有多劳，才能多吃一点儿啊！"

刘少奇问："犁田是重活，你身体刚恢复，吃不吃得消呢？"

黄六生无奈地说："扛吧！"

刘少奇安慰说："也不要霸蛮，你还年轻，身体要紧啊！"

往年，赵家冲是刘少奇常来的地方。刘少奇觉得应该去看看这里的乡亲。在鲁新秀的引导下，他逐一问候致意。

刘少奇来到姐姐刘绍德的隔壁邻居彭满阿婆家。只见里面烟雾弥漫。

彭满阿婆见几位干部模样的人进了屋，十分紧张，忙用身子挡住柴火刚燃的炉灶。因为那时是禁止社员在家里生火的，怕动摇办公共食堂的人心。

刘少奇和赵家冲社员彭菊生（图中左三者）亲切交谈。刘少奇一边向主人打招呼，一边走向灶边的碗柜察看，只见碗柜中的油盐坛子里只有一小撮盐，没有一滴油。

刘少奇走近彭满阿婆，和和气气地说："不要紧的，不要紧的！"

彭满阿婆听了，这才放松下来。

刘少奇走近灶边，问："炒的是什么东西呀？"

彭满阿婆答："野芹菜哩。"

刘少奇关切地问："放油吗？"

彭满阿婆无可奈何地说："没得油。"

刘少奇挨近锅灶蹲下，接过锅铲，挑起一片半生的野芹菜放进嘴里，慢慢咀嚼着。而后，他双手按着膝盖，缓缓地伸腰站立起来……此时此刻，他心情是多么沉重啊！

从彭满阿婆家出来，刘少奇来到社员彭菊生家。彭菊生的爱人正在锅灶边煎糠粑。

刘少奇一边向主人打招呼，一边走向灶边的碗柜察看，只见碗柜中的油盐坛子里只有一小撮盐，没有一滴油。

刘少奇叹息地对王光美说："油盐坛子名不副实啊！"

然后，刘少奇登门看望了一位身患浮肿病的黄姓社员。这位社员坐在靠墙壁的木椅上，骨瘦如柴，气息奄奄。他见刘少奇进门，挪动身子想起来迎接，却没法站立起来。刘少奇走上前按住他的肩膀，示意他坐好。

当这位社员诉说饥饿难耐浮肿难熬的痛苦时，刘少奇沉痛地说："我对不起你，对不起大家，搞得大家没饭吃。"

这些年来，从来没有听见什么干部当着老百姓的面道过歉，何况这是至尊的国家主席呢？这位社员激动得嘴唇颤动，鼻子一酸，失声痛哭起来。

家乡的父老乡亲生活这样困难，刘少奇心情沉重。他一再向乡亲们道歉，表示是他工作没做好，对不起大家。

回到家乡之后，刘少奇走村串户。他所到之处，天地之大，人情之暖，让他深深地感受到作为领导自己责任重大，人民对政策的迫切需求。

离开赵家冲时，刘少奇对随行的工作人员说："在农户人家，炒菜的锅子是造不得假的，油不重盐不咸，很难说生活提高了。要把'六十条'原原本本贯彻下去，让社员养猪养鸡，有蛋吃，有肉吃。这几年把一切都统一起来，大锅饭，平均主义。弄到现在，老百姓连饭都没得吃了。教训，深刻的教训啊！"

刘少奇来到赵家冲看望姐姐刘绍德，说出来的话，还是离不开国家的事情。赵家冲的一切，一下子上升到了政策的高度。

五、宽以待人

刘少奇踏着落日的晚霞，从赵家冲回到了炭子冲。

一进屋，刘少奇即投入工作。他突然记起电线杆子上的那张小纸条，忙去湖南省公安厅厅长李强的屋里，找李强商量。

刘少奇问："李强同志，你是不是还有什么事瞒着我，不好对我讲？"

李强分明在躲闪着什么，支吾着。

刘少奇说："电线杆子上那张纸条是怎么一回事？"

李强连忙解释说："我见少奇同志这几天很忙，想等破了案子再向您汇报！"

原来，那张小纸条是让一位早起的民兵揭走了。民兵们都有很高的警惕性，公开谩骂中共中央副主席、中华人民共和国主席刘少奇，毫无疑问是反动标语。

如果上纲至此，事情便在治安工作的程序上运转起来。民兵报告了公社公安员，公安员又向随同刘少奇回乡的湖南省公安厅厅长李强报告。

李强指示："暗地侦察，不要扩散，也不要向少奇同志汇报，等查出眉目来，再视情况而定。"

刘少奇问："那个人找到了没有？"

李强答："我们在花明楼完全小学和炭子冲大队小学都作了调查，核对了学生们的笔迹，是一个叫肖伏良的学生写的，他本人也承认了。"

不知是作案人笨拙，还是公社公安员有福尔摩斯那样的本领，不到半天时间，案子竟然就水落石出了。

作案嫌疑人是花明楼区完全小学四年级学生肖伏良，一个不满 10 岁的孩子。

学校里的气氛一下子紧张起来。刘少奇 39 年才回家一次，老家的学校却有人张贴打倒他的标语，这是现行反革命行为。

为了挽回影响，校长提出三条处理意见：

一、开除肖伏良学籍，交司法机关处理。

二、班主任郑淑梅管理不严，要追究政治责任。

三、对全校学生作一次摸底排队，及时发现苗头，防止类似事件再次发生。

同时，校长和教导主任都向上级写了报告，检查自己严重失职的错误，请求给予处分。

一时间，花明楼区完全小学人心惶惶，草木皆兵。

刘少奇焦急地说："唉，不要把学校也搞得很紧张。"

李强说："学校已作出决定，开除肖伏良的学籍！"

刘少奇摆手说："不要开除学籍。小孩子吃不饱饭，有怨气。我是国家主席，当然有责任。至于校长、班主任，更不要责怪，怎么能怪他们呢？我倒想见见这个肖伏良，他写那张纸条，一定事出有因。"

民兵很快就把肖伏良带来了。他个头不高，身子很单瘦，进门的时候，耷拉着脑袋，很惊恐的样子。

民兵说："刘主席，写反动标语的就是他！"

刘少奇诧异地说："怎么，是你？一个小不点儿的孩子！"

刘少奇在家乡的所见所闻，令他心情沉重。

肖伏良使劲往后蹭。一抬头，站在面前的却是一位和善的白发老人，他恐惧的心理稍有缓解，说："您就是刘主席呀，我不反对您了。"

屋里的人听了都笑了。

民兵训斥道："纸写笔载的东西，贴了出来就由不得你了。写反动标语是要坐班房的，你知道吗？"

肖伏良吓得突然哭了起来，边哭边说："什么，还要坐班房？"

刘少奇语重心长地对李强说："写这种东西只是反映了一种意见，一种情绪，算不得是反动标语。请你告诉学校，校长不要检查了，班主任也不要停职反省了。有意制造一种压抑的政治气氛，今后谁还敢说话呀！"

刘少奇微笑着走了过来，把肖伏良拉到自己的身边，又说："小朋友，不要哭。怎么会叫你坐班房呢？那是人家故意吓唬你的。你说说心里话，你为什么要写那张纸条？"

肖伏良是小学四年级学生，还是少先队队员。他为什么要写这么一张纸条呢？

生产队抽调肖伏良的父亲去修黄材水库，两三个月才回来一次。他和妈妈在公共食堂打发日子，每餐老秤三两米，实在吃不饱。妈妈心疼他，吃饭时总是自己省一口，让正在长身体的他吃饱。然而，妈妈每天都要出工。由于长期营养不良，妈妈得了浮肿病。他很难过，觉得这完全是自己的过错。假如他不吃掉妈妈的那份饭，妈妈怎么会得浮肿病呢？他作过许多设想，一定要使妈妈吃一顿饱饭。

凑巧的是，前天肖伏良放学回家，妈妈病在床上走不动，叫他去食堂打饭。由于食堂开饭的时间已过，又恰巧炊事员不在食堂里，肖伏良爬上灶台，发现饭甑里还有两钵饭。一钵是他家的，另一钵是谁家的呢？他胸口"嘭咚"一声。突然，妈妈那张蜡黄色的脸在他的眼前浮现。他的神经有些麻木，唯一感到世界仍然存在的，就是一股强烈的饥饿感在心中燃烧。

肖伏良将不属于他家的那一钵饭，也塞进了自己的书包，一溜烟跑出食堂，回到了家里。

食堂炊事员很快就追到了肖伏良家。他还想否认，那当然是欲盖弥彰。公共食堂是集中居住，于是有很多人来围观。

民兵队长黑雷公扯开喉咙训斥道："平时看起来还挺老实，原来是老（脑）实鼻子空，肚里打雷公。人细鬼大还敢偷！刘主席前天回老家，你今天就来偷！这是给全大队社员脸上抹黑，也是往刘主席脸上抹黑！下次再敢偷，我把你挂牌游乡！"

如果事情到此为止，肖伏良也许会真诚地反省，永远以此为戒。恼火的是，好事不出门，丑事传千里。

第二天上学，肖伏良刚进教室门，同学们就用异样的目光打量他。有的还朝着他指指点点。到了做课间操的时候，几乎全班的同学都在背后议论他。他恨不得钻地缝。

肖伏良晚上放学回家，妈妈以为他在做功课。其实，他在想心事。他多拿食堂一钵饭固然不对，为什么说是给刘主席脸上抹黑呢？

小孩子是最受不得委屈的，受了委屈就容易走极端。肖伏良随手扯下一页练习纸，写上了那几句话……

肖伏良说完这一切，静静地等待着这位白发老人的发落。

刘少奇没有责备他的意思，微笑着说："照你这么说，是公共食堂不好？"

肖伏良气愤地说："好个屁！背时的食堂，害人的食堂，砍脑壳的食堂！"

刘少奇笑了，说："好了，好了！这恐怕是我们下乡以来听到的最没有蔽掩的真话了。光美同志，你说是不是？"

王光美笑道："对对对。小朋友，你还没有吃晚饭吧，走，我领你去厨房吃饭！"

李强目睹了这一幕，内疚地说："少奇同志，我们的思想方法也许有毛病，一开始就把这件事当做大案在办。"

刘少奇说："小孩子天真无邪，把广大群众不敢说的话和盘托出，宝贵得很呀！"

李强说："像这类似是而非的案子很多。比如，说几句怪话，发一点牢骚，骂干部，或者偷食堂东西的，时有发生。下边把这些案子报到公安部门来，不管也不行，有的就判了刑。"

刘少奇焦急地说："人家总是有牢骚才发，干部该骂才骂嘛。动不动就批斗、判刑，哪个还敢讲真话呢？少一点处罚，多一点体恤，才会有人人心情舒畅、生动活泼的政治局面！"

刘少奇在屋里踱了几步，又说，"老李，回去以后，请你们对这类案件组织一次复查。如果有错，一律平反！还有，明天上午，请你亲自去花明楼完小一趟，肖伏良的事，公安部门已经给学校造成了影响。你去说一下，也就是为肖伏良平反。不能由于我们的过失，影响孩子的一生啊！"

六、给母亲扫墓

1961 年 5 月 7 日上午，刘少奇偕夫人王光美登上那个叫苋菜园的山坡，为母亲扫墓。刘少奇是第一次给母亲扫墓，也是最后一次给母亲扫墓。

伫立在母亲墓前，刘少奇扳着指头计算，母亲已经去世 30 年了，坟头上长满了各种杂草。陪同前来的工作人员，一齐动手，很快就拔掉了鲁老太太坟头上的杂草。

想起再也不能与母亲见面、朝夕相处，刘少奇泪流满面。

此时此刻，刘少奇想起儿时母亲对自己的疼爱，想起 1926 年春节前夕母亲来到长沙与自己见面的情景……

那是 35 年前的事情。1926 年 1 月 28 日，农历乙丑年十二月十五日，也就是刘少奇获得释放后的第三天，62 岁的母亲鲁老太太拄着拐杖，清早就从炭子冲动身，带着刘允斌，专程赶到长沙，看望自己的儿子刘少奇。

当时，已是数九寒冬。天气阴沉、干冷，路旁山坡上黄土结冰凌。天气这么寒冷，家里人都劝鲁老太太不要去长沙。因为劝不住，只好给她雇来一乘布轿，抬着她和刘允斌去长沙。

这是当时唯一的交通工具。鲁老太太一双缠过的小脚，不坐轿，很难步行去长沙，走完这一百多里路程。

天寒地冻，长沙街上滴水成冰。鲁老太太在长子刘作钦的陪伴下，边走边问，寻找到了文化书社。

鲁老太太一见自己的儿子，悲喜交加，泣不成声。刘少奇是她最疼爱的小儿子。儿子身陷囹圄的那些日子，她心急如焚，夜夜梦萦，日日流泪。她多少次请人算八字，多少次走进庙里烧香磕头，为的是儿子能够逢凶化吉啊！

与母亲一见面，刘少奇惶恐万分，连忙上前搀扶自己的母亲，说："娘，天气这么冷，您不要来嘛，我不是好好的吗？"

鲁老太太仔细端详着刘少奇，发现刘少奇明显地消瘦了，精神却还好，于是心头上悬着的一块石头落了地。她说："你人好，娘就放心了。不过，娘老远赶来，为的是有一句话要跟你说。"

刘少奇十分诧异，笑着说："娘，有什么话，您尽管说吧！"

鲁老太太停顿了一下，问："往后，你打算去哪里呢？"

刘少奇获释出狱后，立即向中共中央作了汇报。新的工作任务是什么，还需等待中央的指示。于是，他含糊地回答："还没有最后决定，过些天再说吧！"

鲁老太太快人快语："我看你哪里都不要去了，跟我回家去！"

刘少奇微笑着说："回家过年？"

鲁老太太毫不含糊，坚定地说："对，回家过年！过了年，叫你大哥二哥跑跑路，为你去谋个差事。乡间办学堂，你和葆贞都是可以去教书的！"

刘少奇沉吟着，没有立即表态。他知道娘的性子刚强。天寒地冻赶到长沙来，表明她是不会轻易放弃自己的要求的。

鲁老太太果然耐不住了，焦急地问："九满，你答应不答应？"

刘少奇默不做声，满脸的不乐意。

鲁老太太从刘少奇的眼神里，感觉到自己的儿子根本没有回心转意的念头。她很痛苦。因为儿子干的那种事太嚣险，已经进了监狱，如果不是大家积极营救，早就脑袋搬家了。白发人不能送黑发人，母亲不能失去自己的儿子！她必须阻止自己的儿子，使他悬崖勒马！

"扑通"一声，鲁老太太跪倒在自己的儿子刘少奇面前。

在湖南农村，只有儿子给父母等长辈下跪、磕头的风俗习惯。长辈给晚辈下跪，那是反孝。如今，鲁老太太给自己的儿子刘少奇下跪，表明她态度坚决，事情毫无商量、回旋的余地了。

顿时，刘少奇和何葆贞都吓得慌了手脚，赶忙上前去搀扶自己的母亲。

鲁老太太不领情，趴在地上不肯起来，说："九满，你不答应娘，娘就长跪不起！"

刘少奇躬身扶着母亲，哀求说："娘，别的事情都可以依您，只有这件事不能答应您。"

鲁老太太焦急地问："为什么？"

刘少奇声泪俱下："请您老人家起来，我慢慢说给您听。"

人各有志。如果说在莫斯科东方大学加入中国共产党而确立了刘少奇的人生方向，那么，这42天狱中的考验，更加坚定了他与反动军阀作斗争的决心。反动军阀是帝国主义的走狗，他们与帝国主义狼狈为奸，要打倒帝国主义，必须首先反对国内军阀。只有推翻了压在我们头上的三座大山，扫除这些吸血鬼、寄生虫，中国才会有新的曙光在地平线上升起啊！

那天晚上，刘少奇含泪把这些意思，用浅显的道理，还打了很多比喻，仔细地说给自己的母亲听，耐心地开导自己的母亲。何葆贞也在一旁敲边鼓。

刘少奇声情并茂地说："儿子所做的事情，种田的农民、做工的工人，还有经商的生意人，都非常拥护，只有洋人和他们的走狗才不高兴。正因为这样，肯定会有危险，甚至还要抛头颅、洒热血。经过全国人民浴血奋战，我们最终一定会取得革命的胜利。为了实现这个革命目标，我赴汤蹈火，在所不惜！"

刘少奇晓以大义，讲了从古到今的许多爱国故事。他还特别讲到了宋朝的时候，岳母在自己的儿子岳飞背上刺字，鼓励岳飞"精忠报国"的事情。这是中国民间家喻户晓的故事。鲁老太太非常熟悉。

最后，鲁老太太终于被说服了，赞许地点了点头。母亲的情，儿子的心，紧紧地连在一起。

刘少奇与何葆贞留母亲在长沙住了两晚，陪同她参观名胜古迹，替她买了几件衣服，还在照相馆请人专门替她照了一张半身相。这就是我们所能见到的鲁老太太留下的唯一一张相片，如今陈列在刘少奇同志纪念馆里。同时，他们听母亲说，刘少奇的前妻周氏不愿离开刘家，而且希望把刘允斌交给她抚养。他们也替周氏买了几件衣服，为她准备了一些零用钱。考虑到他们即将投身于更为紧张、繁忙的革命工作，便决定将刘允斌交给母亲带回炭子冲，请母亲和周氏共同抚养。

那天早晨，霜冻满天，寒风刺骨。刘少奇偕夫人何葆贞来到橘子洲头，送别泪眼婆娑的母亲。他们将鲁老太太送上轮渡，送过了湘江，然后雇了一乘布轿送母亲回炭子冲。

鲁老太太依依惜别了自己疼爱的儿子和儿媳，高兴地带着孙子刘允斌回炭子冲。

布轿已经走远了，鲁老太太突然掀开轿帘，伸出头来，向自己的儿子和儿媳招手，声音有些哽塞："什么时候有空了，你们就回来看看娘吧！"

刘少奇听了，鼻窦一酸，强忍着眼泪才没有掉落下来。

湘江北去，橘子洲头。儿子和母亲、儿媳和婆母，他们都不曾料到，那一次分别竟是人生的永别！此后，刘少奇只在梦中见过自己的母亲。母亲再也没有见过儿子刘少奇和媳妇何葆贞。

1930年，刘少奇的前妻周氏和母亲鲁老太太相继溘然长逝。

在弥留之际，鲁老太太总是叨念着自己的儿子刘少奇和儿媳何葆贞。其时，母亲所惦记的儿子刘少奇正走南闯北，出生入死地从事党的白区秘密工作，当然无法知道母亲和周氏去世的消息。

出于保密的需要，刘少奇老家的人们根本不知道他的行踪，无法将母亲去世的噩耗告诉他。

这时，刘允斌已经6岁，快到上学年龄了。经刘云庭等几兄弟商量，决定将刘允斌寄养在七哥刘作衡家里。

第二年，白色恐怖越来越严酷。由于中共中央政治局委员顾顺章和中共中央总书记向忠发先后叛变，中共中央机关在上海遭到了破坏，很难立足了。刘少奇奉命通过秘密交通线去了中央苏区。

何葆贞因为有孩子的拖累，不能随刘少奇去中央苏区。她化名王芬芳，以教师的身份作为掩护，继续留在上海任全国互济会营救部部长。互济会的主要职责，是从事对被捕、遇难同志及其家属的救援工作。

1933年9月，中华海员工会党团书记廖承志被捕，中共中央指示全国互济会要全力营救。何葆贞和另外两位同志丝毫不敢懈怠，开展了紧张的营救活动。

不料，何葆贞和另外两位同志的营救活动，早已被国民党特务盯上了。

在一个伸手不见五指的夜晚，国民党特务冲进了何葆贞的住处，张牙舞爪地逮捕了她。

在狱中，何葆贞受尽了种种酷刑。她仍然守口如瓶，坚贞不屈。

1934年12月，何葆贞在南京雨花台英勇就义。

如今，为了一种怀念，刘少奇偕夫人王光美前来祭拜母亲鲁氏。他们将一束临时采摘来的青翠的松枝，扎成一个花圈，敬献在母亲的坟头上，恭恭敬敬地深情地向长眠在这里的母亲三鞠躬后，又站在母亲的坟前久久地默哀，寄托自己的哀思。

今天，刘少奇终于有幸来到母亲的坟前吊念。他深情地对王光美说："母亲一生勤劳善良，为人正直，无论在家里还是在当地都受到人们的尊敬和爱戴。父亲过早逝世，是她老人家把我们六姊妹养育成人，真不容易啊！母亲1930年11月病故，我当时正在白区，没能回家为母亲尽孝……"

母亲始终是刘少奇心中长久怀念和敬重的亲人。王光美是第一次给婆婆扫墓。从此，王光美每次回到炭子冲，都要来到这里给婆婆扫墓。

七、在家举行座谈会

1961年5月7日下午，阳光灿烂。在阳光的照耀下，炭子冲暖意融融。

刘少奇邀请炭子冲部分社员群众和基层干部到旧居的横堂屋里召开座谈会。

刘少奇回到老家，田边看生产，食堂访社员，临时医院慰问病人……不少人已经见到过他。他关心生产，把群众疾苦挂在心头，大家都很感动。

人们更津津乐道的，是刘少奇的口音没有变，身居高位而没有忘记乡音，仅凭这一点，就证明他没有忘记炭子冲的父老乡亲。

社员群众接到邀请后，欣然赴会。他们一点儿也不感到拘谨。和刘少奇一见面，几个年轻人称呼他"刘主席"，年岁稍长的都依乡例尊称他为"九阿公"。

刘少奇高兴地答应着，一边把乡亲们迎进屋，一边给客人让坐递烟，还拿着打火机逐个给客人点火。

也有尊称王光美为"九阿婆"的。这种称呼十分陌生，却增添了一份乡情和乡谊。王光美是北方人，也许还不完全理解这个称呼的丰富内涵，但热情好客是她的秉性。

夫唱妇随。王光美忙个不停地为客人泡茶。

刘少奇邀请炭子冲的部分社员群众来祖屋的横堂屋开座谈会。乡亲们
依乡俗尊称他为"九阿公",称王光美为"九阿婆"。

　　炭子冲刘少奇旧居的横堂屋里,坐满了男女老少。他们都是当地的社
员群众,还有几个基层干部。

　　一张南方农村常见的四方桌,几把长条凳,刘少奇坐在桌前的长条凳
上,乡亲们像众星捧月似地围着他坐。坐在近前的一位年轻人,像是刚从
田里干活回来,赤脚,裤管扎在膝盖以上,手里点着刘少奇敬的香烟。刘
少奇正在讲话,也许一句什么话特别有趣,赤脚后生咧开嘴巴笑了。霎
时,屋里热闹非凡,笑语欢声。

　　刘少奇兴致勃勃,跟大家一起拉家常。他操着乡音,问:"田里工夫
忙不忙?"

　　大家异口同声地说:"正在插秧,事情比较多。"

　　刘少奇说:"想耽误你们半天工夫,同你们谈谈。我回来几天了,找
几个熟人谈了一下,还没有同你们谈,今天谈谈。"

　　刘少奇停了一下,接着当众向社员群众道歉说:"我将近40年没有回

家乡了，很想回来看看。回来了，看到乡亲们生活很苦。我们工作做得不好，对不起你们!"

刘少奇的话语，既亲切又诚恳："这次回来，看到这里工作搞成这个样子，中央有责任，要向你们承认错误。你们说说看，与 1957 年相比，生活是不是差了? 如果是这样，就承认这个现实。"

一位老人回答:"比 1957 年，生产降低了，生活也差了许多。"

刘少奇追问:"生产降低了，生活差了许多，这是为什么呢?"

一位大队干部说:"因为去年遭了旱灾。"

刘少奇说:"旱灾有一点，但并不是那么严重，安湖塘还有半塘水。李七十，你说是不是这样的呢?"

刘少奇把儿时的伙伴李桂生也请来了，并且点了他的将，叫他回答问题。

李桂生回答:"是的，安湖塘还有半塘水。"

刘少奇说:"我记得乙丑年遭大旱，安湖塘干得底朝天，只有高岸田绝收，低洼地方每亩还收了两三担稻谷。李七十，您还记得吗?"

李桂林说:"记得。"

刘少奇又问:"去年呢，每亩收了多少?"

李桂林看看那位大队干部，没有说话。

大队干部迟迟疑疑，说:"全社平均亩产 289 斤。"

李桂林当面揭穿了骗局:"你们报到上边是亩产 600 斤，掺了一大半假。"

顿时，大队干部脸红到了后胫，活像关公。

刘少奇刚刚点燃一支烟，吸了一口又将烟火掐灭，说:"所以，还是工作犯了错误。干旱有一点，那不是主要的。是不是完全要怪大队干部呢? 也不能说完全是他们的责任，县里也有一部分责任。各有各的账。但是，有些东西是中央提倡过的，比如大办万头养猪场。因此根子在中央。不过，到下面就添油加醋了。安湖塘废了良田挖鱼池，还有拆房子，还搞什么彩脸化、赤膊化，支部书记带头画彩脸，同时还有打人的事。"

刘少奇批评的，是修黄材水库时搞的一些恶作剧。这时，群众议论
纷纷。

有人说悄悄话："刘九阿公，对农村情况一本全知。"

另一个说："他老人家是中央大干部，晓得了下情，种田人就有希
望了。"

刘少奇专门谈了对公共食堂的意见。他知道，这是社员群众眼下最关
心的问题。他关切地问："你们食堂散没有散？"

社员回答："散的多。"

刘少奇说："食堂情况，以前我们也不清楚，讲食堂有优越性，可以节
省劳力，解放妇女等。下来一看，不是那么回事，专人煮饭，专人炒菜，专
人砍柴，专人担水，专人舂米，一个食堂占用三分之一的劳动力，甚至半数

1961年5月7日下午，刘少奇和众人谈起了对公共食堂的意见，支持
解散食堂。

的人去做饭了。烧硬柴砍树，不砍茅草，砍了山林。还有其他毛病。好处也可以讲个一两条，说是出工齐。要出工齐，可以用别的办法解决嘛！"

刘少奇态度坚决地说："食堂没有优越性，不节省劳动力，不节省烧柴。这样的食堂要散，勉强维持下去没有好处，已经浪费几年了，不能再浪费下去！"

话音一落，社员们带头鼓掌，屋内爆发出一阵热烈的掌声。

刘少奇支持解散食堂的消息不胫而走。附近地区的群众奔走相告，纷纷要求把他们那里的食堂也撤掉。没几天，中共宁乡县委根据群众要求和刘少奇指示，把全县的公共食堂都停办了。

谈到解散食堂时，刘少奇说："食堂一散，有些社员有困难，没有锅子、铲子、坛坛罐罐，回家做饭怎么办？要赶快生产这些东西。大队、公社、县、省、中央都要赶快动手，组织生产这些东西，组织铁匠打铲子，组织木匠、篾匠生产用具。生产一批解决一批，分给生产队。生产队分给谁？分给生产队的干部？别人还没有，你当干部的先分，好不好？我看第一批、第二批先分给那些最需要的人，社队干部不要先分。"

刘少奇说罢，又是一阵热烈的掌声。

谈到房屋问题时，刘少奇强调："解散食堂以后，马上需要解决的问题就是房子。一个屋场住那么多户，没有地方打灶。房子不确定，社员的很多事情不能定，自留地不能定，养猪喂鸡也难办，而厕所也不好定，生产就不放心。有一些是公家占用的房子，如银行、供销社、学校、公社和大队的办公室、工厂、猪场等，都要挤一下，把多占用的房子都退出来给社员住。"

又是一阵热烈的掌声。

刘少奇特别强调："这里搞我的旧居纪念馆，曾写信问过我，我几次写信说不要搞，结果还是搞了。这个房子应退出来，纪念馆不办了，省委、县委都同意了。这个房谁来住？由工作队主持，同大队商量好，分几户社员到这里来住，我家的亲属不要来住。桌子、凳子、仓库、锅子、灶等，都作为退赔，退给社员。这些楼板，拿出替没有门的人家做门。社员在这里至少可以住上十年二十年，等有了比这个更好的房子，愿意搬时再搬。"

刘少奇还强调："此外，要保护山林，要拟几条办法，像现在这样砍下去不得了。山林所有权归大队，包给小队，划出自留山。以后不准生产队、社员随便砍树，要砍，得经过大队统一规划，公社批准。有些树成材了再砍，不要砍小树。小树的枝桠也不要劈了，等长大了再劈。现在山上的小树只剩下几根枝条，要有几年不得劈树才行。缺了还要补栽。"

谈到退赔被平调的财产时，刘少奇语重心长地说："关于退赔问题，'十二条'讲了。到底退赔得怎样？我看一般是差得很远。听说你们有一条规定，丢失的东西要有证明才准登记。搞乱了，哪里去找证明呢？"

刘少奇强调："这个账要一户一户地结。这个账要记住。赔清以后，立块碑，或者写一个大单子，用镜框镶起来，挂在公社里。不这样搞，老百姓下不得地。不要半途而废，马马虎虎了事。要扎扎实实算一回账，算得疼一点，公社、大队、生产队干部算疼了，社员也要疼一下，疼几年。这次教训很深刻，要子子孙孙传下去，以后再也不犯这个错误。"

这时，不知是谁带头高声呼喊："刘主席万岁！"

刘少奇看了大家一眼，又说："'五风'刮得这么严重，你们为什么不顶住呢？一个人顶不住，大家一起顶嘛！我主张扎扎实实算一盘损失账，算得大家心里疼。然后开一张单子，某年某月，由于乱搞，损失东西多少。再把这些内容，刻一块石碑，竖在路边上。让过往行人都能看见，子子孙孙传下去。以后就不会再犯这样的错误了。"

在炭子冲，人们做了好事有立石碑的习惯。比如贞节牌坊，那是很气派的石碑。干了坏事也有立碑的。不肖子弟虐待父母，引起了公愤，被族氏祠堂动用家法惩戒，沉潭处死。为了警示后人，便在那沉潭处立一块石碑："忤逆不孝者戒。"

这当然是民间传闻，方法上也不足取。然而，刘少奇对"五风"所造成的严重后果忧心如焚。为了吸取教训，他建议不妨立一块石碑，让悲剧不再重演。

座谈会快结束的时候，刘少奇意犹未尽，再三嘱咐乡亲们要坚决抵制"五风"，维护自己的合法权益："如果有人再无视群众利益，又搞浮夸、瞎指挥，又刮平调风、共产风、强迫命令风，如果还是这样……"

刘少奇边说边站起身来，坚决地说："你们可以到北京来告状。我出路费，吃饭、住宿我出钱！"

掌声经久不息。

最后，刘少奇诚恳地说："这里是我的故乡，省、县、公社对这里可能有照顾。照顾多了不好，不照顾也可以搞好嘛，要靠自己努力。大家努力事情就可以搞好，千万不要用我家乡的名义去要别人照顾。这里还有我的亲属，也不要因为我的关系特别照顾他们。"

座谈会畅所欲言，气氛热烈。新华社一位姓张的记者看到这一幕，双手握着相机，"咔嚓咔嚓"拍了起来，为这个欢快的场面留下了历史性的镜头。不幸的是，这些照片在"文化大革命"中毁的毁、烧的烧，无一幸存。

刘少奇、王光美在祖屋里和乡邻周爱莲等人了解情况。

直到 1980 年刘少奇的千古奇冤得到平反昭雪，宁乡县一位文物工作人员风尘仆仆地赶到北京，费尽许多周折才找到新华社张记者。然而，张记者手头也没有保存这些底片，但他清楚地记得，当时他把这些底片都送到社里专设的胶片保管库了。

胶片保管库在"文化大革命"中没有受到冲击。于是，人们一头钻进那个保管库，整整找了两天，果然找出来一个牛皮纸信封，里面装有张记者当年在炭子冲拍摄的 37 张照片的胶卷。

照片洗印了出来，当年座谈会的场景清晰如故。我们有幸目睹了座谈会的风采。

八、齐海湘之死

刘少奇关注着农村的现实，现实却是从过去走来。

1953 年 9 月，被刘少奇请到北京去观光的农民通讯员，其中一位是齐海湘。刘少奇这次回到炭子冲，却不见齐海湘。

刘少奇感到很迷惑，于是向参加座谈会的社员打听齐海湘的情况。

社员回答："他呀，一年前去世了。"

刘少奇又问："得的是什么病？"

回话的社员似乎在回避着什么，吞吞吐吐，说："矽肺病。"

刘少奇追根究底，才了解到真实情况。原来，齐海湘因犯有反动道会门复辟活动罪，于 1959 年 9 月被逮捕，判处有期徒刑八年，两个月后去世。狱方通知家属，说他是因患矽肺病而死亡。

齐海湘确实患有矽肺病。新中国成立前，他家一贫如洗，是名副其实的赤贫户，连租种地主的田都没有资格。由于他家没有耕牛和农具，哪个愿把田佃给他种呢？由于他有一身好力气，便给地主家当长工，这样方可混一口饭吃。

离花明楼不远，有一个私人办的小煤矿。到那里干活，比当长工还要强一些。下洞子挖煤也不要什么技术，只要肯卖力就行。齐海湘在那里连续干了八年，直到土改分田才回家。

私人办的小煤矿以赚钱为目的，唯一使用的工具是羊角镐，用双手紧握羊角镐，一下两下地往下挖煤。由于尘埃四处飞扬，下工时爬出洞子全身墨黑，吐出来的痰流出来的鼻涕都是黑的。时间长了，齐海湘就觉得气喘吁吁，经常咳嗽不止。

这就是矽肺病的症状。矿工们没有这方面的知识。煤矿的业主也许是不懂，也许是装糊涂。矿上普遍流行的说法，是洞子塌方冒水，使一些矿工葬身地层深处，井下的冤魂要寻找替身。说如果冤魂缠上身了，就喘气、咳嗽……

一些矿工们都感到世界不可捉摸，因此他们相信命运。而命运是由冥冥之中的神仙来主宰，几乎所有的矿工都信仰神仙。他们没有具体的神祇，观音菩萨、关圣帝君乃至城隍土地都信。这时，恰逢"一贯道"的坛主到煤矿来布道了。

"一贯道"具有帮会性质。矿工们没有文化，并不在乎"一贯道"有什么背景，只要能保平安就顶礼膜拜，笃信不疑。

齐海湘皈依"一贯道"，纯粹是为了治病。坛主来矿里布道，他听过两次。那仪式毫无新奇之处，弟子手执三根香火，跪在地上，由坛主领着念咒语。也不知是心理作用，还是神仙确有法力，齐海湘顿觉身上轻松了许多。从此，凡是什么器险事，齐海湘就设坛祭祀。不管灵验不灵验，他的心是虔诚的。

新中国成立后，人民政府宣布"一贯道"是反动会道门，首要分子被逮捕法办，一般道徒要到政府指定的地方登记。因为煤炭坝的矿工是集体加入的，他们都没有什么文化，而且都是贫雇农，人民政府考虑了这些因素，对这批"一贯道"的道众，一律不予追究，政治上也不歧视他们。

在轰轰烈烈的土改运动中，齐海湘加入了农会，分得了一份胜利果实，第一次拥有属于自己的水田和旱土。他心情舒畅，身体比以前大有好转，生产也搞得很出色。乡农会主席王升平为刘少奇物色农民通讯员时，因为他是翻身农民，种田有经验，又老实本分，便选中了他。他不仅见到了刘少奇，还登上了天安门观礼台。回到乡下，他逢人便说："旧社会做牛马，新社会当主人，共产党胜过我的亲娘！"

倒霉的是，齐海湘年岁越大，矽肺病就越加严重了。多方问医求药，得到的答复令人沮丧：矽肺病是一个全世界都没有解决的难题。医生总是这样劝他：回去好好休息，注意营养，不要舍不得。当时，饭都吃不饱，还谈什么营养，等于宣判了死刑。

好死不如赖活。齐海湘想起当年在煤炭坝，"一贯道"的坛主来布道，他喝了一碗符水，跟着念了一通咒语，病情就减轻了许多。他病急乱投医，于是设坛祭神，驱赶恶鬼，保佑自己消灾除难。

设坛需要人帮忙，附近有不少当年井下的朋友，有几个也患着同样的病症，他们关注祭神效果，纷纷前来帮忙、观光。

祭神是在9月初的一个夜晚，也没有太多的排场，就点了些香烛，摆上贡果。祭事刚刚进行到一半，民兵营长带着几个民兵，冲了进来，扯掉香烛，掀翻贡桌，对所有在场的人——进行询问并登记，当场训斥一番，也没有作别的追究。

事情并没有完结。庐山会议刚刚开过，反击右倾机会主义运动逐步推向农村。密切注意阶级斗争新动向，是历次政治运动的开场戏。认真计较起来，这些老煤黑子当年都是"一贯道"的道徒，现在死灰复燃，充当着帝国主义和彭德怀的应声虫。材料报上去，马上宣布抓人。连齐海湘在内，一共抓走了三个人。

齐海湘是三期的矽肺病人。两个月后，家属收到劳改农场寄来的死亡通知，尸体已就地掩埋。在那种高压政治气候下，儿女们偷偷哭了一场。

干部群众都说齐海湘死得冤。

刘少奇问："在召开座谈会时，群众反映一个叫齐海湘的错案，你们知道吗？"

李强答："以前不知道，我们后来又把法院的案卷调来看了，是个错案，已准备平反。"

刘少奇追问："怎么错的？"

李强回答："齐海湘本人讨过米，当过长工，下过煤窑，得了矽肺病……"

刘少奇插话说："下煤窑的工人不少得这种病，我在安源煤矿搞工运的时候，对这种情况比较了解。"

当过煤矿工人的李强，深有感触地说："是这样，我就是在大同煤矿下井的，得了矽肺病，咳出来的痰都是黑的。"

李强汇报了齐海湘冤案的经过。齐海湘下煤矿得了矽肺病后，感到非常痛苦，但又无钱无药医治，他只得求助菩萨。恰好在这时，反动会道门"三期普度"动员他参加，他成了这个组织的一般道徒。从此，他常常在家里烧香叩头，求神拜佛，求菩萨减轻他的痛苦。到了1958年，有人揭发他参加过宗教组织，他被带到大队部进行刑讯逼供，要他交代从事反动宗教组织活动的经过。齐海湘屈打成招，在办案人员早已准备好的交代材料上签了字。随后，宁乡县人民法院依据这份材料和当时的政治标准，判处他有期徒刑8年。在羁押期间，齐海湘的病一天比一天加重，法院怕他死在狱中，就给予保外就医。1959年大年三十这一天，在无人护送的情况下，齐海湘迈着艰难的脚步，踉踉跄跄地向40里外的家里走去。由于齐海湘的病太重了，就在家家户户送旧迎新，偶尔传来爆竹声的时候，齐海湘却倒在离家还有四五里路远的花明楼公社机关外的围墙下，痛苦地走完了自己悲苦的一生。

刘少奇遗憾地说："齐海湘当年参加'一贯道'是为了治病，十多年后设坛祭祀，也是为了治病。我们来设想一下，假如齐海湘当初不患矽肺病，会不会参加那个道？年纪大了，假如他的病情没有加重，或者加重了能得到较好的治疗，他会不会去再祭？土改的时候可以作出不予追究的结论，为什么现在却把这视为触犯刑律？李强同志，信迷信肯定是一种落后现象，但这是人民内部矛盾。毛泽东同志把处理人民内部矛盾的方法归纳为团结——批评——团结。别看只有六个字，中间还有两个破折号，这却是一门大学问啊！对于这门学问，所有担负领导工作的同志，一辈子都得学！"

李强对刘少奇的分析，心悦诚服。

刘少奇接着说："这些看来，把大量的人民内部矛盾搞成了敌我矛盾，伤害了多少人的积极性啊！齐海湘已经死了，他还有儿女。我们既要对案件负责，还要对他的子女和后代负责。请你们实事求是查一查，凡属错了的，都要平反。大家心情舒畅了，才能广泛地调动群众的积极性！"

遵照刘少奇的指示，有关部门对这起错案进行了复查，并宣布为齐海湘平反昭雪。

后来，李强还代表刘少奇，专程去花明楼慰问齐海湘的亲属。齐海湘的亲属十分感激，决心努力奋斗，为社会主义建设添砖加瓦。

第十五章　大公无私

一、不设纪念馆

1958 年，宁乡县大搞"茅屋洗澡"运动。全县的茅屋，基本上都拆光了。只有一处例外，那就是炭子冲的几间茅屋没有拆。因为这是刘少奇的旧居。否则，也可能会在劫难逃。

花明楼是望城、湘潭、宁乡三县交界的丘陵地带。南方的丘陵多由小山峦分隔而成许多小山沟。山沟地势都比较平缓，当地叫冲。炭子冲就是花明楼一处狭长的小山冲。

刘家在炭子冲的历史，要追溯到明朝中叶。那时，刘家始祖刘时显因儿子刘宝在湖南益阳做了知县，便从江西吉水迁来益阳。刘宝离任后，因羡慕湘中秀丽的景色和淳朴的民风，就没有再回江西，全家在宁乡城南芳储乡安家落户。又过了若干年，由于人口逐渐增多，其中一支搬迁至炭子冲一带定居。刘家现在的宅院，是刘少奇的曾祖父刘在洲艰苦创业打下的基础。

刘在洲手头并不富裕，最初只盖了三间茅屋。直到他的儿子，也就是刘少奇的祖父刘得云成年后，经过不懈的劳作，才逐渐有了积蓄，将田产扩大到 60 亩，又增修七间较为宽敞的新茅屋。后来，刘少奇的伯父和父亲兄弟分家，扩充农业，也没有将最初的茅屋拆掉，而是接着再造了几间瓦屋，形成了炭子冲现在的格局。

当北平新华广播电台的声音传遍神州大地的时候，新中国巍然屹立在世界的东方。从炭子冲的茅屋里走出去的刘少奇，成为中华人民共和国中央人民政府副主席。从此，炭子冲为世人所瞩目。

全国各地经常有人来到炭子冲参观。炭子冲成为全国各族人民敬仰的地方。炭子冲与韶山冲相距不过十几公里，倘若乘车，半个小时即可到达。参观韶山的人们，有的也到炭子冲参观刘少奇同志故居。他们在这里领略秀丽的山村景色，追寻伟人的足迹，进而思索中国革命的历程。

炭子冲一直有常住居民。南房住着刘少奇的本家子侄，北房户主姓欧。北房原是刘少奇的伯父刘丙林的房产。刘丙林因家庭遭变故，新中国成立前就卖给一个欧姓的人了。

随着形势的发展，前来炭子冲参观的人们越来越多，络绎不绝。

也许是参观者回去向有关部门提了意见，也许是有关部门觉得这个有纪念意义的地方应该重视。

1959 年 2 月 17 日，王升平、成敬常两位同志联名给刘少奇写了一封信。

4 月 18 日，王光美给王升平、成敬常回复。信中说：

> 你们二月十七日写给刘少奇同志的信，早已收到。因为我们经常离开北京到各地去工作，最近才从上海等地回来，所以没有早些给你们写回信，很对不起你们……你们在信里说准备向花明楼公社建议把少奇同志过去在炭子冲住过的房子修建一下。少奇同志要我写信告诉你们，他认为现在提出这个建议是不适当的。因为，在当前，农业生产、工业生产和交通运输方面的跃进工作是很紧张的，广大人民的生活还需要大大改善，在各方面的工作量都很大的时候，不应当提出修建炭子冲的房屋问题……

20 世纪 50 年代末期，中共宁乡县委曾向中共湖南省委报告，拟在炭子冲建立"刘少奇旧居纪念馆"。

中共湖南省委批复同意，并向刘少奇报告此事。刘少奇的复信很快就到了，信中说：

> 我那个地方不要搞纪念馆，要花力气把韶山毛泽东同志纪念馆办好，毛泽东同志代表了我们党和国家……

炭子冲虽然不设纪念馆，但前来参观的人们不管这些照样来。炭子冲出了刘少奇，人们都引以为自豪。客人来了，尽管对住户的日常生活有影响，大家仍然恪守热情待客的古训，泡茶敬烟，领着客人一间一间房子参观，不厌其烦地回答客人的种种询问……

因为前来参观的人们越来越多，中共宁乡县委就不再去请示了，自作主张设立了"刘少奇同志旧居纪念馆"。同时，还配备了两名专职干部，负责接待工作。

工作很快开展起来。首先将炭子冲的现有住户通通搬走，对房子进行了修缮，辟作展览，供人参观瞻仰。每间房子都做了必要的布置。能够搜集到的刘少奇的祖父母和父母亲的照片，都放大悬挂在屋里。一些小牌子上写有说明，哪间是刘老太夫人的卧室，哪间是刘少奇本人小时候的卧室，哪间是刘少奇学习的书房，还特别介绍刘少奇小时候学习如何用功，成绩如何好，如何热爱劳动，等等。

这次，刘少奇回到炭子冲，发现在他家祖传老屋搞的这个纪念馆，很不高兴。顿时，他眉头紧锁，急成了山字结。

一天，中共湖南省委书记李瑞山前来炭子冲看望刘少奇。

刘少奇生气地说："我早就说过，这里不搞纪念馆，怎么又搞起来了呢？我再重申一遍，要集中力量把韶山毛泽东同志旧居纪念馆建设好，我这里不设纪念馆！"

李瑞山连忙解释："群众有要求……"

刘少奇严肃地说："也可能有少数人提出这样的建议，但现在农村不少人没房住，连睡觉、做饭的地方都没有。纪念馆徒有其虚名，我们怎么好意思去搞这个呢？赶快把纪念馆撤了，把房子腾出来，分给那些没有房住的社员!"

中共湖南省委和中共宁乡县委的同志都感到很为难,因为即使不设纪念馆,还会有人慕名前来参观。

刘少奇说:"可以作一项规定,不让外国人来。没有人领路,外国人是来不了的。至于中国人,如果阻止不住,那就让他们来,在房前屋后看看。愿意看就看,不愿意看就拉倒!人家来了,也不要搞什么招待,找个老太太烧点开水,放几片茶叶。喝茶水要给钱。有点收入,老太太会愿意干。参观的人来了,先问他们要不要喝茶水,喝就烧,不喝就不烧,这样就不至于浪费柴火。"

刘少奇态度坚决,中共湖南省委和中共宁乡县委只得同意撤销纪念馆。

1961年5月9日,刘少奇、王光美在故居前与随行人员合影。他态度坚决地对中共湖南省委和宁乡县委的领导说:"赶快把纪念馆撤了,把房子腾出来,分给那些没有房子的社员!"

二、让出祖传老屋

1961 年 5 月 9 日，是刘少奇回乡的第七天，也是他在故居停留的最后一天。

这天早晨，刘少奇踏着朝露，沿着旧居前面那口池塘边的小路，散步到了后面的山坡上。王光美陪同他缓步而行。

这时，家家户户炊烟袅袅。

刘少奇目光专注，似乎在努力寻找着少年时代的足迹。他来到山凹处一块两丈见方的平地，突然停住了脚步，兴奋地对王光美说："光美，我小时候好像在这里练过拳呢。"

王光美见刘少奇情趣盎然，笑着说："真的吗？有意思，那应该是 50 年前吧！"

刘少奇感慨地说："是呀，几十年一晃就过去了，日子过得真快哩！"

王光美注意到，刘少奇来湖南蹲点调查一个多月了，这是他心情最好的一个早晨。此前，他的心情从未轻松过，常常闷闷不乐，私下里发出慨叹，中央通过各级汇报掌握的情况，与基层的实际距离太大了。解放十多年了，农民还这样苦，故乡还这样穷，社员群众连真话也不敢讲，不应该啊！

刘少奇缓步走下山坡，回到旧居，没有进屋用早餐。他在旧居四周轻松地散步。或许他今天上午就要与旧居告别了。此时此刻，他心里还记挂着一件事：两天前，他在旧居召开的干部社员代表座谈会上，提出要停办纪念馆，把旧居的房子腾给社员住的建议，不知现在落实得怎样？

炭子冲这栋房子，是刘少奇先辈几代人勤耕力作建立起来的安身立命之所，已有一百多年历史了。刘少奇在这里诞生成长，启蒙受教，从这里步入社会，走向革命。无疑他对这所房子是有感情的。新中国成立后，省、县将旧居辟作纪念馆，大小房间成为陈列室。

这次回乡，刘少奇住在这里早已空出来的旧居内，耳闻目睹父老乡亲缺吃缺住的清苦景象，心灵受到了极大的震撼。因此，他在座谈会上果断地提出："停办旧居纪念馆，把房子分给无房社员住，把陈列用的家具什物统统分给社员用。"

虽然停办"刘少奇同志旧居纪念馆"是本人亲自作出的决定，但他怕当地干部不敢下这个决心，怕社员不敢搬进来住，因为他理解人们的心情。此时此刻，他在旧居房前屋后徘徊，正在思考着如何才能落实这件事情。他要在临别前亲自办好这件事，才离开炭子冲。

早晨八点，太阳已经升起一丈多高了。在田间参加集体劳动的社员们，一个个都休工回家吃早饭去了。

王光美提醒刘少奇："该吃点东西了。"

刘少奇随王光美走进屋，同时请她作好安排："上午，先到花明楼公社机关看看，找几个老同志做做工作，然后再去宁乡县城。"

公社机关在花明楼镇上，距离炭子冲不到一公里。早餐后，刘少奇来到公社机关，会见了区委书记黄让泉和八位老同志，以及部分基层干部。

一见面，刘少奇听取了黄让泉的简要工作汇报。

刘少奇边听汇报边问黄让泉："前天我在炭子冲的会上讲了，不要把我的旧居作纪念馆了，把房子分给社员住。你们准备怎样落实？"

黄让泉面带难色，认真地回答："实实在在说，社员们都难以接受。昨天晚上，我到简家巷子临时医院问了黄八老倌（作者注，即黄端生，刘少奇曾在炭子冲会上点名说，像黄八老倌这样的无房户就可以搬进来住），他都感到不好意思住您的房子，大家都说这样对不起刘主席。"

黄让泉停顿了一下，继续说："刘主席关于把这栋房子全部分配给乡亲，或仅留几间供参观，这一指示在群众中传开后，反映很好，凡是听到传达的人都十分感动，都说'刘主席实在太关心我们了，太谦虚、朴素了'。我们这些人原先对这个问题的看法是不同的，我们曾经认为，刘主席旧居作为全国人民瞻仰的地方，留下几间屋子供参观没有什么不应该，而且群众也确实没有什么意见。在听到刘主席这一指示和看到群众的高兴程度后，思想上才起了变化，最后认识到刘主席这一做法是完全正确的。在目前的情况下，也是适合群众的真正要求的。因此，我们将立即着手安排这栋房子的住户，坚决按指示办事。"

因为炭子冲缺房户很多，谁搬谁不搬呢？

刘少奇又把炭子冲大队党支部书记找来商量，说："贫下中农说没有房子住，你们却搞这么个展览。搞这个有什么用呢？不要搞这个嘛！要先考虑解决贫下中农的住房问题。这房子还能住人，让贫下中农搬进来住嘛！"

炭子冲大队党支部书记感到很为难，不知如何回答是好。

刘少奇说："这个很好办，北屋是欧家的房产，当然归欧家。南头的房子谁来住，由工作队作主，大队开个会商量一下，让给最困难的社员居住。但有一条，我的本家亲属都不要住进来。那些桌子、凳子、床铺……都分给社员。'大跃进'不是损坏了社员的家具了吗？这些东西就算退赔给社员。屋里还有一些木楼板，撬下来给没有门的人家做门片！"

恭敬不如从命。经过工作组和大队研究，决定让欧凤求、黄端生等五户社员搬进炭子冲。然而，直到刘少奇要离开家乡了，那几户社员仍然迟迟未动。他们都有顾虑。这是中共中央副主席、中华人民共和国主席家的房子，几个社员群众，怎么好意思搬进去住呢？就算现在搬进去了，住一阵子，上级一句话，又要搬出来。搬进搬出很麻烦啊！

刘少奇把欧凤求、黄端生等五户社员请来，深情地说："回到炭子冲，我跟大家就是乡亲嘛。世世代代，我们同在一块山上砍柴烧，同在一口井里汲水喝。乡亲邻里，互通有无，历来如此。不要有顾虑，放心大胆搬进去，至少可以住 10 年、20 年。等将来有了比这个更好的房子，你们再搬出来。这叫君子协定，一言为定！"

刘少奇离开炭子冲回到北京后，打电话给中共湖南省委，请省委派人去落实，看社员们搬进去了没有。直到得到肯定的答复后，他才放下心来。

在家具的处理上，中共宁乡县委的一位同志提出了不同意见。说桌子、椅子还有别的家具，不能分给社员，应该集中保管。国家不会总是这么困难，群众也不会总是这么穷。如果日后形势好转了，纪念馆还是要恢复。那些家具年代已久，具有历史文物价值，让群众搬去使用，如果一不小心就弄坏了，或者流失到了民间，将来就很难找回来了。

刘少奇叹了一口气，说："群众生活都困难成这个样子，哪还顾得上这么多讲究啊！"

刘少奇把人民群众的冷暖挂在心头，并对他们的困难境况而深深自责，深深地感动着在场的每一个人。

在刘少奇强烈的要求下，刘少奇同志的旧居展览只好取消，让五户贫农社员住了进去。正是因为有贫农社员住在刘少奇家祖传老屋，这所房子在"文化大革命"那场浩劫中，才幸免于难，保存到了今天。

五年之后，"文化大革命"的熊熊烈火烧到了炭子冲。当年搬进去的五户居民，除一人以外，都不肯喊"打倒"、"炮轰"之类的口号。

一队名为"首都三司"的造反派，打着旗子，高呼着噪耳的口号，一路狂呼而来，声称要拆毁炭子冲的房子，捣毁修正主义的老巢；要掘地三尺，挖掘出反革命"变天账"。

这伙造反派气势汹汹，最终却不敢动手。

炭子冲的居民虽然都不姓刘，但都是贫下中农。他们团结一致，声言谁敢拆房，就和谁拼老命！

造反派一计不成，便又生一计。他们想偷偷摸摸去挖刘家的祖坟。传说刘少奇的曾祖父刘在洲是"白毛仙人"，他的后代都跟他一样华发早生。

这些造反派受过所谓的正规大学教育，自称是最最彻底的革命派，他们却在炭子冲策划着一场愚昧、乖戾的造反丑剧。

被刘少奇请进炭子冲居住的居民中，也有良心被狗吃了的败类。有人曾向造反派告密，说刘在洲葬在什么地方。

一个戴眼镜的造反派走到北屋欧凤求家，寻工具找锄头。恰巧门口放着一把锄头，那家伙拿起锄头就走。

欧凤求可就不依了，一个箭步冲过去，从造反派手中夺回了那把锄头。

眼镜猝不及防，瞪起一双金鱼眼，说："怎么，我们造刘少奇的反，你不支持？"

欧凤求义正词严，气愤地说："挖人家的祖坟也叫造反？他的祖宗先人得罪了你们吗？连地下的死人都不让安生，你们还有没有良心啊！"

几个手臂上戴着"红卫兵"的造反派，一齐围了上来，大有兴师问罪之势。

哪里有压迫哪里就有反抗，压迫愈深反抗愈烈。欧家人深明大义，不甘示弱。欧凤求、他的父亲欧仁春、弟弟欧群华，还有欧家的几位女眷，在这种紧要关头拿起扁担、锄头，挥戈上阵。

那些嘴上无毛的造反派，像一群恶狼一样扑来，一个个张牙舞爪，气势汹汹。武斗的棍棒，也许会使欧家万劫不复。

"楚虽三户，亡秦必楚。"这是千古绝唱。湖南人吃得苦，霸得蛮，不怕死。欧家老少生在湖南长在湖南，从小就受湖湘文化的熏陶，敢于担当。他们是吃南方红土壤收获的稻米长大的，湖湘大地宜人的气候、风土人情培养了他们淳朴、善良、不畏强暴的个性，亲帮亲、邻帮邻是祖宗传下来的乡居格言。更何况官高位显的刘少奇，从来没有忘记过这些世代为邻的老乡亲。

是可忍，孰不可忍！欧家绝不能容许造反派在这里胡作非为，搞得鸡飞狗跳。如果要动手，他们只有一个选择，那就是针锋相对，奋起反击！

双方一个个摩拳擦掌，武斗一触即发。这时，一场倾盆大雨哗哗而下。这真是老天有眼！

屋前空坪里的造反派，一个个抱头鼠窜，作鸟兽散。

造反派因为无处藏身，一个个又跑到欧家去躲雨。

欧家媳妇见了，怒火在胸中燃烧，斩钉截铁地说："这是老百姓家，要造反的，请出去！"

俗话说得好，强龙不压地头蛇。这些年轻的造反派，不听老人言，不懂得人情世故，完全违背了事物发展变化的规律，最后灰溜溜的，一个个夹着尾巴，狼狈地逃回北京去了。

古语云："与民共其乐者，人必忧其忧；与民同其安者，人必拯其危。"刘少奇大公无私，是与社员共其乐与民同其安的榜样。

许多年后，炭子冲的人们提起当年的生活场景，感慨万千："好心必有好报。刘少奇惦记着社员没有房子住，把自家的房子让出来，帮了忙，应了急。要是还办纪念馆，炭子冲就彻底毁了。刘少奇心里有群众，群众自然会知恩图报啊！"

三、悄悄离开炭子冲

1961年5月9日，一轮红日喷薄而出。炭子冲沐浴在金色的阳光之中。

刘少奇又打起背包，整装待发。这次回到家乡考察，除了召集座谈会和个别接见群众，他还亲自走访了罗家塘、安湖塘、柘木冲、首子冲等生产队，比较远的地方有20多华里，全是步行。

听到一些社员缺房子、少用具，刘少奇提出把自己家祖传的老屋和桌椅分给群众使用。

社员群众对刘少奇的这种关心由衷赞颂。他们说："刘主席投身革命30多年，为人民付出了多少心血啊！全国解放了，革命胜利了，他身居高位回到家乡还是那么平易近人，言行朴实，乡音未改，没有一点架子，还把自己的房子让给有困难的群众住，真是人民的好领袖啊！"

刘少奇偕夫人王光美，还有秘书吴振英等几个工作人员，乘坐吉普车，离开炭子冲，朝花明楼驶去。

社员群众以为刘少奇是外出调查，亲戚朋友也以为他还会回来。

5月9日，刘少奇、王光美及工作人员没有惊动下田劳动的乡亲们，悄悄地离开了炭子冲。从此，他再也没有回家。

刘少奇没有惊动下田劳动的乡亲们，悄然地离开了炭子冲。从此，他再也没有能够回来。

四、"热爱我们的人民"

1961年5月9日上午，农历三月二十五日，红日高照。

吃过早饭，干部们陆续来到公社礼堂集合。

不一会儿，两辆嘎斯69吉普车，一前一后，先后停在礼堂门口。

这时，工作队长张健、公社书记黄让泉等迎了上去，欢迎刘少奇出席会议。

刘少奇下了车，热情地和张健、黄让泉等握手。

在热烈的掌声中，刘少奇发表讲话。

刘少奇声音洪亮、高亢，又是本地乡音，很亲切。他讲了食堂问题、房屋问题，还有群众路线和民主集中制的问题。

最后，刘少奇语重心长地告诫全体干部：

> 作为一个执政党的党员，不能脱离群众，如果置群众的饥饱与生死于不顾，那就完全背离了我们革命的目的，我们会走向自己的反面，那将是多么危险的景象啊……

刘少奇在会上发表讲话，再一次对"五风"进行抨击。他在湖南农村调查期间，深入田间地头、土屋茅舍，到了许多地方，了解到很多真实情况。他的讲话，一针见血，切中时弊。

1961年5月9日，刘少奇一行到花明楼公社礼堂，受到当地干部群众的热烈欢迎。

1961年5月9日，刘少奇在花明楼公社和县委、区社工作组干部座谈。

针对社会转型、矛盾多发的现状，领导干部应当如何作为，刘少奇以身作则，率先垂范。他的讲话，给广大干部敲响了警钟。

在讲话中，刘少奇反反复复地强调："人民利益高于一切，我们要切实关心群众的饥饱与生死，脚跟始终要站在群众利益一边。得民心者得天下，热爱我们的人民吧！"

唐太宗李世民曾经说过："水能载舟，亦能覆舟。"人民群众是水，党员干部是船。党员干部只有时刻关注群众，把人民的利益放在至高无上的地位，才能得到人民群众的拥护，我们的人民政权才能长治久安！

刘少奇的讲话，滋润了广大干部的心田。

五、视察黄材水库

1961 年 5 月 9 日午饭后，春风和煦，阳光灿烂。

刘少奇偕夫人王光美，还有秘书吴振英等几个工作人员，由中共宁乡县委副书记何长友等陪同，乘坐吉普车，前往黄材水库视察。

从炭子冲到黄材水库建设工地，相距近 100 公里，沿途都是砂石公路，坎坷不平。吉普车开过去，扬起漫天的尘土。

吉普车在农村跑砂石公路、上坡爬山是强项，但在炎热、干燥的天气，坐在吉普车里面的人却受大罪了，如同关在油闷罐车内一般，外面扬尘飞舞，车内的人儿汗雨掺杂着粉尘，活像一个个泥菩萨。

一路颠簸，到达黄材水库建设工地已是下午 3 时。刘少奇坐在吉普车内，下车时也是一身灰尘。

位于宁乡县西端的沩山，距长沙市 130 多公里，主峰瓦子寨海拔1070 余米。沩山四面皆水，四周云气相汇于斯，搅动旋转，漫山升腾，形成"大沩凌云"的奇特景观。这里坡岭逶迤，山谷幽深，冬暖夏凉，是旅游和避暑的好处所。山四周遗迹遍布。唐相裴休、唐诗僧齐己、宋抗金名相张浚、湖湘学派创始人张栻、南宋经学大师易拔等名人的墓葬藏匿青山之中，使沩山平添了几多神秘色彩。

沩水河，又名"沩水"，古名"玉潭江"，发源于沩山，自西向东流入望城县境内，在望城县的新康乡与高塘岭镇交界处流入湘江，全长 144公里，流域面积 2750 平方公里，水利资源非常丰富，被誉为宁乡县的母亲河。

黄材水库位于湘江一级支流沩水上游，主坝坝址位于黄材公社以西3.5 公里的风光秀丽的寨子山下，下距宁乡县城 52.5 公里。这座水库是1958 年大跃进时开始建设的。坝址控制集雨面积 240.8 平方公里，水库正常蓄水位 166 米，建成后蓄水量达 1.5 亿立方米，是一座以灌溉为主，兼发电、防洪、养殖等综合效益的大（Ⅱ）型水利工程，也是全国最大的大型土坝工程之一。

刘少奇非常关心这座土坝工程的建设，中共宁乡县委很早就向他报告过。他认为水库的建成对改善宁乡的生产条件，防灾抗灾，促进经济发展有重要作用，他赞成建，并强调要保证工程质量，注意施工安全，努力为民造福。同时，他也很担心在人民生活极端困难的条件下搞如此重大的建设项目，是否承受得了？

这时，黄材水库正在施工之中，进坝的公路还没有修好。刘少奇乘坐的吉普车，不能开上大坝建设工地。他只好下车步行。

刘少奇登上了坝。山坡上"人民公社好！""鼓足干劲，力争上游，多快好省地建设社会主义"等巨大的石灰字，映入眼帘。

黄材水库建设工地上红旗招展，人山人海。高音喇叭播放着"社会主义好，社会主义好……"那动人的乐曲，鼓舞了人们的士气。

1961 年 5 月 9 日，刘少奇视察黄材水库建设工地。

挑土的、运石的挥汗如雨，干劲冲天。文艺宣传队在工地上慰问演出，有的还打着山歌。那场面真是高歌猛进。劳动竞赛的热潮一浪高过一浪。

看到这种场景，刘少奇感到人民群众战天斗地，是真正的英雄。

刘少奇对水库的工程建设，十分内行。他问工地的工程技术人员工程是哪里设计的？

当工程负责人回答后，刘少奇又问："工程量有多大？"

工程负责人答："黄材水库枢纽工程主要由主坝、副坝、溢洪道、泄洪输水洞、电站及灌溉引水坝等建筑物组成。主坝高 61.5 米，长 369.5 米，底宽 377.5 米，顶宽 6 米；还有副坝为均质风化土坝，长 131.5 米，高 25.5 米，底宽 113.25 米，顶宽 4 米；还有溢洪道长 1.3 公里，渠道还没有修好；需要移动土石方 1492 万多立方米。"

刘少奇听了，满意地点点头。

紧接着，刘少奇又问："工程造价多少？"

工程负责人答："整个工程造价在五千万元以上。"

刘少奇追问："资金哪里来？"

工程负责人答："国家已安排了一部分资金，大部分是民工建勤。"

刘少奇很关心群众的利益："民工建勤也是钱呵！要注意保护群众的积极性。"

随后，刘少奇又询问了大坝的总高程有多高，库内的积雨量有多大，将来的受益面积有多大等问题。

几位工程负责人分别一一进行回答。

刘少奇神情严肃地说："听说在修建黄材水库的过程中'刮五风'，搞强迫命令，死了不少的人。当时，听说是你们县长在这里当指挥长，但是，这个责任不完全在他一个人，上边也要负一定的责任。"

沉默了一会儿，刘少奇语重心长地说："你们在施工中要认真总结经验教训，好好贯彻党的方针、政策，切实关心群众生活，不要搞强迫命令，要搞好劳逸结合。只有关心爱护群众，工程才能又快又好地完成，绝不能再搞'五风'那一套了，要关心群众的疾苦，做好群众的思想工作。"

刘少奇反复察看水库大坝，对工地负责人说："你们在工地的同志们很辛苦，但还要继续努力，要善始善终把工程全部按标准要求完成好。千里金堤，溃于蚁穴。特别要保证工程质量，注意施工安全，修好这个伟大工程，为人民造福，为子孙后代造福！"

刘少奇仔细察看了水库大坝之后，不顾大家的劝阻，坚持要爬上山顶，看看水库库区的全貌。

陡峭的山路有 500 多米长。刘少奇不顾年高和多日来的操劳，硬是一步步往上攀登，呼吸越来越急促，豆大的汗珠直往下滴……

刘少奇不服老，不畏难。他终于攀登上了山顶。

刘少奇在黄材水库工地，不顾大家的劝阻，坚持爬上水库山顶，察看水库库区的全貌，详细了解水库的工程进展。

初夏的阳光映照着青山绿水。当时,水库已经蓄水。库区内碧波荡漾,粼粼的波光在水面上闪耀着。

望着美丽的湖光山色,刘少奇满意地笑了。他憧憬着,黄材水库建成后,装机发电可以实现点灯不用油的神话。引水灌溉宁乡、望城、益阳赫山区等地,那就可以实现旱涝保收了。

睹物思人。刘少奇又皱眉想起了山那边枯瘦的彭满阿婆、啼哭的婴孩……黄材水库整个工程造价5400万元,而群众投工折资3300万元,这就意味着,五分之三个黄材水库,是由社员群众无偿捐建的。是他们,新中国的第一代农民默默无闻毫无怨言的奉献,才有了昨天、今天与明天大地的丰收。

由于配套工程还差一大截,水库还不能发挥应有的效益。刘少奇对何长友说:"为修水库,不少人付出了生命的代价,现在要尽快配套,尽快受益。尤其要处理好修水库时的遗留问题。"

六、营造一个"安乐窝"

傍晚时分,刘少奇偕夫人王光美,还有秘书吴振英等几个工作人员,乘坐吉普车,从黄材水库前往宁乡县城。

两辆吉普车,一前一后,趁着夜色,朝宁乡县城方向驶去。

不一会儿,吉普车便到了双凫铺公社。年幼时,刘少奇曾来过这里,此刻有一种重游故地的亲切感。他注视着车窗外的景色,寻找着昔日的足迹。

在一个叫黑塘仓的地方,刘少奇忽然听到路边屋里传出女人悲怆的号哭声。他叫司机停车,下车之后,循声往那屋里走去。他想,也许这里有一把了解农村情况的钥匙。

只见一个40来岁的妇女坐在大门口,披头散发,一边伤心地号哭,一边不停地抹着如泉水般淌下的眼泪。什么叫号啕大哭,什么是追悔莫及呢?这个妇女旁边围着的一些人,可以说是真正体会到了。

原来，这位妇女叫颜桂英，丈夫病死了，由于刮"共产风"，两年前生产队把她家在土改分得的住房拆除，盖了队里的养猪场。她失去了固定住所，先后搬了 8 次家，现在住的仍是别人的房子。这两天原房主急需用房，催她赶快搬走，她拖儿带女，也不知往哪儿搬，急得哭了起来。

呼天天不应，叫地地不灵。围观的人们有的摇头，有的叹息……他们手长衣袖短，爱莫能助啊！

刘少奇走上前询问："发生了什么事，这样伤心？"

颜桂英抹了一把鼻涕，说："食堂散了，大家都要搬回原来自己的房子去住。我住了人家的房子，人家限我今天就要腾房，我搬到哪去啊！"

刘少奇追问："你自家的房子呢？"

颜桂英绝望地诉说："拆了呀，'大跃进'拆了，墙土下了田，门框门板做了公共食堂的引火柴。"

刘少奇心里怦然一动，气愤地说："天华大队的悲剧，也曾在这里重演啊！"

见不速之客上门并且主动过问自己的事情，颜桂英仿佛看到了希望，止住了哭泣。

如果有人要询问：现今社会上，什么事情最损害人民群众对我们党和政府的感情呢？那就是身为政府官员的执法者的违法和横行霸道。人民群众最痛恨的莫过于这类貌似代表党和政府形象的败类。因为，他们的一举一动，表面上代表着政府和党，实际上他们假公济私，专门干一些损害政府形象和党的根本利益、让人民群众痛恨至极的勾当。

这时，走过来一位 30 多岁的青年人，是大队会计。

大队会计觉得眼前这位老人好面熟，一时又记不起在哪里见过。既是坐着吉普车，想必是上边来的干部。因为他是大队干部，多少也见过一些世面，于是便上前答话："这位妇女叫颜桂英，家里有公婆，四个小孩，加上他们夫妇，共有八口人。丈夫在修黄材水库的工地上病死了，不久又死了一个儿子。她上有老下有小，如今就靠她一个人操持……"

　　刘少奇听着听着，眼睛也潮湿了。在这种情况下，一个女人要承受这么重的生活压力，该是多么艰难啊！

　　想着想着，刘少奇焦急地问大队会计："可不可以不要她搬家呢？"

　　大队会计回答："颜桂英住的是别人的房子，原来的房主要搬回来，她不搬怎么行呢？"

　　又是一个扯不清的连环套！仿佛今天的三角债，你中有我，我中有你，扯不断理还乱啊！围观的社员七嘴八舌。

　　"这种扯麻纱的事情还多着呢！"

　　"当初打啊嗝，一声喊要拆屋……"

　　"现在我们根本就没有地方安身，神仙下凡也没得办法啊！"

　　刘少奇听了，感到焦灼不安。是啊，麻雀子也要有一个竹筒管啊！社

　　1961年5月9日，刘少奇在宁乡双凫铺公社黑塘仓大队社员颜桂英（图中左二者）家了解情况。颜桂英破涕为笑。刘少奇表情严肃，愁容满面。

员群众没有房子，怎么安身立命呢?

刘少奇对这个大队会计说:"请告诉你们大队党支部书记，颜桂英现在不能搬家。鸟必有窝，人必有屋。就说是我讲的，大队没有做好安排之前，不要让社员随意搬家!"

看来这位老同志的来头还不小，大队会计试探着问:"老同志您是……"

为了不惊动更多的干部群众，刘少奇曾立下了不主动介绍自己身份的规矩。这时，为了表示对孤立无援的颜桂英的关切，也为了对自己的讲话负责，他不仅通名报姓，还介绍了自己是何方人氏:"我老家在花明楼炭子冲，离这里不过30多里路。我在北京做事。我叫刘少奇!"

"啊，是刘主席!"

"刘主席来了!"

人们纷纷向刘少奇诉说自己家被强拆的经过:"大跃进"中强迫命令拆房子，搞什么"屎湖尿海"、"墙土下田"、"茅屋洗澡"……这些前所未有的口号，除了陈墙下田外，还把屋茅草和人畜粪沤在塘里坑里，然后用来下田……

刘少奇心情十分沉重，激动地说:"前两年'大跃进'，头脑发热，干了许多蠢事，大家的日子过得非常艰难，很对不起乡亲们。现在，中央、省委、县委都明白过来了，正在想办法改变这种状况。希望大家咬紧牙关，加把劲，上下一条心，我相信困难一定会克服，前途仍然是很光明的!"

告别黑塘仓，汽车继续前行。

这时，夜幕降临，天渐渐黑了下来。在车灯的照射下，前方一个挑着行李铺盖的社员，正急急忙忙地赶路。

刘少奇又叫司机停车，下车询问:"老乡，这么晚了，还要到哪里去啊!"

那人担子在肩，上气不接下气地说:"搬家!"

又是搬家！刘少奇焦急地问："搬到什么地方去呢?"

"我老弟有一间半房，我借他半间，为了安个身啊!"

刘少奇追问："你愿意搬吗?"

"怎么由得了我愿意不愿意呢?"那位社员边说边放下担子，向刘少奇诉说："当初，是大队干部限时叫我搬过来，现在又是大队干部限时叫我搬过去，限定我们今天晚上必须搬走。官大压死人啊！我，我敢不搬吗?"

天都黑了，还强行逼着社员搬家，真是岂有此理！刘少奇生气了，说："既然不愿意，你就不要搬了!"

那位社员感慨万端："俗话说，搬三次家，富家搬穷。不搬，那就谢天谢地啊！可是……"

工作人员介绍说："这位是刘少奇主席!"

那个社员听了，又惊又喜，高兴地转身朝自己家方向跑了几步，然后隔着田垅，大声呼喊，告诉家里人："不要搬家了，不要搬家了！我见到了刘主席，是刘少奇主席！刘主席就在公路上，我正站在他面前，是他叫我们不要搬家了!"

这抑扬顿挫的呼喊声，如阵阵春雷，在山谷回响，传遍祖国的上空，惊天地泣鬼神。

第十六章　排忧解难

一、通宵决策

1961 年 5 月 9 日傍晚，刘少奇偕夫人王光美，还有秘书吴振英等几个工作人员，乘坐吉普车来到了宁乡县城。

这时，已是满街灯火了。像上次一样，刘少奇没有住进县政府对面的县委招待所，而是住在县委机关的一间电话会议室。

刘少奇的心一直揪着，为苦难的颜桂英，也为在饥饿线上苦苦挣扎的全国各族人民。

吃过晚饭，刘少奇顾不上休息，就把主持农村工作的中共宁乡县委副书记何长友请到他的临时住所，也就是那间电话会议室，研究解决解散公共食堂后社员群众的住房问题。

何长友，宁乡县偕乐桥乡人，雇农出身。1948 年 18 岁的时候，在本地加入地下党。他只有小学四年级文化，由于平时爱学习，新中国成立后当乡文书、区秘书、县委办公室主任，23 岁就当了副县长。现在是县委主持日常工作的副书记。土生土长，参加工作后又一刻也没有离开过宁乡，对全县情况非常熟悉，是个"活宁乡"。

一见面，刘少奇说："你把当前群众的住房情况讲一下。"

何长友汇报说："当前群众的住房困难的确严重，很不好办。宁乡有 84 万人口。全县原有社员住房七十多万间，后来经历了三次拆屋风潮。1958 年春耕积肥时，打出的口号是大搞"茅屋洗澡"，也就是拆下茅草和陈墙土下田。这一次把全县的茅屋都拆光了。秋季大炼钢铁的时候，需要木材，宁乡缺木材，便拆掉一批房子，扒下木材供小高炉工地使用。大办公共食堂的时候，强调集中吃饭，统一居住，空下不少房子。大队建猪场、办工厂……没有门框门板，就去扒私人的房子，又拆掉了一批。一年之内，这么折腾了三次，全县大约拆掉社员住房十五万多间。而现在剩下的四十五万余间住房，又有三万多间房子被国家、集体单位平调占用。社员实际可以居住的房子，只有四十二万间左右。公共食堂解散后，社员要求住自己的原屋，一动引起百动。"

中共宁乡县委办公室掌握的消息更是令人不安：道林公社金华大队社员田泽相，因为大兵团作战时，劳动力要互相调动，他家住的是别人的房子，而他自己的房子又住上了另外的人。现在，那个屋主准备搬回来住，把田泽相种在宅旁的瓜菜拔掉，自己重新种上了农作物，并要他立即搬家。田泽相一肚子怨气无处发泄，便如法炮制，来到原属于他自家的宅基地，把别人种在地里的庄稼也拔掉，叫别人立即搬家。两家因此发生了争执。人穷火气大，相骂无好言。到了最后，竟然互相动了手，结果打得头破血流。如果不是几个邻居死死拉住，可能要出人命事故。

道林公社黄塘大队社员蒋世耀叔侄，自家的房子在"大跃进"中被拆掉了，昨天邀集几家拆房户，一气之下搬进了公社办公室。

中共湖南省委有个工作组驻在那里，便问："是谁叫你们搬进来的？"

蒋世耀说："是公社领导叫我们搬的！"

见了公社干部，蒋世耀又说："是省委工作组叫我们搬进来的！"

蒋世耀两头说谎，也是无可奈何啊！

一动百动，牵一发而动全身。如不尽快采取措施，将会有一次涉及半数以上的农户大搬家。刘少奇心急如焚。

湖南乡谚说："上屋搬到下屋，要吃掉一箩谷。"搬家造成人力物力的浪费，并由此造成的混乱，就很难估量了。

刘少奇焦急地问："国家、集体单位，怎么也去占社员的住房呢？"

何长友回答："各行各业齐跃进啊，税务局到下边设税务所，卫生院到大队设医疗点，肉食水产公司来建收购站，农业局来建虫情测报中心……没有地方落脚，就找公社，找大队。公社或大队表个态，如果有空房子，就直接搬进去。如果里边住了人，就通知那住户搬出来。当然，这些大都是在小镇或人口比较集中的地方。恰恰是这些地方，住房特别紧张。"

当何长友说到许多社员因为办食堂、建猪场而多次搬家，最多的竟然搬家七八次，刘少奇感慨地说："中国有句老话，'人搬三次穷'。群众连个安定的住处也没有，这怎么行呢？我们是共产党啊！"

听了何长友的汇报，刘少奇百感交集，心情极难平静。

刘少奇大口大口地抽烟。他沉思了一会儿，严肃地说："干革命哪，为人民。为什么我们没有想到要使人民住好一点儿，吃好一点儿，穿好一点儿呢？ 1926年闹农会，宁乡整个天空都闹红了。革命成功了13年，他们却越来越穷，日子过得越来越苦！老何，你我都是共产党员，今晚都辛苦一点，为社员群众的住房想点办法吧！"

何长友听了，眼眶湿润了，一时难以回答。

夜深人静，刘少奇和何长友研究了四条措施：

第一，重申党的政策，公社、大队、国家机关、企事业单位平调社员的房屋一律要退还，并应先退给被平调或被拆毁房屋的社员住；

第二，社员搬家要经社员大会讨论决定，由大队统一安排，公社批准，坚决禁止原屋主赶走现在住户的事情发生；

第三，在目前的条件下，暂不提"屋归原主"的口号，社员与社员之间不应当直接进行房屋的租借和买卖，以避免因屋归原主而使人与人之间的矛盾尖锐化；

第四，现有土地、劳力、自留地一律不动。

刘少奇接着说："县委要立即起草一个文件下发，我等着看稿，修改后一面报省委，一面立即发生产队。"

何长友马上表态："我马上组织人员研究，今晚写出草稿出来。"

刘少奇紧紧地与何长友握手，说："好！就这么定！"

何长友回自己的办公室安排起草文件去了，刘少奇却毫无睡意，仍旧在屋里来回踱步，思考良策。

刘少奇在窗前站定了。凭窗远望，天空呈蓝黑色，布满了星斗。它们尽着自己的能量，把耀眼的亮光撒向熟睡的宁乡县城。

刘少奇熟悉县城的每一条街巷，他曾在这里求学，也曾用一腔热血抒

刘少奇、王光美回故乡调查时还不忘去看看孩子们，这是他们视察宁乡县幼儿园时和孩子们在一起。

写青春情怀。如今，他回到宁乡县城，决心为宁乡人们排忧解难，为全国各族人民排忧解难。

何长友从刘少奇的住地出来，立即召集有关人员挑灯奋战，草拟文件。

中共宁乡县委把刘少奇强调的四条指示，作为文件的主要内容。文件初稿拟出后，已是5月10日凌晨2点钟。

刘少奇知道，刚才和何长友研究的那几条措施，也还是头痛医头，脚痛医脚。有什么办法呢？人民企盼安居乐业。既无安居，遑论乐业？目前这种无序的大搬家，只能使矛盾加剧。营造一个安定和谐的环境，如果政策对头了，经过一年半载，或两年、三年，才能逐步恢复农村的元气。

夜阑人静。"嘀嗒、嘀嗒……"秒针的声音显得特别清脆、响亮，时针已指向凌晨4点。中共宁乡县委电话会议室，仍然灯火通明。

忙了大半夜的刘少奇，仍在等待何长友起草的那个文件。他放心不下，请身边的工作人员去何长友的办公室看看。

何长友诧异了，问："怎么，刘主席还没有睡？"

工作人员说："少奇同志说，文件早一点发下去，就会少一些损失。没有看到文件，他睡不着啊！"

何长友和他的助手正在对文件草稿作仔细的推敲。原想等到天亮之后，刘主席起床了，再给他送过去。不料，他还在等待。

何长友将文件草稿马上送到了刘少奇的住处。

刘少奇戴上老花镜，立即审阅，并且认真修改。他修改完一页，何长友马上订正、誊抄清楚。

刘少奇和何长友相对而坐，香烟一支接一支，终于大功告成。

经过刘少奇修改的文件，这样写道：

各公社党委、大队党支部，并报省委、地委：

现将我县当前解决社员住房的问题中必须注意的问题和关于社员急需物资的分配问题报告如下：

一、当前解决社员住房问题必须注意的问题

当前，自中央关于人民公社工作条例（草案）和群众见面之后，社员听到所有一切生活资料，包括房屋家具等，永远归社员个人所有，加上部分食堂问题的解决，广大群众的积极性有了很大的提高。原人住原屋的，积极建设自己的家园；房屋住乱了的，迫切要求回原屋；房屋已被公家拆毁的，也迫切要求迅速修建。群众这种迫切心情是完全可以理解的。我们一定要对群众的生活负责到底，每个公社和大队要立即就解决社员住房问题，先搞个试点，然后有领导、有步骤地切实帮助社员解决住房问题。许多社员的房屋拆毁，现在和今后一个时期内不能住别人房屋的，也必须由公社和大队安排他们住在现住房屋，暂时不要搬家，待他们的住房问题解决以后，有搬家必要时再搬家。

必须向干部和群众讲清楚，由于拆毁和损坏房屋相当多，目前只能有一部分社员可以完全住自己的原屋，多数社员还不能不住别人的房屋；或把自己的房屋租一部分给别人住。要全部彻底地解决社员的住房问题，还需要修建相当多的房屋。这要在三至五年内才能解决的，也必须在三五年内解决，必须有长期的规划。

但是，从目前情况来看，由于领会政策片面，宣传政策有错误，加上工作简单图快，首先有些地方的屋主回家，把现在的住户赶走了，引起一动百动。昨天，双凫铺公社龙芜大队黑塘仓和花明楼公社黄龙大队的屋主，回家要住自己的屋，就把现在住了他房屋的社员赶走了。有个女社员，带着小孩子，因自己原有的房屋被拆了，现在住了人家的屋，那个屋主把家搬回来，也把她赶走了，弄得娘崽哭哭啼啼。道林公社金华大队社员田泽相，因自己的房屋被人家占用了，自己住了别人的屋，那个屋主听到屋归原主，当即就把他宅旁瓜堆上种的瓜藤拔掉，立即种上作物，并要他搬家。他看到了恼火，除了马上

把这个社员在人家宅旁瓜堆上种上的作物拔掉外，并回到他房屋的社员的宅旁堆上种起作物来，也要其赶快搬走。各户因房屋争种宅旁瓜堆地，弄得直接发生关系的两户都打起架来了。其次，道林公社黄塘大队社员蒋世耀叔侄等人，因自己的房屋被公社拆毁了，这次就人邀人，户邀户，把家搬到了公社的办公室。驻队的省委工作组问他："哪个要你搬家的？"他说："这是公社要我搬的。"反转来他对公社说："这是省委工作组要我搬的。"

因前段错误地命令社员乱搬家，房屋拆的多，社员与社员之间住乱的住户占百分之四十、百分之五十、百分之六十，如果目前一下子一律就要屋归原主，各回原屋，房屋已拆的一时办不到，那就会一动百动，并且会逼得许多社员无屋可住。这样，不仅不能很好地解决社员的住房问题，而且会一乱再乱，再来一次大搬家，造成房屋、家具的再次大损失。因此，目前这种乱搬家的现象必须迅速制止。其次，在目前大搬家，对今年生产很不利，会拆散生产队的劳力、骨干班子，会造成生产上无人管理的紊乱局面，对生产带来损失。

为了全面地、统一地解决社员当前的住房问题，我们提出如下几个意见，望各级干部和社员群众认真研究，迅速作出决定，贯彻执行。

1. 向农村干部讲清党的政策。省委和县委曾经提出的要发动社员要房子，这是指的干部要发动群众向占用他的房子的国家机关和企业、事业单位要回被平调去的房屋，如果他们确实需要继续使用一部分，也可以双方面议出租金或购买。这绝对不是指发动社员向其他社员要房子。社员住乱了不能回原屋的，可以由公社和大队与社员协商，采取租用或兑住的办法暂时解决，也可以根据等价交换的原则，互相黄斗换，重新确定房权。如果原来错了的，应当收回，承认讲错，以免发生误会，造成思想紊乱。

2. 切实加强领导，有计划、有步骤、正确地解决社员住房问题。

要立即坚决禁止社员因回原屋而赶走其他社员，社员搬回原屋，必须经过大队统一安排，社员大会、社员代表大会讨论，公社批准才能搬家，切实避免因屋归原主而引起的社员与社员之间的纠纷，引起人民内部矛盾的尖锐化。

3.社员与社员之间，不应当直接进行房屋的租借和购买。如果社员原房屋被拆毁或被集体单位占用了的，暂时无法退出的，应该经过大队和平调单位向多余房屋的社员或现在社员住屋的屋主购买或租用房屋，给已经住乱了的而无屋查住的社员居住，租金和价款由公社和大队公平合理地付给。

4.公社、大队和国家企业、事业单位，占用或拆毁了社员房屋的，应坚决做好房屋退赔工作。但国家、集体新建的房屋到底退给谁呢？应当优先退给被平调而拆毁房屋的社员。方法上，也必须经过群众讨论，大队统一安排，避免干部自私和社员争抢新屋居住的现象发生。

5.向社员表明诚意，宣布这样几条，以安定情绪：第一条，生产队现在已经固定的劳力、土地、自留地，在秋收以前一律不动；第二条，搬家由社员大会和社员代表大会讨论决定，大队统一安排，公社批准；第三条，先确定房权，只有居住他的房屋的社员已有另外的住屋，搬走以后，他才能搬回自己的原屋；第四条，自留地谁种谁收，均按现在划分的自留地播种。

二、关于社员急需物资的分配问题

为了支援生产，帮助社员切切实实地解决生产与生活上的各种实际问题，当前和今后已经或将要下放各种物资，例如，随着食堂问题的散伙，我们已经或即将要下放一大批锅灶、碗盏、菜刀、夹钳、火铲、锅盖、水桶、门窗等等的木材，及其他生活用具和建筑器材；随着帮助社员发展家庭副业，我们将要下放各种种子和鸡鸭；随着进一步防治疾病，我们将还要下放一批营养物资和药品等等。所有各种物资，都必须如数如时分给最需要的地区和最需要的群众，做到好钢用在刀刃上，任何单位和个人都不能贪污多占，从中克扣，一定要保证按时如数分发下去。

1.今后不管是下放什么物资，都要及时向群众和各级干部公布账目。下放的物资名称是什么？数量是多少？品种多少？县里要随物资向公社公布，公社要向大队公布，大队要向广大群众公布，并由社员大会决定具体分配给哪些最需要的个人。这样，就可以取得群众的监督，克服迟迟不分和堵塞贪污多占的漏洞。

2.物资分配必须走群众路线，充分依靠群众，迅速地、公平合理地分配。怎样叫公平合理分配呢？那就是按照实际需要分，多缺的多分，少缺的少分，最缺的首先分，其他的等一下再分。社与社、队与队、户与户不能搞平均主义，办法是：上面向下面分配物资时，事先必须深入调查研究，做到情况明，分配时心中有底，以免不切合实际需要，或者最需要的又没有分到；下面分配物资时，必须充分发动群众讨论，作什么用，民主评定到队到人，凭据购买，以便对数检查。因为群众的眼睛是看得清的，谁要谁不要，哪里最需要，谁可要可不要，谁最先需要，谁可后要，他们是一目了然的。可以使物资分配得更合理，发生应有的作用。同时，经过广大群众当家作主评议到人的，大家也就不会有很多意见了。

3.每当物资出卖完毕以后，还必须采取上下结合的办法，发动群众凭据进行一次检查，对一次数，是不是还有短尺少秤的，有没有盈余，还有没有多占少分的？发现问题，及时解决，对贪污多占的要酌情作出适当处理。

以上当否，请省、地委指示。

中共宁乡县委会

一九六一年五月十日

刘少奇办公室的灯光通宵达旦。这份文件被他修改得密密麻麻，留下了他刚劲、有力的铅笔字。当东方露出鱼肚白时，他在文件修改定稿上郑重地写下批示：

何长友同志：

此件我做了一些修改，是否妥当？请酌定。此件是否印发，或在电话会上通知各公社、各大队？也请酌定。

又此件应立即报告省委。

刘少奇
五月十日

何长友手捧着经过刘少奇亲笔修改的县委文件及批示，眼泪都快掉下来了。中共宁乡县委的领导同志们看了这份文件修改稿，完全被刘少奇情系百姓的忘我精神所感动。

刘少奇交代何长友："赶快把这几条措施发下去，要直接传达到社员群众。事情太大了，关系到千家万户！"

何长友说："明天一早就召开电话会，传达下去。"

刘少奇思忖了一会儿，说："电话会也可以开。不过，电话会虽好，也会有人当耳边风。县委要搞一个文件发下去，发到大队，传达到社员群众。这样双管齐下，才会有效果！"

黎明前的黑暗，已经被东升的旭日冲破，曙光就在眼前，新的一天开始了。

唐朝诗人杜甫曾以饥寒之身而怀济世之心，处穷迫之境而无厌世之想。他曾满怀深情地吟唱："安得广厦千万间，大庇天下寒士俱欢颜，风雨不动安如山。"

此时此刻，刘少奇与杜甫是同样的一种心情。与杜甫有所不同的是，刘少奇不仅仅是高声呐喊，他还承担着一种责任。为人民鞠躬尽瘁是他应尽的义务。因此，他废寝忘食，夜以继日，迎来了又一个黎明从东方升起。

中共宁乡县委立即组织对这个重要文件的传达，在全县范围内进行认真贯彻。县委发出文件 20 多天以后，全县凡被国家和集体占用的社员住房，处理退赔好了的就达百分之六十。紧接着，中共湖南省委向全省转发了这个文件。这对全省大局，防止和解决房屋纠纷的工作起了重要的指导作用。

二、县城问冤

1961 年 5 月 10 日，太阳冉冉地升起来了。社员开始下地耕种，工人陆续进入车间制造产品，机关干部一个个走进办公室上班。

刘少奇迎着朝阳，在何长友的陪同下，沿着古老的县城街道步行，前往宁乡县公检法机关。

宁乡县公检法机关，设在刘少奇 46 年前读过书的玉潭学校旧址内。

刘少奇对这条街很熟悉。他不用介绍，已经走进了这栋古老的办公室，并在一个破旧沙发上坐了下来。

年轻的干部刘福生负责接待刘少奇。

刘少奇问："现在办了什么案？"

刘福生认真地回答："办了很多案，有 160 多起。"

"都是些什么案子？"

"偷盗猪、油、粮、菜的案件较多。"

刘福生所说的情况，是指当时农村的体制打乱了，加上群众生活极为困难，迫于生存，出现了见什么就拿什么的现象。

刘少奇身体稍微向前倾，用手点一下，说："小偷这个字要改，一个人生活困难，拿了点东西就戴上偷的帽子，落个偷的名声，那不好，应该把偷字改为拿字。"

稍停了一会儿，刘少奇对上述现象作了分析："这种风是怎样出现的呢？一是社员收获的东西少了；二是刮了共产风的影响。如果你也拿，我也拿，公私财产就会受到侵犯。公私财产都不准受到侵犯，一动摇，人心就不安，生产就会受到影响。社员代表大会要搞个制度，定出什么应该做、什么不应该做，什么必须经过代表大会通过，什么可由管委会批准。"

接着，刘福生继续汇报案件情况。

当刘少奇听了一起以破坏公共食堂、诬蔑"三面红旗"的罪名而被判刑两年的案件时，他用怀疑的口气说："这样的提法，可怕的是一个笼统的政策。当个法官可不容易啊！重要的一条，就是要遵照毛主席的指示，严格区分和正确处理两类不同性质的矛盾，做到不枉不纵。"

三、痛斥走后门歪风

刘少奇在宁乡县城继续进行调查研究。他运筹帷幄，积极寻找解决国家当前困难的办法。

在刘少奇的临时办公室的案头上，摆放着秘书给他送来的许多调查材料，其中有两份材料最引人注目。

第一份是宁乡县双凫铺供销社1960年几种商品的进货情况：食糖12500斤，除去供销社加工用糖2500斤，公社每人每月平均4钱，全年不到半斤；煤油3900斤，平均每户每月不到1斤。

刘少奇看了这份材料，连连叹气："东西太少了，不大力发展生产不行啊！"

第二份材料是关于干部和商业人员开后门情况的调查材料。宁乡县有3个供销社的情况调查：煤油平均每户每月应为1斤，实际每户只供应1两，其他的都由机关团体和干部买去了，食糖除了用于加工糕点和少数病人经医生证明买去一点外，大部分也由干部和熟人买去了，群众根本买不到。还有，春节供应群众的副食品，生产队长、事务长从中克扣，胶鞋、热水瓶、毛线衣等紧俏物资的分配，也被干部和商业人员开了后门。在食品供应困难的条件下，社员们一年见不到上面分配来的东西，可是不少的营业员的权力大得很，有个女营业员一次居然能套购白米15斤、面条10

斤、黄豆10斤、猪肉2斤、煤油2斤、食糖2斤。群众反复质问：上面的东西到哪里去了？

刘少奇又回想起自己在天华大队和炭子冲调查时看到的情况。到了晚上，乡村到处一片漆黑，除了星光，见不到社员家里的灯光，问社员群众：农村没有电，靠煤油灯照明，但买不到煤油，煤油到哪里去了？群众不知道。到医院看病人，医生说：药物奇缺、营养奇缺，连计划分配的黄豆、白糖有了条子也买不到，谁到得早才有买，来迟了就卖完了。到供销社去问：供销社说这些物资根本没有到柜台来。群众对这种状况意见很大，他们说："如今这世道，养崽要到粮食部门和商业部门工作，可以吃得好，穿得好。"群众还说："干部有权，可以开后门，我们连一点计划物资都买不到，这怎么要得呢？"

读了这些材料，刘少奇眼睛湿润了。他再也看不下去了。他是共和国的缔造者之一，他对这座用2000多万烈士血肉之躯筑成的共和国大厦充满忧虑。是啊，千里之堤，溃于蚁穴。如果这种情况不改变，这股歪风不及时刹住，共产党就非垮台不可！

往事历历在目。早在新中国成立前夕，刘少奇在北方农村领导土地改革的时候，也碰到过类似情况，有的翻身农民刚刚担任人民政权的村长、乡长就盛气凌人，甚至称王称霸，腐化堕落……

刘少奇想到，应该警钟长鸣。他语重心长地警示宁乡县的领导同志："历史上这样的例子还少吗？"

刘少奇告诫自己，也告诫各级领导干部："我们共产党是以为人民谋利益为根本宗旨，以解放全人类为己任的，现在群众生活遇上这样大的困难，裤腰带已紧得不能再紧了，而我们的某些干部却不顾群众的死活，就连每个月的4钱糖都要多占，这不是夺人口中之食吗？"

面对苍生之苦，刘少奇十分激动。他努力控制住自己的感情，成熟酝酿出一个重大决策。

刘少奇吩咐李强："你通知何长友同志到我这里来！"

何长友接到通知，风风火火地赶来见刘少奇。

一见面，刘少奇就冲何长友说："叫你来，是有事情需要你去办。"

何长友激情飞扬："保证完成任务！"

"何长友同志，你看看这些材料。"

刘少奇边说边把自己刚才看过的材料递给何长友。

何长友双手接过材料看了看，说："对这些情况，县委有些了解，但并不完全了解，对这些问题我们还没有想出好办法。"

刘少奇表情异常严肃，说："群众生活越困难，县委越不能小看这些问题，更不能忽略这些问题。"

说罢，刘少奇从坐椅上站起来，右手用力在桌子上重重敲击，说："有办法，县委带头，张榜刹风！"

四、到县供销社召开座谈会

1961年5月11日下午，春风劲吹，阳光普照。

刘少奇在有关部门和领导的陪同下，兴致勃勃地来到宁乡县供销社召开座谈会，研究农村商业改革，搞活流通等问题。

在广泛听取各方面的意见后，刘少奇首先对解决干部特殊化问题作了部署和要求，他语重心长地说：

刚才大家讲了很多，看来干部特殊化的问题相当严重，到了非解决不可的时候了。怎么解决？我看还是用我们用了几十年的老办法：发动群众。他们侵占群众的利益，我们就发动群众起来攻他们。具体办法就是"张榜公布"。选择几样紧缺而群众又特别需要的东西公布，如糖、煤油、香烟、肥皂，等等。听说布也有开后门的，让他们再开后门，群众凭票的东西也买不到了，这不就卡了群众嘛……省里面要搞一个民主制度，销出了多少东西，这里多少，那里多少，向全省公布，或者登报，或者用其他形式公布，县里向公社公布，公社向大队公布，大队向社员公布，一级一级地监督。于是乎，省委书记拿了多

刘少奇在宁乡县城召开座谈会，和商业干部亲切交谈，进行调查研究。刘少奇提出张榜公布名单，大家听了会心地笑了，有的还笑出了声。

少，县委书记拿了多少，干部拿了多少，都公布出来了……群众就会相当生气，就会起来攻。大概以后我们的干部、商业人员就会好一点儿。

账目公布了，不正之风刹住了，人心顺了，农村活了。

五、向毛泽东报告情况

1961 年 5 月 11 日，又是一个艳阳天。

这天一大早，刘少奇就走进临时办公室，埋头给毛泽东写信，详细报告了他回到湖南农村蹲点调查研究的工作情况，并对解决社员住房、退赔社员财物，巩固国家、集体和个人所有制，在部分乡村建立公安派出所和巡回法庭等一些农村带普遍性的问题，提出了自己的处理意见。

在调查了解长沙、湘潭、宁乡三县的情况后，刘少奇给毛泽东写信，把自己几十天耳闻目睹的湖南农村的真实情况和采取的措施，如实向毛泽东汇报。

刘少奇在信中说：

经湖南省委介绍，我到长沙广福公社天华大队住了18天（其中两次回长沙耽搁5天），以后又到宁乡我的故乡住了6天，昨天到宁乡县城，准备听取工作组关于县社工业和手工业以及商业问题的汇报，然后转长沙回北京。

刘少奇在信中详细汇报了在天华大队的调查情况：

我们的调查研究工作不是很顺利地进行，我们直到最后才了解一些这个大队的真相。这个大队的生产和社员生活，在湖南虽然算比较好，可以算做二类队，但是总的算起来，粮食和副业生产比一九五七年是降低了，社员生活远不如一九五七年，这主要是由于社员过去都有自留地，还在山上开了些荒地，每家都收有几千斤红薯、芋头和田塍上的豆子，都喂了猪和鸡鸭，都有肉、油、蛋供自食和出卖，而现在这些几乎完全没有了，只有定量的大米和小菜，因此，都感到不够吃。这个大队去年下半年也有相当多的人害浮肿病，有二十几个人外流到江西，山林竹木受到严重破坏，房屋拆毁三分之一，百分之六十的社员现在住着别人的房屋，干部贪污多占的现象也相当严重。

长期以来，这个大队的社员和干部不敢说心里话。乔木（胡乔木）去调查时，大队已把一些乱说话的人调走。我最初去找干部和社员谈话，大队干部都要事先交代过。有些小队开会，我们工作组的人去参加，说的是一套，工作组的人离开后，他们又再开会说了另一套。因此，我在天华大队的前十天几乎不能同大队的人认真讨论问题，他们食堂的解散，也是背着我们工作组的人做的，因此，天华大队解散食堂的秩序是不好的，并造成了一些新的损失。例如，有些食堂养的猪，解散食堂时，按每斤五角钱作价（自由市场价每斤二元五角）归干部私人喂养，但过两天就说猪死了，实际是干部杀吃了。有些食堂的炊具，被干部和社员拿走了，灶也扒烂了。有些无炊具的困难户、五保户，无人照顾，等等。

为了有秩序地把食堂解散好，我们工作组在天华附近的赛头大队，由大队和小队干部开会，规定了以下六条散食堂的保证条件：一，不影响当前生产；二，不妨害大队小队的集体经济；三，不许引起新的破坏；四，党员干部在散食堂时不许自私自利，食堂账目要算清；五，要把困难户、五保户安排好；六，社员的炊具要有领导的解决，不许乱拿食堂用具。

刘少奇在信中谈到了当时社员的住房问题：

在食堂拆伙后，群众立即提出一个尖锐的问题，就是社员住房问题。因为社员现在住得太挤，无法养猪、养鸡、积肥，甚至难得做饭。为了解决社员住房问题，我们工作组在天华作了调查，并提出了书面的处理意见。这个文件虽然还没有经过社员大会和社员代表大会讨论通过，但可作处理这个问题的参考，湖南省委已将这个文件转发各地，并决定在省、地、县、公社、大队各级都建立房屋处理小组。现将这个文件送上，请审阅。

我们到宁乡以后，发现有些社员为了自己住回原屋，把现住在他那个屋子的社员赶走，有些社员的房屋被拆毁，就被赶得走投无路。据省委同志说，湖南房屋被拆毁百分之四十，此外，还被国家机关、企业和公社、大队占用一部分。有些被占用的房屋已经退还，少数干部领头，其他社员也无计划地抢着搬进这些退还的房屋。我在乡下看到几处这种乱搬家的现象，因此，建议宁乡县委立即发出一个文件，在电话上通知各公社和大队，以便停止这种现象。现将宁乡县委这个文件送上，请一并审阅。

刘少奇在信中还谈了当时农村的退赔问题和解散农村公共食堂后的物资供应问题：

> 食堂拆散以后，群众迫切要求供应炊具和其他生活用具，这些东西由于过去多次搬家，绝大多数已破坏或被平调，需要多的一户有数十件，少的一户也要七八件，如锅子、锅铲、菜刀、火钳、水桶、提桶、锅盖、炉锅、开水壶、水瓢、碗筷、刷把、桌凳、坛坛罐罐等。对于平调和破坏社员的这些东西，基本上还没有退赔，有些县和公社说已退赔了百分之几十的数字，据我在天华和宁乡所了解的情况，是完全不可靠的。在宁乡还发现，要社员登记平调物资时，要社员提出证明，无证明都不予登记。这样，许多社员也就不去登记了。但是，这些东西在社员分开做饭以后，几乎件件都是需要的，必须坚决退赔。现在省委和县委都在制造和下放这些东西。目前有退赔款，应该主要用来定制这些东西，或购买猪、鸡、种子退给社员而不要把钱发给社员花掉。为了使下放的这些东西迅速分配给最需要的社员，必须随着实物的下放，向群众公布账目，经过群众讨论来进行分配，避免有人从中贪污多占。这也在宁乡县委五月十日的文件上说到了。

刘少奇在致毛泽东的信中，还谈到了巩固国家和集体及社员个人所有制的问题，特别是当时农村比较普遍存在的所谓"小偷小摸"问题，应该如何看待这种现象，产生这种现象的真实原因是什么，怎样改变这个现状，他认为这是由于办公共食堂动摇了农村所有制后出现的新情况：

> 现在乡村乱拿别人的东西和小偷小摸现象相当多，引起群众的不安，妨碍生产，我曾问过社员，为什么不把山上荒土种上红薯、芋头、豆子等，社员回答说，自己种了，横直自己得不到，所以懒得种。形成这种乱拿别人东西的风气，一是由于现在吃的东西太少，二是由于过去几年刮了"共产风"，首先是动摇了社员个人的那一部分所有制，也动摇了国家和集体的所有制。有的社员向工作组说，他们

可以平调，乱拿别人的东西，为什么我不可以拿别人一点东西呢？你也拿，我也拿，就拿乱了。因此，过去平调的东西，必须坚决退赔，就是由于搬家、大兵团作战而破坏的东西，也必须坚决退赔。一年退赔不完，两年、三年、五年也必须退赔完，过去我们想在一次或几个月内退赔完毕，是办不到的，要制造被破坏的这许多东西，特别是要建造被拆毁的那许多房屋，没有三五年的时间，是不能做到的。

国家和集体拿了社员个人的东西坚决退赔，我认为社员拿了别人的东西，也应要求社员退赔，一次还不清，几次还，一年还不清，几年还，但是不可不还。只有这样，才能巩固国家、集体和社员个人的所有制，安定社会主义的社会秩序，以利生产的发展。

当时，刘少奇认为必须抓紧在一部分乡村建立公安派出所和巡回法庭，他在信中说：

目前在一部分乡村中，首先是三类地区，社会秩序不安定，反革命活动也有增加，在撤销区公所和派出所后，群众告状、打官司，很不方便。群众告发一件刑事案，要跑到县城去，还不一定告准，因此也就不告发了。有时，干部和群众就自己想法处理，把犯案的人打一顿或者赶走，也有因此打死人的。因此，目前有必要在部分地区适当加强公安机构和政法机构，设立公安派出所和巡回法庭，哪里需要就在哪里设，哪里不需要了就把它撤回，看来，这样是便利群众的。最近湖南公安厅在个别地区设立派出所，群众反映还好，对于安定社会秩序有帮助。由于时间短，还没有什么经验。

刘少奇还认为，农村公共食堂解散后，机关干部、现役军官和职工在乡家属的待遇问题也必须统筹安排好，他在信中写道：

关于这些在乡家属是否算做困难户，是否应由公社和大队给予困难补助金或享受供给待遇问题，我们工作组在天华和赛头两个大队也作了一个调查，并提出了一些处理意见，现将这个文件送上，有暇时也可以翻阅一下。但这个问题牵涉到许多低工资的工人生活和县社工业问题，还不好解决。

刘少奇给毛泽东写信，是"神圣"的使命。他把全国各族人民装在自己的心里，以人民的幸福为己任，想在惊涛骇浪中将中国这艘巨轮驶过险滩暗礁。

这封信很快就送到了毛泽东的案头。毛泽东是否有批示呢？暂时没有查到。也许因为彭德怀给他上万言书，影响了他的情绪，他对刘少奇的调查报告也就置之不理了。

第二天，刘少奇偕夫人王光美，还有秘书吴振英等几个工作人员，离开宁乡去长沙。

在长沙，刘少奇继续下榻中共湖南省委院内的蓉园三号楼。

刘少奇想人民之所想，急人民之所急，与人民群众心心相印。他继续与中共湖南省委有关领导，深入研究湖南农村调查的有关情况。他与中共湖南省委一起，积极为解决群众的实际困难出谋划策，排忧解难。

六、别了，长沙

1961 年 5 月 15 日，阳光普照大地。

这时，几辆小轿车驶出中共湖南省委院内的蓉园，飞也似地奔向长沙火车站。

刘少奇乘坐的专列停在站内，专列旁边站满了值勤的公安干警、解放军战士和乘务人员。

车队在长沙火车站月台边停住，刘少奇走下汽车，微微舒展了一下身躯，回头看了看身边的随行人员，还有前来送行的湖南省党政军领导。

刘少奇风趣地说了几句分别话，和前来送行的中共湖南省委第一书记张平化等领导一一握手告别，然后健步登上了那辆停靠在站台内的专列。

登上了专列，刘少奇和夫人王光美站在车门口，回过头来，向大家招手，低声说："谢谢大家！"

"呜——"

刘少奇乘坐的草绿色的专用列车，徐徐地开动了。

黯然销魂者，唯有别而已。此时此刻，刘少奇眷恋绵绵，思绪万千，真可谓"行子肠断，百感凄恻"。

专列已经开动了，刘少奇还站在车窗口，向站台上欢送的人们挥手致意。他的眼睛湿润了。

人们依依不舍地目送着缓缓开动的专列，他们的眼睛也渐渐地湿润了。

刘少奇乘坐的专列，徐徐开出了站台，一路北上，目的地是首都北京。

湖南是刘少奇的故乡，是刘少奇曾经生活和战斗过的地方。刘少奇对他的故乡有着极其深厚的感情。

刘少奇这次回到湖南农村微服私访，蹲点调查，历时 44 天。这期间，他主持召开了 20 多次座谈会，亲笔作了多本的调查笔记，并向各级干部群众作了 20 多场即席讲话，宣传讲解党的农村工作"六十条"，反复强调实事求是的思想路线，并亲自动手解决了当时农村急需解决的公共食堂、社员住房、干部作风以及平反冤假错案等一系列重大问题。我们可以用"神圣"二字形容他的使命。

调查期间，刘少奇给乡亲们留下了难以磨灭的印象。他轻车简从，亲自处理和解决问题，在社会上引起了强烈反响。人民从中看到了一位共产党人体恤民情、心系群众的精神，实事求是、有错必改的襟怀。

刘少奇这次湖南之行，是他在新中国成立后，历次来到长沙，停留时间最长的一次，也是最后一次。

此后，刘少奇再没有回到长沙，也再没有回过湖南。我们万万没有想到，这是他与故乡的永诀。

尾　声

1961 年 5 月 16 日，京广铁路。

太阳从地平线上冉冉升起。刘少奇在专列上迎来了新的一天。眼前是一望无际的华北平原。

"轰隆隆，轰隆隆！"

刘少奇乘坐的专列驶过保定，仍然没有减速，继续飞速前进。

这天上午，刘少奇乘坐专列一路平安回到北京。

刘少奇走进中南海西楼甲楼办公室，立刻投入紧张的国民经济调整工作中。

5 月 21 日，也就是刘少奇结束湖南农村调查 6 天后，中共中央在北京召开工作会议。

这次会议是三月广州会议后的又一次重要会议。会议的主要议题，是讨论和修改广州会议制定的《农村人民公社工作条例（草案）》，即"六十条"，同时制定了精减城市人口、压缩粮食销量、对几年来受到错误批判和处分的党员干部进行甄别平反等重要措施。

5 月 31 日，刘少奇在中央工作会议全体会议的讲话中大声疾呼：

> 农民饥饿了一两年饭，害了一点浮肿病，死了一些人，城市里面的人也饿饭，全党、全国人民都有切身的经验了。回到头来考虑考虑，总结经验，我看是到时候了，再也不能继续这样搞下去了。

在 6 月 12 日的讲话中，毛泽东特意向大家介绍刘少奇在湖南农村调查研究的情况。毛泽东说："我也要向少奇同志学习，亲自去作调查。"

毛泽东的又一次提倡，使全党的调查研究之风再度兴起，大批领导干部在会议结束后，打起背包、轻装简从下了基层。

1962 年 1 月 27 日，北京。扩大的中央工作会议在人民大会堂隆重举行。

这次扩大的中央工作会议规模空前。出席这次会议的，除中共中央、中央局负责人外，全国每个县委 2 人，地委 3 人，省委 4 人，中央部委 4 人，还有全国重要厂矿企业和军队的负责人，加起来达 7118 人之多，所以又称"七千人大会"。这是中共历史上扩得最大，也是出席人数最多的一次中央工作会议。

人民大会堂的中央大礼堂里，回响着刘少奇那深沉清晰、带湖南口音的讲话声：

同志们：

我代表中央向这次扩大的中央工作会议提出了一个书面报告。现在，在这个书面报告的基础上，我再讲几个问题……

刘少奇在实事求是地指出了当前的困难之后，又开始分析造成困难的原因：

原因在哪里？原因不外乎两条：一条是天灾。连续三年的自然灾害，使我们的农业和工业减产了。还有一条，就是从一九五八以来，我们工作中的缺点和错误。

刘少奇果断地提出了两个"三七开"的观点：一是成绩缺点三七开，七分成绩，三分缺点和错误；二是困难原因三七开，"三分天灾，七分人祸"。

全国总起来讲，缺点和成绩的关系，就不能说是一个指头和九个指头的关系，恐怕是三个指头和七个指头的关系。还有些地区，缺点和错误不止是三个指头。如果说这些地方的缺点和错误只有三个指头，成绩还有七个指头，这是不符合实际情况的，是不能说服人的。我到湖南的一个地方，农民说是"三分天灾，七分人祸"。你不承认，人家就不服。全国有一部分地区可以说缺点和错误是主要的，成绩不是主要的。

1964 年 12 月 21 日，三千多名来自全国各地的代表聚集人民大会堂，出席第三届全国人大一次会议开幕式。

换届选举，是这次全国人民代表大会的一个主要议程。

1965 年 1 月 3 日，三千多名代表又一次来到人民大会堂坐定，投下神圣的一票。大会选举刘少奇连任中华人民共和国主席，宋庆龄、董必武任副主席，朱德为全国人大常委会委员长。刘少奇依据《宪法》的规定，继续担任国防委员会主席。根据刘少奇的提名，会议决定周恩来为国务院总理。

1966 年，一场突如其来的史无前例的风暴，由中南海刮起，席卷神州大地，在 960 万平方公里的祖国大地上，光明与黑暗、正义与邪恶展开了激烈的搏斗。

1968 年 10 月 31 日，在江青、康生、谢富治的谋划下，中共八届扩大的十二中全会批准通过《关于叛徒、内奸、工贼刘少奇罪行的审查报告》。报告中提出："撤销

1965 年 1 月，刘少奇在三届全国人大一次会议上再次当选为中华人民共和国主席。

刘少奇党内外一切职务，永远开除党籍，并继续清算刘少奇及其同伙叛党叛国的罪行。"从而，铸成了中国共产党历史上最大的一桩冤案。

1969年11月12日早晨6点45分，在河南开封一间黑暗的房间里，刘少奇含冤去世。在他临终前后，身边没有一个亲属。他的妻子儿女一直到林彪灭亡后的1972年，才得知刘少奇已于3年前离开了人世。

1968年5月，"造反派"把刘桂阳当做刘少奇的"黑线人物"、"黑爪牙"、"闯将"，将她揪出来批斗。

1969年3月16日，受尽了无休止的批斗、挂牌游街、罚跪等精神和肉体上折磨的刘桂阳，被资兴县公检法军管会押送到资兴县公安局看守所拘押。当天，在资兴县城召开万人宣判大会，宣布1961年对她的改判无效。除执行原判5年外，再加判5年，共判有期徒刑10年。

1978年12月，中国共产党召开十一届三中全会。这是新中国成立以来党的历史上具有深远意义的会议。全会开始全面、认真地纠正"文化大革命"及其以前的严重"左"倾错误，从思想上、政治上、组织上拨乱反正，并有步骤地平反"文化大革命"时期造成的大量的冤假错案。

1980年2月23日至29日，中共十一届五中全会在北京隆重召开。会议的主要议程之一，就是为刘少奇平反昭雪，恢复名誉。会议经过认真讨论，一致通过《关于为刘少奇同志平反的决议》，决定撤销中共八届十二中全会通过的审查报告和错误决议，恢复刘少奇作为伟大的马克思主义者和无产阶级革命家、党和国家的重要领导人的名誉。

刘少奇平反后，笼罩在刘桂阳头上的乌云，终于彻底散去了！

1988年，适逢刘少奇诞辰90周年之际，刘桂阳和丈夫专程前往宁乡花明楼刘少奇故居参观、学习。刘少奇同志纪念馆的领导，热情邀请她参加了刘少奇同志纪念馆开馆仪式，并赠送她许多刘少奇的照片。回家后，李培务一张张地过好塑，替她工工整整地压放在卧室床头书桌的玻璃板下。

触景生情，刘桂阳感慨万千。她含泪连夜写下了《命运，同国家主席相连》一文，深刻表达了自己和家人对刘少奇主席的无限思念之情。

《命运,同国家主席相连》在北京《瞭望》周刊发表后,引起了强烈反响。一时间,刘桂阳成了一位新闻人物,全国各地的信件像雪片般飞来。中国人民大学研究生吴坤岭在来信中写道:"历史已清楚地证明了以往的荒谬,掩耳盗铃是多么的误国误民啊!我们建设好一个国家,是多么需要敢讲真话的人!我为您的正直、勇敢、不屈不挠的精神而高歌!"

郴州黄沙坪铜锌矿宁顺华在来信中写道:"你的遭遇,常常驱使我用手中的笔来鞭挞社会中存在的假、恶、丑,歌颂生活中的真、善、美。"

1998年8月26日上午9时,在中央文献研究室二部副主任黄峥、大型文献电视纪录片《刘少奇》总编导陈晓卿、湖南省电力局驻京办事处主任许时宴的陪同下,刘桂阳和女儿李逢春来到王光美的寓所,受到了刘少奇夫人王光美的亲切会见。

当77岁高龄的王光美打开家门的那一刻,刘桂阳再也抑制不住自己

1998年8月26日,刘桂阳登门拜访王光美。当77岁的王光美打开家门的那一刻,刘桂阳想起刘少奇和自己的人生经历,再也抑制不住自己的感情,一头扑向王光美的怀里,放声痛哭。

的情绪。她紧紧握住王光美的手，一头扑向王光美的怀里，放声痛哭。王光美紧紧抱住她，也感动得泪流满面，轻轻地拍着她的肩膀，安慰她说："不要怕，不要怕！一切都已经过去了，一切都已经过去了！"

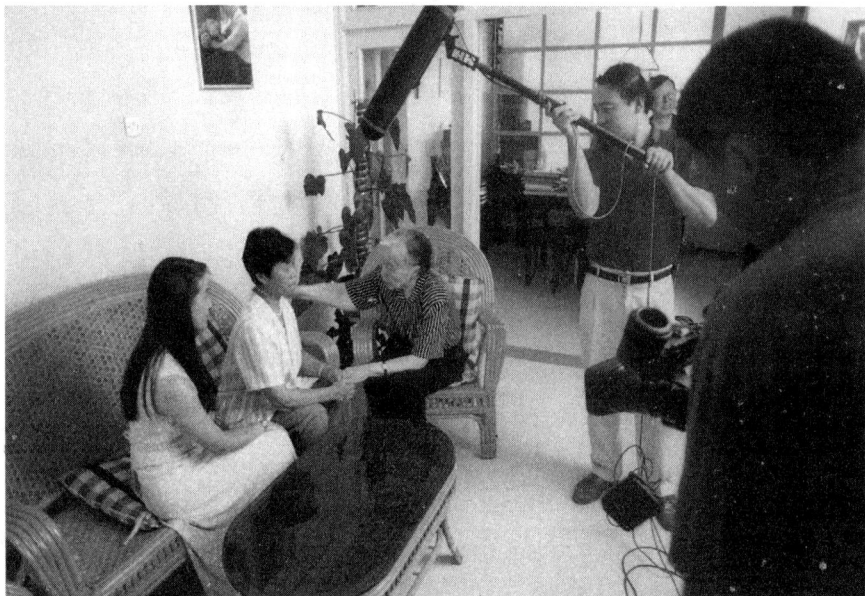

《刘少奇》摄制组在现场拍摄刘桂阳和王光美见面的场景。王光美左手拉着刘桂阳双手，右手拍着刘桂阳左肩，不停地安慰刘桂阳："不要怕，一切都已经过去了！"

王光美详细回忆了刘少奇关心刘桂阳案件的往事，她说："你的案子我记得。1961 年 4 月 2 日，春雨绵绵。我随少奇冒雨回到家乡湖南宁乡、长沙一带农村基层，进行实地调查。当晚，我们一行就住在宁乡县东湖人民公社王家湾万头养猪场。刘少奇坐在竹板架成的床上，听取中共湖南省委书记张平化的汇报。湖南省公安厅厅长李强、湖南省高级人民法院院长曹伯闻、秘书吴振英等工作人员席地而坐。随后，少奇又详细询问了你的案子。少奇听完汇报后，严肃地说：'反动标语是以反革命为目的，而刘桂阳跑到北京，还相信中央，这能说是以反革命为目的吗？她对人民公社的认识有错误，采取的方法虽然是错误的，但这不应该判刑。'当时，少

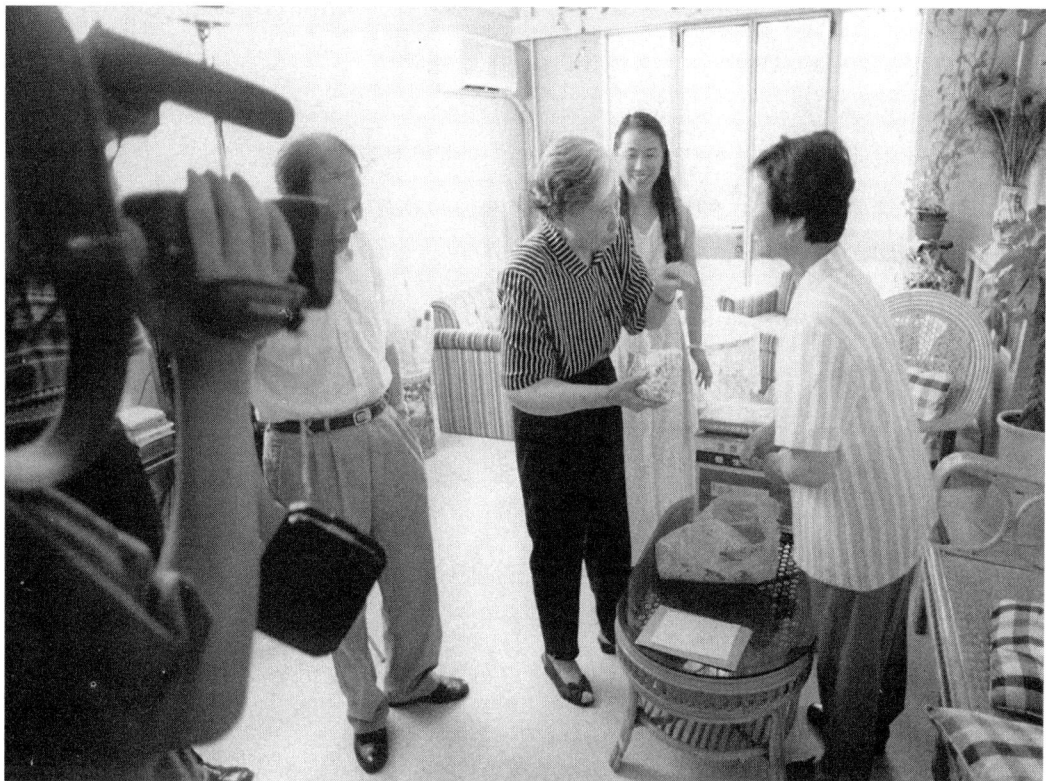

刘桂阳给王光美赠送家乡特产。临别之际，刘桂阳拿出从家乡带来的
两盒古汉养生精、四包湘莲、两包茶叶赠给王光美。王光美一一接过并认
真地看了又看，高兴地说："这个湘莲我是要吃的。"

奇还要张平化去看看你。"

对于刘桂阳当年进京反映农村情况的勇气，王光美给予了充分肯定，
她说："实事求是是毛泽东提出来的，我们共产党人就要敢于讲真话，说
实话。现在改革开放，搞市场经济，更要按客观规律办事。"

听着听着，刘桂阳感到仿佛有一股神奇的力量倾注全身，她激动地
说："夫人，我没有想到我的命运会与国家主席连在一起。刘主席是我的
恩人，他对我恩重如山。没有刘主席，也就没有我的今天！"

从闲谈中，刘桂阳了解到王光美曾经坐过12年牢。1995年春天，王
光美被推举担任"幸福工程"组委会主任，很多人可能没有想到，这一
年她已经是74岁高龄了，更少有人知道的是，她此时身患癌症已有六个
春秋……

刘桂阳感到，王光美是一位从内到外都非常美丽的大姐，她美丽、善良、宽厚，她的美不因年华老去而改变。她虽然是万人仰慕的国母，但是，她没有主席夫人的架子。

临别之际，刘桂阳拿出从家乡带来的特产：两盒古汉养生精、四包一斤一包的湘莲、两包高级茶叶，赠给王光美，表达自己和家人对刘少奇主席和夫人王光美的深深的敬意。在热烈的气氛中，她向王光美一一介绍这些家乡特产。王光美一样一样接过并认真地看了又看，问："古汉养生精是什么东西呀？"她认真作了回答。王光美接过湘莲，高兴地说："这个湘莲我是要吃的。"王光美从她手里接过两包茶叶后，说："你送这么多东西呀！"刘桂阳爽快地说："千里送鹅毛，礼轻仁义重。"

在王光美寓所，刘桂阳还见到了王光美的女秘书王筱苏，还有女保姆赵淑君。但是，她没有见到刘少奇和王光美的儿女们。

临别前，王光美拉着刘桂阳的手，特意选择了以绿色盆景为背景合影留念。

告别王光美之后，刘桂阳在女儿李逢春的陪同下，兴致勃勃地来到天安门城楼参观。为了留下自己永久的记忆，刘桂阳端端正正地站在天安门城楼前东侧的花坛边。女儿李逢春掏出随身携带的照相机，以天安门城楼为背景，为她拍照留念。

刘桂阳再一次来到了中南海北门外围墙。当年，她就是在这里张贴标语，对人民公社提出批评，并因此被诬为"反革命"，判刑五年。还是那面墙壁，还是那种颜色……触景生情，她热泪纵横。

往事不堪回首，当年刘桂阳只有二十出头。38年过去了，弹指一挥间。她已经年近花甲，头发花白，满脸深深的皱纹，刻记着她饱经沧桑的阅历。

刘桂阳历经人间的百般坎坷和万种辛酸。此时此刻，她酸甜苦辣涌上心头，许多感慨油然而生。

2005年，李培务逝世后，刘桂阳感到无比惋惜和哀痛，寄托哀思和

1998年8月，刘桂阳在天安门城楼前留影。想起38年前第一次匆匆忙忙来到北京，根本没有时间和心思照相。

怀念。想起与李培务在一起生活的日日夜夜，她就十分悲痛，常常是泪流满面。

2006年10月13日凌晨，王光美在北京逝世，享年85岁。刘桂阳从广播、报纸、杂志和电视，惊悉王光美逝世的噩耗，悲痛万分。与王光美见面的情景，像电影一样，一幕一幕地浮现在她的眼前。虽然不能去北京赴灵堂吊唁，但她在家里用特有的形式送别，寄托自己的哀思。

刘桂阳口中念念有词："王光美大姐，一路走好！您永远活在我们的心中，我们永远怀念您的美德和才智。"

风停了，雨也住了，天空中出现了一道亮丽的彩虹。随着岁月的流逝，刘桂阳的恩人刘少奇、王光美，还有相濡以沫的丈夫相继去世。如今，她在夜深人静的时候，经常做梦。她曾经梦见过刘少奇，曾经梦见过王光美……

2008 年，是刘少奇诞辰 110 周年，王光美逝世两周年，李培务逝世 3 周年。作为生者，刘桂阳在清明节、鬼节、春节等中国劳动人民的传统节日，分别在他们的诞辰日和忌日，采取不同的方式祭奠他们，以怀哀思。

岁月不饶人。刘桂阳也年老了。女运煤工当年的风采已荡然无存，长期的磨难使她过早地衰老了。有人去看望她，她叹息着说："连刘主席都没有逃过厄运，何况我一个工人？在那个年代，讲真话难，听真话的也难啊！"

刘桂阳没有怨言，也不后悔。因为她的命运跟中共中央副主席、中华人民共和国主席刘少奇连在一起，血脉相连。

刘少奇来自人民，是中国人民的优秀儿子。他深深地爱着自己的祖国和人民！

主要参考书目

1.《刘少奇选集》上、下，人民出版社1981年版。

2.《刘少奇年谱》上、下，中共中央文献研究室编，人民出版社、中央文献出版社1995年版。

3.《刘少奇传》上、下，金冲及主编，中央文献出版社1998年版。

4.《刘少奇一生》，黄峥著，中央文献出版社2008年版。

5.《刘少奇自述》，中共中央文献研究室第二编研部编，国际文化出版公司2009年版。

6.《刘少奇家世》，黄祖琳著，上海人民出版社2009年版。

7.《刘少奇与新中国》，刘源著，香港雅典美术印制公司2004年版。

8.《缅怀刘少奇》，《缅怀刘少奇》编辑组，中央文献出版社1988年版。

9.《中国共产党的七十年》，中共中央党史研究室著，中共党史出版社1991年版。

10.《渴望真话——刘少奇在1961》，张步真著，珠海出版社1998年版。

11.《刘少奇春秋录》，朱石元编著，四川人民出版社1991年版。

12.《花明楼所知道的刘少奇》，易凤葵、易柯明著，中央文献出版社2005年版。

13.《随刘少奇同志在天华蹲点调查日记》，李强著，长沙县政协1987年3月编印。

14.《刘少奇同志回故乡大事记》，喻孟成整理，刘少奇同志纪念馆1988年6月编印。

15.《走近刘少奇》，张文和、李义凡著，中央文献出版社1998年版。

后　记

　　古代希腊神话中安泰的故事，我从小就听说过，也认真读过，至今记忆犹新。英雄安泰力大无比，这力量来源于他的母亲——大地之神盖伊。无论是在顺境还是身处逆境，刘少奇同志始终保持着和人民群众的联系，把人民群众当做大地母亲，是自己取之不尽、用之不竭的力量源泉。

　　1961年4月2日至5月15日，刘少奇来到湖南农村蹲点调查，历时44天，写下了极其绚丽的篇章。我们可以用"神圣"二字来形容他的使命。

　　英国作家克莱尔·霍林沃思曾经说过："刘少奇是一位顽强坚毅，不易动感情的人。他务实、老练而勤奋。"

　　刘少奇同志的务实、老练、勤奋，体现在以下三个方面：

　　首先，实事求是。刘少奇回到家乡湖南农村蹲点调查研究，倾听人民的呼声。

　　刘少奇想人民之所想，急人民之所急，与人民心心相印。他顺应民心，当机立断，解散了公共食堂，将饭碗还给了社员，解决了社员群众到哪里吃饭和怎样吃饭的问题。

　　其次，群众路线。中国革命是在山沟里起家，然后到大城市，从无到有，由小到大，进而夺取全国胜利建立政权的。从井冈山的斗争到二万五千里长征，到延安岁月，到辽沈、平津、淮海三大战役，到人民解放军横渡长江……这一切的一切，始终离不开人民群众的支持，与人民群众建立了鱼水关系、血肉感情。

后　记

人民是真正的英雄。鱼儿离不开水，瓜儿离不开秧。如果脱离群众，我们的党将会成为无源之水，无本之木，甚至一事无成。

再次，艰苦朴素。

乐民之乐者，民亦乐其乐；忧民之忧者，民亦忧其忧。刘少奇记住了这些深刻的教训。无论是在战争年代还是身处和平环境，他都以身作则，模范地执行党的三大作风。下乡调查研究，走到哪儿，就把一个背包带到哪儿。破破烂烂的养猪场，四面来风的大队部，生活设施全无的电话会议室，他摊开背包就可以安家，保持和发扬了艰苦朴素的作风。

人民的利益，是关系到我们党千秋执政大业和根基能否岿然不动的大事。一个领导者最重要的是要懂得民情、民心、民意，而民心向背决定政权的存亡。衡量政策好坏的标准只有一个，就是群众高兴不高兴、满意不满意、答应不答应。公平和正义是社会的顶梁柱，如果失去了它，社会这个大厦就会倒塌。

我沿着刘少奇同志当年到湖南农村蹲点调查、了解农村真实情况的足迹，在时空的隧道中逆行，那些动人情景依旧历历在目，令人感奋不已。他那种维护党的政策的模范行动，他那种注重调查研究、实事求是的精神，他那种与群众血肉相连、关心人民疾苦、全心全意为人民服务的优良作风，他那种艰苦朴素、克己奉公、谦虚谨慎的崇高品格，激发我用心创作了《人民利益高于一切——刘少奇在湖南调查的四十四天》。

我在写作本书的过程中，吸取了当今刘少奇研究中的新成果，采访了刘少奇同志生前的好友和曾经在他身边工作过的同志，得到了许多领导和同志的帮助。

刘少奇儿子、中国人民解放军上将、总后勤部政委刘源十分关心我的创作，将自己珍藏的《刘少奇传》上、下卷，还有他的著作《又是你所不知道的——刘少奇与新中国》，签名赠给我。

刘少奇同志纪念馆为本书提供了有关照片。

年过古稀的刘桂阳多次在百忙之中热情地接受我的采访，并将自己珍藏多年的照片提供给我做书中的插图。

　　在本书付梓之际，我谨向所有关心支持我的单位和领导表示诚挚的感谢！

　　由于本人水平有限，加上时间仓促，书中错漏不妥之处在所难免，恳请广大读者批评指正。

周　迅

初稿 2011 年 03 月于花明楼

定稿 2012 年 12 月于文华堂